Miriam Lancewood

In der Wildnis bin ich frei

Mein Leben in den Wäldern Neuseelands

Aus dem Englischen
von Kristina Lake-Zapp

Die englischsprachige Originalausgabe erschien 2017 unter dem Titel »Woman in the Wilderness: A story of survival, love and self-discovery in New Zealand« bei Allen & Unwin.

Besuchen Sie uns im Internet:
www.knaur.de

Deutsche Erstausgabe April 2018
© 2017 Miriam Lancewood
© 2018 der deutschsprachigen Ausgabe Knaur Verlag
Ein Imprint der Verlagsgruppe
Droemer Knaur GmbH & Co. KG, München
Alle Rechte vorbehalten. Das Werk darf – auch teilweise – nur mit Genehmigung des Verlags wiedergegeben werden.
Redaktion: Ulrike Gallwitz
Covergestaltung: Kathrin Keienburg-Rees, Freiburg
Coverabbildung: hardyuno bei fotolia, Lottie Hedley
Karten: Zoë Carpentier Alting
Satz: Adobe InDesign im Verlag
Druck und Bindung: CPI books GmbH, Leck
ISBN 978-3-426-21438-1

2 4 5 3 1

*Dieses Buch ist meinem liebevollen Abenteurer Peter gewidmet.
Er hat mir den Weg der Freiheit und des Freiseins aufgezeigt.*

		Institut für Religionspädagogik und Medienarbeit	iK
	I		
	II		
	III	B 2 Lauc	
	III-1		
	III-2		
	III-3		
	IV		
	IV-1		
	V	18	
	VI	226.6767-0	
	EG		

Inhalt

Vorwort – Die Wildnis   11

1	Freiheit gibt es umsonst	13
2	Winter	34
3	Frühling	74
4	Sommer	105
5	Herbst	140
6	Der Abel-Tasman-Nationalpark	170
7	Die West Coast	207
8	Moderne Nomaden	248
9	Zivilisation	290
10	Te Araroa: Die Nordinsel	315
11	Te Araroa: Die Südinsel	355

Epilog – Das nächste Abenteuer   393
Dank   395

Karte 1: Unsere Orte in der Wildnis   397
Karte 2: Der Te Araroa Trail   399

Oh, mothers
Kiss your children every night
Let the truth be their light
Make them go and let them be
Like my mother did with me.

Oh, fathers
Sing your children a tender song
About the earth where they belong
Sing your love and set them free
Like my father sang to me.

Oh, Mütter
Küsst eure Kinder jeden Abend
Das Wahre soll sie leiten
Lasst sie los und lasst sie sein
Das tat auch meine Mutter beizeiten.

Oh, Väter
Singt euren Kindern ein zärtliches Lied
Über die Erde, auf der sie leben
Singt ihnen von Liebe, und dann gebt sie frei
Wie mein Vater mir die Freiheit einst hat gegeben.

Miriam Lancewood

Vorwort

Die Wildnis

Es ist ein schöner Wintertag. Auf der Suche nach einer wilden Ziege wandere ich mit Pfeilen und meinem Bogen an einer Talflanke entlang, klettere bergauf in den dichten Wald und bahne mir meinen Weg durch Ranken und über umgestürzte Baumstämme. Nach und nach werden die Bäume kleiner, der feuchte, von Blättern übersäte Waldboden weicht mehr und mehr kahlen Felsflächen. Die Sonne hat die dunkle Felswand erwärmt, und ich setze mich hin und bewundere die Welt um mich herum. Dieses wunderschöne Tal ist während des langen Winters unser Zuhause. Es weht kein Wind, alles ist absolut still. Ich bestaune die stille Herrlichkeit der majestätischen Gipfel, die mit unberührtem weißem Schnee bedeckt sind. Unter mir hat der Fluss die Landschaft nach eigenem Belieben geformt. Die schnelle Strömung und der reglose Wald verschmelzen harmonisch miteinander.

Direkt über mir entdecke ich weitere flache Felsen, auf die ich klettern kann. Vielleicht leben dort, unter dem kleinen Felsvorsprung, Wildziegen? Sie mögen warme, trockene Fleckchen mit guter Aussicht und kommen womöglich am Spätnachmittag zurück. Vorsichtig steige ich zwischen den Bäumen ein Stück weiter bergauf, um den Felsvorsprung näher ins Auge zu fassen.

Nach einer Weile erreiche ich eine offene Stelle. Ziegen gibt es hier keine, aber jetzt stelle ich fest, dass ich so hoch oben bin, dass ich unser kleines Camp tief unten in dem engen Tal sehen kann. Ich entdecke sogar Peter – eine winzige Gestalt in einem roten Pulli, die beinahe von der Landschaft verschluckt wird. Erst heute Morgen habe ich ihm zum Abschied einen Kuss gegeben, aber es fühlt sich an, als hätte ich seit zehn Jahren keinen Menschen mehr gesehen.

Schau hierher, Peter!, rufe ich im Stillen aufgeregt.

Ich sehe, wie er aufsteht. Vielleicht schaut er tatsächlich den Berg hinauf? Ich kann es nicht mit Bestimmtheit sagen, trotzdem springe ich wie wild auf und ab, ziehe meine Jacke aus und schwenke sie hin und her, um seine Aufmerksamkeit zu erregen. Nach ein paar Sekunden sehe ich, wie Peter seine kleine Yogamatte hochhebt und damit mein Winken erwidert.

In meine Augen treten Tränen. Wir winken einander zu, berühren einander über diese große Entfernung. Ich blicke auf die Wildnis und auf Peter, die mir das Liebste im Leben sind.

1

Freiheit gibt es umsonst

Ich war nervös. Spürte, wie meine Wangen glühten, und versuchte, sie mit den Handrücken zu kühlen – mit wenig Erfolg. Während ich langsam auf die Tür zuging, wiederholte ich innerlich noch einmal, was ich sagen wollte. Virginia, die Direktorin der Schule, an der ich unterrichtete, war mir im letzten Jahr eine Freundin geworden, und ich wollte sie nicht enttäuschen. Leicht zögernd klopfte ich an die Tür.

»Herein.«

Virginia saß an ihrem Schreibtisch, umgeben von Papieren, ihrem Computer, Unterrichts- und Stundenplänen. Ihr schönes dunkles Haar fiel ihr sanft über die Schultern. Sie war eine leicht füllige Frau, was ihre Stellung stärkte und sie gleichzeitig weicher wirken ließ.

»Nimm Platz, Miriam. Wie geht es dir?«, fragte sie gut gelaunt und warf die Enden ihres lila Schals zurück. »Was kann ich für dich tun?«

Ich nahm einen Ordner von dem Stuhl an ihrem Schreibtisch und setzte mich ihr gegenüber. »Danke, gut«, antwortete ich, dann holte ich tief Luft. »Es tut mir leid, Gin«, stieß ich hervor, »aber ich würde gern kündigen.« Ich wartete eine Sekunde, bevor ich fortfuhr: »Ich mag die Schule und alles, aber ich bin bereit für etwas anderes ...« Dann brach ich ab und lächelte, denn mehr hatte ich mir nicht zurechtgelegt.

Virginia machte ein amüsiertes Gesicht, doch ich sah die Überraschung in ihren Augen. »Warum?«, fragte sie. »Hast du einen anderen Job?« Für einen Augenblick legte sie behutsam die Hand auf meine. Der lila Schal fiel wieder nach vorn.

»Oh, nein«, antwortete ich. »Ich würde nur gern in der Wildnis leben.«

Virginia zog die Augenbrauen in die Höhe.

»In den Wäldern leben, in der Natur, hoch oben in den Bergen«, fügte ich hinzu.

Virginia klappte der Mund auf. »Tatsächlich? Aber ... warum?«

»Nun, die Wildnis bewirkt, dass ich mich lebendig fühle«, versuchte ich zu erklären. Meine Freundin wirkte immer noch völlig verblüfft. »Ich würde es gern einmal ausprobieren, herausfinden, ob ich in der Wildnis überleben kann, ob sie meinen Geist, meinen Körper verwandelt.«

»Verstehe ... Hast du denn vor, ab und an in die Stadt zurückzukehren?«, wollte sie wissen, und ich konnte sehen, wie sie versuchte, aus meinen Worten schlau zu werden.

»Wir haben vor, für drei Monate am Stück in die Berge zu gehen, dann kommen wir zurück, um unsere Vorräte aufzustocken, bevor wir uns einen neuen Platz in der Wildnis suchen«, erklärte ich. »Das wollen wir viermal machen – ein ganzes Jahr lang.«

»Aber wie willst du duschen?«, fragte sie, immer noch perplex.

Duschen? Es dauerte einen kurzen Moment, bis ich diese unerwartete Frage verdaut hatte. »Ich wasche mich einfach im Fluss«, platzte ich heraus.

»Sogar mitten im Winter?« Virginia starrte mich ungläubig an.

»Nein, einmal im Monat musst du zurückkehren. Zumindest, wenn du deine Tage hast!«

Ich konnte nicht anders: Ich musste lachen, und kurz darauf fiel Virginia in mein Lachen mit ein. Eine Woge aufgeregter Vorfreude brach über mich herein: Das hier passierte wirklich. Ich stand kurz davor, mich auf ein großes Abenteuer zu begeben.

An einem schönen Herbsttag im April gaben die Lehrer und Schüler eine Abschiedsparty für mich. Sie hatten ein Buffet aufgebaut, und anschließend sang ich draußen auf dem Schulhof für alle ein Lied. Ich war nervös, weil ich vor so großem Publikum auftrat und meine Stimme mich schon bei vergangenen Gelegenheiten im Stich gelassen hatte, aber ich war fest entschlossen, mich anständig zu verabschieden. Ich wählte einen Song, den ich selbst geschrieben hatte: »*Get out for freedom, 'cause there is no key … Remember, freedom is for free*« – es gibt keinen Schlüssel zur Freiheit … Freiheit gibt es umsonst.

Als wir später wieder drinnen waren, versuchte ich, mir ziemlich ungeschickt mit einer Plastikgabel ein Stückchen Schokoladenkuchen abzuteilen. Virginia kam zu mir.

»Wir werden dich vermissen, Miriam«, bemerkte sie.

»Lieb, dass du das sagst, Gin«, erwiderte ich lächelnd.

»Ich meine es ernst, auch wenn ich zugeben muss, dass mir dein Wunsch, in der Wildnis zu leben, immer noch sehr seltsam erscheint«, gestand sie aufrichtig. »Ich meine, du hast die Chance, als Lehrerin zu arbeiten, Sportlerin oder sogar Musikerin zu werden. Wie kommt es, dass sich eine hübsche junge Frau wie du dafür entscheidet, ein entbehrungsreiches Leben an einem völlig isolierten Ort in den Bergen zu führen?« In ihren großen braunen Augen stand Verwirrung.

»Nun –«, fing ich an und blickte auf meinen Kuchen.

»Ich habe Filme gesehen über junge Männer, die gegen ihre Eltern rebellieren«, fuhr Virginia fort. »Junge Kerle aus schwierigen Familienverhältnissen, die in die Wildnis fliehen. Soweit ich weiß, hast du doch aber ein sehr gutes Verhältnis zu deiner Familie, oder nicht?«

Ich nickte. »Absolut! Ich könnte mir keine besseren Eltern vorstellen, und mit meinen Geschwistern verstehe ich mich ebenfalls ausgezeichnet. Ich sehe sie zwar nicht oft, aber wir stehen uns sehr nahe.«

»Und für sie ist es in Ordnung, dass du die Berge durchstreifst?« Virginia kicherte.

»Aber ja!« Ich strahlte sie an. »Sie ermutigen mich sogar dazu.«

»Tja, daher hast du also dein Selbstvertrauen! Deine Eltern haben dir offenbar den Mut gegeben, deinen eigenen Weg zu gehen.«

So hatte ich das noch nie betrachtet, aber vielleicht hatte Virginia recht.

»Dann bist du also keine, die von der Gesellschaft abgewiesen oder gar verschmäht wird, und dennoch hast du beschlossen, dich davon zurückzuziehen. Mehr noch – vor dir steht, bildlich gesprochen, ein reich gedeckter Tisch mit einem bunten Speisenangebot, und du verlässt das Haus, ohne dich zu bedienen.«

»Ich nehme an, ein Teil von mir findet das alles bedeutungslos.« Ich sah sie entschuldigend an.

Virginia nahm nachdenklich einen Schluck von ihrer Limonade.

»Was meinst du damit?«

»Sein Leben damit zu vergeuden, sich für Geld und Status abzustrampeln, sich die Leiter des gesellschaftlichen Erfolgs hinaufzukämpfen, mehr Dinge zu kaufen, als man wirklich braucht – das meine ich damit.«

»Und in den Bergen zu frieren ist eine bessere Option?« Virginias Augen funkelten.

»Vielleicht nicht«, räumte ich ein. »Aber einen Versuch ist es wert!« Nach einer kurzen Pause fügte ich hinzu: »Ich erinnere mich an einen ganz bestimmten Abend, als ich ungefähr sechzehn war. Ich stand am Fenster und schaute hinaus in den dunklen Wald, und während ich das tat, dachte ich daran, wie einst unsere Vorfahren in diesen riesigen Wäldern gelebt, auf dem Boden geschlafen hatten – neben ihren Tieren. Heute sind wir alle so versessen darauf, in Häusern zu wohnen, umgeben von jeder Menge Komfort. Was für eine gewaltige Veränderung.«

»Hm, ja.« Virginia nahm einen weiteren Schluck. »Dann denkst du also, die Menschen haben ihre Naturverbundenheit verloren?«

»Findest du das nicht? Sich wieder mit Mutter Erde zu vereinen, klingt ein bisschen nach New Age ...«, ich deutete aufs Fenster, hinter dem die Berge zu sehen waren, »... aber da draußen ist eine andere Welt, Gin.«

Sie drehte sich um und betrachtete die schwachen Umrisse in der Ferne.

»Ihre zeitlose Schönheit ist einfach verblüffend«, sagte ich beinahe schüchtern. »Ich möchte versuchen, ohne eine Barriere zwischen der Erde und mir zu leben. Ich möchte auf offenem Feuer kochen, reines Wasser trinken, auf dem Boden schlafen ... Die Wildnis ist womöglich in der Lage, uns etwas zu lehren, wenn wir die Zeit haben, ihr zuzuhören.« Ich wartete ab, wie Virginia auf diese sonderbare Erklärung reagierte, doch sie hob nur die Augenbrauen und nickte. Dann hellte sich ihre Miene auf.

»He, du wirst sämtliche Überlebensfertigkeiten lernen, die du brauchst, wenn irgendwann eine landesweite Epidemie ausbricht und alle in die Berge flüchten. Ich komme dann zu euch, mach dich darauf gefasst!«

Ich lachte, erleichtert über den Themenwechsel.

Virginia stellte ihr Glas ab, dann tat sie so, als würde sie einen Bogen anlegen, um ein Tier zu schießen. »Kannst du dir vorstellen, dass ich eine Ziege erlege?«, fragte sie leicht gequält.

»Warte, bis du hungrig genug bist!«, erwiderte ich schmunzelnd. In dem Moment hörte ich meine Kollegin Rose von draußen nach mir rufen. Ich stellte meinen Teller mit dem unberührten Kuchen neben Virginias Glas. Als wir zusammen auf den Schulhof hinaustraten, nahm sie meine Hand. »Viel Glück, meine Liebe, ich bewundere deinen Mut. Bitte pass auf dich auf.«

»Danke, Gin. Das werde ich.«

Die Schule machte mir ein ausgesprochen praktisches Geschenk: ein Merinohemd mit passendem Shirt und Hut. Ich hielt eine kleine Rede, um mich bei allen zu bedanken, dann versuchte ich, meine zehn Schüler zu umarmen. Die meisten von ihnen hatten in der neunten Klasse die Schule abgebrochen und zeigten mehr oder weniger stark ausgeprägte Verhaltensstörungen. Jeder Einzelne von ihnen stammte aus schwierigen Familienverhältnissen und kämpfte darum, Teil dieser Gesellschaft zu sein. Ich hatte ihnen geholfen, eine Arbeit zu finden, hatte ihnen Empfehlungsschreiben ausgestellt und Gerichtsverfahren beigewohnt. Diese Jugendlichen waren in einer Welt aufgewachsen, die ich nie kennengelernt hatte. Es war mir nicht immer leichtgefallen, mit ihnen zu arbeiten, vor allem mit denen, die einer Gang angehörten. Manche von ihnen wollten mich nicht umarmen, da sie froh waren, dass ich ging – oder vielleicht gehörte eine Umarmung auch einfach nicht zu ihrem »Gang-Protokoll«.

Einer meiner Schüler war Sam, ein ungewöhnlich großer, dicker

Junge, der sich gern allabendlich betrank, aber er war ein sanfter Riese. »Big Sam« drückte mich herzhaft an sich, hob mich von den Füßen und wirbelte mich herum. Es war ein komisches Gefühl, das mich zum Kichern brachte – selbst meine Gangstas fingen an zu lächeln (oder zu feixen – das konnte ich nie so recht sagen). Auch der fünfzehnjährige Jimmy aus Samoa zählte zu meinen Lieblingsschülern. Ich weiß noch, wie ich zum ersten Mal seine Akte las. Er hatte in den Vereinigten Staaten gelebt und sich an mehreren großen Gang-Kämpfen beteiligt. Zurück in Neuseeland, saß er wegen Diebstahl und gefährlicher Körperverletzung in einem Jugendgefängnis ein. Andere Schüler kannten seinen berühmt-berüchtigten Namen und warnten mich vor ihm, sodass ich beinahe zitterte, als er schließlich an meine Tür klopfte. Doch am Ende des ersten Tages stellte ich fest, dass ich nicht anders konnte, als den kleinen, schüchternen Jimmy zu mögen. Etwas später in jenem Jahr organisierte ich einen Camping-Ausflug für die Schüler und fand heraus, dass Jimmy tatsächlich Angst vor der Dunkelheit und Geistern hatte. Aus diesem Grund gab ich ihm einen kleinen Malachit, als ich die Schule verließ. Meine Mutter hatte ihn mir geschenkt, als ich zehn war. Damals hatte ich mich ebenfalls vor Geistern gefürchtet. Jimmy schien sich aufrichtig darüber zu freuen.

Jimmy war also glücklich, Virginia war ebenfalls glücklich und ich auch. Ein gutes Ende, fand ich. Das hier war der Tag, auf den ich mich das ganze Jahr über gefreut hatte: der beglückende Moment, in dem ich ein neues Kapitel in meinem Leben aufschlagen würde. Auf dem Heimweg überkam mich ein euphorisches Gefühl. Mein Herz platzte förmlich vor Energie, und ich ertappte mich dabei, die ganze Fahrt über zu lächeln. Die Schule war aus. Zumindest für mich. Ich hatte jede Menge Ersparnisse auf der Bank, ich hatte eine Aufenthaltserlaubnis für Neuseeland, und ich hatte die Freiheit zu leben, wo immer ich wollte.

Eine kräftige Böe rüttelte an meinem Wagen. Wie ich diese unsichtbare Kraft liebte! Den Wind, wie er durch die Berggipfel und hinab ins Tal fuhr, die trockenen Grasbüschel durch die Luft wirbelte und durch die weit ausgestreckten Äste der alten Bäume strich. Der Wind trug Samen mit sich und brachte die gelben Blumen dazu, sich zu verneigen und die Erde zu küssen. Er wurde immer stärker auf seinem Weg durch die baumlosen Ebenen, und jetzt versuchte er, mein Auto von der Straße zu wehen.

Unser kleines Zuhause, ein weißes Holzhaus, umgeben von alten Kahikatea-Bäumen – neuseeländischen Warzeneiben –, lag eine halbstündige Autofahrt von der Schule entfernt. Als ich mich dem Haus näherte, sah ich, wie Peter die Kürbisse in unserem großen Gemüsegarten erntete. Ich winkte ihm zu und drückte jubelnd auf die Hupe, um meinen Abschied gebührend zu feiern.

Kaum kam der Wagen zum Stehen, sprang ich hinaus, rannte zu Peter und umarmte ihn begeistert. Ich blickte in seine strahlenden blauen Augen und verkündete in meiner besten Ed-Hillary-Stimme: »Wir haben den Bastard drangekriegt!«

»Was doch für ein prächtiger Kiwi aus dir geworden ist!«, stellte Peter schmunzelnd fest.

Ich hatte Peter vor vier Jahren in einem Restaurant in Süd-Indien kennengelernt. Die Augen glänzend vor Begeisterung, erzählte er mir, er habe bei fünfundvierzig Grad Celsius Süd-Indien zu Fuß durchquert, ohne Landkarten oder Führer die Gebirgszüge des Himalaja erklommen und sei während eines Gewittersturms nachts auf den Wellen des Ozeans gesurft ...

Ich hörte ihm mit offenem Mund zu. Während meiner langjährigen Reisen war ich noch nie einem so enthusiastischen, intelligenten Mann begegnet, der frei heraus Haus und Arbeit gegen ein Abenteurerleben eingetauscht hatte. Die Anziehungskraft, die er auf mich ausübte, gründete nicht allein auf seinem Wissen und seiner Weisheit, seiner Freude am Abenteuer, seiner Fähigkeit, einfach zu leben, oder dem Anblick seines kräftigen, durchtrainierten Körpers; vom ersten Augenblick an war da ein unleugbarer Funke zwischen uns – ein Funke der Liebe. Ein Funke, der nicht erlöschen sollte. Da wusste ich, dass ich einen wahrhaft bemerkenswerten Mann gefunden hatte.

Zwei Jahre nachdem ich Peter kennengelernt hatte, reiste ich mit ihm in sein Heimatland Neuseeland. Peter und ich sehnten uns nach naturbelassenen Orten, genau wie wir uns nach Frieden, Schönheit und Weite sehnten. In meinen Augen gab es keine größere Schönheit als die unbewohnte, raue Wildnis von Neuseelands steilen, gnadenlosen Bergen, ausgedehnten Wäldern, großen Flüssen, Seen und wilden Tieren. Der bloße Anblick der Berge, von denen aus man einen unendlich weiten Blick über die darunterliegenden Täler und Ebenen oder gar über den schier unendlichen Ozean genießen konnte, machte mich jedes Mal sehr glücklich. Die ländlichen Gebiete der Niederlande, in denen ich aufgewachsen war, verfügten ebenfalls über eine gewisse Weite, allerdings nicht über eine so großartige Wildnis. Früher einmal hatte es dort riesige Wälder, Sümpfe und Moorgebiete gegeben, doch heute lebten die meisten Menschen in Städten, die mehr und mehr zusammenwuchsen. Dazwischen fand man fruchtbare grüne Felder, unterteilt von künstlichen Kanälen. Ich hatte eine wohlgeordnete Welt hinter mir gelassen und sehnte mich nun nach etwas Wildem.

Peter hatte mir Geschichten aus seiner Zeit in Indien während der Siebzigerjahre erzählt, als er mit Sadhus im Himalaja unterwegs gewesen war. Ich wollte in die Berge wandern und Frieden finden, genau wie diese spirituellen heiligen Männer. Aber in Indien gab es zahllose Dörfer, in denen man Essen und andere lebensnotwendige Dinge bekam, außerdem relativ vorhersagbare Witterungsverläufe. Die hohen Berge hier in Neuseeland dagegen waren unbewohnt, und bis auf Speergraswurzeln und Schneebeeren gab es hier nur sehr wenig zu essen – abgesehen von Wildtieren natürlich. Unser Schritt, in der Wildnis zu leben, musste daher ausgesprochen sorgfältig geplant werden.

»Wie viele Tassen Tee trinkst du am Tag, Liebling?« Ich saß mit Stift, Papier und Taschenrechner am Tisch und versuchte zu berechnen, wie viele Lebensmittel wir mitnehmen mussten.

Peter zog die Augenbrauen zusammen. »Keine Ahnung. Vielleicht sechs?«

»Okay. Das macht zwölf Tassen pro Tag, hundertzwanzig in zehn Tagen, zweihundertvierzig in zwanzig Tagen ... also ungefähr dreihundertsechzig im Monat. In drei Monaten tausendachtzig Tassen.«

Da wir beschlossen hatten, nur das Nötigste an Lebensmitteln mitzunehmen, mussten wir jeden einzelnen Teebeutel, jeden Löffel Honig, jedes Gramm Milchpulver, Mehl, Hefe, Reis und Bohnen kalkulieren, das uns durch den Winter bringen sollte. Peter hatte Gemüse aus unserem Garten in der warmen Herbstsonne getrocknet. Wir wollten unsere Lebensmittel in mit Deckeln verschließbaren Plastikbehältern verstauen und sicher in der Erde vergraben, und ich hatte eine Liste mit dem Inhalt jedes einzelnen dieser Behälter angefertigt. Alles war akribisch organisiert, genau wie in den Geschichten, die ich über Arktisexpeditionen gelesen hatte.

Wir studierten Bücher über essbare Pflanzen und Pilze und bereiteten uns darauf vor, in der Wildnis Nahrung zu sammeln. Wir verließen uns darauf, dass wir die entsprechenden Pflanzen, Beeren und Pilze auch tatsächlich finden würden, und ich nahm mir vor, die Jagd auf Wildtiere wie Kaninchen und Ziegen zu erlernen – doch auch wenn ich nichts erbeutete, würden wir nicht verhungern. Ich war in einem Haushalt von Anthroposophen aufgewachsen – ein System, begründet von Rudolf Steiner, das hauptsächlich natürliche Mittel verwendet, um das physische und psychische Wohlergehen zu optimieren –, und ich war von Geburt an Vegetarierin gewesen. Erst als ich nach Neuseeland kam und von den ökologischen Problemen mit eingeführten Säugetieren erfuhr, begriff ich, dass es moralisch durchaus vertretbar ist, Wildtiere zu schießen, um sie zu essen. Über die Jahre waren Peter und ich einigen Jägern begegnet, und einer von ihnen jagte mit Pfeil und Bogen. Als ich den jungen Mann sah, wusste ich sofort, dass auch ich diese traditionelle Jagdmethode erlernen wollte. Also kaufte ich mir einen schönen Bogen und viele teure Pfeile und übte eifrig Tag für Tag eine Stunde lang an einer fest stehenden Zielscheibe in unserem Garten.

Peter und ich hatten beschlossen, die erste Zeit in der Region

Marlborough auf der Südinsel Neuseelands zu verbringen. Wir wollten ein Zelt in der Nähe einer alten Hütte, der Base Hut, aufstellen, die während des Winters nicht häufig aufgesucht wurde, aber eine Zufahrt für allradgetriebene Fahrzeuge hatte. Es war Peters Idee, unseren guten Freund und Nachbarn Ricky zu bitten, uns mitsamt unserer Ausrüstung in seinem Pick-up mit Allradantrieb zur Base Hut zu bringen. Wir hatten nicht vor, in der Hütte zu wohnen, aber drinnen gab es einen Holzofen, auf dem wir an Regentagen unser Essen zubereiten konnten. Wir spürten, dass dies ein sehr guter Ort war, um unser Leben in den Bergen zu beginnen.

Wir hatten einen ein Jahr gültigen Hüttenpass erworben, der uns erlaubte, in jeder vom Department of Conservation – der neuseeländischen Naturschutzbehörde, kurz: DOC – verwalteten Hütte zu übernachten, außerdem hatten wir lange Wanderungen unternommen und waren mit schweren Rucksäcken zu Zehn-Tages-Märschen aufgebrochen, um uns auf unser neues Leben vorzubereiten. Unser sperriges Gepäck auf dem Rücken, hatten wir die gängigen Wanderwege verlassen, um uns durch dichte Vegetation und schier undurchdringliche Schluchten auf schroffe Bergkämme zu kämpfen. Wir wateten in Sandalen durch eiskalte Flüsse, um zu lernen, mit tauben Füßen klarzukommen. Wir übten, bei Regen Feuer zu entfachen, und wir fanden heraus, dass Wolle mehr wärmte als Synthetikfasern. In Secondhandshops kaufte ich Decken, außerdem nähte ich Jacken und Hosen, die uns bei der kalten Witterung warm halten sollten.

Bevor wir aufbrechen konnten, mussten wir zunächst all unsere überflüssigen Habseligkeiten loswerden. Wir hatten ein möbliertes Häuschen gemietet, daher besaßen wir relativ wenig. Mit Ausnahme einer Kiste voll Bücher, die wir bei Ricky unterbrachten, gaben wir alles weg – Laptops, Handys, Kleidung, Schuhe, Wandteppiche, Wecker und so weiter. Ich stellte fest, dass es sehr viel einfacher war, Dinge anzuhäufen, als sie abzustoßen, vor allem wenn ich mich daran gewöhnt hatte, doch als ich auf unsere beiden Stapel und die zwölf Plastikbehälter voller Lebensmittel schaute, lächelte ich. Es war beglückend, derart frei von Besitz zu sein.

Nach zahlreichen Wochenenden des Trainierens und der Lektüre einer breiten Auswahl an Büchern über Expeditionen war ich absolut zuversichtlich, dass wir in unserem Zelt neben jener Hütte in der Wildnis überleben würden. Ich konnte es kaum erwarten, meine neu erworbenen Fähigkeiten auszuprobieren.

Am Morgen unserer Abreise, einem wundervollen Herbsttag Anfang Mai, rief ich meine Eltern an.

»Woher werden wir wissen, dass du noch am Leben bist?«, fragte meine Mutter besorgt.

»Du musst einfach Vertrauen haben, Mama«, erwiderte ich. »Wir sind vorsichtig, und ich schreibe dir lange Briefe. Vielleicht treffen wir unterwegs ein paar Jäger, die sie für mich abschicken.«

»Ach?«, fragte meine Mutter überrascht.

»Ja. Jäger sind sehr zuverlässige Leute, und ich klebe schon vorher Briefmarken auf die Umschläge, sodass sie die Briefe nur in den Kasten stecken müssen.«

Mein Dad hatte noch einen guten Rat für mich parat: »Viel Glück bei der Jagd mit Pfeil und Bogen, und sieh zu, dass du dich nicht verirrst!«

Mum schickte mir Küsse durchs Telefon. »*Dag, liefke!*«

Plötzlich wurde mir bewusst, dass dies für lange Zeit die letzten holländischen Worte waren, die ich hören würde. Meine lieben, liebenswerten Eltern. Ich spürte, wie sich ein Kloß in meiner Kehle bildete. *Wird wirklich alles glattgehen?*, fragte ich mich.

»Maus ist da!«, hörte ich Peter rufen.

Ich drängte meine Tränen zurück und rannte nach draußen, um zu helfen, die schweren Plastikbehälter mit unseren Lebensmitteln sowie die Kisten mit unserer Ausrüstung auf die Ladefläche von Rickys Pick-up zu hieven, während Peter unsere Sachen mit Seilen sicherte.

Ricky, unser Nachbar, war ein energiegeladener Siebenunddreißigjähriger mit dem Schwung und der Verve eines Teenagers. Irgendwie war es ihm gelungen, der Verbitterung zu trotzen, die oftmals mit der Verpflichtung einherging, Alimente für Kinder zu bezahlen, die bei der Ex-Partnerin lebten. Er hatte etwas von einem jungen Hund, der stets auf der Suche nach einem Spielkameraden war. Wir hatten ihm den Spitznamen »Maus« gegeben, weil er emsig, schnell und unermüdlich war. Er war ein hervorragender Wildschweinjäger, der vor keiner Herausforderung zurückschreckte. Alles, was er tat, tat er mit großer Freude.

Als er von unserem Plan erfahren hatte, war er genauso aufgeregt gewesen wie wir. Seine grünen Augen blitzten bei der Aussicht, an unserem Abenteuer teilzuhaben. Er würde uns nicht nur mit seinem Pick-up in die Berge bringen, sondern uns auch noch mit seiner Kettensäge einen Stapel Feuerholz fertig machen. Wir hatten vor, eine Nacht gemeinsam auf dem Zeltplatz an der Base Hut zu verbringen und eine Art Abschiedsparty mit Rickys Wildschweinbraten zu feiern.

Peter und mich verband eine sehr gute Freundschaft mit Maus. Spannung entstand lediglich aufgrund seiner zweiten Frau Debbie, einer kleinen, aber toughen Person, die ebenfalls eine hervorragende Wildschweinjägerin war; sie erlegte stets die größten Keiler. In Rickys und Debbies Garage konnte man ihre Trophäen bewundern: eine lange Reihe gewaltiger Hauer. Man konnte Debbie als schön und gleichzeitig als hässlich beschreiben – das hing von ihrer jeweiligen Stimmung ab. Manchmal war sie freundlich, weitaus öfter jedoch gereizt, müde und griesgrämig.

Als Debbie verkündet hatte, sie wolle Maus und uns in die Berge begleiten, hatte ich Mühe, meine Enttäuschung zu verbergen. Ich hatte mir einen Abend voller Lachen und Geschichten vorgestellt, doch nun fürchtete ich, dass sie uns mit ihrer mürrischen Stimmung die Freude verderben könnte.

Maus saß auf dem Fahrersitz, Debbie neben ihm. Peter und ich kletterten auf den Rücksitz, eine Kiste Feijoas – Ananas-Guaven – zwischen uns.

»Habt ihr alles?«, fragte Maus.

Peter sah mich an.

»Ich glaube schon«, antwortete ich.

»Glauben hilft uns da nicht weiter, du solltest dir besser sicher sein, sonst ist es nachher zu spät«, bemerkte Peter nervös.

Ich warf einen Blick über die Schulter auf die Ladefläche des Pick-ups.

»Ja, wir haben alles.«

»Ja!« Maus lachte und ließ den Motor an. »Habt ihr eure Expedition mit deutscher Gründlichkeit organisiert, Peter?«

»Ich bin keine Deutsche, Maus!«, wandte ich, ebenfalls lachend, ein.

»Die Niederländer sind doch genau genommen Tieflanddeutsche.« Peter zwinkerte mir zu. »Sie können alles organisieren – wenn du nicht aufpasst, jedes noch so kleine Detail deines Lebens.«

Als wir zum letzten Mal aus unserem Tal hinausfuhren, schaute ich hinüber zu den Weiden mit ihren gelben und roten Blättern. Sie standen dicht am Fluss, der sich durch die Wiesen schlängelte.

»Wer weiß, wann wir wieder zurückkommen«, sagte Peter.

»Nie mehr!«, rief ich und lachte. Ich war so aufgeregt.

»Nie mehr« war natürlich Unsinn. Schon im Frühjahr würden wir wieder über diese Straße fahren, wenn auch nicht zu unserem alten Haus, sondern zu dem von Maus und Debbie.

Peters Arm lag auf der Kiste mit den Feijoas, seine Hand neben meinem Knie. Ich schob meine linke Hand in seine.

»Danke, dass du das Packen übernommen hast.« Er lächelte mich an.

»Es war mir ein Vergnügen.« Ich drückte leicht seine Hand.

Schweigend fuhren wir über die Straße, die in die Ausläufer der Neuseeländischen Alpen führte. Ich schaute aus dem Fenster und sah endlose Reihen von Weinstöcken. Die Trauben waren vor Kurzem geerntet worden, ohne die Reben wirkten die Stöcke leer und trostlos. Langsam, aber sicher wichen die Weingärten Weiden voller Schafe. Peter nahm zwei kleine Feijoas aus der Kiste, kurbelte das Fenster herunter und warf sie in das Gras am Straßenrand.

»Vielleicht kehren wir eines Tages hierher zurück und finden einen Feijoa-Baum vor«, sagte er.

Nach ungefähr einer Stunde bogen wir in eine wenig befahrene Schotterstraße ein, der wir folgten, bis wir auf ein Schild stießen: NUR FÜR ALLRADFAHRZEUGE – WEITERFAHRT AUF EIGENE GEFAHR.

»Kannst du hier kurz anhalten, Schatz?«, fragte Debbie. Ein Fernglas in der Hand, lehnte sie sich aus dem Beifahrerfenster, um einen Blick auf die Täler und Höhenkämme auf ihrer Seite zu werfen.

»Irgendwelche Hinweise auf Wildschweinaktivitäten?«, fragte Maus, der den Pick-up zum Stehen brachte.

»Schon möglich«, antwortete seine Frau. »Dahinten gibt es eine Senke mit Farn und ein paar freie Stellen, dort haben sie erst vor Kurzem gewühlt, würde ich sagen.«

Ich saß hinter ihr und kurbelte schnell mein Fenster herunter, um mein Interesse an der Jagd zu bekunden, obwohl ich keinen blassen Schimmer hatte, wonach ich Ausschau halten sollte. Ich fragte mich, ob ich sie um das Fernglas bitten sollte oder ob das genau das Falsche wäre. »Leben Wildschweine denn in einer solchen Höhe?«, erkundigte ich mich.

»Na klar. Sie leben überall dort, wo man sie in Ruhe lässt«, antwortete Debbie.

»Ich habe schon riesige Keiler oben auf den Berggipfeln gesehen. Ganz schön zähe Biester, sage ich dir.« Maus zog einen blauen Wollpulli über sein Hemd.

»Wohin flüchten die Schweine, wenn ihr sie oben auf den Gipfeln jagt?« Ich begegnete seinem Blick im Rückspiegel.

Er lächelte mich an. »Nirgendwohin. Sie sind geliefert, weil meine Hunde sie ruckzuck gefasst haben.«

»Die armen Schweine.« Peter seufzte. »Ihr solltet sie in Frieden lassen.«

»Ach Pete, du bist einfach zu weich!« Maus lachte. »Pete könnte keiner Fliege etwas zuleide tun«, sagte er grinsend und gab wieder Gas.

Maus durchquerte mehrfach den Fluss. Einmal erwischten wir eine ziemlich tiefe Stelle, das Wasser reichte fast bis über die

Motorhaube. Vor meinem inneren Auge sah ich vor mir, wie der Pick-up in der Mitte des Flusses liegen blieb, Wasser durch die Türen eindrang und unsere kostbaren Lebensmittelbehälter flussabwärts trieben. Je mehr ich darüber nachdachte, desto realer erschien mir diese Möglichkeit.

»Jetzt schau doch nicht so nervös, Miriam!« Maus hatte mein Gesicht im Rückspiegel gesehen. »Ich hab einen Schnorchel an meinem Pick-up. Das Wasser kann bis hier oben hinkommen.« Er deutete mit der Hand auf seine Brust.

»Warst du schon mal so tief im Wasser?«, fragte ich ungläubig.

»Ja, damals ist er fast in seinem Pick-up ertrunken.« Debbie lachte.

»Was macht man, wenn so etwas passiert?« Ich bereitete mich innerlich auf das Worst-Case-Szenario vor.

»Dann steigt man aus und geht zu Fuß weiter«, antwortete Maus.

Wir krochen an einem großen Geröllhaufen vorbei, der fast die halbe Straße verschüttet hatte. Maus war gezwungen, über die kleinen Büsche auf der anderen Seite zu fahren. Wir schauten auf den Fluss unter uns.

»Erinnert mich an den Himalaja«, sagte Peter. »Sieht genauso aus, nur dass dort alles eine Nummer größer ist.«

»Im Himalaja stürzt jede Woche ein Bus in den Abgrund«, fügte ich hinzu.

»Ein Bus pro Woche?«, brüllte Maus über das Dröhnen des Motors hinweg. »Woher kriegen die so viele Busse? Das ist ja eine Riesenverschwendung!«

»Keine Sorge, Indien ist ein großes Land!«, brüllte Peter zurück.

Der Pick-up überwand einen dicken Felsen, ein Rad in der Luft, das Fahrzeug neigte sich in einem gefährlichen Winkel. Ich warf einen Blick auf die Seile, mit denen unsere Habseligkeiten gesichert waren, und stellte erleichtert fest, dass Peter seine Sache gut gemacht hatte.

Dann kamen wir zu einem vierzig Meter langen Schlammbecken. Auf der rechten Seite war eine vage Fahrzeugspur zu erkennen, die durchs Gestrüpp führte. Anscheinend hatte schon vor uns jemand beschlossen, den Schlamm zu umfahren. Debbie versuchte, ihrem Mann zu zeigen, welche Strecke er einschlagen sollte, aber Maus war zu voreilig: Er fuhr direkt in das Schlammbecken hinein.

Ich hielt den Atem an, als ich spürte, wie der Pick-up absackte, und starrte blicklos auf die Windschutzscheibe, angespannt horchend, ob sich das Motorengeräusch veränderte. Die Reifen schienen die Bodenhaftung zu verlieren, die Hinterräder drehten durch. Wir kamen gefährlich langsam voran, doch zum Glück blieben wir nicht ganz stehen, und endlich schafften wir es bis auf die andere Seite. Debbie verbrachte die nächsten fünf Minuten damit, Maus immer wieder vorzuhalten, sie habe ihm die Alternativroute gezeigt, doch wie gewöhnlich habe er nicht auf sie gehört. Ich überlegte, auf wessen Seite ich mich stellen sollte, auf Rickys oder Debbies, aber am Ende sagte ich gar nichts.

Alle waren erleichtert, als wir die Hütte endlich entdeckten. Die Base Hut lag am Fuß eines steilen, bewaldeten Hügels. Auf der einen Seite sah ich eine grasbewachsene Lichtung, auf der anderen den Fluss. Die Hütte, verkleidet mit einem Dach aus Wellblech, wirkte ein wenig verloren und vernachlässigt, als wäre sie lange Zeit sich selbst überlassen gewesen.

Maus sprang als Erster aus dem Pick-up. »Wir haben es geschafft!«, rief er. »Jetzt könnt ihr euch für die nächsten drei Monate in dieser schäbigen kleinen Hütte aneinanderkuscheln, während der Regen aufs Dach trommelt.«

»Vielleicht werdet ihr auch eingeschneit und könnt nicht mal mehr die Tür öffnen«, fügte Debbie skeptisch hinzu.

»Halleluja!« Maus lachte. »Wo werdet ihr kacken gehen?«

Ich ging an einem leeren Holzschuppen vorbei zur Hütte und blieb auf der Schwelle stehen. Es dauerte eine Weile, bis sich meine Augen an das dämmrige Licht im Innern gewöhnt hatten. Es gab nur zwei kleine Fenster, und die waren sehr lange nicht mehr geputzt worden. Es war kalt, und es stank nach Mäusen. Die Wände, einst weiß gestrichen, waren mit den Jahren schmutzig braun geworden. Zu meiner Linken sah ich zwei Eisenstockbetten mit plastiküberzogenen Matratzen, sodass die Hütte insgesamt vier Schlafplätze bot. In der Mitte des Raums stand ein Tisch mit drei Stühlen, einer davon war kaputt. Auf der rechten Seite befand sich der kleine Holzofen, auf dem Boden daneben lagen ein paar Kiefernzapfen und ein Stapel mit Zeitungen und Zeitschriften. Es gab eine kleine Arbeitsplatte und Regale, aber keine Spüle und keinen Wasserhahn. Ein Blecheimer, mit dem man Wasser vom Fluss holen konnte, stand bereit. Auf dem Regalbrett unter der Arbeitsplatte entdeckte ich einen Stapel Teller. Als ich den obersten hochhob, fielen schwarze Mäuseköttel zu Boden. Jemand hatte einen alten Topf und eine Bratpfanne dagelassen, allerdings ohne sie vorher sauber zu machen.

»Mein Gott, müssen wir wirklich hier übernachten?« Debbie, die nach mir eingetreten war, schnappte nach Luft.

»Ich denke schon.« Mir war genauso unbehaglich zumute wie ihr. Ich öffnete eines der Fenster, um frische Luft hereinzulassen. »Wenn wir erst mal das Feuer in Gang gebracht haben, sieht die Welt schon anders aus.« Ich klang optimistischer, als ich mich fühlte.

Mit seiner Kettensäge sägte Maus in einer Stunde mehr Feuerholz, als wir in einer Woche mit der Axt hätten schlagen können. Er arbeitete als Baumpfleger, und ich hatte ihn schon vom Baum hängen sehen, ein Knie um einen Ast gehakt, in einer Hand die Kettensäge, mit der anderen die Balance haltend.

Als Peter und Debbie damit beschäftigt waren, das Feuerholz zu stapeln, schlug ich vor, die Lebensmittelbehälter zu vergraben. Maus bot mir seine Hilfe an. Wir nahmen uns Zeit für die Entscheidung, wo der beste Platz dafür sei, doch als wir endlich anfingen zu graben, stellten wir fest, dass der Boden nur rund fünf Zentimeter dick war. Darunter befanden sich Flusssteine, und zwar überall. Wir versuchten es im Wald, doch die Baumwurzeln machten es unmöglich, ein Loch auszuheben.

Maus setzte sich ins Gras auf der Lichtung und lachte lauthals über unsere Naivität.

»Dann müssen wir die Dinger eben verstecken«, sagte ich und ließ mich neben ihn auf den Boden fallen. »Und sie mit Moos und Zweigen bedecken.«

Ich war nervös. Sollte etwas mit unseren Nahrungsmitteln schiefgehen, könnte das ein Desaster werden. Ich malte mir alle möglichen Szenarien aus. Jäger könnten das weiße Plastik durchschimmern sehen und unser Essen stehlen. Ihre Hunde würden das Mehl riechen. Und was wäre mit den Ratten? Die würden sich doch in Windeseile durch die Deckel fressen!

»Und, wie gefällt dir euer neues Haus?«, fragte Maus, stand auf und schleppte zwei der schweren Behälter zu einer natürlichen Senke.

»Ich glaube, ich schlafe lieber draußen im Zelt statt in der schmutzigen Hütte«, antwortete ich leicht bedrückt. »Morgen bauen wir unser Zelt auf.«

»Nicht viele Frauen würden sich dafür entscheiden, den Winter in einem Zelt statt unter einem festen Dach zu verbringen.«

»Viele Männer sicher auch nicht!« Ich lachte und legte den Kopf schräg.

»Richtig«, räumte er ein. »Du bist schon ein außergewöhnlicher Mensch. Brauchst nicht den Luxus eines sauberen, trockenen Hauses.« Er hob zwei weitere Behälter hoch.

»Ich genieße das einfache Leben, liebe es, durch die Schönheit der Natur zu schlendern, auf offenem Feuer zu kochen, im Fluss zu waschen – mich und unsere Sachen. Das verleiht mir das Gefühl, lebendig zu sein.« Ich öffnete meine Hände und streckte ihm die Handflächen entgegen. »Die besten Dinge im Leben sind gratis!«

»Freiheit gibt es umsonst!« Er lächelte mich an.

»Würde es dir nicht gefallen, eine Zeit lang in der Wildnis zu leben?«, fragte ich ihn.

»Na ja, ich mag die Wildnis, aber ich bin ein geselliger Mensch, bin gern unter Leuten«, erwiderte Maus. »Hier oben in den Bergen wäre es mir zu einsam.«

Ich betrachtete seine leuchtenden Augen und den Mund, der

aussah wie der eines Delfins. Mit Maus in der Nähe kam mir die Welt stets so fröhlich und unbeschwert vor.

Während Peter über dem knisternden Feuer ein leckeres Wildschwein-Curry zubereitete, wurde es langsam warm in der Hütte. Zwei Kerzen auf dem Tisch beleuchteten unser Abendessen. Wir aßen, machten gelegentlich eine Bemerkung oder einen Scherz, aber ich spürte eine leichte Anspannung und war auf der Hut vor Debbie. Schon bald nachdem wir aufgegessen und den Abwasch erledigt hatten, beschlossen wir, in unsere Schlafsäcke zu kriechen, um uns warm zu halten. Eilig wählte ich die am wenigsten schmutzige Matratze aus und prüfte, ob sich die dunklen Flecken von dem Plastikbezug entfernen ließen. Anschließend schlüpfte ich in meinen Schlafsack und rollte meinen Pullover zu einem Kissen zusammen. *Das ist die letzte Nacht, in der mein Schlafsack sauber ist*, dachte ich.

»Ist euch allen warm?«, fragte Peter.

»Ich koche«, antwortete Maus, der stets in Extremen zu empfinden schien.

»Wenn das Feuer ausgeht, wird's kalt«, gab Debbie zu bedenken.

Niemand wusste, was er darauf erwidern sollte. Nachdem es eine Weile still geblieben war, wünschte sie uns eine gute Nacht.

»Gute Nacht«, erwiderte ich.

Alle zehn Minuten drehte Maus sich um. Sein Bett quietschte.

»Hör auf, dich so oft umzudrehen, Ricky«, blaffte Debbie.

Auf einmal hörte ich zu meinem Entsetzen Mäuse durch die Hütte huschen. Sie raschelten lautstark mit einer Plastiktüte, also stand Peter auf und räumte die Tüte weg.

Als es wieder ruhig war, lag ich schlaflos da und fragte mich, ob die Mäuse wohl als Nächstes meinen Schlafsack erkunden würden. Womöglich würden sie dabei versehentlich über mein Gesicht huschen! Plötzlich war mir ausgesprochen unbehaglich zumute und ziemlich heiß. Ich wünschte mir, ich hätte das Zelt aufgeschlagen; ich hätte mich sehr viel wohler gefühlt in meinem eigenen abgeschlossenen Raum.

Nachdem ich einige Stunden im Halbschlaf verbracht hatte, wurde ich wieder wach.

Diesmal waren Ratten unter dem Wellblechdach der Hütte. Sie konnten nicht hereinkommen, aber sie trippelten hin und her in der ansonsten totenstillen Nacht. Maus knipste seine Stirnleuchte an, ging mit seinen sauberen Socken über den schmutzigen Holzfußboden und schnappte sich den Besen.

»Willst du die Ratten etwa rauskehren?«, hörte ich Peters Stimme.

»Passt mal auf«, flüsterte Maus. Er durchquerte im Zickzack den Raum, die Augen nach oben gerichtet, um die genaue Position der Ratten zu bestimmen, dann blieb er stehen und stieß den Besen mit ohrenbetäubendem Krach gegen die Decke. Das Resultat war absolute Stille. Zur Sicherheit wiederholte Maus das Prozedere ein paarmal. Die Decke war dünn – die Ratten mussten einen furchtbaren Schreck bekommen haben.

»Seht ihr«, verkündete Maus triumphierend. »Es hat funktioniert.«

Am nächsten Morgen packte Debbie die Sachen in den Pick-up, noch bevor wir zu Ende gefrühstückt hatten.

»Wir müssen bald aufbrechen, nicht dass es noch anfängt zu regnen und der Fluss anschwillt«, erklärte Maus und streichelte seiner Frau den Rücken. Vielleicht lag es an der schlaflosen Nacht, aber Debbie sah ziemlich blass und angeschlagen aus. Als es Zeit wurde, sich zu verabschieden, saß sie bereits wartend im Pick-up.

Ich umarmte Rickys drahtigen Körper und hätte ihn am liebsten gar nicht mehr losgelassen. Plötzlich wurde mir klar, dass er der letzte Mensch war, den wir für lange Zeit zu Gesicht bekämen.

»Wir werden dich vermissen«, sagte ich.

Mit einem fröhlichen Lächeln erwiderte er, er freue sich für uns. Sollte der Fluss es erlauben, versprach er, würde er uns einen Besuch abstatten. »Viel Glück bei der Jagd«, sagte er zu mir. »Und denk dran: Sonne im Rücken, Wind im Gesicht!«

Ich nickte und versuchte, sein Lächeln zu erwidern.

Und dann fuhren sie davon. Maus durchquerte wagemutig den Fluss, das Wasser spritzte bis über die Motorhaube. Kurz vor der Kurve hupte er. Wir hörten noch ungefähr eine Minute das Dröhnen des Motors.

Dann senkte sich die Stille herab.

2
Winter

Peter drehte sich um und zog meine Arme über seine Schultern. »Jetzt gibt es nur noch uns beide«, sagte er und umarmte mich. Ich küsste ihn zärtlich auf die Stirn.

Am Himmel über uns erschien ein großer Habicht, der anmutig dem Flussverlauf folgte. Als er uns sah, schlug er heftig mit den braunen Flügeln, um die Richtung zu ändern, dann verschwand er auf der anderen Seite der Berge – die uns wie die andere Seite der Welt vorkam.

Ich holte tief Luft. »Ich fühle mich, als wären wir endlich nach Hause gekommen.«

Peter nickte. »Das ist die Welt, in die wir alle hineingeboren wurden.«

Ich nahm seine Hand und blickte auf das Tal und den Wald um uns herum. »Ein verblüffendes Gefühl, so allein an einem so entlegenen Ort zu sein«, stellte ich fest.

»Ja. Das nächste Haus liegt einen guten Drei-Tage-Marsch von hier entfernt. Zu dieser Jahreszeit meiden die meisten Leute die Berge und bleiben bis zum Frühjahr drinnen.«

Ich schaute auf und sah ein paar Wolken über den Gebirgszug treiben. Sie bewegten sich schnell, dort oben musste ein kräftiger Wind gehen.

»Was glaubst du, was mit uns passieren wird?«, fragte Peter.

Ich überlegte eine Weile, bevor ich antwortete. »Keine Ahnung«, sagte ich schließlich. »Ich kann mir die Zukunft einfach nicht vorstellen.«

»Weil sie vollkommen unvorhersehbar ist.«

»Ja. Es ist beinahe so, als hätten wir keine Zukunft. Nichts ist da außer einer unendlichen zeitlosen Leere, einem grenzenlosen Nebel.«

Zurück in der Hütte, fachte ich das Feuer wieder an und brühte zwei Tassen Tee auf, die ich zu Peter hinübertrug, der auf einem Felsen in der Nähe des Flusses saß.

»Ist das nicht wunderschön?« Ich schaute auf das kristallklare Wasser, das sich in Kaskaden von den Bergen ergoss. Die großen runden Steine, glatt geschliffen von der Strömung, glänzten in der Sonne.

»Ja, und riesige Teile dieser Insel sind genauso.« Peter lehnte sich zurück.

»Ich bin so glücklich darüber, hier zu sein, tatsächlich in dieser Schönheit zu leben.« Ich schaute auf die schroffen Felssporne auf der anderen Seite des Flusses, den dichten Wald in der Ferne und die alten Bäume ganz in der Nähe. Als ich meinen Tee ausgetrunken hatte, machte ich mir eine zweite Tasse. Wir hatten keine Uhr bei uns, aber ich nahm an, dass es etwa zehn Uhr morgens war. Ich dachte an Virginia und Rose, die in diesem Moment ihren Kaffee an dem Tisch am Fenster des Lehrerzimmers trinken würden. Wir lebten nun in völlig verschiedenen Welten.

Nach meiner anfänglichen Euphorie drängte ein unbehagliches Gefühl an die Oberfläche, als würde mir erst jetzt langsam bewusst, worauf ich mich eingelassen hatte. Ein Anflug von Panik durchzuckte mich. Es war der eine Gedanke, der mit all meinen Fantasien von einem friedlichen Leben in der Wildnis kollidierte – die Frage: *Was jetzt?* Was würde ich als Nächstes tun?

Ich dachte an die Dinge, die zu erledigen waren, und mir fiel ein, dass ich keine Toiletten gesehen hatte. Das Plumpsklo befand sich etwa siebzig Meter von der Hütte entfernt. Es war nicht mehr als ein tiefes Loch in einem Holzverschlag; das Einzige, was daran an ein modernes WC erinnerte, war der weiße Sitz. In der Ecke stand eine durchweichte Rolle Klopapier. Ich hob den Deckel und schaute in das Loch. Der Geruch war so entsetzlich, dass ich ihn schnell wieder fallen ließ.

Wenn ich mich bei geschlossener Tür auf diese Toilette setze, ersticke ich, dachte ich beklommen.

Hütte und Toilette waren schlimmer als erwartet, trotzdem

zwang ich mich, nicht an die vor mir liegenden Monate zu denken. Stattdessen wurde ich aktiv.

Die Base Hut musste unbedingt sauber gemacht werden, also holte ich einen Eimer Wasser aus dem Fluss, schnappte mir ein altes Handtuch und fing an, die verschmierten Wände, schmutzigen Fenster und selbst die Flecken auf den Matratzen abzuputzen. Wir würden definitiv im Zelt schlafen, da die Wellblechhütte den Ratten und Mäusen gehörte, aber so konnten wir bei schlechtem Wetter zumindest in einem sauberen Raum Unterschlupf suchen.

Peter sah mich mit dem Eimer hin und her rennen. »Warum setzt du dich nicht mal für eine Minute hin?«, fragte er. Aber ich war seit Jahren hin und her gerannt, weshalb es mir schwerfiel, still zu sitzen. Ich nahm die schmutzige Bratpfanne aus dem Regal und schrubbte sie mit Sand aus dem Fluss sauber, dann machte ich das Gleiche mit dem Besteck und dem Topf. Als Nächstes suchte ich nach dem besten Platz zum Kampieren, und schließlich stellte ich das Zelt unter ein paar Bäumen auf und spannte eine Plane als zusätzliches Dach darüber. Das Zelt war unser Schlafzimmer, die Hütte bei schlechtem Wetter das Wohnzimmer, der Fluss diente uns als Wasserhahn, Kühlschrank, Dusche, Spül- und Waschmaschine, und das ganze Tal war unser Garten. Unser Zuhause in der Wildnis. Langsam fühlte ich mich wohler.

Peter bot mir mehrfach seine Hilfe an, doch da ich den Augenblick fürchtete, in dem sämtliche Pflichten erledigt sein würden, zog ich es vor, alles allein zu tun. Ich brauchte etwas, womit ich den leeren Tag füllen konnte. Nachdem ich ein Seil als Wäscheleine zwischen den Bäumen befestigt hatte, setzte ich mich endlich hin. Mir fiel nicht ein, was ich sonst noch hätte tun können.

Wie spät es wohl ist?, fragte ich mich.

Die Sonne berührte jetzt die Berggipfel. Es fühlte sich an, als wäre es vier, aber genauso gut hätte es auch erst drei Uhr sein können. Der Tag kam mir endlos vor.

Auf diese eine Sache hatten mich all unsere Touren, all das Training nicht vorbereitet: auf die Langeweile. Jeden Tag zu wandern und somit beschäftigt zu sein, war relativ leicht, verglichen mit der

Herausforderung, einfach nur ... zu leben. Wäre ich ein Wanderer, würde ich meinen Rucksack schultern und zur nächsten Hütte aufbrechen. Wäre ich ein Jäger oder Fischer, würde ich für heute Feierabend machen und den Rückweg zum Wagen antreten. Ich aber konnte nirgendwohin.

Rastlos gesellte ich mich zu Peter, der in der Sonne saß und in aller Ruhe eine alte Zeitung las.

»Das ist am Anfang eine ziemliche Umstellung, findest du nicht?« Ich klang gelassener, als ich mich fühlte.

»O ja, eine gewaltige Umstellung.« Peter nickte. »Die Seele muss zur Ruhe kommen. Es wird Tage dauern, sich dem Rhythmus dieses Ortes anzupassen. Vielleicht sogar Wochen.«

Jene ersten Tage waren in der Tat eine gewaltige Umstellung, und zwar in vielerlei Hinsicht. Manchmal fühlte ich mich wohl und heimisch, andere Male unsicher, was die Zukunft anbetraf. Meistens aber fühlte ich mich rastlos und gelangweilt. Ich hatte keinen Job mehr, kein Projekt, keine Stimulation durch soziale Kontakte, E-Mails, Musik und anderes. Es war, als wäre ich auf Entzug. Mein Geist machte Überstunden, meine Gedanken überschlugen sich, unendlich viele Erinnerungen blitzten vor meinem inneren Auge auf. In meinem Kopf herrschte Chaos, verglichen mit der Ruhe der Natur, deren sanfter Rhythmus so viel langsamer war als der meines hektischen Selbst.

Ich war froh, dass ich mit Peter über den schwierigen Prozess der Entschleunigung sprechen konnte. Auch er hatte nie zuvor in der neuseeländischen Wildnis gelebt, aber er schien die Natur der Seele etwas besser zu verstehen als ich. Obwohl er im Vergleich zu mir ruhig erschien, sagte er, er wisse genau, wie ich mich fühle. Er habe zwar keine Million Pflichten ausfindig gemacht, die er sich aufbürden konnte, aber er habe sämtliche alte Zeitungen und Zeitschriften aus der Hütte von der ersten bis zur letzten Seite gelesen. Er schlug vor, die Langeweile und Rastlosigkeit einfach durchzustehen und für eine Weile nichts zu tun.

Gar nichts.

Das war das Letzte, was ich wollte. »Nichts« bedeutete Langeweile, die gefürchtete Leere, die grauenvolle Inhaltslosigkeit. »Nichts« war das Unbekannte.

Ich fand heraus, dass ich mich vor dem Nichts fürchtete, doch ich war gezwungen, mich in den kommenden Wochen genau dieser Furcht zu stellen.

Am ersten Morgen, an dem wir bei Sonnenschein aufwachten, machten wir ein großes Feuer vor der Hütte. Ich mag Feuer. Seit meinem fünften Lebensjahr hatten mich zwei Dinge fasziniert, beide hatte mich mein ausgesprochen geduldiger Vater gelehrt: Baumhäuser bauen und Feuer machen.

Wir hatten Mehl, Hefe und einen altmodischen Feuertopf – auch »Camp Oven« oder »Dutch Oven« genannt – mitgebracht, im Grunde nicht mehr als ein großes gusseisernes Gefäß mit flachem Deckel und drei kurzen Beinen, das man direkt ins Feuer stellen konnte. Peter hatte als Zwanzigjähriger gelernt, damit umzugehen, als er als Koch auf den riesigen Rinderfarmen am Golf von Carpentaria im Norden Australiens gearbeitet hatte. Um Brot in unserem Feuertopf zu backen, brauchten wir Hartholz für das Feuer; würden wir weiches Holz wie das einer Kiefer verwenden, erklärte mir Peter, hätten wir am Ende nur Asche und keine Kohle, sodass das Brot in der Mitte nicht durchgebacken wäre. Es dauerte etwa zwei Stunden, bis sich das Hartholz, das wir gesammelt hatten, in rot glühende Kohlen verwandelte.

Als es so weit war, knetete Peter den Brotteig und legte ihn in den Feuertopf. Kaum war der Teig bis zum Deckel aufgegangen, schob er die brennenden Scheite mit einer kleinen Schaufel beiseite und bildete ein Loch in der Mitte der glühenden Kohlen. Er stellte den Ofen hinein, dann schob er die Kohlen auf den flachen Deckel.

Nach einer Stunde hob ich gespannt den Deckel ab, und zusammen bestaunten wir einen wunderschönen goldbraunen Brotlaib. Vor Freude von einem Ohr zum anderen grinsend, aßen wir die ersten heißen Scheiben. Sie schmeckten köstlich. Nach Unabhängigkeit.

Ein farbenprächtiger kleiner Maori-Glockenhonigfresser mit einem grün schillernden Rücken und gelbem Bauch sang in einem nahe gelegenen Baum. Seine rubinroten Augen musterten uns aus verschiedenen Blickwinkeln.

»Achte auf seinen Schnabel«, sagte Peter leise.

Der Vogel sang voller Begeisterung, aber manchmal öffnete sich sein Schnäbelchen, ohne dass ein Laut herauskam.

»Manche der Laute, die er von sich gibt, können wir nicht hören«, flüsterte ich.

»Die ganz hohen Töne, ja.«

»Was entgeht uns außerdem noch alles auf dieser Welt, von dem wir nichts ahnen?«, überlegte ich laut.

»Es liegt an uns, das herauszufinden, Miriam«, antwortete Peter. Der Glockenvogel spreizte die Flügel und flog davon.

In unserer ersten Woche spazierte ein schwarz-weißer Ziegenbock an unserem Lager vorbei. Ich rannte ihm nach und meckerte: »Mäh, mäh, mäh!«, um zu sehen, ob er mein Meckern erwiderte, aber der Bock schlenderte bloß lässig in den Wald hinein. Ich unternahm keinen Versuch, ihn zu erlegen, weil wir noch genug von Maus' Wildschwein hatten.

Eine Woche später war es an der Zeit, dass ich mich auf die Jagd nach Fleisch machte. Zwar hatte ich geübt, mit Pfeil und Bogen auf eine Zielscheibe zu schießen, doch viel Erfahrung mit der Jagd hatte ich nicht. Dennoch brannte ich darauf, diese neue Fertigkeit zu entwickeln.

Wenn ich an das Wort »Fertigkeit« dachte, fiel mir Peters Bruder Mark ein, der eine große Schaffarm besaß. Wir hatten ihn vor drei Jahren während meines ersten Monats in Neuseeland besucht.

Damals hatten Peter, Mark und ich am Küchentresen gestanden, Tee getrunken und eine Weile geplaudert. Mark hatte mit einem großen Jagdmesser Scheiben von einer Salami aus Schwein und Wildbret abgeschnitten, hergestellt aus dem Fleisch von Tieren, die er selbst gejagt hatte.

Die beiden Brüder hätten nicht verschiedener sein können:

Mark mit seinem superkurzen Haar redete, gestikulierte und sah aus wie ein typischer Farmer – praktisch, nüchtern, geradeheraus. Mitunter ein bisschen ungehobelt. Allein die Art und Weise, wie er dastand, zeigte, dass er stark wie ein Ochse war – ein Mann, auf den man zählen konnte. Mit ernstem Gesicht und lakonischem Ton räsonierte er über die politische Lage auf der Welt.

»Werden die natürlichen Ressourcen weiterhin zunehmend durch die Überbevölkerung verschlissen, wird sich der Druck erhöhen, und es ist nur eine Frage der Zeit, bis es zu einem gewaltigen Desaster kommt.« Er sah uns kurz in die Augen und nickte. »Ja, das gesamte wacklige System wird zusammenbrechen wie ein windiges Kartenhaus.« Er spießte mit der Messerspitze ein Stück Salami auf und steckte es sich in den Mund.

»Was für ein Desaster meinst du?«, fragte ich nach.

Beide Brüder schauten mich verwirrt an, als sei ich der einzige Mensch auf Erden, der sich nie mit dem Gedanken an eine Apokalypse befasst hatte.

»Eine Katastrophe, hervorgerufen durch Gentechnik beziehungsweise Genmanipulationen«, antwortete Peter. »Oder den Dritten Weltkrieg.«

»Einen Klimakrieg«, fügte Mark hinzu. »Oder eine Pandemie.«

»Einen Börsenkrach wie 1929.« Peter schüttelte bedächtig den Kopf. »Es gibt jede Menge vorstellbare Gründe.«

»Ganz genau«, pflichtete Mark ihm bei. »Ist die Kacke erst mal am Dampfen, kann man auch mit Geld nichts mehr ausrichten, und am Ende müssen sich alle selbst helfen.« Er schob uns die geschnittene Salami zu.

Ich war ein wenig überrascht über Marks Worte. Peter und ich waren gerade durch Asien gereist, wo die Probleme der Überbevölkerung und Ressourcenknappheit auf allen Ebenen deutlich erkennbar waren – doch hier, in Neuseeland, schienen sie mir längst nicht so offensichtlich.

»Wenn Recht und Ordnung zusammenbrechen, weiß ich, was ich zu tun habe.« Mark beugte sich verschwörerisch vor. »Ich reiße sämtliche Brücken ab, damit niemand auf mein Grundstück gelangen kann.« Er deutete aus dem Fenster, und ich blickte auf die endlosen grünen Hügel, auf den Wald, der Mark und seiner Familie gehörte. »Wenn die Brücken weg sind, lasse ich nur noch kompetente Leute auf mein Land. Gewisse Fertigkeiten gehören nun mal zum Leben dazu.«

Fertigkeiten, dachte ich. *Fertigkeiten.*

»Ich habe genügend Schusswaffen, um meine Familie zu verteidigen. Dort über der Tür hängt mein Gewehr Kaliber .308, nur für den Fall, dass ich es schnell zur Hand haben muss, jede Menge weitere Gewehre sind in meinem Waffenschrank.«

»Genug für eine kleine Armee!« Peter lachte.

Ich stellte mir mich selbst vor in dieser postapokalyptischen Zukunft, wie ich am Rande des brückenlosen Flusses stand.

»Was für Fertigkeiten hast du?«, würden Mark und seine Kumpel von der anderen Seite rufen.

»Ich bin Sportlehrerin!«, rief ich zurück.

»Wie bitte?« Die Überlebensspezialisten würden sich kaputtlachen über eine solche Antwort. »Und was hat eine Sportlehrerin der Gemeinschaft rein überlebenstechnisch zu bieten?«

»Leibeserzieh…«

BUMM!

Miriam ist tot.

In meiner Fantasie malte ich mir ein großes Kannibalenfest aus – selbstverständlich durfte in einer Zukunft wie dieser nichts verschwendet werden.

Sollte es jemals zu einer Apokalypse kommen, überlegte ich damals, *wäre es besser, ich würde mir zuvor ein paar Überlebensfertigkeiten aneignen … nur für alle Fälle. Und selbst wenn nichts dergleichen passierte, hätte ich zumindest meinen Spaß.*

Aus dem Grund beschloss ich, das Jagen zu erlernen, und zwar so, wie unsere Vorfahren gejagt hatten. Als Kind hatte ich mit meinem Vater aus dem Bambus in unserem Garten Pfeil und Bogen gebastelt, und Robin Hood war mein Held gewesen. Die Jagd schien zu mir zu passen, überlegte ich, daher kaufte ich mir ein Jahr vor unserem Aufbruch in die Wildnis einen traditionellen Recurvebogen. Mein schöner Bogen hatte kein Visier, sodass ich intuitiv zielen musste – »intuitives Schießen« lautete die korrekte Bezeichnung, was in meinen Ohren genau richtig klang.

Als wir Maus' Schweinefleisch aufgegessen hatten und es Zeit wurde, den Fleischvorrat aufzufüllen, nahm ich daher meinen Bogen, steckte mein Messer in die Scheide und marschierte zuversichtlich einen Pfad entlang, der in den Wald hineinführte. Genauso musste es für die frühen amerikanischen Ureinwohner gewesen sein, wenn sie, Pfeil und Bogen über der Schulter, durch die Wildnis streiften. Und hier war ich es, die durch die Wildnis Neuseelands streifte. Was für ein fantastisches Abenteuer!

Ich folgte dem Pfad bergauf, angestrengt horchend und sorgfältig darauf bedacht, so wenige Geräusche wie möglich zu machen. Plötzlich meinte ich, in der Ferne das Meckern von Ziegen zu vernehmen, doch als ich näher kam, stellte ich fest, dass ich bloß das Rauschen des Flusses hörte. Ich versteckte mich hinter den Bäumen, verharrte reglos, schnupperte in alle Himmelsrichtungen und hielt Ausschau nach Ziegenköteln oder Spuren am Boden. Doch die ganze Welt schien stillzustehen – selbst die Vögel schwiegen. Ich starrte in den Wald zu meiner Linken, aber ich wagte nicht, mich zu weit vom Pfad zu entfernen aus Furcht, mich zu verlaufen. Plötzlich fühlte ich mich unwohl in diesem riesigen Wald, wo mir nichts auch nur ansatzweise vertraut war.

Auf einer grasbewachsenen Lichtung entdeckte ich einen großen Felsbrocken. Maus hatte mir erzählt, dass Ziegen offene Flächen mögen, also versteckte ich mich dahinter. Ich legte einen Pfeil auf und bereitete mich auf den Schuss vor. Dann hob ich langsam den Kopf und rechnete beinahe damit, eine Ziege in meinem Lieblingsabstand von zwanzig Metern vor mir stehen zu sehen, die nur auf mich wartete – aber nein. Nichts. Nicht mal ein willfähriges Kaninchen oder ein verirrter Hase.

Ich meckerte ein letztes Mal in dem verzweifelten Versuch, eine Ziege auf die Lichtung zu locken. »Mäh! Mäh!« Doch die einzige Antwort war Stille.

Und dann ging die Sonne unter.

Enttäuscht machte ich kehrt und eilte mit großen Schritten zurück in unser Camp. Plötzlich fürchtete ich mich vor der einbrechenden Dunkelheit.

»Wie weit bist du gegangen?«, wollte Peter wissen, als ich zurückkam. »Was hast du gesehen?« Aufgeregt wartete er darauf, dass ich ihm von meinem ersten Jagdversuch berichtete.

»Ähm, nicht so weit, um ehrlich zu sein«, gab ich leicht verlegen zu. »Und Beute gesehen hab ich leider auch keine.«

»Nun, du kannst es doch weiter versuchen«, ermutigte mich Peter. »Es bleibt dir ja noch jede Menge Zeit, das Jagen zu erlernen.«

Die klaren Tage waren so warm, dass wir nur im T-Shirt in der Sonne sitzen konnten, doch sobald diese hinter den Bergen verschwunden war, wurde es empfindlich kalt. Unser Zelt stand unter immergrünen Bäumen, deren Zweige während der langen Nächte die Kälte abschirmten, wenn im Tal der Frost hereinbrach und das erste Morgenlicht die weißen Kristalle im Gras freilegte.

An diesen Tagen unternahmen wir zahlreiche wundervolle Wanderungen. Peter ging oftmals ein kleines Stück voraus. Mit ihm fühlte ich mich in der Wildnis rundherum sicher. War ich allein unterwegs, fürchtete ich, mich zu verlaufen, doch wenn er bei mir war, hatte ich keine Angst. Er verfügte über einen guten Orientierungssinn, und selbst wenn wir uns verirren sollten, würde er wissen, was zu tun war. Er ging stets geschmeidig und voller Bedacht; nie sah ich ihn die Füße nachlässig oder unkonzentriert aufsetzen. Er folgte nicht gern einem ausgewiesenen Weg, sondern zog es vor, mitten durch den Wald, durch felsige Flussläufe und Schluchten zu wandern und uns zu imposanten Aussichtspunkten, bezaubernden grünen Wiesen und versteckten kleinen Höhlen zu führen. Einmal entdeckte er eine dicke alte Kiefer, und wir kletterten in ihre Äste und hockten dort, vier Meter über dem Boden, in derselben Höhe wie die Vögel. Von hier oben konnten wir das gesamte Tal überblicken.

»Sieht ein bisschen aus wie in Skandinavien«, sagte ich und deutete auf die Kiefern in der Senke.

»Oder wie in Kanada«, sagte Peter und versuchte, eine bequeme Sitzposition zu finden. »Der Wald besteht aus Tannen, Kiefern und Macrocarpas, Monterey-Zypressen. In den 1850ern hat man versucht, diese Gegend urbar zu machen, indem man sämtliche trockene Bergrücken mit Feuer rodete, aber das gelang nicht bei den feuchten Senken.« Er deutete auf eine Gruppe schöner alter einheimischer Scheinbuchen, die die Brandrodung überlebt hatten. »Wegen der verbrannten Flächen erodierte das Tal so sehr, dass man beschloss, per Flugzeug Kiefernsamen auszusäen.«

»Woher weißt du das?«, fragte ich und kratzte einen Klumpen duftendes Harz von einem der Äste.

»Letztes Jahr habe ich einen alten Mann kennengelernt, der als junger Kerl die Samen für die Operation ausgewählt hatte.«

»Aber warum hat man sich überhaupt Gedanken wegen der Erosion in diesem Tal gemacht?«

»Weil dieses Gebiet ohne Vegetation anfällig für Überflutungen ist. Das gesamte untere Tal, durch das der Fluss verläuft, füllte sich mit Steinen und Felsbrocken von den Bergen, weshalb das umliegende Farmland regelmäßig unter Wasser stand.«

Ich betrachtete die Umrisse der großen Kiefern. Einige von ihnen waren schmal wie ein Bleistift, andere hatten weit ausladende Äste oder die Form eines Kegels.

»Für uns ist das gut – so bleiben wir unter uns. Keiner, der hierherkommt, will eingeführte Bäume sehen, und die Neuseeländer selbst auch nicht.« Peter lachte.

»Auch nicht, wenn ihre Vorfahren diese gepflanzt haben?«

»Nun, die Leute gehen heutzutage eben lieber in einen unberührten Wald mit einheimischen Bäumen.« Er lächelte. »Das ist die neue Ideologie, und für Ideologien gilt nur eine Regel: dass sie sich ständig ändern.«

Peter lehnte sich mit dem Rücken gegen den Baumstamm, die Beine um den Ast geschlungen. Sein langes, welliges Haar fiel ihm über die Schultern. In der Sonne sah es golden aus, im Schatten silbern. Wenn er in der Natur war, umgab ihn stets eine Aura der Stille. Er verabscheute Hast und Eile, und er versuchte, jeden

Augenblick des Tages zu genießen. Nun schweiften seine blauen Augen über die Landschaft und nahmen ihre Schönheit bis ins kleinste Detail auf. Seine großen Ohren ragten aus den Haaren heraus. Er versuchte stets, sie zu verstecken, aber ich mochte seine Elfenohren. Er hörte so viel damit, oft über große Distanzen hinweg – und manchmal konnte er sogar meine Gedanken hören.

Nachdem wir ein paar Wochen lang unsere nähere Umgebung erkundet hatten, beschlossen wir, tiefer in die Berge vorzudringen und zur South Hut zu wandern. Dort waren wir noch nie zuvor gewesen. An einem sonnigen Tag brachen wir mit all unseren Habseligkeiten und Lebensmitteln für zwei Wochen auf. Ich wanderte in Sandalen. In der Vergangenheit hatte ich Stiefel getragen, aber damit holte ich mir nur schmerzhafte Blasen an meinen breiten Füßen. Das passierte mir in Sandalen nicht, die außerdem den Vorteil boten, schnell zu trocknen, wenn wir mal wieder einen der zahllosen Flüsse durchquert hatten. Auch jetzt erwiesen sie sich als ausgesprochen nützlich, denn unsere Route führte uns durch ein breites Flussbett und über große Felsen.

Einen Augenblick lang betrachtete ich den schnell dahinfließenden Fluss und hatte Angst, den ersten Schritt ins eisige Wasser zu tun. Es war tatsächlich so schmerzhaft kalt, dass ich anfing zu bibbern. Die Strömung zerrte an meinen Beinen. Langsam wurde ich ziemlich nervös wegen meiner Sachen, die ich lediglich in ein paar Plastiktüten eingewickelt hatte, doch die würden das Wasser bestimmt nicht abhalten, sollte ich vom Fluss umgerissen werden. Noch schlimmer war, dass wir in dem Fall nicht einfach zum Auto zurückkehren konnten – Peter würde das Zelt aufbauen und mich in meinen Schlafsack stecken müssen, um mich vor Unterkühlung zu bewahren.

»Nimm deinen Trekkingstock als Stütze!«, rief Peter über den Lärm des Flusses.

Das vorbeifließende Wasser verwirrte mich – ich konnte den Grund nicht richtig erkennen –, und die Strömung brachte mich aus dem Gleichgewicht.

»Hier entlang!« Gerade als ich ein tieferes Stück in Angriff nehmen wollte, deutete Peter mit seinem Holzstock auf eine flachere Stelle. Langsam watete ich aus dem Fluss, die Sandalen voller kleiner Kiesel.

»Frierst du nicht?«, rief ich.

»Und wie!«, rief Peter zurück. »Bleib in Bewegung!«

Aber ich musste stehen bleiben und erst einmal die Kieselsteine aus meinen Sandalen kriegen. Auf einem Bein stehend, wackelte ich gefährlich unter der Last meines schweren Rucksacks, während Peter langsam im Wald verschwand.

Der Pfad stieg von der Talsohle steil in die Berge an. In den schattigen Teilen des Tals, in die keine Sonnenstrahlen vordrangen, herrschte bereits Dauerfrost, doch der Aufstieg war so strapaziös, dass mir schnell wieder warm wurde. Endlich öffneten sich die Bäume und gaben einen umfassenden Blick über das Tal frei. Auf der anderen Seite der Schlucht ragte eine vertikale Felswand in die Höhe. Wind fegte durch die Spalten und ließ die Bäume oberhalb des Flusses schwanken.

Es war ein schöner Anblick. Der Tanz der Baumwipfel.

»Diese Schönheit und Reinheit verwandeln die Seele, findest du nicht?«, fragte Peter voller Begeisterung. »All die großen Religionen haben im Grunde eine Botschaft. Ganz gleich, ob Jesus Christus, Buddha, Mohammed, Laotse – sie alle sprechen von der Transformation des Geistes.«

Ich nickte und blickte hinab auf den mächtigen Fluss, der sich so mühelos seinen Weg durch die massiven Felsen gebahnt hatte.

»Was immer das bedeuten mag – dieser reine, ursprüngliche Ort dürfte unser Bewusstsein verändern.«

Die letzte halbe Stunde unseres Aufstiegs war kräftezehrend steil. Es war ein unbeschreibliches Gefühl, endlich die kleine weiße Hütte inmitten der gigantischen Landschaft zu erblicken. Doch bevor wir dorthin gelangten, mussten wir einen schlüpfrigen Sumpf durchqueren. Ich versank bis zu den Knien in schwarzem Matsch.

»Warum hat man die Hütte ausgerechnet hier gebaut?«, fragte ich mit einem frustrierten Seufzer und watete durch den überfrierenden Morast.

In der Hütte, die seit Wochen keine Sonne mehr gesehen hatte, war es klamm. Zum Glück gab es eine offene Feuerstelle mit einem Abzug und Feuerholz im Schuppen. Dank der drei Fenster wirkte der Raum hell und freundlich.

»He, keinerlei Anzeichen von Mäusen! Was für eine hübsche Hütte und so viel Licht!«, rief ich freudig überrascht und fing an, unsere Rucksäcke auszupacken. »Sollten wir vielleicht lieber in der Hütte als im Zelt schlafen? Was glaubst du, wie viele Besucher kommen im nächsten Monat hierher?«

»Nun, die letzten vier waren im Juni da und sechs im Juli.« Peter blätterte durch das Hüttenbuch. »Hör dir mal diesen Eintrag an, den ein Jäger letzten Winter geschrieben hat: *Habe zwei aufgeplatzte Dosen mit Erbsen in der Hütte gefunden. Sie waren über Nacht steinhart gefroren!*«

Wir wechselten einen erstaunten Blick.

»Hier ist ein weiterer Eintrag vom Juli letzten Jahres«, fuhr Peter fort. »*Das ist die kälteste Hütte, in der ich je geschlafen habe – sieben Grad minus, in der Hütte gemessen. Willkommen in Sibirien!*«

Ich schaute aus dem Fenster auf die Kiefern, die verstreut in dem alpinen Scheinbuchenwald standen.

»O Gott, hier steht noch was.« Peter las mir einen weiteren Eintrag vor. »Den hier hat ein Possum-Trapper geschrieben, der vergangenen Juni ein paar Tage hier verbracht hat. *Der verfluchte Abzug funktioniert nicht, außerdem hat das DOC das Glutbecken betoniert. Ohne Zug, um das Feuer in Gang zu halten, qualmt es wie die Hölle!*«

»Und was genau hat das zu bedeuten?«, fragte ich und musterte skeptisch die offene Feuerstelle.

»Früher lagen Findlinge auf dem Boden der Feuerstelle, damit das Feuer Luft bekommt. Jetzt, da die Lücken zwischen den Steinen mit Beton ausgefüllt sind, kann das Feuer nicht richtig brennen. Wir können es versuchen, aber wenn der Abzug nicht funktioniert, werden wir vermutlich das Fenster öffnen müssen, um für ausreichend Luftzufuhr zu sorgen.«

Als Peter das Feuer anzündete, stellten wir fest, dass der wütende Possum-Trapper recht hatte: Binnen kurzer Zeit füllte sich die Hütte mit Unmengen von Rauch. Wir saßen in unserer Räucherhöhle, bis unsere Augen brannten und tränten und Peter gezwungen war, das Fenster zu öffnen. Die eisige Luft fachte die Flammen wieder an, und Sekunden später war die Hütte rauchfrei.

»Wie sollen wir uns hier drinnen warm halten?« Ich machte mir Sorgen, dass wir womöglich nicht gerüstet waren für die eisigen Temperaturen, die uns in den kommenden Monaten erwarteten – schließlich hatten wir erst Winteranfang.

»Wir müssen einfach ein größeres Feuer machen«, sagte Peter. »Das Gute an einem offenen Feuer ist, dass man große Scheite auflegen kann. Doch bald wird es anfangen zu regnen, deshalb sollten wir besser den Holzschuppen auffüllen.«

Notgedrungen machten wir uns wegen bevorstehenden nassen Wetters daran, Feuerholz zusammenzutragen. Wenn das Holz erst einmal vollgesogen war mit Wasser, würde es bis zum kommenden Frühjahr nicht mehr trocknen. Ich beschloss, das am Flussufer angespülte Treibholz zu sammeln, das der Wind getrocknet hatte. Um zum Fluss zu gelangen, musste ich eine rutschige Böschung hinunter, die mit Büscheln von Speergras bedeckt war. Dieses schneidend scharfe, spitze Strauchgewächs kommt im Hochland von Neuseeland häufig vor, und wir hatten genügend Erfahrung damit, um zu wissen, dass es ernsthafte Verletzungen verursachen konnte, wenn man nicht aufpasste. Die Speergraswurzel ist essbar, doch wir wagten uns nie nah genug heran, um zu probieren, wie sie schmeckt.

Ich entdeckte im Flussbett ein passendes Stück Treibholz, hob es auf die Schulter und machte mich auf den Weg zurück zur Hütte. Unterwegs fiel mein Blick auf ein weiteres Holzstück. Ich rief mir das Gewichtetraining in Erinnerung, das ich als Teenager absolviert hatte, als ich als Stabhochspringerin an Wettkämpfen teilnahm, und entschied, dass ich durchaus ein zweites Stück Holz transportieren konnte. Nach ein paar Versuchen gelang es mir, ein Holzstück auf jeder Schulter zu positionieren. Es mag vielleicht extrem wirken, aber ich spürte, wie eine gewaltige Begeisterung in mir aufstieg. Unser Leben war zu einer regelrechten Expedition geworden! Langsam stieg ich zwischen den Speergrassträuchern die Böschung hinauf, durchquerte den Wald, den Morast und kam endlich an der Hütte an, wo ich die Hölzer zu Boden fallen ließ und theatralisch zusammenbrach.

Peter stand mit aufgeklapptem Mund in der Hüttentür. »Ein Holzklotz ist schwer genug, aber zwei sind verrückt!«, rief er. »Bald schneidest du dir auch noch eine Brust ab, um den Bogen besser anlegen zu können!«

Ich lachte, dann sprang ich wieder auf die Füße und hob Peter zwanzig Zentimeter in die Luft, um ihm zu demonstrieren, wie stark ich war.

Peter grinste. »Okay, dann pass mal auf, Miss Amazone«, sagte er, als ich ihn wieder abgesetzt hatte.

Er nahm die Axt in beide Hände und stellte sich vor eines der Hölzer. Die Beine gespreizt, hob er die Axt hinter den Kopf. Seine Knie knickten ein, die Hüfte ebenfalls, seine Brust war rund wie ein gespannter Bogen, als er die Axt mit einer peitschenähnlichen Bewegung direkt auf die Mitte des Holzstückes herabsausen ließ.

»Das kann ich auch.« Ungeduldig griff ich nach dem Stiel der Axt.

»Nein, nein, du hast ja erst die Hälfte der Vorstellung gesehen.«

Peter ging erneut in Position. Er fixierte das Holzstück, holte tief Luft, und wieder schnellte er mit dem ganzen Körper nach vorn. Er konzentrierte seine gesamte Kraft auf den Kopf der Axt, dann traf er das Holz an genau derselben Stelle, sodass ein Spalt entstand.

»Wow, das ist ja unglaublich! Lass mich mal versuchen«, drängte ich, und Peter reichte mir die schwere Axt.

Ich ahmte Peters ernsten Gesichtsausdruck nach und stellte mich vor das Holzstück. Dann bewegte ich meinen Körper wie eine Peitsche und ließ die Axt niederfahren. Die Schneide landete gute fünf Zentimeter neben dem von Peter geschlagenen Spalt und sprang vom Holz ab.

»Siehst du«, sagte Peter, nachdem ich das Stück Holz an zehn verschiedenen Stellen getroffen hatte. »Es ist gar nicht so einfach, wie es aussieht.«

Die Hölzer hatten Schlammstreifen auf meinen Schultern und in meinem Nacken hinterlassen, und mir war warm genug, um mich im kalten Fluss zu waschen. Ich nahm meine blaue Emailletasse, gelbe Sunlight-Seife und ein kleines rotes Handtuch mit ans Ufer. Die kräftigen Farben sahen schön aus auf den grauen Steinen.

Ich zog mich aus und stand nackt am Rand des tosenden Flusses, die kalte Brise liebkoste meine Haut. Ich spritzte mir Wasser auf den Körper, dann wusch ich mich, so schnell ich konnte, mit Seife. Anschließend trocknete ich mich ab und zog sofort meine Klamotten an. Als mir wieder warm war, goss ich mir mithilfe des Bechers Wasser über den Kopf und seifte auch meine Haare ein.

Dann beugte ich mich vor, betrachtete den Wald von unten und hielt meinen Kopf in das schnell fließende Wasser. Augenblicklich bekam ich von der Kälte Kopfschmerzen. Die Welt um mich herum verschwand, mein langes Haar wurde flussabwärts gespült, und für fünf Sekunden spürte ich unmittelbar die Seele des Flusses. Es war beglückend. Ich fühlte mich reiner als nach allen heißen Duschen in meinem Leben zusammen.

Unsere Tage in der South Hut waren sehr kalt, die Nächte aber waren eisig. Ob das Feuer brannte oder nicht, machte kaum einen Unterschied, und wir hatten ohnehin nicht genügend Holz, um es die ganze Nacht über in Gang zu halten. Peter stellte abends gern einen Becher Wasser an sein Bett, doch hier war das sinnlos, denn über Nacht gefror es zu Eis. Es war so bitterkalt, dass wir in der Hütte unseren eigenen Atem sahen.

Eines späten Nachmittags warteten wir darauf, dass der Reis und die Bohnen gar wurden, während der Regen aufs Wellblechdach trommelte. Der eisige Luftzug, der durchs offene Fenster hereindrang, vertrieb auch noch das letzte bisschen Wärme. Ich hatte sämtliche Pullis und Jacken übereinandergezogen und mich zudem in meine Wolldecke gehüllt. Peter saß vor dem Feuer.

Vorsichtig hob er den Topfdeckel an, kostete eine Bohne und prüfte, ob sie schon gar war.

»Ich mag das nicht mehr, Miriam.« Er wirkte betrübt, seine Stimme klang freudlos.

»Die Bohnen?«, fragte ich hoffnungsvoll.

»Nein. Mir gefällt diese Hütte im Sumpf nicht, das qualmende Feuer, die eisigen Temperaturen – ich mag das alles nicht.« Er schaute mich an. »Das ist doch Unsinn! Ich sitze vor einem Feuer, und auf meinem Rücken bildet sich Eis? Was machen wir hier?«

Ich wusste nicht, was ich sagen sollte. Er sah in der Tat verfroren aus mit seiner blauen Nase und den weißen Wangen, dennoch war ich irgendwie enttäuscht. Wir waren doch noch keinen Monat in den Bergen! Das war erst der Anfang unseres Expeditionslebens, und ich hatte mit weit mehr Schwierigkeiten gerechnet, aber Peter klang, als wolle er die Reißleine ziehen.

Für eine Weile herrschte Schweigen. Ich schaute auf meinen Finger, auf dem ein dunkler Streifen zu sehen war: Ich hatte den heißen Topfgriff angefasst, wahrscheinlich würde eine Narbe bleiben.

»Hm, warum isst du nicht mehr? Du hast in letzter Zeit sehr wenig gegessen.« Ich bemühte mich, aufmunternd, zuversichtlich zu klingen.

»Mir ist so kalt, dass ich tagsüber keinen Hunger habe«, antwortete er trübsinnig.

Das ergab für mich keinen Sinn: Wenn mir kalt war, aß ich umso mehr.

Ich schaute auf die vielen Lebensmittel, die in einer Ecke der Hütte standen. Vor drei Tagen waren wir zurück zur Base Hut gewandert, um mehr Mehl, Reis und Bohnen aus unseren Plastikbehältern zu holen.

»Wir haben noch Vorräte für zwei Wochen«, wandte ich

zögernd ein. »Eigentlich hab ich keine Lust, sie wieder zurückzuschleppen.«

»Ich auch nicht.« Er starrte auf die hölzernen Bodendielen. »Das hier ist erst der *Anfang* des Winters. Können wir unter diesen Bedingungen ausharren?« Seine blauen Augen waren voller Sorge. »Im Sommer ist diese Hütte zweifelsohne fantastisch, aber im Winter ist sie der Horror.«

»Die East Hut ist besser.« Das wussten wir zum Glück, denn wir hatten die Gegend um die Hütte im vergangenen Jahr erkundet. »Sobald die Vorräte aufgebraucht sind, kehren wir zur Base Hut zurück und brechen anschließend auf zur East Hut.«

Ich fror ebenfalls und fühlte mich mitunter elend, aber mir wäre nie der Gedanke gekommen, umzukehren. Die Verlockung des Abenteuers war einfach zu groß – ich kam mir vor wie ein Entdecker aus alten Zeiten. Ja, unsere Reise wurde begleitet von körperlichen Strapazen, eisigen Temperaturen, abwechslungslosem Essen, endlosem Regen, Hüttenkoller und anderen Miseren, dennoch fühlte ich mich ungeheuer lebendig. Wir kamen mit der echten Welt in Berührung, mit ihren extremen Elementen, ihrer Rauheit und Wildheit. Wenn ich Holz im Flussbett sammelte, mich in den eisigen Flüssen wusch und abends ein Feuer anzündete, waren mein Herz und meine Seele voller Energie.

Für mich spielte auch die Neugier eine Rolle. Was würde passieren, wenn sich Marks Worte bewahrheiteten und unser Weltsystem aus irgendeinem Grund zusammenbrach? Wären Peter und ich in der Lage zu überleben? Wir hatten den Großteil unseres Essens mitgebracht, sodass wir nicht verhungern würden, aber was wäre, wenn der Tag kam, an dem wir zu Jägern und Sammlern werden mussten? Würden wir ohne zusätzliche Rationen überleben? Das herauszufinden, wäre ein interessantes Experiment. Ich fing an zu begreifen, dass das pure Überleben tatsächlich beängstigend mühsam war.

Seit meiner ersten Jagdexkursion hatte ich wiederholt zu meinem Bogen gegriffen, doch abgesehen von einem Hasen – der sofort wegrannte –, hatte ich noch kein Tier entdeckt. Nach Peters finsterem Geständnis am Feuer hatte ich beschlossen, eine Possumfalle zu bauen. Fleisch würde uns die Wärme und Kraft liefern, die wir so dringend brauchten.

Das Possum – ein Beutelsäuger und nicht zu verwechseln mit dem Opossum, einer in Amerika beheimateten Beutelratte – wurde von den frühen europäischen Siedlern in den 1850er-Jahren von Australien nach Neuseeland eingeschleppt, wo es sich zu einem ökologischen Albtraum entwickelte. In Neuseeland käme zwar kaum jemand auf die Idee, ein Possum zu verspeisen, aber selbst Tierschützer hatten nichts dagegen, wenn man diesen Schädling jagte, und Peter und ich brauchten Fleisch. Ich hatte keinerlei Erfahrung im Fallenbauen und dem Töten von Possums, aber Maus und Peter hatten mir einmal gezeigt, wie es ging, und das hatte nicht allzu schwer ausgesehen. Ich fürchtete lediglich, mir die Finger einzuklemmen, wenn ich die Falle aufstellte, aber alles ging gut – alles bis auf die Tatsache, dass kein Tier hineintappte. Ich hatte Mehl und Curry ausgestreut, aber die Possums waren nicht dumm.

Am nächsten Morgen wachten wir beide mit Hungerschmerzen auf. Die großen Hauptmahlzeiten mit Reis und Bohnen sättigten zwar, aber die Nächte waren so lang und kalt, dass wir bis Sonnenaufgang sämtliche Nährstoffe verbrannt hatten. Allein die andauernde Kälte ließ uns Gewicht verlieren.

Am dritten Morgen ging Peter hinaus, um nach der Falle zu sehen.

»Wir haben ein Possum gefangen!«, hörte ich ihn rufen.

Ein braunes Possum von der Größe einer Katze saß in der Falle. Es hatte ein weiches dunkelbraunes Fell, einen buschigen Schwanz und einen kleinen Kopf mit schwarzen Augen und rosa Öhrchen, kleine Krallen und rattenähnliche Zähne.

»Du tötest es«, sagte ich schnell.

»Du bist diejenige, die unbedingt Jägerin sein möchte. Du solltest es wenigstens probieren«, hielt Peter dagegen.

Wir beide hatten Angst davor, das kleine Beuteltier zu töten.

Zögernd packte ich es mit der linken Hand beim Schwanz und zog ihm den Nacken der Axt über den Kopf, aber zu meinem Entsetzen traf ich nicht richtig, und es war nicht tot. Seine runden braunen Augen starrten mich erschrocken an. Mit zitternden Händen schlug ich mehrere Male erneut zu.

»Zwischen die Augen!«, schrie Peter.

Ich hatte mir vorgestellt, es wäre einfach, ein Possum zu töten, aber die Realität für einen ungeübten Anfänger war ekelerregend. Ich ließ den Schwanz los, und das geschundene Tier schleifte die Falle etwa einen Meter von uns weg.

Peter griff ein, packte das Possum am Schwanz und tötete es mit einem akkuraten Schlag.

Erst als es leblos im Gras lag, merkte ich, dass ich wieder atmete. Mein Herz hämmerte wie wild, und ich stand kurz davor, in Tränen auszubrechen.

»Möchtest du, dass ich es häute?«, fragte Peter und nahm das Possum aus der Falle.

»Nein, nein, das mache ich schon«, erwiderte ich, verzweifelt darum bemüht, über den Schock hinwegzukommen und mich nützlich zu machen, aber meine Stimme brach. Meine Hände zitterten noch immer, als ich ihm das kleine braune Fellbündel abnahm und vor mich hinlegte. Ich schaute auf den reglosen Körper. Vor wenigen Augenblicken war das Possum noch lebendig gewesen, nun war es tot. Wohin war das Leben gewichen?

Ich versuchte, mich an Maus' Anweisungen zu erinnern, wie man ein Tier häutete, doch plötzlich fiel mir gar nichts mehr ein. Da ich jedoch nicht wie eine Memme dastehen wollte, gab ich vor, genau zu wissen, was ich tat. Zaghaft schnitt ich die Haut rund um die Pfoten ein, aber ich zog zu grob – die Haut riss. Das Fell löste sich und blieb am Fleisch kleben. Ich riss weitere Hautstücke ab, und nun klebten nicht nur Haare, sondern auch Gras und Sand am Fleisch.

Peter trat hinter mich und begutachtete die Sauerei. »Erinnerst du dich nicht mehr, wie Maus und ich das gemacht haben?«, fragte er leise.

Nach gefühltem wochenlangem Regen wachte ich eines Morgens von dem Geräusch absoluter Stille auf. Als ich den Reißverschluss unseres Zelts öffnete, sah ich kleine Schneeflocken wie winzige Schmetterlinge langsam zur Erde taumeln. Eine weiche weiße Decke verhüllte die Landschaft, die geheimnisvoll wirkte. Magisch.

An jenem Nachmittag drehte der Wind, und das Wetter klarte auf. Nach endlosem Regen und Unmengen von grauen Wolken den blauen Himmel wiederzusehen, war eine unbeschreibliche Freude. Peter rannte sofort in Shorts und T-Shirt zum nächstbesten Sonnenflecken. Als ich meinem geliebten Sonnenanbeter eine Tasse Tee brachte, strahlte er vor Glück.

Ich schlenderte in den weißen Wald. Die Scheinbuchen mit ihren immergrünen Blättern beugten sich unter dem schweren Schnee. Ich sah kleine Pfotenabdrücke in dem weißen Teppich: In der Nacht waren die Possums aktiv gewesen. Der Schnee verschluckte sämtliche Geräusche, und alles war weich, still und neu.

Als wir unsere Lebensmittel aufgebraucht hatten, beschlossen wir, zu unseren Vorratsbehältern an der Base Hut zurückzukehren. Wir füllten den Holzschuppen auf, dann wanderten wir mit dem restlichen Wildbret im Gepäck hinunter ins Tal. Als wir am Flussbett ankamen, stießen wir auf eine Schar Kanadagänse, die dort Rast machten. Die erste Gans signalisierte unsere Ankunft ihren Freunden, und bald darauf schnatterten alle aufgeregt. Ihr Geschnatter klang schön, aber sehr melancholisch; es war beinahe so, als flehten sie darum, in Ruhe gelassen zu werden. In Neuseeland ist es legal, Kanadagänse zu schießen, um ihren Bestand zu kontrollieren und so den Schaden zu reduzieren, den sie auf Wiesen und Feldern anrichten. Die wenigsten Jäger essen die Tiere, und es ist traurig, diese Verschwendung mit anzusehen. Auch Possums und Ziegen sind natürlich problematisch, da sie der Natur stark zusetzen und die einheimischen Tierarten verdrängen, doch ich empfinde eine spezielle Zuneigung zu Gänsen, da sie mich an die letzten freien Tiere in den Niederlanden erinnern: die Gänse, die in V-Formation durch Europa ziehen. Am Ende flogen die Kanadagänse davon, eine nach der anderen, getragen vom Wind.

Als wir ins Tal hinabstiegen, spürten wir, wie es wärmer wurde, und freuten uns, die Base Hut zu sehen. Auf einmal kam uns die Hütte größer vor, als wir sie in Erinnerung hatten. Die Sonne schien darauf, und der wundervolle kleine Ofen spendete eine angenehme Wärme.

»Von jetzt an nennen wir diese Hütte nicht mehr ›Base Hut‹.« Peter grinste. »Wir nennen sie ›Das Hotel‹. Sie ist so komfortabel! Merkst du, wie warm es hier drinnen ist?«

Ich setzte mich ins trockene Gras, hielt mein Gesicht in die Sonne und tankte die Wärme. Wir lebten nun seit fast zwei Monaten in den Bergen, doch es kam mir vor wie eine Ewigkeit. Während der ersten beiden Wochen hatte ich mich fürchterlich gelangweilt, aber die Wildnis zwang mich, mich ihr unterzuordnen, und nach und nach, Tag für Tag, Woche für Woche verlangsamte sich die Zeit.

Sollte ich den Rest meines Lebens in der Wildnis verbringen, hätte ich ein sehr langes Leben, dachte ich.

Aus der Welt, die ich hinter mir gelassen hatte, vermisste ich nichts.

Ich stellte fest, dass meine Wahrnehmung der Natur anfing, sich zu verändern. Ich war eingestimmt auf den Rhythmus des Waldes, des Flusses, der Berge. Ihre Schönheit war offensichtlicher und intensiver geworden. Wenn ich nun die Berge betrachtete, sah ich nicht mehr nur ihre äußere Form, sondern auch ihre Farben, ihre Stimmungen. Und irgendwann, nach Wochen und Monaten, bemerkte ich selbst den feinen Geruch des Windes, den Duft des Waldes und des aufziehenden Regens. Ich sah, wie sich die Wolken veränderten, nahm die zarten Schattierungen des Himmels wahr.

Nach einer Woche im warmen »Hotel« waren wir bereit, zur East Hut aufzubrechen. Der Himmel war blau, die Landschaft weiß vor Frost, als wir mit unseren schweren Rucksäcken losmarschierten. Wir gingen durch das gefrorene Gras. Eis sammelte sich auf meinen Zehen, und meine Füße wurden so kalt, dass es tatsächlich eine Erleichterung war, durch den Fluss zu waten, dessen Temperatur knapp über dem Gefrierpunkt lag. Das Wasser brachte meinen Kreislauf in Schwung, und plötzlich fühlten sich meine Füße warm an. Die knackig kalte Luft wirkte belebend.

Nach ungefähr einer Stunde betraten wir einen alten Manuka-Wald. Zwischen der baum- und strauchförmig wachsenden Neuseelandmyrte, von den Maori »Mānuka« genannt, waren große runde Findlinge verstreut. Sonnenstrahlen fielen durch die Manukas mit ihren winzigen grünen Blättern. Alles war von einem dicken Teppich aus weichem grünem Moos bedeckt.

»Das, mein Liebling, ist das echte Lothlórien«, sagte Peter.

Wir setzten uns auf einen Findling, um etwas Brot zu essen, und betrachteten den magischen Wald. Ein kleiner grauer Vogel mit langen dünnen Beinen und einem weißen Bauch flatterte vor unsere Füße: ein in Neuseeland beheimateter Langbeinschnäpper. Er musterte uns neugierig und untersuchte die Brotkrumen mit glänzenden schwarzen Augen, dann flog er auf einen Zweig, um uns mit erstaunlich lauter Stimme etwas vorzusingen. Der Vogel schien keinerlei Angst vor uns zu haben.

Die East Hut lag hoch oben in den Bergen an einem fantastischen Fleckchen und bot neben einem spektakulären Gipfelpanorama einen faszinierenden Ausblick auf das darunterliegende Tal. Gleich vor der Hütte befand sich eine kleine grasbewachsene Lichtung, die abrupt oberhalb einer Klamm endete. Vorsichtig näherte ich mich der Felskante und schaute in die tiefe Schlucht, an deren Grund ein reißender Fluss toste.

Die Hütte war schlicht eingerichtet, sauber und hell. Es gab reichlich Feuerholz und einen großen Ofen. Nie war ich glücklicher als in diesem Augenblick. Wir richteten unser Lager an einer trockenen Stelle unter Bäumen, nicht weit von der Hütte, ein.

Es war Mittwinter, und wir hatten strenge Frostnächte und klare, sonnige Tage, an denen wir zu Wanderungen aufbrachen. Nach den verregneten Wochen in der South Hut erschien uns dies wie das beste Wetter der Welt. Während der kalten Nächte bildeten sich Eiszapfen am Wellblechdach, die in der Morgensonne schmolzen und einer nach dem anderen zu Boden fielen. Eines Tages zog ich los, um einen Eimer Wasser aus dem Bach in der Nähe unseres Zelts zu holen, und als ich damit zurückkam, war die Wasseroberfläche bereits überfroren.

Während jener langen Wintermonate aßen wir viele Possums und waren nicht hungrig. Ich fühlte mich glücklich und privilegiert, in dieser wunderschönen Natur zu leben, doch eines nagte an mir: Ich war ausgesprochen enttäuscht von meinen Versuchen als Bogenschützin. Ich hatte von mir selbst weitaus mehr Begeisterung für die Jagd erwartet, und ich hatte gehofft, voller Zuversicht durch die Wildnis zu streifen und selbst nach einem Misserfolg Geduld und Durchhaltevermögen zu beweisen. Stattdessen war ich noch ein-, zweimal losgezogen, und nachdem ich mit leeren Händen zurückgekehrt war, gab ich das Jagen auf.

»Weißt du, was dein Problem ist?«, fragte Peter, als ich meinen Kummer ihm gegenüber zur Sprache brachte. »Deine Robin-Hood-Vorstellung.«

Ich sah ihn verständnislos an.

»Du denkst, du könntest sofort Jagd auf Tiere machen. Vielleicht solltest du besser am Anfang beginnen«, schlug er vor. »Geh für ein paar Stunden allein in den Wald. Schlendere ein bisschen umher und setz dich still irgendwohin. Warte ab, was du siehst.«

Ich folgte seinem Rat. Als Erstes ging ich den Pfad entlang, dann wanderte ich am Flussufer entlang. Schließlich fühlte ich mich sicher genug, mich in den Wald hineinzuwagen, ohne zu befürchten, dass ich mich verlaufen könnte. Ich setzte mich auf Baumstämme und achtete auf Spuren. Und tatsächlich: Ich entdeckte Hufabdrücke im weichen Erdboden, gewisse Hinterlassenschaften, angeknabberte Baumrinden und zahlreiche weitere Hinweise darauf, dass Tiere hier gewesen waren, und mir wurde eines klar: Bevor ich lernen konnte, Tiere zu jagen, musste ich lernen, nach ihnen Ausschau zu halten. Ich beschloss, es noch einmal mit der Jagd zu versuchen, doch vor allem wollte ich lernen, geduldiger zu sein.

»Wie sehe ich aus?« Ich brachte mein Gesicht nah an Peters und tat so, als schaute ich in einen Spiegel. Wir standen neben dem Feuer.

»Gut.« Peter lachte.

»Nun, ohne Spiegel muss ich mich auf dein Urteil verlassen!« Ich küsste ihn.

»Was ist mit mir?« Unsere Nasen berührten sich. »Macht es dir nichts aus, dass ich so alt aussehe?«, fragte Peter.

»Macht es dir nichts aus, dass ich so jung aussehe?«, gab ich zurück und hängte den Topf an einem Haken übers Feuer. »Du bist alt, und ich bin jung. Warum sollte jung besser sein als alt?«

»Stimmt.« Peter nickte. »Aber es gibt nicht viele junge Frauen, die mit einem Mann zusammenleben möchten, der dreißig Jahre älter ist als sie.«

»Ich möchte ja auch nicht mit irgendeinem älteren Mann zusammenleben, sondern nur mit dir!« Ich umarmte Peter, der in drei Wollpullis steckte.

»Da hab ich ja Glück gehabt!« Er lachte wieder.

»Du bist gesund, fit und ausgesprochen weise. Da hab ich wohl Glück gehabt!« Ich küsste ihn erneut.

»Ja, dein Vorteil ist, dass du ein paar der Fehler vermeiden kannst, die ich im Leben gemacht habe.« Er griff nach unseren Tassen.

»Das ist richtig. Man kann viel lernen aus einem generationenübergreifenden Dialog«, pflichtete ich ihm bei. »Ältere Menschen können von den jüngeren lernen und umgekehrt.« Ich gab Teeblätter in das Wasser im Topf. »Lernst du viel von mir?« Ich schaute ihn grinsend an.

»Von dir habe ich gelernt, dass zwei Menschen harmonisch zusammenleben können.«

Als Peter und ich uns in Indien begegnet waren, hatten wir mit einer weiteren Globetrotterin gesprochen, die mich unverblümt fragte, ob Peter mein Vater sei; damals war ich schrecklich verlegen gewesen. Auch manche meiner holländischen Freunde stellten sich ihre Väter vor, wenn ich Peters Alter erwähnte – sie gingen davon aus, dass er alt, langsam oder gebrechlich war, und dachten, ich hätte den Verstand verloren. Andere nahmen an, dass die Beziehung zu meinem Vater so schlecht war, dass ich mir Peter quasi als Vaterersatz gesucht hatte. »Lass sie denken«, hatte meine Mutter stets gesagt, als ich noch ein Kind war und mir Sorgen machte, was andere Leute wohl über mich denken mochten. Ihre Worte sollten sich auch in meinem Erwachsenenleben als große Hilfe erweisen.

Während des gesamten Winters hatte keiner von uns beiden einen Unfall oder wurde krank. Mein einziges Problem waren Schuppen. In der Vergangenheit hatte ich sie mit einem Spezialshampoo behandelt, doch nun kehrten sie so stark zurück, dass ich mir häufig im Schlaf die Kopfhaut kratzte.

»Weißt du, dass du mich mit deinem Gekratze oft aufweckst?«, fragte Peter eines Morgens.

»Ich habe Schuppen«, erwiderte ich schnell.

»Lass mich mal sehen«, sagte er. »Ich hab gehört, dass die Menschen in manchen alten Kulturen ihr Haar mit Urin wuschen.«

»Was?« Ich fuhr herum und schaute ihn mit gefurchter Stirn an. »Mit Pisse?«

»Ja! Das muss ein außergewöhnlich wirksames Mittel sein. Soweit ich weiß, haben sie lediglich den Urin von Frauen verwendet ...« Er lachte.

Und so entstand die Idee, mir die Haare mit Urin zu waschen. Am nächsten Morgen pinkelte ich in eine Dose. Der Urin war dunkelgelb und hatte einen starken, kräftigen Geruch. Ich trug die Dose zum Bach, machte meine Haare nass, dann goss ich mir langsam den Inhalt über die Kopfhaut. Für eine grauenhafte, stinkende halbe Stunde saß ich in der Sonne, um den Urin einwirken zu lassen. Peter bekam einen Lachanfall und rümpfte die Nase. Als ich lange genug gewartet hatte, watete ich durch den Bach zu einer tiefen Stelle zwischen den Felsen und schäumte mir die Haare mit Seife ein, um den Gestank zu vertreiben. Und dank dem günstigsten, wirksamsten Mittel der Welt waren meine Schuppen geheilt – und kamen nie mehr zurück.

Die Tage um die Wintersonnenwende waren kurz und die Nächte lang. Wir kochten unser Essen vor Einbruch der Dunkelheit, dann setzten wir uns »auf eine Viertelkerzenlänge« vor den Ofen, da wir nur eine Kerze in vier Tagen verbrauchen wollten. Während dieser kostbaren Zeit mit Licht las Peter mir aus *Der Herr der Ringe* vor. Anfangs stellte ich fest, dass meine Gedanken abschweiften und ich große Teile der Geschichte verpasste; erst nach einiger Zeit war ich in der Lage, aufmerksam zuzuhören. Nach dem Lesen zogen wir in unser Zelt um, wo wir still in unseren Schlafsäcken lagen und auf die Geräusche des nächtlichen Waldes lauschten. Eulenschreie drangen durch die Bäume, Possums trippelten durchs Unterholz, und zahlreiche andere nachtaktive Tiere kamen aus ihrem Unterschlupf und drehten ihre gewohnten Runden. Unter uns rauschte der Fluss in der Klamm.

Die Nächte waren weder total still noch total dunkel: Der Mond schien auf die Berge und Wälder.

Es gab so vieles in diesem gewaltigen Universum, und es war ein wunderbares Gefühl, die Sterne am kristallklaren Himmel zu betrachten. Anfangs hatte ich Angst, nachts rauszugehen, da ich nicht wusste, wie die Wildtiere reagieren würden. Doch bald schon war die Angst verflogen, denn unser Tal war mir zum Zuhause geworden. Wir schliefen oft ganze zwölf Stunden tief und fest, und das Resultat von so viel Schlaf und Erholung war eine neu entfachte Energie. Nach drei Monaten fühlte ich mich vitaler als je zuvor im Leben, und diese Vitalität brachte das beglückende Gefühl mit sich, in einem durch und durch gesunden Körper zu leben.

Die Hälfte unserer Zeit verbrachten wir mit dem Sammeln von Feuerholz und dem Zubereiten von Mahlzeiten am Feuer. Für gewöhnlich entfachte ich am frühen Morgen ein Feuer, um Tee zu kochen und unser Brot zu rösten. Über die kalten Wintermonate hatte ich mich zu einer wahren Meisterin im Feuermachen entwickelt – das Feuer war für mich eine Art Lebewesen, das meine Lebensgeister immer wieder aufs Neue weckte. Allein die Flammen zu betrachten, beruhigte meine Seele. Das Feuer lehrte mich seine Hauptprinzipien: Es brauchte stets Raum und Luft. Und wenn ein Feuer erst einmal gut brannte, verabscheute es jeglichen Übergriff auf sein Inneres. Feuer und Menschen hatten also vieles gemeinsam.

Das Anzünden des Feuers hatte allerdings auch seinen Preis. Immer wenn ich die halb verbrannten Scheite zurechtrückte, wurden meine Hände fleckig vom Ruß, der Rauch kroch in jede Pore meines Körpers. Es war unmöglich, den Geruch loszuwerden, so fest saß er in meinen Haaren und meiner Kleidung. Ich wusch meine T-Shirts und Hosen häufig im Fluss, aber binnen Stunden rochen sie wieder verqualmt. Der Rauch war zu einem Teil von mir geworden, so wie der Duft einer Rose.

Als unsere Vorräte zur Neige gingen, bot ich Peter an, zum »Hotel« zurückzukehren, um Nachschub zu holen, und zog mit einem leeren Rucksack los, darauf bedacht, möglichst schnell dort anzukommen. Mit großen Schritten marschierte ich den Wanderweg entlang ins Tal, watete mehrmals durch den Fluss, bahnte mir einen Weg durch zugewucherte Engpässe und fing an zu laufen, sobald ich mich auf ebenem Gelände befand. Als ich in Lothlórien ankam, erschien mir die Eile plötzlich albern. Es gab absolut keinen logischen Grund, mich so zu hetzen; tatsächlich war es sogar sicherer, wenn ich mich langsam fortbewegte. Ich blieb stehen, betrachtete die Schönheit um mich herum und stellte fest, dass ich alles mit hoher Geschwindigkeit tat – eine automatische Reaktion, resultierend aus Schule und Arbeit. Die Natur dagegen hatte jede Menge Zeit. Ich entledigte mich der unsichtbaren Peitsche.

»He, Miriam!« Peters lächelndes Gesicht tauchte vor dem Zelteingang auf.

»Was ist?«, murmelte ich. Ich legte gerade die Schlafsäcke zurück ins Zelt, nachdem ich sie für ein paar Stunden ausgelüftet hatte.

»Harry ist hier!« Peter bewegte kaum die Lippen, während er sprach, und deutete aufgeregt auf die Hütte.

»Harry?« Mir klappte der Mund auf, und auch auf mein Gesicht trat nun ein kleines Lächeln.

Vorsichtig krabbelte ich aus dem Zelt und Peter hinterher, um einen Blick auf die freie Fläche vor der Hütte zu werfen ... und da war Harry, unser guter Nachbar, der ein Sonnenbad im Gras nahm: ein stolzer, prächtiger Hase. Selbstverständlich hatte ich nicht vor, unseren Besucher zu erschießen.

Unseren Bedarf an Fleisch deckten wir mit den Possums, die uns in die Falle gingen. Nur einen verschonten wir: Wir nannten ihn Percy. Percy ließ sich oft in der Nähe unseres Lagers blicken. Er musste keine Angst vor uns haben, da wir die Fallen in größerer Distanz zum Zelt aufgestellt hatten. Es war schön, sich mit den Tieren um uns herum anzufreunden. In unserem Camp war fast immer ein Tier – ein Hase, ein Possum oder ein Vogel –, das wir nicht störten. Es war herzerfrischend, die ungezähmten Geschöpfe in ihrer natürlichen Umgebung zu beobachten. Sie erinnerten uns daran, wie wenige freie Geschöpfe man in von Menschen dominierten Gegenden sah.

Eines Morgens wachte ich früh auf. Es war noch dunkel. Ich streckte meinen Kopf aus dem Zelt, um herauszufinden, ob bereits die Morgendämmerung anbrach. Als ich die ersten Vögel singen hörte, nahm ich meine Klamotten und kroch ins Freie. Der Himmel war grau, aber ich wusste, dass er ins Blau wechseln würde, sobald die Sonne diesen Teil der Welt erreichte. Ich sammelte ein paar trockene Zweige und zündete das Feuer an, um Wasser für unseren Tee zu kochen. Als Peter herauskam, bewunderte auch er diesen herrlichen Tag. Wir setzten uns ans Feuer und aßen unser Toastbrot.

»Sieh dir bloß diesen brillanten Tag an!«, rief ich begeistert. »Wir sollten eine lange Wanderung unternehmen.« Ich packte bereits den Topf, Tee und Milchpulver in einen kleinen Rucksack.

Überall im Wald hatte der starke Frost Spuren hinterlassen. Der Bach floss zwar noch, doch an den Pflanzen und Steinen rund um einen Wasserfall hatte sich eine Eisplatte gebildet, die diesen wie ein Schutzdach überzog. Dünne Eiszapfen hingen daran, die mit jedem eisigen Tropfen in die Länge wuchsen. Eisskulpturen säumten die Schattenseite.

Wir stiegen weiter auf bis in die alpine Vegetationsstufe und traten irgendwann in Schnee. Nach einer Weile gelangten wir zu einem kleinen Fluss mit Eiskristallen am Ufer. Ich schwitzte von dem Aufstieg, daher zog ich mich eilig aus und wusch mich. Das Wasser und der kalte Wind waren wunderbar erfrischend, und schon bald fing meine Haut an zu kribbeln.

Peter betrachtete die umliegenden Berge. »Das ist der beste Tag, um bis auf den Gipfel zu klettern«, stellte er fest. »Hast du Lust, es zu versuchen?«

Die glitzernde weiße Decke reflektierte das strahlende Sonnenlicht, der Himmel darüber war von einem so tiefen Blau, dass er beinahe violett wirkte. Der Schnee war an den meisten Stellen so fest, dass wir mühelos darauf wandern konnten. Mein Holzstock bohrte sich ins Eis, und jedes Mal wenn ich ihn aufsetzte und wieder herauszog, entstand ein kleines Loch im Schnee, das in einem magischen Blau erstrahlte. Nur das Geräusch unserer Schritte und Stöcke störte die Stille, die sich über das Land gelegt hatte.

Der Ausblick vom Gipfel war absolut atemberaubend. Es ging kein Wind, kein Laut war zu vernehmen. Wir betrachteten Gebirgszug um Gebirgszug, überzogen mit Schnee. Nirgendwo fand sich ein Zeichen, dass hier schon mal ein Mensch gewesen war: Die ganze Welt um uns herum schien weiß und leer. Die Sonne strahlte so intensiv, dass uns warm wurde in unseren Shorts und den Wollpullovern. Staunend standen wir da und betrachteten eine stille, verzauberte Welt.

Auf unserem Weg hinunter bemerkten wir an einer Seite des Berges einen steilen Hang, bedeckt mit weichem Schnee. Wir mussten bloß in die Knie gehen und bergab schlittern. Der Aufstieg hatte viele Stunden gedauert, doch wir brauchten nur zwanzig Minuten, um nach unten zu gelangen. Das Gefühl war überwältigend – als wären wir Skifahrer, die völlig mühelos über die glatte weiße Decke glitten.

Nach einer Weile legten wir eine Pause ein, und Peter griff in seine Tasche und zog ein Stück Zeitung heraus.

»Eine Tasse Tee!« Ich umarmte ihn. Wie wunderbar, dass er daran gedacht hatte, Papier zum Feueranzünden mitzubringen.

Er brach ein paar tote Zweige von einem Busch, schichtete einen Steinkreis auf und entfachte ein kleines Feuer. Ich schaufelte mit den Händen etwas Schnee in den Topf und kochte Wasser.

»Eistee!« Peter lachte. »Wir trinken unseren Tee stets an besonders malerischen Fleckchen, stimmt's?«

Ich konnte mir nichts Schöneres auf der Welt vorstellen, als auf einen Berg zu wandern, ein Feuer anzuzünden und eine Tasse heißen Tee mit Milch zu trinken.

Mitte August gingen uns langsam Mehl, Reis, Bohnen und Dhal aus. Nach mehreren Wochen in unserem Zelt an der East Hut und endlosen Touren in die schneebedeckten Berge war es Zeit, weiterzuziehen. Nur widerwillig trennten wir uns von diesem schönen Ort. Das östliche Tal war unser Zuhause geworden, und wir fürchteten die Rückkehr in die Zivilisation. Fürchteten den Kulturschock, der uns in der Welt der Geschwindigkeit und des Lärms erwartete, aber ohne unsere Lebensmittel hatten wir kaum eine Wahl.

Wir wussten, dass es etwa vier Tage dauern würde, bis wir die Berge hinter uns gelassen und die Asphaltstraße erreicht hätten, wo wir unser Glück per Anhalter versuchen wollten. Unterwegs machten wir Station im »Hotel«, um unsere leeren Lebensmittelbehälter abzuholen. Während der langen Wanderung blickten wir auf unsere Zeit in der Wildnis zurück.

»Weißt du noch, wie wir dachten, dass die Reinheit der Natur unseren Geist transformieren würde?« Peter blieb stehen, das Kinn auf seinen langen Trekkingstock gestützt.

»Und? Fühlst du dich transformiert?«, wollte ich wissen.

»Ja und nein«, erwiderte er. »Die Realität ist immer anders als das, was man sich vorstellt, findest du nicht?« Er tippte mit seinem Stock gegen meinen. »Mir ist klar geworden, wie klein unser Geist ist, wie beschränkt unser Denken, verglichen mit der Unermesslichkeit des Daseins.«

»Nun, ich fühle mich verwandelt«, sagte ich. »Genauer gesagt: Ich fühle mich absolut vital, enegiegeladen. Vielleicht liegt es an dem vielen Schlaf, vielleicht an der Kraft der Berge – wer weiß? Vielleicht spendet die Natur Energie, sodass die Seele einen Weg findet, sich selbst zu transformieren.«

»O ja, ich fühle mich ebenfalls ausgesprochen vital«, pflichtete Peter mir bei. »Mentale und körperliche Auszeiten sind ausgesprochen wichtig, und zwar in jedem Alter. Die Kunst des Nichtstuns wird meines Erachtens unterschätzt.«

»Tja, genau das ist uns am schwersten gefallen: das Nichtstun.« Ich lächelte ihn an, dann setzten wir unseren Weg fort.

Endlich wichen die Berge den Ebenen; die Luft wurde mild, die Temperatur stieg merklich an. Überall um uns herum entdeckten wir die ersten Frühlingsboten. Das saftige Gras war übersät mit kleinen lila Blumen, Bienen summten von Blüte zu Blüte und sammelten eifrig Pollen. Manche Bäume blühten gelb. Es gab so viele leuchtende Farben.

Langsam durchschritten wir das lang gezogene Tal, bis wir auf landwirtschaftliche Nutzflächen stießen – Farmland, mit Zäunen abgegrenzt und mit Elektrodraht gesichert.

»Alles ist so akkurat und rechtwinklig!«, rief ich aus.

Peter sah mich an und lächelte. »Es dient dazu, das Unkontrollierbare zu kontrollieren. Aber natürlich ist das eine Frage der Zeit. Eines Tages holt sich die Natur das Land zurück, und alles folgt wieder der natürlichen Ordnung.«

Ich schaute mich um, sah das Farmland mit anderen Augen. Das Leben hier hatte man ins Gefängnis gesteckt; es durfte sich nur in strikt vorgegebenen Bahnen entwickeln. Menschliche Ordnung bedeutete Kontrolle. Die Wildnis war das genaue Gegenteil: Sie wirkte chaotisch, aber sie hatte ihre eigene, alles überdauernde Ordnung.

Endlich erreichten wir die Asphaltstraße. Nach zehn Minuten näherte sich ein großer roter BMW und hielt an. Das Fahrerfenster fuhr hinunter, und ein gut aussehender Mann im Anzug legte seinen Arm auf die Kante. Ich nahm den süßlichen Duft von

Aftershave wahr. Verblüfft musterte er unsere Klamotten und Trekkingstöcke, dann trat ein kleines Lächeln auf seine schmalen Lippen. Seine blauen Augen begegneten meinen. Ich fing an zu grinsen.

Ein Zwinkern im Blick, beugte er sich vor und fragte: »Wo kommt ihr denn her?«

3

Frühling

Es war später Nachmittag. Die Luft war feucht und satt – Frühlingsluft. Eine träge Hummel summte uns voran, unsere alte Straße entlang. Jeder Hügel, jedes Schlagloch, jeder Baum und jeder Strauch kam mir so vertraut vor, und doch fühlte es sich an, als wären wir eine Ewigkeit weg gewesen. Wir gingen an dem Häuschen vorbei, in dem wir früher gewohnt hatten, und kamen kurz darauf bei Ricky an, der in einem bescheidenen Holzhaus lebte und auf seinem Grundstück vor dem Kiefernwald eine Art »Hobby-Landwirtschaft« mit ein paar Schafen und Obstbäumen betrieb.

»Das gibt's doch nicht!«, rief Maus aus dem Küchenfenster, als er uns entdeckte. »Wie kommt ihr denn hierher?«

Einen Augenblick später erschien er in der Tür, einen verblüfften Ausdruck auf dem Gesicht.

»Gewandert, per Anhalter gefahren, gewandert«, antwortete Peter, während wir unseren Freund fest umarmten.

»He, verdammt, das ist der Wahnsinn, dass ihr zwei dort oben überlebt habt!«

Als ich in Peters strahlendes Gesicht schaute, überkam mich plötzlich ein überwältigendes Erfolgsgefühl: Wir hatten tatsächlich die langen Wintermonate in den Bergen überstanden.

»Wie war das Wetter?«, fragte Maus. »Wir hatten nichts als Regen! Ich hab zweimal versucht, mich zu euch durchzuschlagen, aber ich bin nicht durch die Flüsse gekommen. *Zweimal!*«

»Die meiste Zeit über hatten wir klaren Himmel und nachts schweren Frost«, berichtete Peter. »Und es hat ziemlich viel geschneit.«

»Ich will alles hören, was ihr zu erzählen habt«, sagte Maus. »Aber kommt erst mal rein. Ich mache uns einen Tee.«

Wir zogen unsere Sandalen aus, und ich trat zögernd auf den sauberen blauen Teppich. Zwei Wildschweinköpfe starrten uns von der Wand aus an, ihr letzter erstaunter Gesichtsausdruck im Augenblick des Todes, erstarrt in alle Ewigkeit.

Maus stellte den elektrischen Wasserkocher an, der auf der Stelle ein erstaunlich lautes Geräusch von sich gab. »Was möchtet ihr essen?«, fragte er. »Was habt ihr am meisten vermisst?«

»Obst«, erwiderten wir unisono.

Er stellte eine große Schale mit Mandarinen und Äpfeln auf den Tisch, dann schüttete er heißes Wasser in die Teetassen.

»Das geht so schnell.« Ich deutete auf den Wasserkocher. »Wenn man bedenkt, dass wir erst Holz sammeln und ein Feuer anzünden mussten, wenn wir Wasser kochen wollten ...« Ich sah Peter an. Er erwiderte mein Lächeln, und ich hatte das Gefühl, dass uns ein Geheimnis verband, das der Rest der Welt wohl niemals verstehen würde.

Ricky öffnete den Kühlschrank, um die Milch herauszunehmen, und meine Augen blieben an all den Lebensmitteln darin hängen. Für einen Augenblick kam ich mir vor wie ein Buschmann in New York, der auf den Überfluss an Nahrung starrt, der ihn zu erschlagen droht, doch natürlich war ich mit Kühlschränken wie diesem aufgewachsen. Als ich ein Kind war, hatten wir stets vier Sorten Käse und drei verschiedene Joghurts da – beide Produkte erschienen mir nun wie purer Luxus.

»He, hast du etwas mit deinem Bogen geschossen?« Maus warf einen erwartungsvollen Blick in meine Richtung und stellte die Tassen vor uns auf den Tisch.

»Ähm, nun ... nein, nicht wirklich«, gab ich zu. Maus hatte mir so viel über die Theorie des Jagens beigebracht, dass ich mir vorkam wie eine durchgefallene Schülerin.

Peter kam mir zu Hilfe. »Wir hatten auch so jede Menge Fleisch. Possums und Wildbret im Überfluss.«

»Hm, wie seid ihr denn an das Rotwild gekommen?« Maus legte den Kopf schräg, begierig auf eine spannende Geschichte.

Wir fingen an zu erzählen. Ich machte den Anfang, Peter übernahm und umgekehrt. Einer von uns schilderte das Erlebte in schillernden Farben, der andere lieferte die Hintergrundkommentare.

»Du hättest das Gesicht des Typen sehen sollen, als Peter ihm sagte, wir würden Possumfleisch essen!« Ich kreischte vor Lachen. »Unbezahlbar!«

Maus fiel in mein Lachen mit ein, dann fügte er in ernsterem Ton hinzu: »Manchmal muss es ganz schön hart gewesen sein, oder?«

»Manchmal war es schweinekalt.« Peter schüttelte den Kopf. »Mannomann, das glaubst du nicht: Das Zelt war gefroren, die Wasserfälle – alles steinhart vor Frost! Aber weißt du« – Peter stellte seine Tasse ab –, »wenn du um drei Uhr morgens aufwachst, weil du schon acht Stunden geschlafen hast, dann kommen dir all die alten Erinnerungen und drangsalieren dich, und zwar wieder und wieder.«

»Wirklich?« Auf Maus' Gesicht spiegelte sich Sorge.

»Ja, all die ungelösten Konflikte warten geduldig darauf, aus den dunklen Ecken zu kriechen.« Peter strich sich mit zwei Fingern über den Bart. »Wie Spinnen im Keller.«

»Hm«, sagte Maus. »Ich nehme an, wir beschäftigen uns die ganze Zeit über mit allen möglichen Dingen, um nicht an solchen Mist zu denken.«

»Nach Anbruch der Dunkelheit gibt es in der Wildnis nur sehr wenig zu tun, daher hat man keine andere Option, als diese Gedanken zuzulassen.« Peter nahm einen Schluck von seinem Tee.

»Und dann?«, wollte Maus wissen.

»Nach ein paar Monaten verschwinden sie. Einen solchen Winter durchzuhalten, und sei es auch nur einmal im Leben, ist ausgesprochen reinigend – mental, meine ich.«

»Auch körperlich«, fügte ich hinzu. »Weil wir so viel geschlafen haben, sind wir komplett neu aufgeladen.«

»Interessant …« Maus zog die Augenbrauen hoch.

Schweigend tranken wir unseren Tee, dann fragte Peter: »Und was ist hier so passiert?«

Rickys Blick schweifte suchend durchs Haus. »Nun, nicht viel. Immer dasselbe.«

Das Telefon klingelte, was automatisch einen Adrenalinschub in mir auslöste.

Maus sprang auf. »Bedient euch einfach. Könnte sein, dass ich eine Weile telefonieren muss. Geschäftlich.«

Peter schaltete den Fernseher ein, und schlagartig war das Haus voller lauter Stimmen. Er zappte zwischen CNN, BBC, Al Jazeera, einem russischen Sender und CCTV aus Peking hin und her, um so viel wie möglich über die momentane Situation in der Welt zu erfahren. Ich lief zu dem Computer im Nebenzimmer. Als ich mein Passwort eintippte, war ich überrascht über die nervöse Erwartung, die in mir aufstieg. Ich konnte meine E-Mails gar nicht schnell genug abrufen und fühlte mich wie eine Süchtige, die endlich an ihre Droge kam. Die Stunde, die ich damit verbrachte, meine Mails zu lesen, kam mir vor wie fünf Minuten. Erst der Klang von Debbies Stimme riss mich abrupt zurück in die Realität.

Ich versuchte, sie herzlich anzulächeln, und auch sie gab sich Mühe. Als ich ihren zierlichen Körper umarmte, lachte sie plötzlich auf und sagte: »Ich kann das Holzfeuer an dir riechen.«

Während Peter in der Küche half, zog ich mich in das saubere weiße Badezimmer zurück, um den Geruch nach Rauch abzuspülen. Die Nase in ein frisch duftendes Handtuch vergraben, betrachtete ich mich im Spiegel. Ich war überrascht über das, was ich sah. *Bin ich das?* Zum ersten Mal seit Monaten betrachtete ich mein eigenes Gesicht. Irgendwie hatte ich vergessen, wie ich aussah, denn Peters Gesicht war mir vertrauter geworden als mein eigenes.

Während der folgenden Tage ging ich mehrmals unter die Dusche, wusch unsere Sachen und fuhr zum Supermarkt, um neue Vorräte anzulegen. Am Abend vor unserem neuerlichen Aufbruch saßen wir zusammen am Tisch.

»Und, wisst ihr schon, wohin es als Nächstes gehen soll?«, fragte Maus.

»Nun, die beiden Jäger, denen wir unterwegs begegnet sind, haben uns Bob's Hut empfohlen«, antwortete Peter. »Die Hütte liegt im Matakitaki-Tal und soll umgeben sein von einem schönen, ursprünglichen Wald. Aufgrund ihrer Abgeschiedenheit wird sie nicht oft besucht.«

Maus runzelte die Stirn. »Habt ihr die Hütte denn schon gesehen? Wart ihr selbst dort?«

»Nein, das nicht, wir wollen sozusagen aufs Geratewohl hin.« Peter begegnete Rickys Blick.

»Wieso habt ihr eigentlich keinen Plan? Im Frühling wollen wir hierhin, im Sommer dorthin, in diese Ecke im Herbst ... Wie stellt ihr euch das vor?«

»Wenn man alles plant, lässt man nicht viel Raum für das Unerwartete.« Ich zuckte die Achseln. »Allerdings ist gerade das Unerwartete oftmals das Interessanteste!«

»Großartige Dinge könnten passieren, die unser Leben für immer verändern, aber man kann solche Dinge eben nicht planen«, fügte Peter hinzu.

»Es könnten euch auch schreckliche Dinge zustoßen, die eurem Leben ein Ende setzen!« Maus beugte sich über die Karte. »Okay, das Matakitaki-Tal. Wo könnte das sein?« Seine grünen Augen blitzten unter seinen langen Wimpern.

Peter deutete auf eine Region innerhalb eines Nationalparks, wo der natürliche Waldbestand noch nie einen Eingriff von Menschenhand erfahren hatte. Dort würden wir echte, ursprüngliche Wildnis vorfinden.

Am nächsten Morgen fuhren wir mit Maus' Pick-up – auf der Ladefläche sein Quad und unsere aufgefüllten Lebensmittelbehälter – über mehrere Berge, durchquerten ein breites Flusstal und bogen schließlich auf eine verlassene Lehmpiste ab. Als das Farmland in den Wald überging, ließen wir den Wagen stehen, nahmen das Quad mit Anhänger und rasten mit hoher Geschwindigkeit auf die Bäume zu. Der Wald kam uns vor wie eine andere Welt – grün, saftig und voller Leben, die Sonne beschien den Weg vor uns.

»Haltet euch fest!«, schrie Maus jedes Mal, bevor er durch Bäche, Schlammsenken und über große Steine bretterte. Peter musste die Arme um mich schlingen, und ich klammerte mich an Maus fest, damit wir in den scharfen Kurven nicht vom Quad flogen. Wir rasten in wahrhaft halsbrecherischem Tempo dahin, und es war wundervoll, so dicht bei Maus zu sein, weshalb ich die ganze Fahrt über lachte. Als wir nicht mehr weiterkamen, kletterte ich vom Quad, die Augen voller Lachtränen.

»Was ist denn so komisch?«, fragte Ricky mit echter Überraschung in der Stimme.

Wir versteckten unsere Vorratsbehälter im Wald, bedeckten sie mit Moos und Steinen, dann wanderten wir mit unseren schweren Rucksäcken über einen bewaldeten Hügel in ein breites Flusstal, in dem massenhaft dornige Matagouri-Sträucher wuchsen, eine speziell in Neuseeland vorkommende Gattung der Kreuzdorngewächse. Ihre beeindruckend dicken Dornen hielten grasende Tiere in Schach und boten gleichzeitig zahlreichen Vögeln und Kaninchen einen Unterschlupf.

Wir waren ausgesprochen froh, endlich die kleine Holzhütte am Rande einer Lichtung zu entdecken, die unser heutiges Ziel war. Sie stand direkt am Rand eines gigantischen Waldes aus Roten Scheinbuchen. Vor über hundert Jahren hatte ein Farmer – vermutlich ein gewisser Mr Downie – das Land für seine Schafe gerodet und aus den gefällten Bäumen Downie's Hut errichtet. Vor Kurzem hatte man das alte Schindeldach mit Wellblech bedeckt, damit es nicht hineinregnete. Die Hütte war ungefähr vier mal vier Meter groß und im Innern so dunkel, dass es eine Weile dauerte, bevor ich einen Holzofen und vier Schlafpritschen mit Matratzen erkennen konnte, außerdem eine Holzbank unter dem kleinen Fenster.

Interessiert inspizierte ich die Hütte. Die dunklen, grob behauenen Wandplanken, die Originallatten, auf denen die Dachschindeln befestigt waren, die alten Namen und Daten, eingeschnitzt ins Holz, vermittelten den Eindruck, in einem Museum zu stehen.

»He, hast du das Hermelin gesehen?«, rief Peter, während ich energisch den Fußboden fegte. Ich schaute auf, aber es war zu spät. Das Hermelin war schon weg.

»Glück muss man haben! Das fängt all die Mäuse und Ratten für euch«, sagte Maus. »Wie lange habt ihr vor, hier zu bleiben?«, wollte er anschließend wissen und zerkleinerte etwas altes Brennholz, um ein Feuer für Teewasser anzuzünden.

»Sobald wir sämtliche Vorratsbehälter hierher verfrachtet haben, schlagen wir ein Camp in der Nähe von Bob's Hut auf. Also ziemlich bald, nehme ich an.«

Nach dem Abendessen krochen wir in unsere Schlafsäcke, um uns warm zu halten.

»Es ist schön, ins Feuer zu schauen, nicht wahr?« Maus lag gemütlich auf seinem Bett, die Arme unter dem Kopf verschränkt. »Mein alter Herr ließ uns nur Feuer im Kamin machen, wenn er zu Hause war. Er bewachte seinen riesigen Feuerholzstapel wie ein gottverdammter Irrer. Wenn er herausfand, dass wir in seiner Abwesenheit das Feuer angezündet hatten, verprügelte er uns.«

»Wirklich?« Ich schnappte nach Luft. Ich konnte mir keine Kindheit mit einer derartigen Gewalt vorstellen.

»O ja«, sagte Peter aus seiner dunklen Ecke der Hütte. »Damals wurde man zu Hause *und* in der Schule geschlagen. Körperliche Züchtigung war zu jener Zeit vollkommen normal.«

»Ja, in der Schule hatte ich die Wahl zwischen Hausaufgabenmachen und Rohrstock.« Maus grinste. »Die Lehrer schlugen aber längst nicht so kräftig zu wie mein Vater, daher entschied ich mich stets für den Rohrstock.«

»Was? Jeden Tag?« Ich stellte mir einen dünnen kleinen Jungen vor, der sich mehr oder weniger freiwillig verprügeln ließ.

»Nun, am Ende sahen sie keinen Sinn mehr darin. Der Direktor nahm mich unter seine Fittiche. Er gab mir eine Schuluniform und half mir bei den Hausaufgaben.« Er lachte über seine eigene Raffiniertheit.

Ich dachte an meine Erziehung. Ich hatte niemals Prügel bekommen. Es klang so, als sei Maus dreißig Jahre vor mir aufgewachsen, dabei war er bloß zwölf Jahre älter als ich. Die Zeiten hatten sich gewaltig geändert.

Am nächsten Morgen stand Maus beim ersten Licht des Tages auf. »Nun dann, viel Glück, Freunde«, wünschte er uns mit leicht besorgtem Gesicht, dann sagte er entschuldigend: »Ich bin mir nicht sicher, ob ich es schaffe, vorbeizukommen. Es ist ganz schön weit weg.«

Wir wanden uns aus unseren Schlafsäcken. »Oh, keine Sorge, uns wird's schon gut gehen.« Ich lächelte zuversichtlich und umarmte ihn. »Dem ersten Jäger, dem wir begegnen, gebe ich einen Brief für dich mit.«

Wir winkten zum Abschied und beobachteten durch das kleine Fenster der Hütte, wie er durch das nasse Gras davonmarschierte. Nach etwa fünfzig Metern fing er an zu laufen.

Später an jenem Morgen verschwand die Sonne hinter dunklen Wolken, und es fing an zu nieseln. Der Niesel ging in Regen über, dann goss es wie aus Eimern.

Peter wirkte etwas verloren in der dunklen Hütte in seiner großen schwarzen Outdoorjacke und den Shorts.

»Deine Haare sind richtig lockig von der Feuchtigkeit.« Ich umarmte ihn.

»Wir brauchen Holz.« Er gab mir einen Kuss. »Holz, Miriam«, wiederholte er mit einer gewissen Dringlichkeit in der Stimme. »Damit wir unser Brot backen können.« Ich schaute in sein ernstes Gesicht. »Nach dem Winter ist das ganze Holz hier klatschnass.«

»Morgen reißt es bestimmt auf, und dann füllen wir als Erstes den Schuppen auf«, versprach ich optimistisch.

Doch es riss nicht auf. Am nächsten Tag regnete es immer noch und am Tag darauf sogar noch heftiger. Es schien, als wolle es ewig weiterregnen. Wenn es zwischendurch doch einmal aufhörte zu prasseln, rannte ich zum Flussbett, um vom Wind getrocknetes Holz zu sammeln, während Peter sich daranmachte, ein taillenhohes Stück vom Stamm einer Roten Scheinbuche zu spalten. Wir verbrannten die trockensten Stücke und lehnten die nassen gegen die Wände der Feuerstelle, sodass sie in der Wärme der Flammen trockneten. Wir verbrannten Holz, um Holz zu trocknen, das wir wiederum verbrannten, um neues zu trocknen, und so weiter und so fort. Tagein, tagaus.

Die Zeit, die wir in jener alten Hütte ausharrten, die trübsinnig in dem kalten, schräg fallenden, gnadenlosen Regen oder im nassen Schnee stand, kam mir ewig vor. Der Fluss schwoll gewaltig an. Über die Ufer tretende Bäche und Flüsse blockierten den Weg hinunter ins Tal und zur Straße. Das Licht in der Hütte war so schummrig, dass es unmöglich war, ein Buch zu lesen, es sei denn, man stand direkt am Fenster. Wir spielten Schach, lasen Bücher am Fenster, kochten Bohnen, hackten Holz, hielten das Feuer in Gang und tranken unzählige Tassen Tee. Währenddessen gingen die Vögel ihren Frühlingsaktivitäten nach, und die Hasen flitzten ungeachtet des Wetters durch Wald und Wiesen. Von allen Geschöpfen im Tal schienen wir am wenigsten für das Leben vor Ort geschaffen.

Tagelang saß ich am Fenster und hielt Ausschau nach Gestalten im wabernden Nebel.

Wenn doch nur jemand vorbeikommen würde, dachte ich sehnsüchtig. *Ein Jäger, ein Wanderer, ein Angler … Ganz gleich, wer, es wäre einfach fantastisch, einen weiteren Menschen hier zu haben.*

Ich stellte mir zwei Männer vor, die sich über den Tisch beugten und ihr nächstes Jagdziel besprachen, jeder eine Tasse mit dampfend heißem Kaffee in der Hand.

»Matakitaki!«, flüsterte ich ihnen ins Ohr. Doch mein telepathischer Ruf blieb ungehört, denn niemand verirrte sich zu Downie's Hut.

»Weißt du, dass manche Leute behaupten, sie würden sich in die Berge zurückziehen, wenn das System tatsächlich zusammenbricht?«, fragte ich eines Tages, während ich den Topf sauber machte.

»Ja.« Peter war damit beschäftigt, ins Feuer zu blasen, um die Flammen anzufachen.

»Stell dir mal vor, sie kämen hierher. Ich glaube nicht, dass viele von ihnen damit klarkommen würden, rein psychisch, meine ich. Nach der ersten Woche würden sie mit Sicherheit unruhig werden oder einen Hüttenkoller bekommen. Sie würden wissen wollen, was mit ihrer Familie passiert ist, wären beunruhigt, weil sie vom Rest der Menschheit abgeschnitten sind. Schau dir zum Beispiel Maus an – er hat es kaum eine Nacht lang ausgehalten. Konnte es gar nicht erwarten, nach Hause zurückzukehren.« Ich hielt inne. Der Regen trommelte aufs Dach. »Wenn ich die Wahl hätte, würde ich gern losziehen und uns einen Ort suchen, an dem es nicht regnet.« Ich seufzte. »Inzwischen regnet es schon seit Ewigkeiten nonstop!«

»Du hast recht. Doch die Realität sieht nun mal so aus, dass wir nirgendwohin können, selbst wenn es uns gelingen sollte, die Flüsse zu überqueren. Die Wildnis ist das einzige Zuhause, das wir im Augenblick haben.«

Ich schaute aus dem Fenster auf die Schemen, die der Nebel zwischen den Bäumen bildete.

»Ja, wir sind total dem Wetter unterworfen.« Ich lächelte schief.

»Das hier ist kein verregneter Urlaub, nach dem wir in unser normales Leben mit einem normalen Haus zurückkehren können«, sagte Peter. »Das ist unser Leben, also müssen wir uns anpassen.«

Ein paarmal, wenn der Regen nachließ, ging ich auf die Jagd. In Shorts und Sandalen lief ich durch das hohe Gras. Die nassen grünen Halme fühlten sich weich an auf meinen nackten Waden. Teile der Lichtung hatten sich in einen Sumpf verwandelt, und meine Füße versanken bis zu den Knöcheln im Matsch. Als ich in der Ferne einen Hasen auf einem Haufen Steine entdeckte, schoss ich einen Pfeil ab. Helle Funken stoben auf, als der Pfeil auf die Steine traf. Der Hase war längst weg, und mein Pfeil war verbogen. Ich würde nie mehr einfach drauflosschießen.

Mehrere Male stellte ich eine Possumfalle auf, aber es gelang mir nicht, ein Tier zu fangen. Auch die kleinen Beuteltiere versteckten sich vor dem Regen. Also aßen wir Bohnen zum Abendessen und Linsen. Jeden Tag. Bohnen. Dhal. Und Reis. Wochenlang.

Wir hatten sehr viel Zeit in jener düsteren alten Hütte. Da das Licht nicht reichte, um unsere Bücher zu lesen, hatte ich mir eine interessante Form der Unterhaltung einfallen lassen: Ich nannte den Namen eines Landes, und Peter beschrieb mir die Landschaft von Bildern, die er gesehen hatte. Er kannte die landestypischen Klimaverhältnisse von seinen Studien, genau wie Flora und Fauna. Außerdem hatte er zahlreiche Bücher über historische und politische Ereignisse gelesen, von denen er mir nun erzählte. Auf diese Weise erfuhr ich etwas mehr von der Welt.

Eines Abends diskutierten wir über den Irak mit seiner uralten Kultur, und Peter schweifte ab zum Gilgamesch-Epos, das ich ausgesprochen interessant fand.

»Gilgamesch galt als sagenumwoben, nichtsdestotrotz war er ein echter König um 2700 vor Christus, der unsterblich werden wollte«, fing Peter an. »Daher beschloss er, die erste Stadt zu erbauen. Er bat die Göttin Ischtar um Erlaubnis. Sie antwortete: ›Dieses Geschenk der Zivilisation mache ich dir, aber denk dran: Du kannst es nicht zurückgeben.‹ Also schuf Gilgamesch Uruk. Die Mauern der Stadt waren ein Symbol für die Abgrenzung von der Wildnis, doch ohne direkten Bezug zur Natur kamen sich die Menschen bald einsam und isoliert vor, und ihre Errungenschaften schienen irrelevant im Angesicht des Todes.«

»Wow! Du kannst die Zivilisation nicht zurückgeben«, sagte ich. »Wir haben nicht viel gelernt in den vergangenen fünftausend Jahren. Jetzt haben wir noch größere Städte und fühlen uns noch einsamer und isolierter.«

Eine Weile lagen wir schweigend auf unseren Pritschen.

»Vielleicht stürzen die Mauern eines Tages ein«, überlegte ich hoffnungsvoll.

»Das dürfte wohl eine Weile dauern«, sagte Peter.

In der Nähe der Hütte gab es ein Plumpsklo. Das Loch war vor langer Zeit ausgehoben worden, und über die Jahre hatte es sich langsam, aber unaufhaltsam mit menschlichen Exkrementen, Erdreich und Regenwasser gefüllt. Eines Morgens setzte ich mich auf den hölzernen Toilettenring und betrachtete die nassen Schneeflocken, die auf das weiche Moos fielen. Ich hörte, wie mein Geschäft nach unten plumpste, und dann … dann spürte ich zu meinem Entsetzen eine Mixtur aus Regenwasser und Scheiße, die an meinen Hintern spritzte. Die Scheiße fremder Leute! Für ein paar Sekunden blieb ich sitzen, vor Schreck und Ekel wie gelähmt, und versuchte, dieses grauenhafte Erlebnis zu verarbeiten. Dann sprang ich auf und rannte wimmernd, die Hose noch um die Knöchel, zum Bach, um mir gründlich den Hintern abzuwaschen.

Als ich in die Hütte zurückkehrte, stellte ich fest, dass Peter mich amüsiert anblinzelte. »Was ist passiert?«, fragte er unschuldig.

»Plumpsklospritzer«, erwiderte ich todernst und griff nach der Seife, um zu einer neuerlichen Reinigungsaktion am Bach aufzubrechen.

Er deutete auf eine Kiste in der Ecke. »Aus dem Grund lege ich immer Zeitungspapier unter«, erklärte er mit einem Grinsen im Gesicht.

Nach drei Wochen Regen waren wir so gereizt, dass wir schon wegen Kleinigkeiten aneinandergerieten.

»Wo sind die Haferflocken?«, fragte Peter eines Morgens ungeduldig.

»Ich hab sie in die Tasche in der Ecke gepackt, vielleicht auch zurück in den Vorratsbehälter. Oder nein, warte. Sind die nicht in der Tüte dort drüben am Haken? Herrgott noch mal, mach doch einfach die Augen auf! Sie können ja nicht weg sein!«, blaffte ich.

»In letzter Zeit bist du ständig sauer auf mich. Langsam, aber sicher hab ich den Eindruck, du hast keine Lust mehr, mit mir zusammenzuleben«, sagte Peter zu mir. Der Ton seiner Stimme trieb mir die Tränen in die Augen. Ich entschuldigte mich für meine Verdrossenheit und umarmte ihn. Mit aller Deutlichkeit trat mir vor Augen, wie abhängig voneinander wir in dieser einsamen Hütte inmitten der unwirtlichen Berge waren. Als wandere man mit nur einer Flasche Wasser durch eine Wüste, um dann festzustellen, dass man die Flasche verloren hatte. Peter war für mich der kostbarste Mensch auf Erden. Ich musste gewissenhaft mit ihm umgehen, denn er war mein Partner, mein bester Freund und mein einziger Gefährte in der Wildnis.

Als wir am Abend zu Bett gingen – der Regen trommelte auf das Wellblechdach –, hörten wir in der Ferne ein Grollen. Kurz darauf erhellte ein Blitz Downie's Hut, gefolgt von einem so ohrenbetäubenden Donnerschlag, dass die Stockbetten bebten. Ein Wolkenbruch ging auf die kleine Hütte herab. Wegen des furchterregenden Lärms war es unmöglich, sich zu unterhalten. Kurz kam mir der Gedanke, mich zu Peter auf die Matratze zu stehlen, aber das erschien mir kindisch und außerdem ziemlich nutzlos.

Nach einer Weile ließ der Regen nach, dafür begann es zu stürmen. Der Wind drang durch die kleinsten Ritzen, und wir hörten, wie die Äste der Bäume im Wald heftig gegeneinanderkrachten. Die Hütte stand unter einem toten Baum, der sich bedenklich zur Seite neigte, und ich hatte schreckliche Angst, dass er umstürzen und Downie's Hut unter sich begraben könnte. Meine Furcht wuchs von Minute zu Minute, und langsam fing ich an, mich zu fragen, ob wir diese Nacht überleben würden. *Ob wir es bis zum nächsten Morgen schaffen?*, sorgte ich mich. Vor meinem inneren Auge sah ich unsere zerschmetterten Körper, über welche die Wiesel und Wildschweine herfielen. Plötzlich hörten wir ein gewaltiges Knacken. Ich schrie auf. Ein dumpfer Schlag erschütterte den Boden. Das Herz schlug mir bis zum Hals.

Zu meiner Verblüffung überlebten wir die Nacht, und das Dach blieb intakt. Am nächsten Morgen öffnete ich die Tür und atmete die frische, milde, belebende Luft ein, die stets gutes Wetter verhieß. Was für ein wunderschöner blauer Himmel! Endlich kein Regen mehr! Ich breitete die Arme aus und fühlte mich wie Noah nach der Sintflut, bereit, meine Taube auszuschicken auf der Suche nach Land.

»Blauer Himmel!«, rief ich Peter zu.

Wir gingen zum Fluss, wo uns ein atemberaubender Blick auf

die hohen, schneebedeckten Berge erwartete. Wir hatten diese Gipfel noch nie gesehen, sie waren beinahe einen Monat lang unter einer dichten Wolkendecke begraben gewesen. Etwa zwanzig Meter von der Hütte entfernt entdeckten wir einen riesigen Baum, den der Sturm gefällt hatte – die Ursache für den gewaltigen Schlag, den wir in der Nacht vernommen hatten. Was den toten Baum anbetraf, um den ich mir solche Sorgen gemacht hatte – der stand unversehrt da, schräg über die Hütte geneigt.

Wir umarmten uns und gratulierten einander. Wir hatten den Regen überlebt! Nach so langer Zeit war das die größte Freude, die wir je empfunden hatten – es lohnte sich beinahe, für ein derart überwältigendes Gefühl im Regen auszuharren. Aber eben nur beinahe.

Ich brannte darauf, sofort zu Bob's Hut aufzubrechen. »Ich hab vor, zur nächsten Hütte zu wandern und Vorräte dorthin zu schaffen«, sagte ich zu Peter. »Und wenn ich zurückkomme, werde ich dir erzählen, wie wundervoll das obere Tal ist!«

Sofort fing ich an, die großen Packungen Reis und Mehl zu verstauen. Nicht einen Tag länger würde ich es in diesem muffigen, dunklen Verschlag aushalten! Es juckte mich, zu einer aufregenden Solo-Expedition aufzubrechen.

»Was hast du es denn so eilig?« Peter schaute mich leicht besorgt an. »Der Fluss wird immer noch hoch sein.«

»Nein, das glaub ich nicht. Das Wasser ist bestimmt schon zurückgegangen«, widersprach ich und packte weiter. »Ich hab vor, das Beste aus jedem schönen Tag zu machen. He, auf dem Wegweiser steht, dass man bis zu Bob's Hut nur vier Stunden braucht. Das ist doch nicht weit!« Mit großem Optimismus gab ich Peter zum Abschied einen Kuss. »Bis morgen!«

Es war ein merkwürdiges Gefühl, ins große Unbekannte aufzubrechen, allein, an einem so herrlichen Tag wie diesem. Ich umwanderte morastige Stellen, kletterte über steile Böschungen, umrundete umgestürzte Bäume und durchquerte Bäche und kleine Flüsse. Der Wanderweg war deutlich zu erkennen und leicht zu bewältigen, stellte ich zufrieden fest. Doch nach einer Stunde führte er in einen anderen Wald hinein, einen Wald, in dem es totenstill war. Ich hörte nichts, keinen Wind, kein Vogelgezwitscher, nicht einmal das leise Plätschern eines Baches. Die Sonne verschwand hinter den Wolken, die Helligkeit wich einem plötzlichen Zwielicht. Zwischen den stummen, reglosen Bäumen kam ich mir unbehaglich vor und irgendwie fehl am Platz. Die Bäume auf diesem unheimlichen Berg raunten mir zu, ich solle umkehren. »Dreh um ... Dreh um ...«

Als es bergauf ging, waberte Nebel durch die Bäume, und alle hundert Meter wurde die Luft kälter. Ich überquerte einen schmalen Pass, auf dem noch immer etwas Schnee lag. Als ich mich umschaute, sah ich meine Fußabdrücke. *Sollte ich nicht zurückkommen,* dachte ich nervös, *kann man zumindest meinen Schritten folgen, die zu meiner Leiche führen.*

Ich wurde von Minute zu Minute unruhiger.

Mit einiger Mühe watete ich durch einen kleinen Fluss und gelangte etwas später zu einer Brücke, die auf der Karte eingezeichnet war. Eine solche Konstruktion hatte ich noch nie gesehen: Es gab ein dickes Drahtseil für meine Füße und zwei weitere Drahtseile für meine Hände. Wenn ich von dem unteren Seil abrutschte, würde ich in den grauen Fluss stürzen oder auf den schwarzen Felsen weit unter mir aufschlagen. Ich legte meinen Trekkingstock horizontal auf die beiden oberen Drahtseile und setzte zögernd einen Fuß auf das einzelne Seil unten. Unter mir strömte der eiskalte Fluss mit enormer Geschwindigkeit dahin.

Fall bloß nicht runter, ging es mir wieder und wieder durch den Kopf. Meine Knöchel wurden weiß, so fest klammerte ich mich an die oberen Seile. Je näher ich dem anderen Ufer kam, desto höher wurden die Seile, und am Ende hingen sie so hoch, dass ich kaum noch drankam und beinahe den Halt verloren hätte. Zu meiner ungeheuren Erleichterung schaffte ich es bis auf die andere Seite.

Der Weg führte weiter den kalten Berg hinauf, durch den dunklen, nassen, rutschigen Wald. Ich kam erschreckend langsam voran und war bereits völlig fertig. Insgeheim dachte ich an Rotkäppchen, auf das der böse Wolf lauerte. Doch statt dem Wolf begegnete ich einem riesigen Hirsch. Er trank aus einem Bach und rannte davon – das einzige Geräusch in dem so stillen Wald.

Und dann war der Wanderweg plötzlich verschwunden.

Wie versteinert blieb ich stehen und starrte in den unheimlichen Wald rund um mich herum. Die modrigen Blätter der Schwarzen Scheinbuche verdeckten jeglichen Hinweis auf einen Pfad. Voller Furcht stellte ich mir vor, wie ich mich in diesem finsteren Wald verirrte, und drehte mich panisch um mich selbst, um Ausschau zu halten nach der orangefarbenen Wegmarkierung, doch alles, was ich sah, war ein Dickicht seltsam ineinander verschlungener Bäume. Ich legte den Kopf in den Nacken und versuchte, durch das dichte Blätterdach einen Fleck Himmel zu erspähen. Der Tag schien schnell zu vergehen. Ich ging ein Stück auf eine Stelle zu, an der ich eine Lücke zwischen den Bäumen bemerkte. Möglicherweise führte der Weg dort entlang. Doch als ich an der Stelle ankam, fand ich nichts. Eilig machte ich kehrt und folgte meinen Schritten zurück. Alles kam mir plötzlich fremd vor, doch irgendwie fand ich die verpasste Abzweigung.

Der Wanderweg stieg wieder an, und schließlich sah ich das helle Licht, das den Waldrand ankündigte. Ich folgte den orangefarbenen, an Eisenstangen befestigten Wegmarkierungen in ein großes Sumpfgebiet hinein, das komplett von einer dicken Schneeschicht bedeckt war. Ein schmaler Bach schlängelte sich durch das dicke Tussockgras – gelbbraunes, in dicken Büscheln wachsendes langes Gras, auch »Horstgras« genannt. Die Oberfläche war komplett bewachsen, sodass ich davon ausging, dass der Sumpf nicht tief war, bis ich direkt ins eiskalte Wasser trat, das mir bis zu den Oberschenkeln reichte. Der Wollpullover, den ich mir um die Hüfte gebunden hatte, war augenblicklich klatschnass. Ich schnappte nach Luft und fing vor lauter Schreck an zu weinen, da ich fürchtete, an Unterkühlung zu sterben. Alle möglichen Schreckensszenarien schossen mir durch den Kopf. Ich war am Rande der Verzweiflung.

Es gelang mir, mich aus dem Sumpf zu befreien. Um nicht tatsächlich zu unterkühlen, fing ich an zu laufen, doch anstatt schneller voranzukommen, stolperte ich über die schneebedeckten Findlinge, die nun vor mir lagen. Ich zwang mich zur Ruhe, zumal ich mich an Geschichten von Leuten erinnerte, die in den Wäldern den Verstand verloren hatten. Die greifbare Gefahr raubte ihnen den Verstand, ließ sie hysterisch werden; und ich spürte, dass ich kurz davorstand, einer von ihnen zu werden.

Da sah ich plötzlich eine kleine weiße Hütte in der Ferne. Als ich vor der Tür stand, fiel mein Blick auf ein Grab im Schnee direkt unter dem Fenster. Nach einer so unheimlichen Wanderung auf einem Ein-Mann-Friedhof zu landen war das Letzte, was ich jetzt brauchte. Das Grab war mit einem großen Holzkreuz gekennzeichnet, in das jemand die Worte RUHE IN FRIEDEN, BOB geschnitzt hatte. Anscheinend war Bob ein alter Goldgräber gewesen. Jetzt hing seine Schaufel draußen an der Hüttenwand, um an sein Leben hier zu erinnern. *Er muss in oder in der Nähe dieser Hütte gestorben sein,* dachte ich. *An einer Krankheit? Oder hatte er womöglich einen Unfall?* Ich schauderte.

Als ich die Tür öffnete, sah ich, dass die Hütte sauber war und voller Licht und um einiges besser als Downie's Hut. Diese Hütte maß ungefähr drei mal fünf Meter. Ich warf einen Blick ins Hüttenbuch und stellte fest, dass den ganzen Winter über niemand hier gewesen war. Draußen verschwand das letzte Tageslicht hinter einem gewaltigen Felsmassiv, das schweigend und unnahbar hinter Bob's Hut aufragte. Ich fand mich an einem völlig abgeschiedenen, menschenleeren Ort wieder. Das hier war die schroffe Wildnis, nach der ich immer gesucht hatte, doch jetzt, da ich sie entdeckt hatte, war ich mir nicht so sicher, was ich davon halten sollte. Ich hatte das Gefühl, ich sei ganz allein auf der Welt.

Ich zog die Woll-Leggins an, die ich mitgebracht hatte, dazu ein frisches Hemd, und zündete das Feuer an. Meine nassen Shorts und den Wollpulli hängte ich auf eine Leine oberhalb der Feuerstelle. Bald wurde es warm in der Hütte. Als ich ins Bett ging und die Augen schloss, dachte ich an Bob – oder vielmehr an seinen Geist, der hier vielleicht immer noch umging.

»Hallo, Bob«, flüsterte ich.

Keine Antwort.

Da lag ich nun in der totenstillen Nacht und stellte fest, dass meine üblicherweise ratternden Gedanken mehr und mehr verschwanden, bis am Ende nichts mehr blieb als Furcht – die Furcht, einen Geist zu sehen. Ich kam mir vor, als sei ich wieder zwölf. Völlig verängstigt barg ich mein Gesicht im Schlafsack, so lange, bis ich keine Luft mehr bekam. Plötzlich fiel mir der Malachit ein, den ich Jimmy geschenkt hatte, damit er keine Angst mehr vor Geistern haben musste.

Und dann dachte ich an das, was ich bei Laotse gelesen hatte: *Was du vernichten willst, musst du erst richtig aufblühen lassen.* Also holte ich tief Luft und ließ die Furcht zu. Ich lud ebenjenen Geist zu mir ein, den ich fürchtete. Wartend starrte ich in die Dunkelheit. Keine Geisterstimme sprach zu mir. Nichts passierte. Ich lag dort in der Stille und erkannte, dass es in Wirklichkeit das Unbekannte war, vor dem ich Angst hatte.

Irgendwie ging es mir nach dieser schlichten Erkenntnis sehr viel besser. Ich fing wieder an zu atmen, und schließlich schlief ich ein.

Mitten in der Nacht wachte ich auf, weil ich in meinem Schlafsack schwitzte. Ich wusste, dass der warme Wind von Norden weiteren Regen bringen würde, und tatsächlich: Am frühen Morgen schüttete es wie aus Eimern. Voller Sorge, die Flüsse könnten anschwellen, packte ich meine Sachen – ich hatte nicht vor, drei Wochen allein mit Bobs Geist in dieser Hütte zu verbringen.

Hastig stürmte ich bergab, überwand, ohne groß nachzudenken, die Drahtseilbrücke, die noch am Tag zuvor ein solches Problem dargestellt hatte, doch zwanzig Minuten später war ich gezwungen anzuhalten. Der kleine Fluss, durch den ich erst gestern mühelos gewatet war, strömte tosend zu Tal. Nachdenklich betrachtete ich das trübe braune Wasser. Der Fluss war nicht breit, aber die Strömung sah heftig aus.

Ich inspizierte das Flussbett. Wohin würde mich der Fluss spülen, wenn die Strömung mir die Füße wegzog? Letztendlich beschloss ich, das Risiko einzugehen, und betrat den Fluss. Ich steckte meinen Trekkingstock zwischen die Steine und stützte mich darauf. Mehrere Male zog die Strömung den Stock weg. Sie war wirklich stark – sehr stark. Der Fluss zerrte an meinen Beinen, große Steine rollten an mir vorbei.

Auf einmal fiel mir eine wohlerprobte Schauspielübung meiner Mutter ein: *Wenn du dir vorstellst, du bist ein Baum, kann dich niemand hochheben.* Ich konnte ihre Stimme so deutlich hören, als stünde sie neben mir. Ich stellte mir vor, meine Wurzeln reichten bis tief in die Erde, und blieb wie ein Baum mitten im tosenden Fluss stehen. Das Wasser reichte mir bis zur Taille und stieg immer noch an, aber der Fluss konnte mich nicht umreißen. Adrenalin schärfte all meine Sinne. Ich war mir jedes einzelnen Atemzugs bewusst. Schritt für Schritt bewegte ich mich vorwärts, bis auf die andere Seite.

Mit meinem leichten Gepäck legte ich schnell den restlichen Weg zu Downie's Hut zurück. Nicht einmal der Wald erschien mir unheimlich, und so traf ich fröhlich gegen Nachmittag an der Hütte ein. Der Himmel war aufgerissen, und ich kam mir etwas albern vor, weil ich so eilig durch den Regen gestürmt war.

Peter war überrascht, mich zu sehen, und schloss mich fest in die Arme. »Du hättest abwarten sollen, Liebling. Man sollte nie das Risiko eingehen, angeschwollene Flüsse zu durchqueren. Im neunzehnten Jahrhundert nannten die Leute den Tod durch Ertrinken ›Neuseeland-Tod‹, weil hier so viele Menschen beim Durchqueren von Flüssen ums Leben kamen.«

Als ich in jener Nacht im Bett lag, dachte ich daran, was alles im Fluss hätte passieren können. Zum ersten Mal wurde mir bewusst, dass ich tatsächlich hätte ertrinken können. Vor Angst schlug mir das Herz bis zum Hals – ein seltsames Gefühl, denn als ich den Fluss vor acht Stunden durchquerte, hatte ich keinerlei Furcht verspürt. Die Angst wurde von meinen Gedanken hervorgerufen. *Ist es möglich, dass das immer so ist?*, fragte ich mich. Kurz darauf schlief ich ein.

Der Himmel war klar, als wir am nächsten Morgen erwachten. Meine Furcht vor Flüssen und Geistern war verschwunden. Ich überredete Peter, unsere Sachen zu packen und zu Bob's Hut zu wandern, wo mir die unberührte Natur so gut gefallen hatte. Wir kamen erst am späten Vormittag los, weil das Packen einige Zeit dauerte. Das sei nicht schlimm, versicherte ich Peter, die Hütte sei nicht weit weg.

Als ich meinen Rucksack aufsetzen wollte, stellte ich fest, dass ich ihn nicht hochheben konnte, so schwer war er. Ich war gezwungen, mich auf die Erde zu setzen, mir die Riemen über die Schultern zu legen und mich dann seitlich zu drehen, um mich mithilfe meines Trekkingstocks auf ein Knie zu stützen. Endlich gelang es mir, mich auf die Füße zu rappeln.

Mit unseren schweren Rucksäcken kamen wir nur sehr langsam auf dem schlammigen Weg voran.

»Ich glaube kaum, dass wir nur vier Stunden brauchen. Wir können von Glück sagen, wenn wir vor Einbruch der Nacht dort eintreffen!« Peter drehte sich um und wartete auf mich, während ich die Fünfzehn-Meter-Lücke zwischen uns schloss. »Du bist ständig in Eile, weil du so verdammt rastlos bist«, sagte er.

Ohne ein Wort stapfte ich an ihm vorbei.

»Wir hätten heute alles einpacken und morgen früh aufbrechen können. Bloß weil du so ungeduldig bist, sind wir jetzt beide in Gefahr!«, rief Peter hinter mir her.

Er hatte nicht ganz unrecht. Der Wahrheit konnte ich nicht widersprechen, aber ich würde sie auch nicht eingestehen, und genau das machte Peter noch zorniger.

»Und wieso sind die Rucksäcke eigentlich so schwer?«, schimpfte er weiter. »Wir sollten ein paar Sachen wegschmeißen. Das ist doch lächerlich! All die Toilettensachen zum Beispiel – deine Gesichtscreme in diesem Glastiegel!«

Ich hob den Kopf, um zu einer Verteidigung anzusetzen, aber mir fiel keine Entschuldigung ein.

»Die brauchst du bestimmt nicht in der Wildnis«, fuhr Peter fort. »Wenn du dir Sorgen machst, dass du Falten bekommst, solltest du schleunigst in die Stadt zurückkehren.«

Okay, das reicht, dachte ich. Ich sprach es nicht laut aus, aber ich schwor mir, nie wieder mit Peter auf eine lange Wanderung zu gehen. Von jetzt an würde ich allein für Nachschub sorgen. Unser Leben war perfekt – solange wir nicht große Distanzen mit schweren Rucksäcken zurücklegen mussten. Wir waren eindeutig an unsere Grenzen gestoßen. Ich konnte mir nicht vorstellen, dass ich diesen Schwur eines Tages brechen würde.

Im letzten Tageslicht erreichten wir endlich Bob's Hut. Schweigend zündete ich das Feuer an, und Peter kochte das Abendessen, ohne viele Worte zu verlieren.

»Es ist schön, hier zu sein«, sagte er schließlich und blätterte abwesend durch die Zeitschriften, die andere Wanderer zurückgelassen hatten.

Überrascht schaute ich auf und fing an zu lachen.

»Warum lachst du?«, fragte er aufrichtig erstaunt, dann sah er mein Gesicht und lächelte.

»Ach nichts, Liebling«, erwiderte ich.

Langsam wurde das Wetter besser, der Wald hinter der Hütte trocknete. Umgeben von schroffen Felsspornen, lebten wir im Schatten zahlreicher schneebedeckter Gipfel. An warmen Nachmittagen hörten wir, wie Tausende Tonnen von Schnee und Eis bei Lawinenabgängen von den beinahe vertikalen Felswänden zu Tal rutschten.

Bob's Hut überblickte ein riesiges Geröllfeld, auf dem sich zwei Flüsse begegneten. Überall um uns herum stürzten kleine Bäche und Flüsse wasserfallartig in die Tiefe. Oft schauten wir durch eine Spalte zwischen den Bergen auf eine ganz besonders majestätische Bergpyramide: Die Spitze war schneebedeckt, doch die vertikalen Flächen und Kanten blieben frei, da sich weder Schnee noch Vegetation daran festhalten konnte. Die nackte Felswand reflektierte die Farben des Himmels: An manchen Abenden sah sie beinahe rot aus, tagsüber zeigte sie sich schwarz verschattet, und wenn die Sonne direkt darauf fiel, wirkte sie hellbraun.

Als der Boden unter den Bäumen trocken war, schlugen wir

unser Zelt auf und verbrachten die meiste Zeit draußen, nur wenn es regnete, zogen wir uns in die Hütte zurück.

Als wir eines Tages von einer Wanderung zurückkehrten, entdeckte Peter eine Kanadagans, die auf ihren Eiern im hohen Gras neben dem Fluss hockte. Vorsichtig ging er näher, um zu sehen, ob sie wegfliegen würde, aber die tapfere Mutter rührte sich nicht vom Fleck. Von jenem Tag an hielten wir Ausschau nach Eiern ohne Gänsemütter. Ich vergaß für den Moment meinen Bogen und konzentrierte mich auf die Eier-Jagd. Die Vorstellung, Eier zu essen, war ausgesprochen verlockend.

Nachdem ich mehrere Nachmittage über die Steine geschlendert war, fand ich endlich einen wunderschönen Kreis aus Federn, die so kunstvoll miteinander verwoben waren, dass sie dem stürmischen Wind trotzten, der oftmals durchs Tal fegte. Ich konnte mich kaum überwinden, die Eier zu nehmen. In der Ferne hörte ich den trompetenden Ruf der Mutter. Eilig nahm ich zwei Eier, sorgfältig darauf bedacht, die anderen drei nicht zu berühren.

In meine Augen traten Tränen. Ich fühlte mich so herzlos, und es tat mir so leid für die Mutter. *Ich stehle ihre Kinder,* ging es mir durch den Kopf – etwas, was ich nie dachte, wenn ich Eier im Supermarkt kaufte. Und jetzt stand ich hier und weinte, weil ich zwei Gänseeier genommen hatte.

Als ich zur Hütte zurückkehrte, sah Peter nur die Eier, nicht meine geröteten Augen.

»Wir haben keine Ahnung, in welchem Stadium sich der Embryo befindet, oder?« Peter hielt die beiden kostbaren, warmen Eier in den Händen. »In Vietnam sind sie auf die Embryos scharf. Stell dir vor, die essen sie – manchmal sogar roh! Das sollte also kein Problem sein, okay?«

Er schlug die beiden Eier vorsichtig in eine Tasse auf. Der Dotter sah nicht aus wie bei einem Hühnerei aus dem Supermarkt, in diesem Dotter steckte etwas Blutiges.

»Möchtest du das essen?« Peter schaute mich an.

»Ähm ...« Eigentlich nicht, aber ich wollte mir keine Blöße geben.

Er grinste, fischte den Embryo aus der Tasse und warf das Ei in die Bratpfanne. Wir machten uns ein Omelett mit frischem Brot und fühlten uns wie die Könige der Wildnis.

Eines Tages röstete ich gerade Brot über dem Feuer, als ich ein Geräusch hörte, das seit fast zwei Monaten nicht mehr an unsere Ohren gedrungen war: das Dröhnen eines Motors, gefolgt von sich drehenden Rotorblättern. *Flapp, flapp, flapp.* Ein kleiner blauer Hubschrauber erschien hinter den Berggipfeln – ein überraschender Anblick, als fielen plötzlich Außerirdische vom Himmel. Ich winkte dem Piloten fröhlich in der Hoffnung, er würde landen und ein bisschen mit uns plaudern.

Er schwebte lärmend über dem Boden und machte einen Riesenwind. Als die Rotorblätter endlich anhielten und der Wind nachließ, stieg ein Mann aus, einen kleinen Hund in jeder Hand.

Paul lebte an der Westküste. Der Helikopter gehörte ihm. Er flog damit entlegene Gebiete an und verbrachte dort die Nächte, um Possums zu fangen. Seinen Lebensunterhalt bestritt er mit dem Verkauf der begehrten Beuteltier-Felle. Paul war ein freundlicher Mann Mitte vierzig mit einem kleinen Bauch. Er wirkte schüchtern, auch wenn er mitunter ziemlich direkt war.

»Du bist Bogenjägerin?« Er schaute mich ungläubig an und nahm auf einem Holzklotz am Feuer Platz.

»Ja. Nein. Nun, ich habe einen Bogen.« Ich schaute auf meine nackten Füße mit den schmutzigen Zehennägeln. »Und Pfeile.« Das entsprach der Wahrheit. »Rotwild ist für mich zu groß, und Ziegen habe ich noch keine entdeckt«, fügte ich entschuldigend hinzu.

»Nein, in dieser Gegend gibt es keine Ziegen. Vielleicht Gämsen oben auf den Gipfeln, aber hauptsächlich Rehe, Hirsche und Possums. Jede Region hat ihre eigene Fauna«, erklärte er und nahm den Hut für einen Moment ab, um sein kurzes blondes Haar zu kratzen.

»Die East Matakitaki Hut ist auch sehr schön«, sagte er und nahm dankbar eine Tasse Tee und eine Scheibe von unserem im

Feuertopf gebackenen Brot an. »Nächste Woche fliege ich rüber, um Possumfallen aufzustellen. Wenn ihr möchtet, kann ich eure Vorräte mitnehmen.«

Peters Augen hellten sich auf.

»Mit meinem Helikopter sind es nur zehn Minuten.«

Das war echtes Glück für uns, vor allem nachdem wir uns so abgeschleppt hatten, um unsere Lebensmittel in diese Hütte zu verfrachten.

Meine Tasse Tee in den Händen, betrachtete ich gut gelaunt die ersten Sterne, die sich am Abendhimmel zeigten. In Zukunft mussten wir uns nicht mehr wegen des schweren Gepäcks streiten.

Wir unterhielten uns den ganzen Abend, und am Morgen saßen wir wieder am Feuer, eine frische Tasse Tee in den Händen.

Paul streichelte die kleinen Hunde, die neben ihm saßen. »Du hast die Ziegenjagd erwähnt, richtig?«, fragte er mich. »Nun, ich kenne das schönste Tal auf der ganzen Welt, in das niemand kommt. Es ist voller Ziegen, Rotwild und Gämsen. Es gibt weder Hütten noch Wege, und es dauert drei bis vier Tage, um dorthin zu gelangen.«

Wir beide merkten auf.

»Wie heißt das Tal?« Peter rückte näher an Paul heran, damit er ja nichts Wesentliches verpasste.

»Pauls Paradies.« Paul grinste. »Der Ort liegt hoch oben in den Bergen und ist *topsecret*. Im Winter und im Frühling ist es knackig kalt, aber wenn ihr im Sommer dorthin wollt, fliege ich eure Sachen hin.«

»Müssen wir bei der Wanderung eine Augenbinde tragen?«, scherzte ich.

»Und du sagst, es gibt dort keine Hütten?«, hakte Peter nach.

»Ich hab vor, eine Hütte zu bauen, damit ich dort bleiben kann, wenn ich auf Possumjagd bin.« Paul lächelte, als er meinen ungläubigen Blick bemerkte. »Ich bin gelernter Bauarbeiter und kann das Material einfliegen – Wellblech fürs Dach, einen Ofen, Wände, alles, was man so braucht. Wenn du willst, zeige ich dir, wie man eine Hütte baut.«

Ich musste mich schwer zusammennehmen, ihm nicht in die Arme zu springen und seinen stämmigen Körper vor lauter Dankbarkeit und Freude an mich zu drücken. Ich konnte unser unglaubliches Glück kaum fassen. Wir hatten soeben den besten Mann im ganzen Land kennengelernt.

Den Rest des Tages verbrachten wir damit, uns unsere kleine Hütte in der Wildnis auszumalen. Ich dachte an Peters Bruder Mark und seine Forderung, gewisse Überlebensfertigkeiten mitzubringen, und wieder stellte ich mir vor, wie ich vor dem brückenlosen Fluss auf der anderen Seite von Marks Land stand und er mich nach meinen Fertigkeiten fragte. Schon jetzt fühlte ich Stolz in mir aufsteigen bei dem Gedanken, dass ich selbstbewusst zurückrief: »Ich kann Hütten bauen!«

Als Paul wieder abflog, gab ich ihm Post für meine Eltern mit. Sie sollten einen Brief an meine ältere Schwester Hanna weiterleiten und einen an meine jüngere Schwester Sofie. Ich wusste, dass sie alle begierig auf eine Nachricht von mir aus der Wildnis warteten. Ich hatte über das Wetter berichtet, das unser tägliches Leben bestimmte, und ihnen beschrieben, wie sich der Vollmond über den Bergen zeigte und den Schnee auf den Gipfeln glitzern ließ. Ich wusste, dass meine Schilderungen in starkem Kontrast zu ihrer Welt voller Termine, sozialer Kontakte, Rechnungen, Hypotheken, Arbeit, Stress und einem Urlaub pro Jahr standen.

Ohne all die Geschäftigkeit und Zerstreuungen, schrieb ich, *bin ich mit meinen eigenen Ängsten und Beschränktheiten konfrontiert, was nicht immer ganz einfach ist. Ich habe zum Beispiel herausgefunden, dass ich mich davor fürchte, allein zu sein. Also habe ich angefangen, das Alleinsein zu üben, und jedes Mal wird es ein bisschen leichter. Ich sitze einen Nachmittag lang im Wald und fühle mich unbehaglich und rastlos. Ich muss dem Drang widerstehen, zu Peter zurückzurennen. Dann konzentriere ich mich auf die schönen Bäume und Farne um mich herum und fange langsam an, mich besser zu fühlen. Ich hoffe, dass die Angst eines Tages ganz verschwindet.*

Als ich den dicken Umschlag zuklebte, fragte ich mich, ob sich meine Familie den Ort vorstellen konnte, an dem ich lebte: ein Land ohne Zeit, geschützt durch uralte Rhythmen, ein Land, in dem Menschlichkeit überflüssig und Kontrolle sinnlos war. Ein Land, in dem der Wald ein Beschützer war und das Feuer unser engster Freund, der Wind ein Bote der Veränderung und die Sonne unsere Retterin.

Eine Woche später kam Paul zurück. Ich flog mit ihm in seinem Helikopter, um Lebensmittelvorräte für einen Monat aus Downie's Hut zu holen und in die East Matakitaki Hut zu schaffen. Der Hubschrauber hob langsam ab, dann stiegen wir auf in die Lüfte. Der Flug war atemberaubend. Ich lächelte ununterbrochen, als ich auf die Baumwipfel hinabschaute, unter denen wir so langsam vorangekommen waren. Von hier oben sah der Fluss so anders aus! Die Berge waren bemerkenswert unberührt und wild, menschliche Spuren konnte ich nirgendwo entdecken.

»Das ist ein großartiges Gefühl der Freiheit, stimmt's?« Ich betrachtete für eine Sekunde Pauls Gesicht. Er wirkte absolut glücklich.

»Das«, sagte er und deutete mit dem Kinn auf die Nase des Helikopters, »das ist meine Freiheit!«

Paul flog mich zurück zu Bob's Hut, und ein paar Tage später wanderten Peter und ich zusammen zur East Matakitaki Hut. Die Hütte stand auf einer grasbewachsenen, malerischen Lichtung. Auf einer Seite floss ein kristallklarer Fluss, auf der anderen rahmten alte Scheinbuchen einen steil in die Höhe ragenden Berg ein. Wenn wir nach oben blickten, sahen wir atemberaubende schneebedeckte Gipfel. Die Regierung hatte diese Hütte vor sechzig Jahren im Zuge der Wildbestandsregulierung errichtet, später ging sie in die Hände des Department of Conversation über, das einige Verbesserungen vornahm.

Mäuse waren durch den Kamin in die Hütte eingedrungen, daher bestand ich darauf, im Zelt zu übernachten. Nicht weit von der Hütte entfernt, unter den Scheinbuchen, entdeckten wir eine ebene, bequeme Stelle, um unser Zelt aufzustellen. Abgesehen von dem einen oder anderen Regentag, den wir in der Hütte verbrachten, lebten wir draußen, rund um unser Lagerfeuer.

Das Wetter wurde herrlich, und wir brachen auf, um unsere Umgebung zu erkunden. Um uns herum gab es zahlreiche Bergpässe, aber keine ausgewiesenen Wanderwege. Der Himmel war blau, die Luft frisch und klar, eine leichte Brise wehte uns den Duft der gelben Blumen im Gras in die Nase. Eines Tages folgten wir dem Fluss, der durch den dichten Scheinbuchenwald mäanderte. Die einzige Jahreszeit, in der die immergrünen Bäume die Farbe wechselten, war der Frühling. Dann brachten sie neue Triebe und Blätter hervor, die eine zartrote Färbung aufwiesen. Wir wanderten das Tal hinauf, bis wir zu einer Wiese gelangten. Peter setzte sich in die Sonne und zog sein Hemd aus.

»Heliopathie!« Er grinste. »Na los, lass ein bisschen Sonne an deine weiße Haut.«

Ich streifte mein Shirt ab und fing an zu tanzen, um Peter zum Lachen zu bringen. »Ta-da!« Anschließend kuschelte ich mich an ihn, legte mein Ohr auf sein Herz, liebkoste die blonden Haare auf seiner Brust und küsste seinen flachen Bauch, der immer noch gebräunt war von der Wintersonne. Lächelnd schloss ich die Augen. Wie sehr ich den natürlichen Duft seines Körpers liebte!

»Was für eine weiche Haut du hast«, sagte er und streichelte meinen Rücken.

Wir liebten uns im weichen Gras und stellten uns vor, wir wären Adam und Eva. Es war unglaublich schön, voller Ruhe und Gelassenheit, denn wir hatten keinerlei Sorgen oder Zeitdruck. Die Grillen zirpten, die Langbeinschnäpper zwitscherten, Fächerschwänze flatterten um uns herum. Keine fünfzig Meter von uns entfernt rasteten Gänse. Für sie stellten wir keine Bedrohung dar. Das ganze Tal schien verzaubert. Und wir waren Teil der exquisiten Schönheit dieser Welt.

»Miriam, komm doch mal her! Das musst du sehen!«, rief Peter und deutete Richtung Fluss. Wir waren unterwegs, um Feuerholz zu sammeln.

»Blaue Bergenten«, flüsterte er aufgeregt, als ich zu ihm aufschloss. Wir legten uns ins Gras und krochen zum Ufer. »Hast du gehört, wie sie rufen?«

Peters leuchtende Augen begegneten meinen. Ich war genauso begeistert wie er. Es war wundervoll, diese seltenen Vögel zu sehen. Die Laute, die sie ausstießen, waren außergewöhnlich – eine Art Pfeifen, *Whio!*, weshalb ihnen die Maori den Namen »Whio« gaben. Ihr Ruf übertönte das Rauschen des Wassers und war daher weitaus effizienter als das übliche Quaken. Nicht ahnend, dass sie beobachtet wurden, trieben die kleinen blaugrauen Enten auf dem Fluss und tauchten in das schnell fließende Wasser ein, als wäre es ein Teich.

»Hast du das Häutchen am Schnabelende gesehen?«, fragte Peter. »Die Membran schützt sie vor Verletzungen und hilft ihnen, das aufgewühlte Wasser nach Nahrung zu durchsieben. Blaue Bergenten tauchen nach Wasserinsekten und Insektenlarven auf den Steinen am Grund. Viele Vogelliebhaber würden alles geben, um so etwas zu sehen.«

Während der Monate, die wir hier verbrachten, lehrte mich Peter die Namen sämtlicher Lebewesen, die wir um uns herum entdeckten. Er betrachtete die Natur voller Neugierde, verstand sie als Wunder, und langsam, aber sicher wurde sein Wissen zu meinem eigenen.

Auf der Karte hatte Peter einen See entdeckt, der am Fuß eines der hoch aufragenden Gipfel rund um unser Tal lag. Und so brachen wir eines klaren Morgens dorthin auf und machten uns daran, den Berg hinter unserem Camp zu besteigen. Hinter den Bäumen erwartete uns ein riesiges Geröllfeld. Während ich noch die schier endlose Mondlandschaft vor uns betrachtete, sprang Peter wie eine Bergziege auf den ersten Felsbrocken. Seine langen Haare flatterten im Wind.

»Man muss den Schwung nutzen!«, rief er über die Schulter und hüpfte zum nächsten Stein.

Als ich ihm folgte, brüllte er: »Gib auf die Kipper acht!«

»Was sind denn ›Kipper‹?«

»Große Steine, die absolut fest zu stehen scheinen, aber wenn man von der falschen Seite draufspringt, kippen sie um.«

Tatsächlich erwischte ich einen solchen Kipper und landete unsanft auf der Geröllfläche. Obwohl ich mir lediglich einen blauen Fleck holte, war ich doch benommen und ziemlich bestürzt.

»Was ist passiert?« Peter hatte kehrtgemacht und streckte mir die Hand entgegen, um mir auf die Füße zu helfen.

»Ein Kipper.« Fast wären mir die Tränen in die Augen geschossen. Der Sturz hatte mir einen Schreck eingejagt. Ich schlang die Arme um Peters kräftigen Körper und hielt mich so lange an ihm fest, bis ich aufhörte zu zittern.

Zusammen stiegen wir weiter bergauf und bewunderten die zarten Blumen, die zwischen den Schneeflecken in diesem unwirtlichen alpinen Gelände wuchsen. Sie wirkten so empfindlich, so anfällig, und trotzdem gediehen sie an einem der unwirtlichsten Orte der Erde. Ich hatte mich nach meinem Sturz von dem Felsbrocken so verletzlich gefühlt, aber diese Pflanzen mussten mit außergewöhnlich strengen Bedingungen auf den windumtosten Geröllfeldern klarkommen. Mussten meterweise Schnee, sintflutartigen Regen und intensive Hitze aushalten. Jede Pflanze und jedes Tier, das hier lebte, wusste damit zurechtzukommen: eine Fähigkeit, die auch ich mir mit der Zeit aneignen wollte.

Als wir endlich am See ankamen, der unter dem Schnee begraben lag, fühlten wir uns, als hätten wir den Gipfel der Welt erklommen. Alles um uns herum war rein, unberührt und so strahlend weiß, dass ich kaum die Augen offen halten konnte. Noch während wir dort standen und den atemberaubenden Ausblick genossen, hörten wir am Himmel ein merkwürdiges Kreischen, das fast so klang wie ein Kichern. Ich legte den Kopf in den Nacken und entdeckte eine große Mantelmöwe mit schwarzem Rücken und weißem Bauch: die Königin der Lüfte, die anmutig am tiefblauen Himmel schwebte. Bald schon gesellten sich weitere Möwen dazu und kreisten kichernd über unseren Köpfen. Wir sahen zu ihnen hinauf, sie schauten auf uns herab. Nach einer Weile hatten sie genug und flogen zu einem anderen Berg in der Ferne.

»Wünschst du dir nicht manchmal, du könntest fliegen?« Peter blickte auf die kleinen Punkte über dem Berg.

Ich schmiegte mich in seinen Arm. »Ja«, sagte ich, und wir lachten.

Ich hatte die Bogenjagd beinahe aufgegeben, auch wenn ich immer noch hoffte, auf einen Hirsch zu treffen. Eines ruhigen Nachmittags verließ ich den Wanderweg und schlenderte über einen Moosteppich zwischen den knorrigen alten Bäumen. Das Moos sah einladend aus, aber ich konnte nicht fühlen, wie weich es war, deshalb zog ich meine Sandalen aus. Die Sonne war angenehm, allerdings drang sie nie bis auf meine Haut, also zog ich auch meine Kleidung aus, um ihre Wärme zu spüren.

Wenn mich jetzt ein Hirsch entdeckt, meint er wahrscheinlich, einen nackten Affen zu sehen, dachte ich. *Oder einfach ein anderes Waldtier.*

Langsam setzte ich meinen Weg fort, stieg über umgefallene Baumstämme und stieß zufällig auf einen kleinen Weiher. Ich bückte mich und trank das klare Wasser. Eine Hirschkuh war ebenfalls hier gewesen; ihre Fußabdrücke waren deutlich in der schlammigen Erde zu erkennen. Eine ganze Weile verharrte ich reglos in der Hoffnung, sie zu entdecken, dann rollte ich mich neben dem Weiher gemütlich zusammen und beobachtete das wechselnde Spiel der Muster, die die Sonne aufs Moos malte. Es war unglaublich friedlich, unbekleidet auf der weichen grünen Decke zu liegen, allein. Mit Shorts, T-Shirt und Sandalen vergesse ich schnell, dass ich lediglich eine weitere Tierart bin.

Als wir unsere Vorräte aufgebraucht hatten, wanderten wir hinaus aus unserem Tal und hinein in eine andere Welt. Nach drei Tagen im Wald erreichten wir die Lehmpiste und bewirtschaftetes Land.

Nach einiger Zeit kam ein Auto vorbei und hielt an. Der Fahrer war ganz in Schwarz gekleidet und trug eine dunkle Sonnenbrille. Auf dem Beifahrersitz saß ein buddhistischer Mönch: ein Amerikaner in einem leuchtend orangefarbenen Gewand, der gerade von einem siebentägigen Retreat in einer nahe gelegenen Hütte zurückkehrte.

»Wie wundervoll! Wir kommen ebenfalls gerade aus den Bergen!«, rief ich. »Dort haben wir drei Monate lang gelebt.« Ich deutete auf das große bewaldete Tal zu unserer Linken. Ich wollte ihnen von der »Kunst des Nichtstuns« berichten (die der Mönch vermutlich Meditation nennen würde), aber der orange gewandte Mann zeigte sich unbeeindruckt von meinem Lächeln und wirkte völlig desinteressiert. Während der Fahrt beschwerte er sich voller Verdruss über die obligaten Regeln in seiner buddhistischen Gemeinschaft in Kalifornien.

»Er wirkte auf mich nicht besonders Zen-mäßig«, sagte ich zu Peter, nachdem die beiden uns abgesetzt hatten.

»Nein, im Gegenteil. Eher total gestresst. Wie schade. Die Gegend hier ist einfach überwältigend.«

Wir drehten uns um und schauten zurück auf die vertrauten Berge mit ihren schneebedeckten Gipfeln. Kleine Punkte erschienen am klaren blauen Himmel, und wir hörten den melancholischen Ruf einer Gänseschar. Zwanzig Vögel oder mehr flogen in einer brillanten V-Formation an uns vorbei auf ihrem Weg zu den graswachsenen Ebenen. Wir sahen ihnen nach, bis sie aus unserem Sichtfeld verschwunden waren. Anschließend konnten wir noch lange ihr Rufen hören, doch irgendwann verstummte auch das.

4

Sommer

»Ich wette, als ihr aus den Bergen herausgewandert seid, habt ihr nicht damit gerechnet, hier zu landen!«

Maus grinste mich an.

Das Boot flog mit dröhnendem Motor über die kleinen Wellen. Der Himmel war blau, weiße Wattewölkchen schwebten am Horizont. Wir hatten den Hafen in Picton vor über einer Stunde verlassen, und nun glitten wir vorbei an den stillen Inseln in den Marlborough Sounds. Ricky steuerte sein Boot mit einer Hand und deutete mit der anderen auf die Seehunde, die sich träge auf den schwarzen Felsen sonnten.

Er drosselte das Tempo, dann öffnete er eine der Hundeboxen. Ein schlanker schwarzer Hund sprang aufs Deck.

»Seht ihr, wie Bella schnüffelt?«, fragte Maus. »Wenn der Wind richtig steht, riecht sie jedes Wildschwein im Unterholz.«

Der Hund schnupperte Richtung Arapaoa Island. Maus öffnete noch eine Hundebox, und drei weitere ungeduldige Vierbeiner sprangen heraus und prallten gegen meine Beine. Aufgeregt sprangen sie ins Meer und legten schwimmend die kurze Entfernung zur Küste zurück. Während ich ihnen nachsah und beobachtete, wie sie zwischen den dornigen Ginstersträuchern verschwanden, behielt Maus seinen GPS-Tracker im Blick, um der Spur seiner »Mädels«, wie er seine Hündinnen nannte, zu folgen.

Wir trieben geruhsam dahin. Die Sonne stand hoch am Himmel, und nun, da wir angehalten hatten, wurde es ganz schön heiß. Es konnte dauern, bis die Hunde ein Schwein auftrieben, deshalb setzte ich mich auf eine der Boxen, ruhte mich aus und beobachtete Peter, der die Landschaft bewunderte. Er hielt sich mit einer Hand an der Reling fest, die andere lässig in der Hosentasche versenkt. Sein Gesicht war sonnengebräunt und voller feiner Linien, die leichte Brise spielte mit seinem langen Haar. Er hielt nach nichts Speziellem Ausschau, war einfach nur neugierig. So war er immer schon gewesen – neugierig und voller Wissbegier. Wo ich bloß das Meer und mit Wald und Buschwerk überzogene Hügel sah, schaute Peter ganz genau hin und versuchte, anhand der Vegetation das Alter des Waldes zu bestimmen. Aufgrund der Form der Bäume stellte er fest, aus welcher Richtung der Wind hauptsächlich kam, die Farbe der Blätter gab ihm Aufschluss über die Niederschlagsmenge. Für ihn enthüllte jeder Stein, jeder Vogel, jeder Wassertropfen eines der zahlreichen Geheimnisse der Natur.

Er zog eine Schachtel Streichhölzer aus der Tasche, nahm eins heraus und teilte es mit den Fingernägeln, um es als Zahnstocher zu benutzen. Langsam schweifte sein Blick zurück zu mir. Mit einem beinahe überraschten Ausdruck in den Augen sagte er: »Matakitaki kommt mir vor, als seien wir in einem anderen Leben dort gewesen, dir nicht?«

Ich nickte lächelnd, dann rollte ich meinen Pulli zusammen, legte meinen Kopf darauf und machte ein Nickerchen.

»Sie haben Fährte aufgenommen!« Ohne Vorwarnung brachte Maus das Boot so abrupt auf Touren, dass ich beinahe ins Wasser geplumpst wäre. Mit einem lauten Aufheulen des Motors schossen wir über die kleinen Wellen und jagten mit höllischem Tempo ein Stück um die Insel herum.

»Gleich dort drüben!«, schrie Maus und steuerte das Boot lachend unter einer drei Meter hohen, vorstehenden Lehmklippe hindurch, aus deren Boden Wurzeln ragten. »Okay, einer kommt mit mir, um das Biest zu schleppen. Der andere hält das Boot fest.«

»Du gehst!« Peter und ich deuteten gleichzeitig aufeinander.

»Du bist die Jägerin«, sagte Peter.

Zögernd kletterte ich aus dem Boot und folgte Maus eine schlüpfrige Böschung hinauf, geleitet von lautem Quieken.

Das riesige Wildschwein war umringt von Maus' Hunden, die wie verrückt bellten. Ich starrte den Eber an, fasziniert und erschrocken zugleich, da ich noch nie zuvor einem lebenden

Exemplar gegenübergestanden hatte – schon gar keinem, das an Ohren, Hoden und den Hinterbeinen von einem Rudel knurrender, kläffender Hunde in Schach gehalten wurde.

Wir standen nah am Rand der Klippe. Wenn der Eber die Hunde abschüttelte, würden sie gegen mich prallen, und ich wäre die Erste, die ins Meer stürzen würde.

»Kannst du seine Hinterbeine fassen?«, fragte Maus und wühlte in seinem Rucksack.

»Wie denn?«, fragte ich zurück, wenig erfreut über diese ungewohnte Aufgabe.

Maus kam zu mir herüber, packte das Wildschwein überraschend behände bei den Läufen und hielt sie mir hin, doch anstatt das Elend des Tiers zu beenden, zückte er eine kleine Kamera und fing an zu filmen. Der Eber quiekte sich die Seele aus dem Leib. Ich brachte kein Lächeln für die Kamera zustande, ich wollte nur, dass das Ganze endlich vorbei war. Eine halbe Minute später stieß Maus dem leidenden Schwein endlich ein Messer ins Herz.

Als ich die kräftigen Hinterläufe langsam losließ, stellte ich fest, dass meine Hände zitterten. Erschöpft sackte ich gegen einen Baumstamm und sah zu, wie Maus das Schwein ausweidete. Er brauchte das Fleisch nicht; er würde das Schwein verschenken. Die Hauer würden ihren Platz neben den Hunderten anderer finden, die er bereits zusammengetragen hatte. Ich tat mich schwer, ihn zu verstehen.

Zusammen gelang es uns, das schwere tote Tier zum Boot zu schleppen.

»Schau dir die mal an!« Maus zeigte Peter die langen Hauer. »Das war wirklich ein ordentlicher Brocken.«

Wir verbrachten ein wundervolles, fröhliches Wochenende mit Maus in den Marlborough Sounds. Sein Ferienhaus stand mitten in einem Waldstück und hatte einen eigenen Privatstrand. Ich genoss die warme Luft, die Sommersonne und den klaren Himmel. Die launische See, die Inseln und die Sounds an sich waren ein solcher Kontrast zu den Bergen! Wir sammelten Meeresfrüchte und angelten, und Ricky erlegte ein weiteres Wildschwein, das er ebenfalls verschenkte.

Auf der Rückfahrt schlug unser Freund vor, ich solle das Boot steuern. Er stand auf, und ich setzte mich auf seinen Platz. Bei der ruhigen See ließ sich das Boot leicht lenken.

Nach einer Weile entdeckte Maus etwas, das aussah wie ein Baumstamm im Wasser, und kam zu mir, um zu übernehmen. Ich bedeutete ihm, sich auf meinen Schoß zu setzen, was er auch tat. Ich schlang den Arm um seine Mitte. Die Monate in der Wildnis hatten mich spontaner werden lassen, weniger zögerlich, stellte ich fest. Wir hatten nur zwei Tage mit Maus, und ich würde ihn lange Zeit nicht mehr sehen. Was sollte falsch daran sein, ihm meine Zuneigung zu zeigen? Glücklich strahlte ich Peter an, und er erwiderte mein Lächeln.

Ricky schaute aufs Meer hinaus, sein Körper schützte mich vor dem Wind. Ich warf einen Blick auf den Eber, der tot zu meinen Füßen lag, die schwarzen, zottigen Borsten voller Schlamm und Blut. Wie konnte Maus ein Lebewesen derart lakonisch töten?, fragte ich mich. In seinen Augen waren die eingeschleppten Tiere nichts als Plagegeister, eine Bedrohung für Neuseelands Ökosystem, und mit ebendieser Einstellung rechtfertigte er, ein Leben auszulöschen, ohne weiter darüber nachzudenken.

Was mich anbetraf: Ich verabscheute es, wenn er tötete, obwohl ich selber jagte. Ich verurteilte seine Art der Jagd, obwohl ich Maus von ganzem Herzen mochte. Ich war mir nicht sicher, was richtig war und was falsch.

Peter hob den Kopf des Ebers leicht an und zog an einem der Hauer. »Es gibt keine Regeln«, sagte er zu mir, als habe er meine Gedanken mit seinen Elfenohren gehört. »Menschen können Leben nehmen oder auch nicht.«

»Was ist?« Maus drehte sich um.

»Wir haben über das Schwein gesprochen«, antwortete ich. »Wir freuen uns schon auf einen leckeren Braten heute Abend.« Ich vergrub meine Nase in seinem Pulli, der nach Lavendel-Waschpulver duftete.

»Das sind nur zehn Kilometer.« Peter schaute auf die Landkarte und berechnete die Entfernung zu unserer ersten Campingstelle. Wir waren wieder in den Bergen.

»Oh«, flötete ich übertrieben begeistert, »das sind nur ein paar Stunden, dabei haben wir sechzehn Stunden Tageslicht!«

»Allerdings müssen wir fast tausend Meter Höhenunterschied zurücklegen«, betonte Peter.

Nachdem wir eine Stunde lang gemächlich an einem steinigen Flussbett entlangmarschiert waren, gelangten wir zu einem ganz besonders schönen sonnenbeschienenen Fleckchen, und Peter schlug vor, eine Tasse Tee zu trinken. Dankbar für die Pause, packte ich unser Teezubehör aus, während Peter ein Feuer anzündete, mit Holz, das er im Flussbett gesammelt hatte. Ich saß auf den glatten grauen Flusssteinen, die warm waren von der Sonne, und schaute in die Flammen, die im strahlenden Sonnenlicht kaum zu sehen waren. Wir tranken unseren Tee, plauderten und lachten, als stünden wir nicht gerade im Begriff, zu einer Zehn-Kilometer-Wanderung bergauf durch den Westküsten-Dschungel aufzubrechen – und zwar ohne Trekkingpfad. Als wir unseren Tee ausgetrunken hatten, beschlossen wir, auch gleich etwas zu Mittag zu essen, da wir ohnehin das meiste ausgepackt hatten. Also aßen wir ein paar Cracker mit Käse, Tomaten, Gurke und Marmite-Aufstrich ... und anschließend ein paar Orangen, die wir nicht länger mit uns herumschleppen wollten. Nach einer Weile räumten wir unsere Sachen zögernd in die Rucksäcke zurück.

»Möchtest du ein paar Rosinen?« Ich nahm mir eine Handvoll, dann reichte ich Peter die Tüte.

»Sollten wir die nicht für unsere Wanderung aufheben?«

»Nun, wir wandern doch längst«, gab ich mit vollem Mund zur Antwort.

»Ja, wir wandern am Flussbett entlang, aber der Aufstieg steht uns noch bevor.« Peter nahm mir die Tüte ab. »Gib her. Falls wir uns in den Bergen verlaufen.«

Das klang vernünftig.

Zehn Minuten später begann der schwierige Teil. Wir betraten das dichte Unterholz des dämmrigen Waldes. Überall hingen Schlingpflanzen und Lianen von den Bäumen herab, als würden wir uns durch einen tropischen Dschungel schlagen. Der Fluss plätscherte nicht hell und lieblich dahin, stattdessen bildete er eine undurchdringliche, brackige, ekelige Wasserfurche fast ohne Strömung. Unten am Grund befand sich eine ungefähr fünfzig Zentimeter hohe Schicht dunkelbrauner verfaulter Blätter, dazwischen verbargen sich schlüpfrige Steine. Man musste über Zweige und Baumstämme klettern und höllisch aufpassen, dass man sich nicht die Knöchel brach oder sich die Knie verdrehte. Die dicken Bäume an der Seite boten keine Hilfe, denn ihre Stämme und alles andere in der Umgebung des Flussbetts waren mit einem glitschigen schwarzgrauen Pilzbelag überzogen – eine fürchterliche, glibberige Sauerei.

Laut Paul betrug die Niederschlagsmenge in dieser Gegend drei bis sechs Meter pro Jahr. Ich war zum ersten Mal in der West-Coast-Region der Südinsel, und ich fragte mich bedrückt, ob wir tatsächlich den richtigen Teil des Landes für die Sommermonate gewählt hatten. Das hier kam mir nicht gerade wie der passende Platz zum Campen vor. Doch da wir Paul bereits zugesagt hatten, zwang ich mich, weiterzugehen.

Wir kämpften uns durch die kniehohe Vegetation und rutschten immer wieder in dem steilen, schlüpfrigen Flussbett aus. Häufig behinderten wahre Netze aus Schlingpflanzen unser Vorwärtskommen. Wir mussten kriechen und springen, um uns durch das schier undurchdringliche Gewirr zu schlagen, und wenn wir schon meinten, es endlich geschafft zu haben, verhedderten sich unsere Rucksäcke. Es dämmerte bereits, als wir endlich eine grasbewachsene Stelle neben dem Wasser entdeckten, an der wir unser Zelt aufschlagen konnten.

Am nächsten Tag machten wir uns wieder auf den Marsch zu »Pauls Paradies«. Einmal setzte ich mich zwischendurch hin, um mich auszuruhen, während Peter langsam auf mich zukam. Wie in Zeitlupe beobachtete ich, wie er auf einen alten, moosbedeckten

Baumstamm trat, dann verschwand plötzlich sein Bein in dem verrottenden Stamm. Sein schwerer Rucksack riss ihn zur Seite, doch sein Unterschenkel blieb bis zum Knie im Stamm stecken. Es sah so absurd aus, dass ich nicht anders konnte: Ich musste lachen über seine entsetzt aufgerissenen Augen und seine so ulkig durch die Luft wirbelnden Arme. Als er sich endlich gefangen hatte, ächzte er vor Schmerz und umfasste sein Knie. Damals realisierten wir nicht, wie ernst die Sache war, denn diese Knieverletzung sollte Peter jahrelang Probleme bereiten. An jenem Tag war er zum Glück in der Lage, die Wanderung fortzusetzen, auch wenn sein Knie furchtbar wehtat.

Wir gelangten zu einem Wald aus Drachenbäumen. Ihre schlanken Stämme, die meisten um die zehn Meter hoch, waren von mehreren dünnen Schichten brauner, papierartiger Rinde bedeckt, ihre grünen, palmwedelartigen Blätter wogten im Wind. Die Vorfahren dieser außergewöhnlichen Bäume fand man schon zur Zeit der Dinosaurier, und es fiel mir nicht schwer, mich bei ihrem Anblick in eine andere Zeit und ein anderes Klima zu versetzen.

Endlich erreichten wir die offene Fläche des Bergsattels, von wo aus wir spektakuläre Ausblicke auf die lang gezogene bewaldete Region Richtung Westen und auf die Neuseeländischen Alpen Richtung Osten genießen konnten: ein unvergessliches Erlebnis. Ich war ungeheuer erleichtert, aus dem dichten, dunklen Wald heraus zu sein.

»Wollen wir auf diesem Sattel campen? Hier oben?«, fragte ich Peter. Meine Haare flatterten im Wind.

»Ja, lass uns das Zelt aufschlagen. In der Nähe ist ein Bach. Ich meine, Paul hätte gesagt, dort unten könne man prima jagen.« Er deutete auf das Tal.

Wir schauten über den ausgedehnten Urwald, in den kaum ein Mensch je einen Fuß gesetzt hatte – was wir nun sehr gut verstanden. Ich zählte sieben Gebirgsketten im Süden, jede davon bewaldet, manche der hohen Gipfel noch immer schneebedeckt. Hier und dort waberten Nebelschwaden durchs Tal. Es war ein erstaunlich wilder, unberührter Ort.

Ein paar Tage nachdem wir unser Camp eingerichtet hatten, traf Paul mit unseren Lebensmitteln ein. »Wie gefällt es euch hier?«, rief er, kaum dass er aus dem Hubschrauber gesprungen war.

»Verdammt gut!«, antwortete Peter fröhlich. »Komm, schau dir unser Camp an.«

Wir gingen zu unserem Zelt, das wir auf einem weichen Bett aus Moos und Grasbüscheln unter einer Gruppe von Scheinbuchen aufgeschlagen hatten. Wir hatten unsere Zeltplanen samt Überzelt zwischen den verkrüppelten alten Bäumen – in meinen Augen großartige lebende Kunstwerke – festgebunden. Ihre Stämme mit der tief gefurchten Rinde waren fest in der Erde verankert, solide und unzerstörbar; ihre langen, teils bizarr verdrehten Äste reichten fast bis zum Boden. Diese Bäume hatten den unglaublich harten Bedingungen in tausend Metern Höhe getrotzt, manche von ihnen waren sicher mehr als dreihundert Jahre alt.

»Hier würde ich gern die Hütte bauen«, sagte Paul. »Und zwar so, dass der Rauch des Lagerfeuers nicht alle Tiere verscheucht, die unten im Tal leben. Was haltet ihr davon?«

»Ja, das ist eine gute Stelle«, stimmte ich begeistert zu. »Sag uns, womit wir anfangen sollen.«

»Nun, wir müssen Löcher in einem Meter Abstand für die Pfosten graben.« Paul reichte mir seinen Plan und ein Maßband.

»Was für Pfosten?« Ich war mir nicht sicher, wie ein solcher Pfosten aussehen sollte oder woraus er bestand.

»Ich fliege die Pfosten nachher ein, du Dummerchen.« Paul lachte. »Sehe ich da etwa blonde Haare?« Er hob meinen Hut an.

Ich prustete los.

»He.« Er tippte mir auf die Schulter und deutete hinunter ins Tal. »Ich hab auf dem Hinflug eine Ziegenherde gesehen. Je mehr du schießt, desto besser! Wir wollen doch nicht, dass das DOC Gift über dem Wald abwirft. Ziegen gelten hier als Schädlinge«, erklärte er, als hätten wir nie von den Problemen der Naturschützer mit eingeschleppten Tierarten gehört. »Du tust dem Land also einen Gefallen.«

Ich nickte.

»Viel Glück beim Jagen!«, rief er mir zu, stieg in seinen Heli und flog winkend davon. Wir sollten ihn über zwei Monate nicht wiedersehen.

Je länger wir in »Pauls Paradies« kampierten, desto mehr wurde uns bewusst, wie außergewöhnlich abgeschieden es war – eine fast vergessene Welt. Viele Wildtiere bewohnten diese alpinen Wälder und Lichtungen. Eines Tages huschte ein Hermelin mit einer riesigen Ratte im Maul hinter einem Baum hervor. Es trippelte über die mächtigen Baumwurzeln, sprang über die Steine im Bach und verschwand auf der anderen Seite. Sobald es dunkel war, hörten wir das Geräusch der seltenen einheimischen Frösche in den alpinen Hochmooren; ihr Ruf klang fast wie ein Pfeifen. Manchmal vernahmen wir das Bellen eines Possums, und oft durchbrach der seltsame, lang gezogene Schrei eines Langschwanzkoels – eines zur Familie der Kuckucke gehörenden Vogels – die nächtliche Stille. Bei Anbruch der Morgendämmerung schwirrten kleine bunte Papageien durch den immergrünen Wald. Über unseren Köpfen verteidigten Falken erbittert ihr Territorium gegen eindringende Sumpfweihen. Mit jedem Tag unseres Aufenthalts entdeckten wir weitere Geschöpfe.

Ich dachte oft an Sofie, meine wundervolle, schöne Schwester, die ich von Herzen liebte. Als Kinder hatten wir alles miteinander geteilt, und auch heute noch waren wir die besten Freundinnen. Als ich ihr verkündete, ich würde nach Neuseeland gehen, brach ihr das Herz – und meins auch. Alles, was wir nun noch voneinander hatten, waren die Briefe, die einmal rund um die Erde flogen, bevor sie in der Hand der anderen landeten. Am längsten Tag des Jahres schrieb ich ihr.

Liebste Sofie,
kannst Du Dir vorstellen, wie es ist, ein so ruhiges, von der Zeit losgelöstes Leben zu führen, ein Leben der Fülle, in dem es bedeutsam wird, ein einzelnes Blatt von den Bäumen trudeln zu sehen, zu beobachten, wie es von einer sanften Brise in die Luft gehoben wird

und im Sonnenlicht silbern schimmert? Reich genug zu sein, um, ohne zu arbeiten, inmitten einer so atemberaubenden Schönheit zu leben, ist wahrhaftig ein Privileg.

Wir haben jetzt Mittsommer; die Tage scheinen gar nicht mehr enden zu wollen! Da wir keine Uhr haben, nehme ich an, dass wir uns gegen neun das Abendessen zubereiten. Wir schlafen mit Sicherheit weitaus weniger als während der langen Winternächte, aber wir haben trotzdem jede Menge Energie.

Du hast mich einmal gefragt, warum ich mich dazu entschlossen habe, in der Natur zu leben. Nun, wie Du weißt, habe ich in Zimbabwe und Indien Frauen kennengelernt, die in bittere Armut hineingeboren wurden. Verständlicherweise wollten sie den Drecklöchern entkommen, in denen sie hausten, und wünschten sich Sicherheit, indem sie Geld verdienten, um sich ein Haus zu kaufen oder zu mieten. Im Vergleich dazu sind wir in absolutem Wohlstand geboren. Für uns ist die Verheißung materiellen Wohlstands längst nicht mehr so aufregend. Ich weiß, wie sich die Sicherheit anfühlt, einen Job zu haben und in einem Haus zu wohnen. Ich kenne die Welt des Wettbewerbs, in der sich die Menschen gegenseitig bekämpfen, um auf der Leiter von Macht und Status eine Stufe nach oben zu steigen. Ich kenne die Welt, in der Spaß zum Sinn des Lebens wird. Was ich nicht kenne – auch wenn ich das vermutlich sollte –, ist die ursprüngliche Welt, in die wir alle hineingeboren wurden.

Ich denke, es ist schwierig für einen Geist, der geprägt ist durch die menschliche Zivilisation, sich wieder mit der Natur zu vereinigen. Im Gilgamesch-Epos symbolisiert die Stadtmauer von Uruk den Verlust des Bezugs zum übergeordneten Rhythmus der Natur, und wenn wir in Metropolen und Städten wohnen, verlieren meiner Meinung nach auch wir den Bezug zur ursprünglichen Welt.

Du magst Dich fragen, warum wir unbedingt zur Natur zurückkehren sollten. Ich denke, es würde uns sehr viel gesünder machen, und zwar sowohl körperlich als auch geistig, und unser Planet würde uns vielleicht ein bisschen länger tolerieren. Was meinst Du?

In Liebe
Miriam

Jetzt, da tatsächlich die Aussicht bestand, eine Ziege zur Aufstockung unserer Vorräte zu erlegen, war ich fest entschlossen, eine zu finden. Also schlenderte ich über die moosbedeckte Ebene und dann hinunter ins Tal. Nach etwa hundert Metern begann die undurchdringliche Vegetation. Als ich durch die engen Löcher im Dickicht kroch, die vermutlich von Possums stammten, wurde mir klar, dass ich allein einen ganzen Tag brauchen würde, um zu meiner ersten Ziege durchzudringen, also kehrte ich widerstrebend zurück ins Zelt. Am nächsten Tag machte ich mich erneut auf den Weg, diesmal ausgerüstet mit Messer, Säge und einer kleinen Axt, mit deren Hilfe ich mir einen Weg durch das Pflanzengewirr bis zu einem alten Scheinbuchengehölz bahnte. Mehrere Tage später brach ich ein zweites Mal mit Pfeil und Bogen auf.

Die gelben Sonnenflecken malten ein wunderschönes Muster auf den dunkelgrünen Moosteppich. Ich überquerte eine Wiese mit sonnenwarmem, dickem, weichem Gras und gelangte zu einem kleinen, steinigen Bach. Das Wasser war kühl, kleine Fische flitzten in alle Richtungen, als ich mit den Füßen hineinwatete. Abgesehen von dem sanft murmelnden Bach, dem ich eine Weile stromabwärts folgte, war es beinahe still im Tal. Als ich nach einer ganzen Weile die grasbewachsene Uferböschung hinaufkletterte, fand ich mich völlig unerwartet einer kleinen Herde wilder Ziegen gegenüber.

Ich war so überrascht, dass ich einen Moment brauchte, um einen Pfeil aus dem Köcher zu ziehen. Als ich endlich meinen Bogen anlegte, waren die Ziegen längst auf halber Höhe eines Hügels in der Nähe angelangt, der bedeckt war mit Bäumen und großen schwarzen Felsbrocken. Ich überlegte, ob ich ihnen hinterherlaufen sollte, doch obwohl sie sich nur langsam hügelauf bewegten, waren sie schon bald außer Reichweite.

Nun, dachte ich, *zumindest weißt du jetzt, dass es hier tatsächlich Ziegen gibt.*

Ich wartete eine Weile, doch die Herde ließ sich nicht mehr blicken. Also drehte ich um und kehrte ins Camp zurück.

Da Peter sein verletztes Knie schonte, ging ich noch weitere Male allein auf die Jagd, und jedes Mal unterliefen mir Fehler. Manchmal sah ich gar keine Tiere, andere Male rannten sie mir davon, noch während ich versuchte, so nah wie möglich an sie heranzuschleichen. Wenn ich dann mal einen Pfeil abschoss, segelte er knapp an meinem Ziel vorbei und blieb in einem Baum stecken.

Stets kam ich mit leeren Händen zurück – doch jeder neue Jagdanlauf lehrte mich, noch geduldiger, noch vorsichtiger und vor allem achtsamer zu werden. Ich war froh, dass meine Begeisterung und Ausdauer nicht nachließen.

Eines Nachmittags näherte ich mich auf allen vieren einer Lichtung, auf der sieben Ziegen friedlich grasten. Lange Zeit hielt ich mich hinter einem Baum versteckt, dann schlich ich mich so nahe wie möglich an die kleine Herde heran. Lautlos stand ich auf, legte meinen Bogen an und schoss einen Pfeil auf einen großen Ziegenbock ab. Ich konnte es kaum glauben: Der Pfeil blieb zwischen seinen Rippen stecken ... aber er warf sich herum und rannte davon.

Ich hatte gelesen, dass Bogenjäger zwanzig Minuten warten sollten, bevor sie der Blutspur des erlegten Tiers folgten; wenn ich dem Bock jetzt folgte, würden er und ich – adrenalinbefeuert – wahrscheinlich stundenlang laufen. Also setzte ich mich hin und blieb so lange sitzen, bis ich die verwundete Ziege aus den Augen verloren hatte, doch nach ein paar Minuten konnte ich es nicht länger aushalten. Ich rannte auf das Gestrüpp zu, hinter dem der Bock verschwunden war, und entdeckte erleichtert frisches Blut an den Blättern. Ich folgte der Spur in den Wald hinein, und während ich auf Händen und Knien vorwärts kroch, stieg ungeheurer Stolz in mir auf. Ich fühlte mich wie ein echter Buschmann. Als der Abstand zwischen den einzelnen Blutflecken immer größer wurde, bis er irgendwann etwa fünf Meter betrug, wurde ich nervös. Die ganze Zeit über hatte ich das Bild des leidenden Ziegenbocks, einen Pfeil zwischen den Rippen, vor Augen.

Dann konnte ich kein Blut mehr entdecken.

Ich hatte die Spur verloren.

Ich stand auf und lief im Zickzack den steilen Hang hinauf, in der Hoffnung, ihn wie durch ein Wunder hinter einem umgestürzten Baumstamm zu entdecken. Doch so viel Glück hatte ich nicht.

Ich fragte mich, wie lange es wohl dauern mochte, bis er qualvoll verendete. Eine ganze Weile suchte ich weiter, ahmte das Meckern einer Ziege nach, da ich hoffte, er würde darauf antworten, aber alles, was ich hörte, war Stille – eine sehr traurige Stille.

Schließlich drehte ich um und kehrte auf dem Weg zurück, den ich gekommen war. Ich schämte mich und war wütend auf mich selbst. *Was tue ich da?*, fragte ich mich. *Was zum Teufel tue ich da?* Frustriert schlug ich mit der Faust auf einen Baumstamm ein. Tränen füllten meine Augen. *Warum verletze ich unschuldige wilde Tiere mit Pfeil und Bogen? Lasse sie einen langsamen, jämmerlichen Tod sterben? Bloß weil ich ein bisschen Robin Hood spielen will?*

Dabei trug ich lediglich zu all dem Elend und Leid auf dieser Erde bei. *Ich trage dazu bei!* Ich war genauso schuldig wie jeder andere Übeltäter! Am liebsten hätte ich meinen Bogen gegen den nächsten Baum geschmettert. *Bitte lass es zu Ende sein!* Ich biss mir auf die Knöchel, meine Zähne hinterließen einen tiefen Abdruck in meiner Hand.

Manchmal ergab das alles einfach keinen Sinn.

Manchmal wollte ich einfach nur wieder in einem Haus mit Gemüsegarten leben und Vegetarierin sein. Das primitive Leben des Jägers und Sammlers vergessen. Ein solches Leben war viel zu schwierig, viel zu hart.

Als ich ins Camp zurückkehrte, besprach ich mit Peter – zum wohl hundertsten Male – mein Dilemma. Sollten wir tatsächlich Tiere töten, um sie zu essen? Oder sollten wir uns vegetarisch ernähren, Gartengemüse abstechen, um es zu essen? Kälber töten, um Milch zu trinken? Ungeborene Hühnchen umbringen, um Eier zu haben? Sollten wir unser Geld auf der Bank lassen, die für uns in landwirtschaftliche Tierhaltung oder in die Waffenindustrie investierte? So oder so würden damit am Ende Leben ausgelöscht. Was war mit den Kleidungsstücken in unseren Rucksäcken? Wussten wir etwa nicht Bescheid über die zerstörerische Baumwollindustrie?

Jedes Thema bescherte mir Höllenqualen. Ich starrte in das rauchende Feuer und griff nach einem Stück Holz, um es in die Flammen zu werfen.

»He, da ist lebendes Moos dran!« Peter nahm mir das Scheit ab und zupfte das Moos vom Holz.

Weihnachten kam und brachte frostigen Regen und einen unerwarteten Kälteeinbruch, der mich von weiteren Jagdversuchen abhielt. Die Temperaturen waren so niedrig, dass ich wehmütig an die Feiertage in der nördlichen Hemisphäre dachte. An meine Mutter, die zu Hause kochte, Kuchen und Plätzchen backte, an die flackernden Kerzen am Weihnachtsbaum in dem gemütlichen Haus meiner Eltern. Unser eigenes Festmahl, bestehend aus Spaghetti, getrockneten Erbsen und Makrele aus der Dose, war nicht unbedingt das, woran ich an Weihnachten gewöhnt war, und so empfand ich die Kälte noch stärker und fühlte mich noch elender als im Winter in der South Hut.

Bibbernd saßen wir unter der Plane auf unseren Lebensmittelbehältern am Feuer, das gar nicht aufhörte zu qualmen. Peter starrte zu Boden. Langsam stellte er seinen blauen Emailleteller auf den Behälter, den wir als Tisch benutzten, und sagte mit tonloser Stimme: »Ich fühle mich nicht so richtig wohl. Gut möglich, dass die Malaria zurückkommt.«

Ich hatte diese albtraumhaften Erinnerungen sorgfältig in die entlegenste Ecke meines Gedächtnisses verbannt, doch es brauchte nur diesen einen Satz, um alles wieder hervorzuholen. Papua-Neuguinea. Die unglaublich schwere, kräftezehrende Hitze. Der dichte, feuchtschwüle Dschungel. Die wackeligen, auf Stelzen gebauten Hütten. Die weinenden Babys. Und die Krankheit, die Peter beinahe umgebracht hatte: Malaria.

Mit langsamen, schwerfälligen Bewegungen schwankte er aufs Zelt zu und blieb auf halber Strecke stehen, um sich an einem Baumstamm abzustützen. Schweigend wusch ich das Geschirr ab, dann kroch auch ich in meinen Schlafsack. Nach etwa einer Stunde hörte ich, wie sein Atem schneller ging und seine Zähne zu klappern begannen. Sorgfältig darauf bedacht, ja kein Geräusch zu machen, das an seine empfindlichen Ohren dringen könnte, wand ich mich aus meinem Schlafsack und breitete ihn über seinen bebenden Körper. Nieselregen fiel auf unser Zelt, ganz in der Nähe stieß ein Langschwanzkoel seine seltsamen Rufe aus. Ich starrte in die Dunkelheit, frierend, unglücklich und mutterseelenallein. Tränen traten mir in die Augen, als mich die Bilder von Papua-Neuguinea mit aller Macht überrollten. Ich sah alles so deutlich vor mir, als sei es erst gestern gewesen.

Von Indien aus waren wir weitergereist, bis wir nach einem Jahr den Norden Papua-Neuguineas erreichten. Wir hatten vor, am Sepik River entlang hinauf ins Hochland zu wandern und die viertausend Meter hohen Berge zu überqueren. Per Boot wollten wir anschließend den Fly River hinabfahren bis an die Südküste. Zwei Monate später sollte es über Thursday Island nach Australien gehen.

Wir hatten den Rand des Regenwaldes erreicht. Zusammen mit einem Dutzend Einheimischer saßen wir auf der offenen Ladefläche eines Pick-ups und drangen auf dem Weg zum Sepik, wo unsere Expedition beginnen sollte, in den unvorstellbar üppigen Dschungel ein. Plötzlich waren wir gezwungen, anzuhalten: Drei kräftig gebaute Männer mit finsteren Gesichtern und hölzernen Jagdspeeren blockierten die Straße.

»Wildschweinjäger«, flüsterte mir mein Sitznachbar ins Ohr.

Wildschweinjagd mit Holzspeeren im Regenwald! Mit diesem Anblick hatte ich selbst in meinen kühnsten Träumen nicht gerechnet. Damals ahnte ich noch nicht, dass ich einst selbst im Wald auf die Jagd gehen würde.

Einer der Jäger fing an zu schreien und hob seinen Speer. Seine Haut glitzerte vor Schweiß in der vor Feuchtigkeit fast klebrigen Hitze. Einen Ausbruch von Gewalt fürchtend, warf ich der alten Frau neben mir einen besorgten Blick zu. Sie schloss bloß die Augen und schüttelte kaum merklich den Kopf, um mir zu bedeuten, dass kein Anlass zur Panik bestand. Sie sollte recht behalten.

Die Auseinandersetzung war genauso schnell beendet, wie sie begonnen hatte, und wir fuhren weiter.

Etwas später erreichten wir das Ende der Straße, und alle sprangen ab, um die letzten Kilometer zum Dorf zu Fuß zurückzulegen. Vor uns erstreckte sich schier endloser Regenwald.

»Habt ihr ein Messer?«, fragte uns der Dorflehrer, als wir eintrafen. Er war der Einzige, der Englisch sprach.

»Ja!« Stolz hielt ich das Zeremonienmesser in die Höhe, das ich in Indonesien gekauft hatte. Auf einmal wirkte es ziemlich mickrig.

»Ja, das ist gut«, befand er.

»Wofür brauchen wir es?«, wollte ich wissen und stellte mir vor, wie ich damit Kokosnüsse erntete.

»Feinde.« Seine tief liegenden haselnussbraunen Augen blickten ernst drein.

»Was für Feinde?«

»Räuber.« Er schwieg einen Augenblick. »Vergewaltiger ... vielleicht sogar Kannibalen.«

Ich schluckte nervös und schaute zu Peter hinüber, der einfach weiterlächelte.

»Viel Glück.« Der Lehrer schüttelte unsere Hände, dann brachen wir auf und verschwanden im Dschungel.

Peter ging mir voran einen schmalen Pfad entlang.

»Machst du dir keine Sorgen wegen dieser Feinde?«, fragte ich ihn und suchte mit den Augen die dichte Vegetation nach Blutegeln, Schlangen und Spinnen ab.

»Nein«, antwortete er. »Ich weigere mich schlichtweg zu glauben, dass ich einem solchen Gewaltverbrechen zum Opfer falle. Täte ich das nicht, hätte ich in der Vergangenheit viele wunderbare Orte nicht aufsuchen können.«

Seine Zuversicht und sein Mut zeigten eine bemerkenswert positive Wirkung auf mich, und ich verspürte eine ungeahnte Aufregung, als ich diesen geheimnisvollen Winkel der Erde betrat.

Wir wanderten drei Tage lang und verbrachten die Nächte in

Dörfern entlang des Wegs. Barbusige Frauen und magere Kinder begrüßten uns. Sie hatten große Bäuche, schuppige Haut und litten an Unterernährung. Alle waren freundlich, wenn auch ein wenig scheu, und lebten in schilfgedeckten Hütten auf Stelzen, in die man über Leitern gelangte.

Eines Morgens schaute ich aus der offenen Tür unserer Hütte und sah vier Männer näher kommen, barfuß und nackt bis auf die Shorts. Sie zogen im Gänsemarsch durchs Dorf und hielten nicht an, um mit irgendwem zu plaudern. Die Hochlandbewohner bewegten sich in einem Rhythmus, der in völligem Einklang mit dem Dschungel zu stehen schien: Anmutig und kraftvoll waren sie mit der Erde verbunden, auf der sie unterwegs waren. Plötzlich wurde mir bewusst, dass ich im Vergleich zu diesen Männern in Gefangenschaft geboren war – aufgewachsen in einer Stadt, ausgebildet in festen Gebäuden, umgeben von so viel Komfort, dass ich mein Rückgrat verloren hatte. Ich kam mir vor wie ein Wellensittich im Käfig, sie dagegen waren Adler am Himmel.

Dann bekam Peter eines Abends hohes Fieber. Am nächsten Tag konnte er zwar noch sprechen und sich aufsetzen, doch einen Tag später verschlechterte sich sein Zustand so sehr, dass er nur noch in der Hütte liegen konnte. Am dritten Tag versuchte er, zum Plumpsklo am Dorfrand zu gelangen, doch auf dem Weg dorthin brach er zusammen. Ich fand ihn halb bewusstlos im Gras. Als ich auf ihn zurannte, schien das lautstarke Gezirpe und Getschilpe der Insekten und Singvögel zu ewigem Schweigen zu verstummen, und es war, als würde ihn die schwere, feuchte Luft umarmen, ersticken und verschlingen.

Er öffnete die Augen einen Spaltbreit und krächzte: »Wasser.«

Ich rannte los, um Wasser aus dem Tank auf der anderen Seite des Dorfes zu holen. Als ich zurückkehrte, hatten sich rund zwanzig Leute um Peter versammelt. Ein Priester beugte sich über ihn und sprach ein beschwörendes Gebet: »Papa Gott, du retten diese Mann. Er krank. Wenn du nich retten, dann tot sein.«

Ich fühlte mich wie betäubt. Das hier war schlimm. Sehr schlimm. Der Priester ging davon aus, dass Peter sterben musste.

Wären wir bloß nie hergekommen, dachte ich. *Hätten wir bloß nie versucht, den Dschungel zu durchqueren.*

An jenem Abend zogen Peter und ich ins Schulgebäude um, da Peter nicht länger die Leitern der Stelzenhütten hochklettern konnte. Ich breitete unsere Matten zwischen den Holzbänken und -tischen des Klassenzimmers aus und lauschte dem Regen, der aufs Wellblechdach trommelte. Bläuliche Blitze erhellten alle paar Sekunden den Himmel, der Donner war so laut, dass er in der Erde widerhallte. Bei jedem Blitz wurde das Klassenzimmer taghell, und ich sah, wie mehr und mehr Wasser durch die Wände sickerte. Auf dem Boden bildeten sich Pfützen.

»Kannst du mir die Schmerztabletten geben?«, fragte Peter.

Welche Schmerztabletten? Ich überlegte panisch, dann fiel mir der kleine Erste-Hilfe-Kasten ein, den mir ein paar Franzosen geschenkt hatten, als ich vor zwei Jahren allein durch Pakistan reiste. Peter hatte die extrastarken Schmerzmittel behalten. Im Licht der Blitze leerte ich meinen Rucksack, dann kroch ich zu Peter hinüber und reichte ihm eine Tablette und eine Flasche Wasser.

»Die hält das Fieber davon ab, mein Hirn zu kochen«, stöhnte er.

Ich spürte eine solche Verzweiflung in mir aufsteigen, dass ich zu weinen anfing. Ich wusste, dass Peter gefährlich krank war und extrem hoch fieberte, aber ohne Arzt, mitten im Dschungel, waren wir vollkommen hilflos. Uns blieb keine Wahl: Wir mussten unseren Plan, Papua-Neuguinea zu durchqueren, aufgeben und stattdessen eine Möglichkeit finden, zur Straße und damit in die Zivilisation zurückzukehren.

Bei Anbruch der Morgendämmerung war Peter in der Lage aufzustehen. Ich packte unsere Rucksäcke und stützte ihn auf dem langen Weg zurück, am Flussbett entlang. Peter ging unsicher und stolperte oft, außerdem mussten wir alle hundert Meter eine Pause einlegen. Obwohl ich mir der gefährlichen Situation bewusst war, in der wir uns befanden, konnte ich nichts anderes tun, als ihn dazu zu drängen, etwas zu trinken, und ihn dann weiterzuzerren. Ich hatte das Gefühl, in der feuchten Luft zu ersticken.

Nach drei qualvollen Tagen erreichten wir endlich die Straße.

Wir legten uns in der brütenden Hitze hin und warteten darauf, dass ein Fahrzeug vorbeikam, doch es kam keins. Kein einziges. Das Zwitschern der Vögel wurde übertönt vom Lärm der Kettensägen und Bulldozer, die die wertvollen Bäume des Regenwaldes abholzten und abtransportierten. Die Vorstellung, dass dadurch der kostbare Lebensraum so vieler Vögel und anderer Tiere zerstört wurde, brach uns das Herz.

Wir warteten viele Stunden, bis endlich ein gelber Tanklaster erschien und am Straßenrand anhielt. Der alte Laster fuhr nicht schneller als zwanzig Stundenkilometer, sodass wir nur langsam vorankamen. In der Kabine herrschte eine wahre Gluthitze. Der Schweiß tropfte mir von der Stirn in den Schoß, meine Beine klebten auf der heißen Metallkiste fest, auf der ich saß. Peters Kopf hing schlaff vornüber.

Am Nachmittag erreichten wir die Stadt Vanimo an der Nordküste, wo es sogar noch heißer war als im Dschungel. Im Hafen lagen chinesische Schiffe und warteten auf ihr Hartholz. Wir schwankten in das kleine weiße Krankenhausgebäude.

»Es ist kein Arzt da«, teilte uns die Krankenschwester mit. Sie konnte nichts für uns tun.

Also verließen wir die Klinik und machten uns auf den Weg zu einem freundlichen Einheimischen, den wir bei unserer ersten Ankunft in Vanimo kennengelernt hatten. Er hatte uns für alle Fälle ein Zimmer angeboten, und nun war ein solcher Fall eingetreten, und wir nahmen sein Angebot dankbar an.

Als wir sein Haus erreichten, verschlechterte sich Peters Zustand rapide. Halb bewusstlos legte er sich auf eine Matratze. Der Geruch, den er verströmte, war Übelkeit erregend. Es hatte den Anschein, als wäre er gar nicht mehr richtig da. Der Tod klopfte bei ihm an, das konnte ich riechen.

Peter schlug langsam die Augen auf und sah mich verzweifelt an.

Ich reichte ihm die allerletzte Schmerztablette und die schmutzige Plastikflasche mit Wasser.

Er konnte kaum den Kopf heben, um zu trinken, auf seiner Stirn bildete sich Schweiß. Ich legte mich auf meine Matte und lauschte dem wummernden Bass einer Stereoanlage nebenan, überwältigt von Resignation. Im Alter von dreiundzwanzig Jahren war ich allein verantwortlich für uns beide, war gezwungen, stark zu sein, auch wenn ich mich absolut nicht stark fühlte.

Später erzählte mir Peter, dass das Fieber so stark gewesen sei, dass er gespürt habe, wie es sein Gehirn angriff. Es habe ihn ein merkwürdiges Gefühl überkommen, und plötzlich habe er seine Füße nicht mehr gespürt. Das merkwürdige Gefühl kroch seine Beine hinauf in Richtung seiner Hüften und anschließend zu seinem Bauch und seiner Brust, bevor es sich in seinen Armen ausbreitete. Es war gerade bei seinem Nacken angekommen, als ich ihm die letzte Schmerztablette verabreichte, die das Fieber senkte und ihn zurück ins Leben holte.

Ich organisierte unsere Visa für die Rückkehr nach Indonesien, und mithilfe unserer einheimischen Freunde schafften wir Peter in ein PMV – ein *public motor vehicle* –, in der Regel ein Bus, in unserem Fall ein Van. Ich trug unsere beiden Rucksäcke, einen auf dem Rücken und einen vor dem Bauch. Kurz vor der Grenze mussten wir aufgrund der komplizierten Einreisesituation aus dem Van steigen und zu Fuß nach Westpapua gehen. Auf der anderen Seite angekommen, stiegen wir in einen Bus. Irgendwie schafften wir es bis ins Krankenhaus.

»Tut mir leid, tut mir leid.« Die indonesische Krankenschwester stach wiederholt in Peters Hand. Seine Venen waren kollabiert, und seine Bluttests ergaben zwei verschiedene Malariaerreger: *P. falciparum* und *P. vivax*.

»Er hat großes Glück gehabt«, sagte der Arzt in gebrochenem Englisch. »*Falciparum* bringt hier sehr viele Menschen um.«

Endlich öffnete Peter, angeschlossen an einen Tropf mit Medizin und Vitaminen, die Augen und sah mich an, dann drückte er sachte meine Hand und versuchte zu lächeln. Ich holte tief Luft.

Peter erholte sich schnell im Krankenhaus, und zwei Wochen später wurde er entlassen. Es dauerte allerdings über zwei Jahre mit wiederholten Rückfällen, bis er wieder vollständig auf dem Damm war. Wir waren jahrelang durch Länder gereist, in denen Malaria ein Problem war, und hatten uns nie infiziert. Aus dem Grund hatten wir uns zu sicher gefühlt und waren nachlässig geworden. Zu jener Zeit, so hatten uns die Einheimischen erzählt, gab es ein Medikament, das man nur einnehmen musste, wenn man sich mit Malaria infiziert hatte, und schon sei alles wieder gut – doch als uns klar wurde, dass Peter die Krankheit hatte, nahm er das Medikament, und es half nicht.

Jene Wochen in Papua-Neuguinea hatten mir eine Lektion erteilt. Das Wort »Sicherheit« hatte für mich eine andere Bedeutung bekommen. Im Angesicht des Todes gab es keine Sicherheit. Das Leben konnte jederzeit zu Ende sein – ganz gleich, aus welchem Grund.

Die Tage, die wir nach Peters neuerlichem Malariaanfall in »Pauls Paradies« verbrachten, verstrichen weitestgehend ereignislos. Peter lag im Zelt, und irgendwann ließ das Fieber nach, und er fühlte sich wieder besser. Zum Glück hatte er kein Lariam nehmen müssen, das Medikament, das er nach Papua-Neuguinea überallhin mitnahm. Obwohl es ausgesprochen wirksam war, zeigte es doch schreckliche neuropsychiatrische Nebenwirkungen. Peter war zuversichtlich, das Schlimmste überstanden zu haben. Verglichen mit der ersten Malariaattacke im Dschungel von Papua-Neuguinea, wirkte er hier, in diesem friedlichen Wald, viel gelassener.

Während er sich erholte, übernahm ich die täglichen Pflichten wie Brotbacken, Essenkochen, machte Tee und spülte das Geschirr im Bach ab. Wenn ich damit fertig war, setzte ich mich auf den mit einer Plane abgedeckten Feuerholzstapel und blickte über den nebelverhangenen Wald. Lange weiße Flechten baumelten wie geflochtene Zöpfe von den Zweigen. Die Sonnenstrahlen, die in den Wald fielen, wirkten unglaublich gerade, verglichen mit all dem verschlungenen Wirrwarr rundherum – ein atemberaubender Effekt.

»Weißt du was, Peter?«, sagte ich.

»Ja?«, kam es aus dem Zelt.

»In Papua-Neuguinea habe ich mich zum ersten Mal mit einem

Wellensittich im Käfig verglichen. Wir alle sind in Gefangenschaft aufgewachsen, darauf konditioniert, nach Sicherheit statt nach Freiheit zu streben, doch im Grunde wissen wir gar nicht, was Freiheit ist, da wir sie nie erfahren haben.«

»Da hast du recht.«

»Wenn wir aufhören, nach Sicherheit zu suchen«, fuhr ich fort, »dann bestünde durchaus die Chance herauszufinden, was Freiheit ist.«

»Hm, ja.« Peter klang nachdenklich. »Was würde passieren, wenn du einen Vorstoß in die Unsicherheit unternimmst?«

Ich überlegte. »Angst!«, antwortete ich überrascht. »Ich würde Angst empfinden. Angst ist die Mauer zwischen Sicherheit und Freiheit.«

»Da könntest du recht haben, ja.«

»Ich rede nicht über körperliche Dinge wie Waghalsigkeit«, sagte ich. »Das ist eine völlig andere Sache.«

Ich schaute auf die Wassertropfen im Moos. Sie sahen aus wie kleine Perlen.

»Das ist ziemlich interessant«, hörte ich Peters Stimme. »Dann wissen wir also, dass wir jedes Mal, wenn wir Angst empfinden, an die Grenzen unserer selbst gesteckten Sicherheitszone stoßen – und dass wir darüber hinausblicken sollten, um herauszufinden, was dann passiert.«

»Genau! Aber weißt du, was das Schwierige ist?«, fragte ich. »Das Schwierige ist, die Angst zu erkennen!«

»Wie meinst du das? Jeder weiß, wie sich Angst anfühlt.«

»Angst hat viele Gesichter. Manchmal äußert sie sich lediglich in einem leichten Anflug von Unbehagen, manchmal in einem Gefühl der Taubheit. Mitunter zittert man vor Adrenalin oder Ärger, oder es kommen einem die Tränen ... Mein Gott, die Liste ist endlos!«

Peter lachte. »So viele Türen zur Freiheit!«

Am Nachmittag kam plötzlich eine Wekaralle hinter den Bäumen hervor. Der flugunfähige einheimische Vogel mit den orangefarbenen und braunen Federn betrachtete mich interessiert, dann verschwand er in unserem Zelt, um Peter unter die Lupe zu nehmen. Die große Ralle pickte an allem, was nicht festgebunden war, stürmte mit der Seife davon und versuchte, einen Löffel zu klauen. Ich fütterte sie mit Brotkrumen, die sie bereitwillig verspeiste, aber zähmen ließ sie sich nicht. Sie blieb drei Tage, dann setzte sie ihre Reise über den Bergsattel fort, stolzierte von dannen wie ein selbstbewusster Wanderer, der weder Karte noch Kompass brauchte.

Kaum war die Wekaralle fort, kam ein warmer Wind von Norden auf.

Peter betrachtete eingehend die Wolken am Horizont. »Ein so warmer Wind in tausend Metern Höhe bringt ein ordentliches Orkantief mit sich.«

Und tatsächlich: Bald darauf ergossen sich wahre Sturzbäche vom Himmel. Der Regen prasselte so heftig auf unser Zelt, dass man den Eindruck bekam, jemand schütte einen Eimer ohne Boden über der Plane aus. Zwölf Stunden goss es ohne Unterlass. Unser kleiner Bach wurde zum Fluss, überall um uns herum bildeten sich große Pfützen. Ich machte mir zunehmend Sorgen, dass unser Camp überflutet werden könnte. Als der trommelnde Regen eine Minute lang schwächer wurde, krabbelten wir hinaus, um unseren Zeltplatz zu retten. Während sich Peter seinem heiß geliebten Feuerholzstapel widmete, fing ich an, einen schmalen Graben rund ums Zelt auszuheben. Als wir alles getan hatten, was wir konnten, kehrten wir ins Zelt zurück und fügten uns in unser Schicksal – ganz gleich, wie das aussehen mochte.

In den frühen Morgenstunden zog das Unwetter endlich weiter, der Himmel klarte von Süden her auf. Kühle, frische Luft wehte sanft über die Berge, und am nächsten Tag wanderte ich mit neu erwachtem Optimismus hinunter ins Tal. Inzwischen hatte ich mich an meine Rolle als Jägerin gewöhnt, und ich nahm viel mehr wahr als noch vor wenigen Wochen. Ich entdeckte Hufabdrücke, und manchmal konnte ich ein Tier bereits riechen, bevor ich es entdeckte. Ich hatte gelernt, mein Wissen und meine Erfahrung einzusetzen, aber ich konnte mittlerweile auch intuitiv die Nähe eines Tiers wahrnehmen.

Ich setzte mich in den Schatten eines großen Baums, um von hier aus das sonnige Flussbett zu überblicken. Nicht weit davon entfernt befand sich eine kleine, grasbewachsene Lichtung. Mein Bogen lag an meiner Seite. Jeden Augenblick könnte eine Ziege aus dem Nichts erscheinen. Ich musste bereit sein. Der Fluss murmelte leise, ein warmer Wind strich durchs Tal. Über meinem Kopf kreiste mehrere Male ein großer Habicht, bevor er nach Westen weitersegelte. Ich betrachtete die Sonnenflecken, die über die Bäume und Sträucher wanderten und sich von einem hellen Gelb zu Orange verfärbten. Zu meinen Füßen blühten unzählige weiße Blümchen mit gelben Stempeln. Sie sahen hübsch aus zwischen den Farnen, und sie dufteten angenehm süß.

Nach einer ganzen Weile stand ich auf und schlenderte zwischen den Bäumen hindurch zum Flussufer. Dort ging ich auf die Knie und versteckte mich hinter einem Gebüsch, um unbemerkt eine wunderschöne Lichtung zu beobachten. Mein Herz machte einen Satz, als ich drei Ziegen erblickte: Ein Bock und eine Geiß mit ihrem Kitz grasten friedlich im Schatten zweier großer Scheinbuchen. Meine Hände zitterten nervös, als ich einen Pfeil in meinen Bogen einspannte. Vorsichtig trat ich hinter den Büschen hervor und schoss einen Pfeil auf das Kitz ab.

Es war ein gelungener Schuss. Der Pfeil traf das Junge direkt ins Herz. Es taumelte, dann ging es tödlich verwundet zu Boden. Die Geiß meckerte. Sie war furchtbar aufgeregt und sprang auf ihr Kitz zu. Der Bock dagegen machte ein paar Schritte nach hinten, dann schnaubte er, als wolle er der Mutter sagen: »Komm, lass uns gehen. Das Kleine ist tot.«

Das Herz schlug mir bis zum Hals. Die Geiß beschnupperte ihr Kind, dann gesellte sie sich nach einer Weile zu dem Ziegenbock. Lange Zeit blieb sie stehen und schaute mich an, bevor sie sich endlich umdrehte und mit ihm im Wald verschwand; es war, als sei sie nicht bereit, sich von ihrem Kitz zu trennen. In der Luft hing eine unbeschreibliche Traurigkeit.

Mit Tränen in den Augen betrat ich die Lichtung und setzte mich neben das tote Kitz. Der kleine Bock hatte blaue Augen und winzige Hörner, sein Fell war noch warm. Ich weinte um dieses wunderbare Geschöpf, und ich weinte, weil die Eltern nun ohne ihr Kind weiterziehen mussten.

Ich wünschte mir, ich fände eine Möglichkeit, der kleinen Ziege zu danken, weil sie mir ihr Leben gegeben hatte. Ich wünschte, ich könnte an einen Gott oder an ein göttliches Wesen glauben, das es mir erlaubte, Leben zu nehmen, wenn ich ein Gebet sprach. Es würde sicher einen Unterschied machen, denn es erschien mir auf merkwürdige Weise leichter, das Töten eines Lebewesens so zu rechtfertigen.

Schließlich zückte ich mein Messer und öffnete den Leib des kleinen Bocks. Ich entfernte all die Eingeweide, die wir nicht essen würden, und platzierte sie auf einem großen Stein auf der Lichtung, damit die Habichte von oben ihren Anteil sehen konnten. Es erschien mir als meine Pflicht, nichts zu verschwenden.

Anschließend legte ich mir das Ziegenjunge vorsichtig über die Schultern und wanderte zurück zu unserem Camp, vor Traurigkeit seufzend. Ich war überrascht, dass ich so viel für diese kleine Ziege empfand, während ich ihren warmen toten Leib in meinem Nacken spürte, doch je mehr Wegstrecke ich zurücklegte, desto mehr kehrte mein innerer Frieden zurück.

So hat die Menschheit einst gelebt und überlebt, dachte ich. *Das hier ist ein uraltes Vermächtnis.* Mit Pfeil und Bogen beschritt ich den Weg unserer Vorfahren.

Als ich den letzten Kilometer bergan stieg, überkam mich ein Hochgefühl. Ich hatte eine Ziege mit meinem Bogen erlegt! *Endlich, endlich, endlich!* Nach so viel Üben und unzähligen fehlgeschlagenen Versuchen hatte ich endlich etwas wirklich Bemerkenswertes vollbracht. Ich war unglaublich stolz und lachte vor Freude, tanzte zu dem uralten Rhythmus von Leben und Tod.

Am Waldrand wartete Peter auf mich. Er hatte gespürt, dass ich bald kommen würde. »Du hast eine erwischt!«, rief er. »Du hast es geschafft, Miriam!« Er klang genauso euphorisch, wie ich mich fühlte.

Triumphierend hielt ich meinen Bogen in die Höhe.

Später sägte ich eins der kleinen Hörner ab, bohrte ein Loch hinein und band es an eine Schnur, die Peter in meinem Nacken verknotete – eine Kette zum Gedenken an die junge Ziege. Diese Kette war ein Symbol für das Opfer, das dem Fluss und Zyklus des Lebens innewohnt. Der kleine Bock war ein Teil von mir geworden.

Peter entnahm Herz, Leber und Nieren und briet sie über dem Feuer in Butterschmalz. Das Fleisch eines Tiers zu essen, das ich aufgespürt, erlegt, geschlachtet und hergebracht hatte, war unglaublich bereichernd. Es war das gesündeste Fleisch der Welt, weil es von einem wilden Zicklein stammte, das in der völligen Abgeschiedenheit der Wildnis geboren war. Es versorgte uns mit mehr als Protein und Kalorien, es verlieh uns ein unaussprechliches Maß an Energie.

Wir hatten den Tierkörper in ein spezielles Tuch gehüllt, das wir an einen Ast über dem Bach hängten, um ihn kühl zu halten, doch selbst in dieser Höhe war es sommerlich warm. Am zweiten Abend öffnete ich das Tuch und sah, dass etwas Weißes im Fleisch krabbelte.

»Maden!«, schrie ich entsetzt, die Augen vor Schreck weit aufgerissen.

Peter kam angerannt.

»O Gott, sieh dir das mal an!« Ich war regelrecht verzweifelt.

»Wir suchen das Fleisch sorgfältig ab und picken die Maden eine nach der anderen raus«, schlug Peter mit ernster Miene vor.

Wir verbrachten mehrere Stunden damit, die Maden aus dem Kadaver zu pflücken, während wir gleichzeitig gegen eine Wolke von Schmeißfliegen ankämpften. Am Ende erklärten wir das Fleisch für sauber, auch wenn wir wussten, dass sich vermutlich noch weitere Maden darin versteckten. Nachdem Peter es gekocht hatte, aßen wir nur zögernd davon – plötzlich sah alles aus wie Maden, sogar der Reis.

»Das Wort ›Made‹ ist definitiv ekelerregender, als tatsächlich welche zu essen«, stellte Peter fest. »Maden fressen Fleisch, und Proteine sind Proteine. Man kann sie nicht einmal schmecken.« Nach einem Moment des Schweigens fügte er hinzu: »Ich habe Bücher über den Krieg gelesen. Darin wird geschildert, wie Menschen durch den Verzehr von Maden und sehr viel Schlimmerem überleben …«

»Ja«, erwiderte ich verzagt und versuchte, mir nicht vorzustellen, was er mit »sehr viel Schlimmerem« meinte.

Ein paar Wochen später kehrte Paul mit den Holzpfosten und den Wellblechplatten zurück, die er unter seinem Helikopter befestigt hatte. Wir stellten die Pfosten in die Löcher, die wir gegraben hatten, und umgaben sie mit Steinen. Es war ein mühseliges Unterfangen, das länger dauerte als erwartet. Am Abend saßen wir am Lagerfeuer und genossen eine anständige Scheibe von unserem im Feuertopf gebackenen Brot.

»Darf ich euch eine Frage stellen? Wie könnt ihr leben, ohne einer Arbeit nachzugehen?« Paul legte ein Scheit in die Flammen.

»Nun«, antwortete Peter. »Wir leben nicht von staatlicher Unterstützung, sondern von unseren Ersparnissen und den Zinsen, außerdem geben wir kaum etwas aus.«

»Sollten wir jedoch eine Immobilie kaufen oder mieten wollen, müssten wir uns einen Job suchen, um die Rechnungen bezahlen zu können«, ergänzte ich.

Paul nickte und schaute ins Feuer.

»Wir leben von sehr viel weniger als die sogenannten armen Leute.« Peter hielt einen Moment inne. »Es gibt nichts Schrecklicheres als Armut, aber wenn man sich bewusst für ein einfaches Leben entscheidet, kann es ziemlich viel Spaß machen.« Er schaute mich lächelnd an.

»Ich halte mich in der Tat eher für reich!«, pflichtete ich ihm mit einem fröhlichen Lachen bei. »Wenn Zeit Geld ist, sind wir beide Millionäre!« Dann schlug ich einen ernsteren Ton an. »Unser Essen ist einfach, aber ich würde alles essen und überall schlafen, um zu vermeiden, in ein Gebäude gesperrt zu sein, umgeben von einer hässlichen toten Stadt, gefangen in der abstumpfenden Routine eines monotonen Jobs. Für mich ist das wie ein Gefängnis.« Ich blies ins schwelende Feuer, um die Flammen wieder anzufachen.

»Ja, ich weiß, was du meinst.« Paul nickte. »Ich habe Jahre auf Baustellen verbracht, habe Tag für Tag gearbeitet und alles Geld, das ich verdiente, ohne nachzudenken, wieder ausgegeben. Ich würde meinen Lebensunterhalt gern mit diesem Helikopter bestreiten, aber ich fürchte, ich muss wieder einen Job annehmen, um die Rechnungen und die Hypothek bezahlen zu können.«

Eine Weile saßen wir schweigend da, jeder von uns mit seinen eigenen Gedanken beschäftigt.

Dann sagte Peter: »Nachdem ich jahrelang interessante Dinge für meine Promotion studiert hatte, war ich ziemlich enttäuscht von meinem Job als Dozent. Ich spürte, dass ich gefangen war in der Universitätspolitik und befasst mit Trivialitäten. Eines Tages, während einer langen, langweiligen Mitarbeiterversammlung, schaute ich aus dem Fenster und dachte: *Eigentlich möchte ich gar nicht hier sein.* Das war der Augenblick, in dem ich überlegte, Neuseeland zu verlassen und nach Indien zu gehen.«

»Du bist einfach abgehauen?« Pauls Stimme klang aufgeregt.

»Nun, es hat eine Weile gedauert, alles zu planen – aber ja, am Ende habe ich gekündigt, habe meine Habseligkeiten und mein Haus verkauft und bin mit meiner Frau nach Indien aufgebrochen. Ich kann dir gar nicht sagen, wie beglückend es ist, endlich die Hausschlüssel in den Briefkasten zu werfen und sich mit nur einer einzigen kleinen Tasche auf den Weg zum Flughafen zu machen.«

»Vielleicht mache ich eines Tages das Gleiche«, sagte Paul und nippte nachdenklich an seinem Tee.

Als Paul zurück nach Hause geflogen war, wanderten wir in die steilen, felsigen Berggipfel. Ohne den schweren Rucksack war der Schmerz in Peters Knie erträglich. Auf Händen und Füßen kraxelten wir die fast senkrecht in die Höhe ragenden, sonnengewärmten Felsen hinauf, während uns eine frische Brise den Rücken kühlte.

Oben angekommen, setzten wir uns auf eine kissenähnliche,

cremefarbene Pflanze, eine Raoulia, auch »pflanzliches Schaf« genannt. Ihre flaumigen, geschwungenen Blattrosetten standen so dicht beieinander, dass sie aussahen wie Wolle. Während wir den Blick in alle Richtungen dieser atemberaubenden, unwirtlichen Gebirgsketten genossen, entdeckten wir eine große Gämsenherde, die über die braunen Felsen hüpfte – sie sahen aus wie Ziegen, doch in Wirklichkeit gehörten sie zur Familie der Antilopen. Junge und alte Gämsen sprangen von Fels zu Fels, völlig unbeeindruckt vom gähnenden Abgrund. Voller Bewunderung sahen wir diesen furchtlosen Tieren zu.

»Erinnerst du dich an die Gaddi-Schäfer, die wir im Himalaja gesehen haben?«, fragte Peter.

»Selbstverständlich«, erwiderte ich und schaute den Gämsen hinterher, die in der Ferne verschwanden.

»Sie hatten genauso wenig Angst wie diese Gämsen, weil sie nie gelernt haben, sich vor der Höhe zu fürchten. Ich habe mal einen von ihnen gefragt, ob er eigentlich jemals Höhenangst empfinde, aber er schien gar nicht zu wissen, wovon ich redete. Ich habe die Gaddi-Schäfer völlig entspannt beinahe vertikale Felswände hinaufklettern sehen. Es war absolut verblüffend.«

Eines Abends, als wir am Lagerfeuer saßen, stand Peter langsam auf und tappte barfuß durch das dicke Torfmoos. Seine Zielstrebigkeit machte mich neugierig, sodass ich ebenfalls aufstand und ihm folgte. Er stieg geschickt über herabgefallene Äste und bahnte sich seinen Weg durch dichtes Tussockgras zu der Lichtung auf dem Bergsattel. Die Sonne war gerade hinter den blaugrauen Gebirgskämmen verschwunden. Bäume, Gras und Moos schimmerten rötlich.

Barfuß im weichen Moos stehend, blickte ich hinab ins Tal und wurde mir der unermesslichen Substanz von Stille und Ewigkeit bewusst, der unverkennbaren Präsenz von etwas Unbekanntem – beinahe als eröffne sich mir eine andere Dimension. Die Wahrnehmung dieser Präsenz war so stark, dass ich mich genötigt sah, das Denken einzustellen und stattdessen zu lauschen. Mit absoluter

Konzentration horchte ich in die völlige Stille hinein, und für einen Augenblick war alles ganz, unschuldig und heilig.

Am nächsten Morgen war der Himmel klar, von Osten wehte ein leichter Wind. Das Wetter eignete sich hervorragend zum Wäschetrocknen, also wusch ich meinen Pulli mit einem Stück Seife im Bach. Auf einmal merkte ich, dass die Vögel aufgehört hatten zu singen, und kurz darauf vernahm ich das schwache Dröhnen eines Motors. Ich hängte meinen Pulli über einen Ast und ging zur Lichtung, auf der Paul soeben mit seinem Hubschrauber landete.

»So«, sagte Paul. »Hier ist der Plan.« Er presste seine Lippen zusammen, um die Bedeutsamkeit des Papiers zu unterstreichen, das er in den Händen hielt, dann zeigte er uns eine Zeichnung von der kompletten Hütte.

»Lass mal sehen«, sagte Peter.

Wir standen auf der Baustelle. Die zwölf Pfosten ragten aus der Erde, und Paul hatte weiteres Baumaterial mitgebracht.

»Kannst du mir mal helfen, Peter?« Paul deutete auf die Sperrholzbretter. »Miriam, holst du mir Hammer, Kneifzange und einen Engländer aus meiner Werkzeugkiste dort drüben?«

Ich lief zur Werkzeugkiste, doch als ich sie öffnete, stellte ich fest, dass ich die englischen Bezeichnungen für die Hälfte der Werkzeuge nicht kannte. Ich nahm einen Hammer heraus und rannte zurück.

»Wo ist die Kneifzange?«, fragte Paul leicht genervt.

»Ich hab keine Ahnung ...«, stammelte ich.

»Herrgott!«, blaffte er gereizt und stapfte mit großen Schritten zur Werkzeugkiste, als hätten wir es eilig. Ich folgte ihm wie ein verängstigtes Hündchen.

»Das ist ein Engländer«, blaffte er, als hätte er mir das schon hundert Mal erklärt. »Und das ist die Kneifzange.« Er hielt die beiden Werkzeuge in die Höhe. Dann lächelte er.

Ich erwiderte sein Lächeln und tat so, als sei ich bester Laune. Als wir zurückgingen, war ich sauer auf mich selbst, denn es gefiel mir nicht, welche Reaktion der Zwischenfall in mir ausgelöst hatte:

Ich kam mir vor wie ein winselnder Köter, der darauf wartete, gestreichelt zu werden. Dieses Gefühl war mir weit mehr zuwider als Pauls Griesgrämigkeit oder seine unangebrachten Witze.

Irgendwie konnte ich Paul nicht recht verstehen. Einerseits war er ausgesprochen freundlich zu mir – so hatte er zum Beispiel viele Stunden damit zugebracht, all meine Pfeile anzuspitzen, und er hatte uns Äpfel aus der Stadt mitgebracht –, doch ich glaube nicht, dass er je merkte, dass mir seine Scherze über meinen holländischen Akzent nicht gefielen. Ich versuchte, seine Späße mit Humor zu nehmen, fühlte mich jedoch mit jedem Mal unbehaglicher.

Nichtsdestotrotz genoss ich es, die Hütte mit Paul zu bauen. Zwar hatte er seine knurrigen Momente, aber er war auch schnell wieder fröhlich. Er brachte mir bei, sorgfältig zu planen, genau zu messen und die senkrechten Stützbalken so zu montieren, dass alles genau passte.

Während sich Peter die Seitenwände vornahm, setzte ich mich auf die Dachsparren, um die Wellblechbahnen festzunageln. Es war fantastisch zu sehen, wie mitten im Wald ein kleines Haus entstand. Ich versuchte, mir den gesamten Prozess genau einzuprägen für den Fall, dass ich irgendwann selbst eine Hütte bauen musste.

Als alles fertig war – sogar einen Holzofen hatten wir eingebaut –, fragte Paul, ob wir schon wüssten, wie oft wir vorbeikommen würden.

»Tja, das kommt drauf an. Vielleicht nie«, antwortete Peter unbefangen.

Als ich Pauls Gesicht sah, schob ich rasch nach, dass dies sozusagen unsere Notfallhütte sei.

»Eine Notfallhütte?«, fragte Paul verdutzt.

»Ja, wenn zum Beispiel eine tödliche, hochansteckende Epidemie ausbricht. Dann möchte man doch unbedingt so weit weg sein wie möglich«, erläuterte Peter.

»Manchmal stelle ich mir vor, ich befände mich in einer verhängnisvollen Situation«, erklärte ich. »Und direkt bevor ich sterbe, würde ich denken: *Hätte ich bloß dies oder das getan, dann könnte ich jetzt weiterleben.*«

Paul zog die Augenbrauen hoch. »Hm. Stellt euch mal vor, ich müsste mich mitten im Winter durch den Schnee hier hinaufkämpfen, um einer Seuche zu entrinnen, die alle außer mir dahingerafft hat, und wenn ich es endlich bis zu dieser Hütte geschafft habe, stelle ich fest, dass meine Streichhölzer nass sind! Ich würde gleich in der ersten Nacht an Unterkühlung sterben.«

»Exakt!« Peter lachte. »Du würdest denken: *Hätte ich bloß wasserfeste Streichhölzer mitgebracht, dann könnte ich jetzt weiterleben,* stimmt's?«

»Nein! Du würdest dir wünschen, du hättest gelernt, wie man mit Feuersteinen oder Stöcken ein Feuer entfacht!«, hielt ich dagegen.

Wir malten uns weitere verheerende Zukunftsszenarien aus und betrachteten höchst zufrieden unsere Hütte.

»Vielleicht wird uns diese Hütte eines Tages das Leben retten«, sagte Paul. »Und dann werden wir alle heilfroh sein, dass wir sie gebaut haben.«

Ich lächelte. »Ich wette, genau das Szenario, an das wir nicht gedacht haben –«

»– wird eintreffen«, vollendete Peter meinen Satz und lachte.

Bedauerlicherweise blieben wir nicht sehr lange in der Hütte, weil wir kurz nach ihrer Fertigstellung all unsere Lebensmittelvorräte aufgebraucht hatten und »Pauls Paradies« daher verlassen mussten. Als wir Paul schilderten, welche Probleme uns der Hinweg bereitet hatte, teilte er uns mit, dass er vom Helikopter aus eine sehr viel bessere Route entdeckt habe.

Er deutete auf die Karte und zeigte uns, wie wir den Höhenrücken hinaufwandern und dann dem großen Fluss im Westen bergab folgen konnten.

Wir packten unsere Sachen und wanderten über meinen Jägerpfad hinunter ins Tal. Es war ein heißer Vormittag, Tauben gurrten kehlig, als wir durch den Wald marschierten. Wir wateten durch das warme, morastige Wasser eines kleinen Baches, schreckten zwei Paradieskasarkas – ausschließlich in Neuseeland vorkommende Entenvögel – auf, die nicht aufhörten zu schnattern, bis wir außer Sichtweite waren. Der Bach, dem wir folgten, wurde immer mehr zu einem kleinen Fluss, der in eine kühle, schattige Schlucht mit hohen Felswänden führte. Nach einer ganzen Weile verließen wir die Schlucht und gelangten auf eine grüne Wiese, die umstanden war von großen Bäumen. Der Ort hatte etwas Verwunschenes, Geheimnisvolles. Mein Blick fiel auf einen Fuchsienbaum mit knorrigen Ästen und einer Rinde, die aussah wie hellbraune geringelte Papierstreifen, die sich vom Stamm pellten. Die lila Beeren schmeckten ausgesprochen lecker. Wir setzten unsere Rucksäcke ab, machten Feuer und bereiteten unser Abendessen zu.

Dieses Tal war eines der schönsten, in denen wir je kampiert hatten. Im Zwielicht der Abenddämmerung führte ich Peter an einen Ort, an dem ich vor einigen Wochen eine Hirschkuh mit ihrem Jungen entdeckt hatte. Das Rotwild war wieder da, graste friedlich vor einem Lehmhügel, der üppig mit Frauenhaarfarn bewachsen war. Wir setzten uns hinter einem umgestürzten Baumstamm auf den Boden, das Kinn auf das Holz gestützt, und beobachteten die Tiere. Und sie beobachteten uns.

Am nächsten Tag machten wir uns daran, den Kamm zu erklimmen.

»So viel zu einem leichten Aufstieg!« Peter schäumte. Er versuchte, die Zweige eines Lederholzdickichts zur Seite zu schieben, aber sie waren so dicht und ineinander verschlungen, dass die Öffnung nicht groß genug war für ihn und seinen sperrigen Rucksack. Fluchend versuchte er, über den Strauch hinwegzusteigen, und als auch das nicht funktionierte, warf er wütend seinen Rucksack zu Boden und zerrte ihn hinter sich her durch die enge Öffnung. Die Blüten sahen sehr schön und weich aus, doch da die Sträucher permanent dem Wind ausgesetzt waren, hatten sie extrem widerstandsfähige, fast drahtige Zweige und bildeten eine beinahe undurchdringliche Barriere – die Sträucher zu umrunden, war wegen des gefährlich steilen Abhangs zu beiden Seiten allerdings auch keine Option.

»Wo sind wir?«

Durch das Loch in dem Lederholzdickicht sah ich Peter auf einer kleinen Lichtung stehen. Die niedrigen Bäume rundherum versperrten ihm die Sicht. Er massierte sein verletztes Knie.

»Schau auf deine Karte!«, rief ich und drückte mich seitlich durch die Öffnung.

»Das tue ich doch!«, rief er zurück. »Wir müssen irgendwo abbiegen, aber ich kann nicht erkennen, wo.«

Während er die Karte studierte, lauschte ich dem rhythmischen, rollenden und trillernden Gesang einer Feldlerche am Himmel, die so hoch flog, dass ich sie nicht sehen konnte. Anders als wir konnte sie von dort oben sämtliche Gebirgsketten überblicken.

Ich machte mir keine Sorgen, da ich wusste, dass wir uns nicht verlaufen würden. Schließlich mussten wir lediglich ins Tal gelangen, das etwa fünfhundert Meter unter uns lag. Ich hoffte nur, wir würden nicht auf unerwartet schroffe Abhänge oder Felsspalten treffen. Ich legte meinen schweren Rucksack ab und kletterte auf einen Baum, doch die Sicht war begrenzt – ich konnte nicht mehr erkennen als vom Boden aus.

Am Ende führte Peter uns intuitiv bergab in das große Tal. Alle hundert Meter, die wir tiefer kamen, stieg die Temperatur, die Bäume wurden höher und grüner, die ersten Sandfliegen umschwirrten uns. Nachdem wir uns drei Tage lang einen Pfad durch unwegsames Waldgebiet gebahnt hatten, war es unendlich befreiend, das offene Flussbett zu erreichen. Hier sahen wir auch, was das gewaltige Unwetter an Weihnachten angerichtet hatte: Der Sturm hatte Sträucher, Büsche und Bäume entwurzelt, die von der Strömung mit ins Tal gerissen worden waren. An beiden Seiten des Flusses hatte das über die Ufer getretene Wasser einen breiten grauen Schlammstreifen hinterlassen.

Auf einmal entdeckten wir einen Fußabdruck im Ufersand, dann weitere. Ungläubig starrten wir ein paar Sekunden lang darauf.

Ich kam mir vor, als seien wir auf dem Mond gelandet und hätten soeben entdeckt, dass wir nicht die Ersten waren. Das war der erste Hinweis auf einen anderen Menschen in unserem abgeschiedenen Wildnisrefugium. Es war seltsam, dass uns ein paar Fußabdrücke derart aus der Fassung brachten. Wer mochte sie hinterlassen haben?

Nachdem wir viele Stunden an dem großen Fluss entlanggewandert waren, entdeckten wir ein orangefarbenes Dreieck, das einen öffentlichen Wanderweg anzeigte. Der Weg war ursprünglich gut in Schuss gehalten worden, doch die Fluten hatten ihn ausgespült. Wir folgten den Markierungen zu einem Feldweg, der in eine schlammige Lehmstraße voller Schlaglöcher überging. Zunächst war ich froh darüber, laufen zu können, ohne den Boden ständig nach versteckten Tücken absuchen zu müssen, doch nach einer Weile stellte ich fest, dass mit dem bequemen Wanderweg und vor allem auch der Straße etwas verloren ging. Der Wald hatte Farmland weichen müssen und lag nun in immer größerem Abstand hinter uns. *Unerreichbar.* Jetzt waren wir von der Wildnis getrennt, eine Trennung, die die Kluft zwischen ursprünglicher Natur und der Welt mentaler Konstrukte bekräftigte.

Nach einer Weile erblickten wir eine Gestalt mit einem Hund, kurz darauf erkannten wir, dass es sich um eine Frau handelte. Wir hatten seit drei Monaten keine Frau mehr gesehen. Als sie näher kam, grüßten wir, und ich staunte über ihr sanftmütiges Lächeln und ihr freundliches Gesicht. Ich spürte ihre weibliche Energie, die einfühlsame, empfängliche, ergiebige Kraft, aus der eine große Stärke resultierte. Wie die meisten anderen Frauen in der modernen Gesellschaft war sie sich dessen nicht bewusst, ich aber nahm diese Stärke bei allen Frauen – mich selbst eingeschlossen – wahr.

Ich lächelte. In mir war etwas gereift, gesprossen und hatte angefangen zu wachsen.

Ein rotes Nutzfahrzeug kam auf uns zu, zwei kleine Hunde rannten nebenher. Gerade als ich überlegte, wo ich die Hunde schon einmal gesehen hatte, kurbelte Paul das Fenster hinunter und sagte: »Ich dachte mir schon, dass ich euch hier treffen würde.«

5

Herbst

Wir standen barfuß in einem großen Torfmoos, Heugabeln in der Hand. Es ging kaum ein Lüftchen, und die Sonne brannte schweißtreibend heiß vom Himmel. Ganz in der Nähe saß ein grau-grüner Farnsteiger im Schilf, ein in Neuseeland heimischer Vogel mit einem langen Schwanz und rötlichem Kopf, und stieß den für ihn typischen Ruf aus: »Uu-tick!«

»Uu-tick!«, antwortete ich.

Der Vogel flatterte zu einem anderen Schilfbüschel.

»Dort drüben ist ganz schön viel!«, rief Peter.

Wir hoben das hellgrüne Moos mit unseren Heugabeln in Säcke, die Paul in seinen Hubschrauber verfrachtete und an einen Mann verkaufte, der das begehrte Sphagnum-Moos nach Übersee verschiffte. Wir arbeiteten, um Paul die Kosten für die Flüge zu erstatten, schließlich hatte er sowohl uns als auch unsere Lebensmittel in seinem Heli befördert. Hundert Säcke waren unser Ziel; die Ernte würde eine Woche dauern. Am Ende eines jeden Arbeitstags waren wir müde und hatten keine Kraft mehr, um Holz zu sammeln, Mahlzeiten über dem Lagerfeuer zu bereiten, eimerweise Wasser zu holen oder Brot zu backen. Nun erfuhr ich am eigenen Leibe, warum viele hart arbeitende Menschen sich für Komfort entschieden, sobald sich die Gelegenheit dazu ergab.

»Und, wohin wollt ihr im Herbst?«, fragte Paul. Wir waren bei ihm zu Hause, ich saß an seinem Computer, versunken in die digitale Welt.

»Wir würden gern den Arawhata River im South Westland hinaufwandern.« Peter blätterte durch eine Zeitung, die auf dem Tisch lag.

»Oh, das würde ich an eurer Stelle nicht tun«, sagte Paul. »Um diese Jahreszeit wimmelt es dort von Jägern mit ihren Hunden, und wenn ihr euch abseits der offiziellen Wege bewegt, könntet ihr euch schnell eine Kugel einfangen.«

Ich schaute von meinen E-Mails auf und begegnete Peters besorgtem Blick.

»Warum wandert ihr nicht stattdessen ins Mokihinui-Tal?«, schlug Paul vor, nachdem wir eine Weile geschwiegen hatten. »Dort ist es sehr viel ruhiger als im Arawhata Valley.«

»Und wo ist dieses Mokihinui-Tal?«, fragte ich.

»Gleich nördlich von hier, an der West Coast. Dort ist nichts los, und außerdem gibt es jede Menge Ziegen und sogar ein Biwak, das sich Goat Creek Hut nennt.« Er schaute mich an, ein aufgeregtes Grinsen auf den Lippen. »Es ist nicht weit von hier entfernt, Luftlinie, versteht sich. Wenn ihr möchtet, bringe ich eure Lebensmittel hin.«

Ich lächelte Peter an. »Goat Creek Hut – Ziegenbachhütte – klingt gut!«

Während Paul unsere Vorratsbehälter mit dem Helikopter zur Hütte flog, starteten wir unsere Wanderung in der ehemaligen Goldgräberstadt Lyell. In ihrer Blütezeit Ende des neunzehnten Jahrhunderts zählte sie mehr als zweitausend Einwohner und hatte eine Polizeistation, ein Gerichtsgebäude, Banken und Hotels. Kaum zu glauben, dass die ganze Stadt inzwischen unter üppigem Wald begraben war. Abgesehen von ein paar rostigen Eisen- und Maschinenteilen und dem alten Friedhof, war kaum etwas von Lyell übrig geblieben. Erstaunlich, dass der Wald in so kurzer Zeit jede Spur von der Stadt ausradiert hatte.

Wir wanderten den ganzen Tag einen alten Feldweg entlang und kampierten auf einem Pass. Dort endete der leichte Wanderweg. Von unserem Aussichtspunkt aus konnten wir zum ersten Mal das großartige bewaldete Tal tief unter uns erkennen, das von einer wilden, einladenden Schönheit war. Wir sahen Gebirgsausläufer und Höhenrücken, allesamt dicht bewaldet. Jede Baumart hatte ihre eigene unverwechselbare Farbe.

Am nächsten Morgen bauten wir das Zelt ab und machten uns wieder auf den Weg. Es dauerte mehrere Stunden, einen unglaublich steil abfallenden Pfad zum Fluss hinab zu schlittern. Ich musste alle paar Schritte die Füße gegen einen Baum stemmen, um nicht die ganze Strecke in einem Rutsch zurückzulegen. Als wir endlich den Fluss erreichten, hörten die Wegmarkierungen auf.

Wir mussten den Fluss mehrere Male durchqueren, was uns nicht schwerfiel, da das Wasser niedrig und ziemlich warm war. Am späten Nachmittag entdeckten wir ein schönes Fleckchen, an dem wir unser Zelt aufschlugen, direkt am Eingang einer Schlucht. Wir zündeten ein Lagerfeuer an, setzten uns mit unserem Tee davor und betrachteten den Fluss, der in die Klamm hineinströmte. Ich dachte an Laotse.

»Nichts ist weicher oder schwächer als Wasser«, sagte ich, »und doch kann es den härtesten Fels verändern. Das Schwache bezwingt das Starke. Das Weiche bezwingt das Harte.«

»Im Grunde ist es nicht nur das Wasser, das eine Schlucht in den Felsen schneidet«, erwiderte Peter. »Es ist auch die Zeit. Wenn du eine Million Liter Wasser auf einen Berg schüttest, verändert sich nur wenig. Doch ein sanftes Tröpfeln über eine Million Jahre? Das teilt den Fels. Es sind die Beharrlichkeit und die Ausdauer, die zählen. Das Wirksamste ist oftmals das Subtilste – und dabei beinahe unsichtbar. Niemand würde zum Beispiel merken, wenn ich hier überall Samen verstreute, aber wenn ich tot bin, wüchsen viele Bäume.«

»Im wörtlichen Sinne oder bildlich gesprochen?« Ich lächelte.

»Beides.« Er stand auf und fischte ein paar Samenschalen des gelbblütigen Kōwhai-Baums aus seiner Tasche.

»Das ist ein Samen, und du bist ein Samen.« Er lächelte, küsste mich und warf die Samenschalen auf einen sonnigen Fleck, an dem sie leicht keimen konnten.

Während sich der Himmel langsam rosa und orange verfärbte, saßen wir schweigend am Feuer. Unser Geist fing an zu entschleunigen, und bald waren wir wieder im Einklang mit dem Rhythmus der Natur. Mein Körper entspannte sich, und ein Gefühl der Freude kam in mir auf. Es gab keinen Grund, sich zu stressen, keinen Anlass zur Sorge. Es war, als absorbierten Wald und Fluss jegliche bangen Gedanken, und wir standen nur noch in Beziehung zu unserer unmittelbaren Umgebung. Unser Leben war wieder einmal angenehm einfach.

Im letzten Licht des Tages sahen wir zwei kleine Ziegen durchs Tal springen. Sie legten sich ins Gras unter einen Baum auf der anderen Seite des Flusses und sahen uns an. Eine war braun, die andere schwarz-weiß. Diese schönen wilden Ziegen zu betrachten, bereitete mir große Freude; sie waren ausgesprochen vertrauensselig und friedlich. Ich verspürte keinerlei Bedürfnis, sie zu jagen, und zwar aus dem schlichten Grund, dass ich meinen Bogen nicht in der Hand hielt. Wenn ich mit Pfeil und Bogen loszog, schien ich mich in eine Jägerin zu verwandeln; ohne den Bogen freute ich mich sehr, wenn ich die wilden Geschöpfe beobachten konnte.

Nach einer langen, erholsamen Nacht erwachten wir an einem herrlichen Morgen. Die warme Luft trug noch den süßen, milden Hauch des Sommers in sich. Ich packte fröhlich unsere Rucksäcke, während Peter die Landkarte studierte.

»Möchtest du durch diese Klamm hier wandern«, er deutete auf den Eingang zwischen den eng zusammenstehenden Felswänden, »oder die ganze Strecke hinaufklettern, um sie zu umrunden?«

Ich schaute auf den dichten Dschungel über uns und antwortete lässig: »Ach, der Fluss sieht einfacher aus.«

Also marschierten wir in die Schlucht hinein und bestaunten die sechzig Meter hohen Felswände, die zu beiden Seiten aufragten. Das Wasser war großteils flach, aber manchmal reichte es uns bis zu den Hüften, und wir mussten unsere Rucksäcke über unsere Köpfe halten. Unsere Shorts wurden nass, doch in der Sommersonne trockneten sie schnell wieder. Es war ein großes Abenteuer, das ich sehr genoss.

Bis wir zu einem Becken gelangten, das zu tief war, um hindurchzuwaten. Peter deutete auf eine Stelle, von der aus wir in den dichten Wald hinaufklettern konnten. Der Anstieg war extrem steil, übersät mit Blättern und zugewuchert von fast undurchdringlichem Unterholz. Wir kämpften uns mindestens eine Stunde durch den rutschigen Wald, dann verhedderte sich Peter in einer dornigen, mit Widerhaken versehenen Schlingpflanze.

»Nicht hier entlang!«, rief er.

Ich entdeckte eine Möglichkeit, wieder zum Fluss hinab zu gelangen, und kletterte über einen großen, verrottenden Baumstamm. Mehrere Wespen schwirrten darum herum, aber ich schenkte ihnen keine große Beachtung – bis Peter, der direkt hinter mir war, »Wespennest!« schrie.

Ich rannte das letzte Stück hangabwärts und erreichte ungemein schnell das offene Flussbett, während der arme Peter, der immer noch versuchte, die steile Strecke zurückzulegen, von den zornigen Wespen angegriffen wurde. Als er endlich bei mir war, lachte ich erleichtert, da ich wusste, dass ihm Wespenstiche kaum etwas ausmachten. Wäre ich Opfer einer Wespenattacke geworden, wäre ich bestimmt vor Schmerz zusammengebrochen.

»Ich bin bestimmt ein Dutzend Mal gestochen worden!«

»Wirklich? Ist alles in Ordnung?« Ich nahm meine Wasserflasche aus dem Rucksack, um sie wieder aufzufüllen.

»Es geht mir gut, aber eine hat mich mehrere Male in den Hals gestochen.« Peter setzte sich auf einen großen Flussstein. »Das könnte ziemlich gefährlich werden – gut möglich, dass mein Hals anschwillt und ich keine Luft mehr bekomme. Das ist meinem Bruder passiert, als er noch ein Kind war.«

»Und was dann?« Plötzlich hatte er meine ganze Aufmerksamkeit.

»Dann musst du eine Tracheotomie bei mir vornehmen.«

»Eine was?« Ich hatte das Wort noch nie gehört.

»Du musst einen Luftröhrenschnitt durchführen.« Peter seufzte. Ich runzelte die Stirn.

»Ein Loch in meine Luftröhre schneiden«, sagte er matt. »Damit meine Lungen Luft bekommen, auch wenn meine Luftröhre durch die Schwellung blockiert ist.«

Ich schaute auf den dichten Wald und den schnell dahinströmenden Fluss, und mir wurde wieder einmal mit aller Deutlichkeit bewusst, dass wir zwei Tageswanderungen von der nächsten Straße entfernt waren. »Muss ich ein Messer dazu nehmen oder eine Nadel oder ... was?«, fragte ich lahm. Auch wenn ich mich darum bemühte, vernünftig zu bleiben, fingen meine Beine leicht zu zittern an.

»Nimm das kleinste und schärfste Messer, das wir haben«, sagte Peter.

Warum hatte man mich in meinen Outdoor-Erste-Hilfe-Kursen nie auf eine solche Situation vorbereitet?

»Ich fühle mich leicht benommen und habe etwas Kopfweh ...« Er umfasste seinen Kopf mit den Händen. Seine Stimme klang schläfrig. »Ich lege mich auf den Rücken. Du schiebst mir einen zusammengerollten Pullover in den Nacken. In dem Moment, in dem du den Schnitt durchführst, wird mir Blut in den Hals laufen, deshalb musst du ein Röhrchen in das Loch einführen, damit die Luftzufuhr gewährleistet ist.«

»Ein Röhrchen?«

»Ja, zum Beispiel einen Strohhalm.«

Einen Strohhalm? Wer um alles auf der Welt nimmt denn einen Strohhalm mit in die Wildnis? Ich hatte noch nie einen Strohhalm in einem Erste-Hilfe-Koffer gesehen. »Ich habe keinen Strohhalm«, krächzte ich. Langsam fühlte ich mich ebenfalls benommen.

»Du musst etwas finden, was ähnlich wie ein Strohhalm ist.«

Ich überlegte fieberhaft, wie ich aus Zweigen, Binsen oder Schilfrohr einen Strohhalm herstellen könnte. Vielleicht hatten wir etwas Entsprechendes in unseren Rucksäcken? Nein, nichts davon erinnerte auch nur im Entferntesten an ein Plastikröhrchen. Ich malte mir das Worst-Case-Szenario aus: Peter würde sterben, die Polizei würde uns irgendwie finden, und Peter läge mit aufgeschnittener Kehle am Boden. Ich wäre die einzige Verdächtige, denn wenn die Polizei eintraf, wäre in seinem Körper längst kein Wespengift mehr nachweisbar ... Mir wurde so übel von der Last der Verantwortung, dass ich mich beinahe übergeben hätte.

Ich setzte mich zu Peter auf den Stein. Eine Weile blieben wir so sitzen. Schreckliches Selbstmitleid stieg in mir auf, weil ich in einer derart prekären Situation mitten in der Wildnis hockte, verantwortlich für Peters Leben. Ich betrachtete ihn voller Sorge. Er griff nach der Wasserflasche, und ich drückte sie ihm eilig in die Hand. Als ich ihm die Flasche wieder abnahm, um selbst etwas zu trinken, wandte er sich mir plötzlich zu, tastete vorsichtig seinen Hals ab und sagte mit ganz normaler Stimme: »Ich glaub, es ist alles gut gegangen.«

»Wie bitte?« Ich lachte.

»Ich kann kein Anzeichen für eine allergische Reaktion feststellen«, sagte er, die Beulen auf seinen Armen und Beinen betrachtend.

Ich war unglaublich erleichtert, dennoch wurde ich die nagende Frage nicht los, ob ich im Ernstfall sein Leben tatsächlich hätte retten können. »Puh!« Ich atmete tief durch. »Ich habe keine Ahnung, ob ich dir tatsächlich ein Loch in die Luftröhre hätte schneiden können, Liebling.«

»Natürlich hättest du das. Im Notfall bewältigt man die außerordentlichsten Dinge.« Peter klang zuversichtlich, aber ich war nicht wirklich überzeugt.

Als Peter sich erholt hatte, wanderten wir ins Tal hinunter, wobei wir immer wieder an besonders schönen Stellen Rast machten. In dieser Höhe konnten wir jedoch nicht lange in kurzer Hose sitzen bleiben, denn es dauerte nur einen Moment, und die Sandfliegen hatten uns entdeckt. Diese gnadenlosen Peiniger stürzten sich auf jedes Fleckchen nackte Haut, vor allem auf Füße und Knöchel. Peter nannte sie »die Wächter der Wildnis«, denn wenn es sie nicht gäbe, würden unberührte Orte wie diese sehr viel häufiger aufgesucht. Als ich es das erste Mal mit riesigen Wolken von Sandfliegen zu tun bekam, trieben sie mich beinahe in den Wahnsinn – ihre Bisse juckten tagelang. Nach und nach gewöhnte ich mich an die Plagegeister; ich spürte ihre Bisse noch immer, aber ich musste mich kaum noch kratzen. Sie waren zu klein, um durch die Kleidung beißen zu können, und zu langsam, wenn wir in Bewegung waren, daher achteten wir darauf, unsere Haut möglichst vollständig zu bedecken, wenn wir nicht gerade wanderten.

Am Nachmittag legten wir eine schmale Strecke zwischen dem rauschenden Fluss und einer hohen Felswand zurück. Als wir um eine Ecke bogen, überraschten wir eine Scharbe, einen grauschwarzen Vogel aus der Familie der Kormorane. Die Scharbe hatte gerade eine Forelle gefangen, doch als sie uns sah, ließ sie den Fisch wieder in den Fluss fallen. Sofort trieb er an die Oberfläche.

»Schnell!« Peter watete ins Wasser und schnappte sich den Fisch, bevor er von der Strömung flussabwärts getragen wurde.

Ich klatschte vor Freude in die Hände. Was für ein Glück! Wir setzten unsere Rucksäcke ab, sammelten etwas Holz, spießten die Forelle auf einen Stock und brieten sie über einem Lagerfeuer am Ufer.

»Ich kann unser Glück kaum fassen!«, rief ich immer wieder, und jedes Mal lachte Peter. »Es ist für alles gesorgt.«

»Die Natur versorgt alle Lebewesen mit dem, was sie auf dieser Welt brauchen«, sagte er. »Luft, Wasser, Schwerkraft, Licht, Land, Erde, Nahrung – mit allem. Sogar Reichtum und Schönheit stellt die Natur bereit.«

»Na ja, wenn du mich nackt hier aussetzen würdest, wäre ich in null Komma nichts tot. Ohne unsere Werkzeuge wie zum Beispiel diesen Topf hier«, ich hielt unseren Topf in die Höhe, »sind wir Menschen die Schwächsten, die Unzulänglichsten unter den Tieren.«

»Ja, aber wir haben ein Gehirn, das sich Lösungen zurechtlegen kann«, entgegnete Peter. »Genau das ist unser Schlüssel zum Überleben.« Er blies ins Feuer, um die Flammen anzufachen. »Es ist verblüffend, dass die Natur alles gibt, ohne dafür etwas zu fordern.«

»Bis zu unserem Tod«, ergänzte ich. »Dann geben wir ihr unseren Körper zurück. Wir verwesen und werden wieder zu Erde. So betrachtet, ist die Sterblichkeit der Preis, den wir fürs Leben bezahlen.«

Nachdem wir drei Tage gewandert waren, stießen wir auf die Vorräte, die Paul in der Nähe der Goat Creek Hut für uns versteckt hatte. Die Hütte war nicht mehr als ein verfallener, sehr kleiner weißer Schuppen mit einer roten Tür etwa hundert Meter von dem großen Fluss entfernt, aber ganz in der Nähe des Goat Creek. Wir kamen erst gar nicht auf die Idee, drinnen zu schlafen, sondern schlugen gleich unser Zelt zwischen den alten Bäumen auf. Als wir damit fertig waren, machten wir ein großes Feuer, um Brot zu backen, und während wir darauf warteten, dass der Teig ging, zog Peter etwas aus seiner Tasche. Es sah aus wie ein Briefumschlag.

»Rate mal, was das hier ist«, sagte er grinsend.

Ich lachte. »Nun gib schon her!«

»Nein, nein, nein! Du sollst raten!« Er hielt die Hand hinter den Rücken. Ich sprang auf und versuchte, ihm den Umschlag zu entwinden, doch er nahm mich in den Schwitzkasten.

»Ein Brief?«, versuchte ich es.

»Nein.« Der Schwitzkasten wurde enger. Ich kreischte vor Lachen.

»Keine Ahnung! Ich weiß es nicht!«, gab ich klein bei.

Er wedelte den Umschlag hin und her. Ich hörte es rascheln. »Samen!«, rief ich, hocherfreut, weil ich richtig geraten hatte.

Er entließ mich aus dem Schwitzkasten. »Kein Grund zu schreien«, neckte er mich mit einem gutmütigen Lächeln und ging zum Ufer hinüber. Anscheinend war er ausgesprochen stolz auf seine clevere Idee. »Wenn ich jetzt Samen in den Boden stecke, haben wir in einem Monat frische Radieschen, Senfkohl, Spinat, Rote Bete und Mangold.«

Wir legten unseren Garten an einer flachen Stelle zwischen schroffen Granitfelsen und Büscheln von Toetoe-Gras an, dessen lange, cremeweiße Blütenrispen sich anmutig im Wind wiegten.

»Die fruchtbare Erde aus den Hochlagen wird vom Wasser hierhergespült.« Peter nahm eine Handvoll Lehm und ließ ihn durch die Finger gleiten. »Das ist allerbeste Erde – eine Miniaturversion von Holland. Hoffen wir, dass unsere Deiche hoch genug sind und der Fluss unseren Garten nicht wegreißt.«

Ich füllte den Topf mit Wasser, das Peter vorsichtig auf die Erde schüttete, damit die Saat keimen konnte. Es war wundervoll zu sehen, wie ein paar Tage später die ersten winzigen grünen Blätter aus dem Boden sprossen. Jeden Tag pflegten wir voller Freude unseren kleinen Garten, und ein paar Wochen später aßen wir grünen Salat, den wir während der vergangenen Jahreszeiten so sehr vermisst hatten.

Wir waren mit wahrhaft brillantem Wetter gesegnet. Der trockene Herbst bot so erfreuliche Bedingungen, dass wir schon bald das Elend des kalten nassen Frühlings und Sommers vergaßen. Der Herbst war die Zeit des Überflusses. Beinahe jeden Tag machten wir uns auf die Suche nach Beeren. Peter zeigte mir, wo ich die Früchte finden konnte, und erklärte mir, welche essbar waren und welche giftig. Wir pflückten weiße, blaue und lila Beeren, und alle schmeckten wundervoll. Am liebsten mochten wir die dicken Brombeeren, von denen wir so viele aßen, dass unsere Zungen dunkellila waren. Es dauerte lange, sie zu pflücken, aber das war uns gleich. Die Zeit schien langsamer zu vergehen, zwei Wochen kamen uns vor wie zwei Monate. Wir hatten drei Jahreszeiten in den Bergen verbracht – und ich hatte fast das Gefühl, ganze drei Jahre weg zu sein. Die Person, die ich letztes Jahr gewesen war, gab es schon lange nicht mehr.

Häufig wehte ein warmer Wind durchs Tal. Wenn ich jagen ging, wanderte ich für gewöhnlich flussaufwärts. Meine Füße hatten sich an die großen Granitbrocken gewöhnt, sodass ich nicht länger darüber stolperte. Das Flussbett war die einzige offene Fläche im Tal, eine Autobahn, verglichen mit dem schier undurchdringlichen Wald zu beiden Seiten.

Wann immer ich einen großen Baum in der Ferne entdeckte, ging ich vorsichtig darauf zu, denn die Ziegen liebten es, unter solchen Bäumen zu liegen und ihr Gras wiederzukäuen.

Einmal stieß ich auf einen kleinen, vielversprechend erscheinenden Flussarm. Nach ungefähr hundert Metern wurde die Uferböschung steiler und steiler, und ich fand mich in einer schmalen

Klamm wieder. Das Wasser hatte einen glatten Tunnel in den grauen Schlammstein gehöhlt. Ich kraxelte diese »Naturrutschbahn« hinauf und gelangte an ein tiefes Becken. Das klare blaugrüne Wasser war nicht kalt, also zog ich mich aus. Anschließend schwamm ich, meinen Bogen in einer Hand, das Bündel Klamotten in der anderen, auf die gegenüberliegende Seite und kletterte den grauen Felsen hinauf. Er fühlte sich warm an unter meinen nackten Füßen. Das Wasser hatte die Felsen auf eine fantastische Weise geformt, und als ich mich weiter vorwagte, gelangte ich zu einem kleinen Wasserfall, der ein paar Meter in die Tiefe stürzte und ein weiteres Becken bildete. Nebel waberte in der Luft. Es war ein Wunder, dass all diese Schönheit um mich herum existierte. Ich watete durch das Becken, dann kletterte ich die Felsen oberhalb des Wasserfalls hinauf. Ich fühlte mich wie eine Entdeckerin aus einem früheren Jahrhundert, die eine menschenleere, unbekannte Welt erkundete.

Zurück im Camp, schrieb ich einen Brief an Sofie in der Hoffnung, dass ich irgendwem begegnete, der ihn in nächster Zukunft für mich aufgeben würde.

Liebe Sofie,

erinnerst Du Dich, wie wir immer darüber gesprochen haben, dass wir zur gleichen Zeit Kinder bekommen wollten, damit sie zusammen aufwachsen können? Nun, inzwischen bin ich mir nicht mehr so sicher, ob ich tatsächlich Kinder haben möchte. Ich dachte immer, es sei möglich, sie in der Wildnis großzuziehen, doch in den vergangenen zehn Monaten bin ich wesentlich realistischer geworden. Ich denke, es wäre ziemlich schwierig, mit einem Baby oder Kleinkind ein Nomadenleben in einem Zelt in den Bergen zu führen (vor allem, wenn man wie wir keinen Nomadenstamm hat).

Aber es gibt noch etwas anderes, über das ich nachgedacht habe, und ich frage mich, ob es für Dich einen Sinn ergibt: Ich glaube, mein Leben mit einem Zug auf einer festen Trasse vergleichen zu können. Am Ende der Schienen werde ich den Tod finden, aber das liegt

(hoffentlich) noch in weiter Ferne. Als Zug meines Lebens (um im Bild zu bleiben) habe ich auf meiner Reise Streckenabschnittsschilder vorbeiflitzen sehen: Abschnitt fünf bedeutet Schule, achtzehn Universität, dreiundzwanzig die Suche nach einem Job, siebenundzwanzig die Suche nach einem Ehemann. Jetzt bin ich fast dreißig, und ich rase auf den Streckenabschnitt Schwangerschaft zu.
Wir werden nicht wirklich ermutigt, uns zu überlegen, was wir tun sollten, denn das gibt uns die Gesellschaft bereits vor: den »perfekten Fahrplan«, dem wir zu folgen haben. Jetzt, da ich diese Streckenabschnittsschilder bewusst wahrgenommen habe, fange ich plötzlich an, gewisse Dinge infrage zu stellen. Ich sage nicht, dass wir nicht einen Partner oder Kinder haben sollten – aber vielleicht sollten wir eine Möglichkeit finden, von dem Zug abzuspringen und eine Richtung einzuschlagen, die wir selbst gewählt haben.
Verstehst du, was ich meine?

Liebe Grüße
Miriam

Eines Tages bekamen wir Besuch von einer beeindruckend großen, kräftigen Wekaralle. Wir wussten nicht, ob es sich bei diesem Prachtexemplar um ein Männchen oder Weibchen handelte, aber Peter nannte sie »Wilma«. Wilma war zweifelsohne eine Reinkarnation von Napoleon, so unerbittlich führte sie ihre Feldzüge in unserem Camp durch. Mit ihrem spitzen Schnabel, den sie wie einen Presslufthammer einsetzte, bekam sie einfach alles auf, und mit ihren kräftigen Beinen konnte sie schneller rennen als ich. Sie hatte ausgezeichnete Augen und erkannte einen winzigen Käfer im Blattwerk aus meterweiter Entfernung. Wilma bettelte nicht um Essen, sie forderte es.

Zum Höhepunkt der Show kam es, als eines Tages eine ganze Wekarallen-Familie auftauchte und wir den Fehler machten, unseren übrig gebliebenen Reis und Haferflocken mit den Neuankömmlingen zu teilen. Diese unbedarfte Handlung brachte Wilma in Rage. Sie war außer sich vor Zorn über die Aussicht, *ihr* Essen mit den anderen Vögeln teilen zu müssen, und stürzte sich auf die Rallen-Eltern und -Kinder, als hinge ihr Leben davon ab. Nachdem sie diese schließlich auf sicheren Abstand gebracht hatte, begann sie, Tag und Nacht Patrouille rund um unser Camp zu gehen – sie schien einfach nie zu schlafen. Alle zwei Stunden überprüfte sie die von ihr gesteckten Grenzen auf Eindringlinge, wobei sie die ganze Strecke über ein schrilles, lautes Kreischen von sich gab. Für gewöhnlich war der Wald nachts wunderbar still – jedes leise Geräusch klang eigenartig klar und überdeutlich –, aber nicht, wenn Wilma patrouillierte. »Wilma«, seufzte Peter. Dann, zwei Sekunden später: »Halt einfach den Schnabel.«

Aber Wilma hielt nicht den Schnabel. Im Gegenteil: Sie konnte den Schnabel gar nicht weit genug aufreißen – sie liebte gebratenen Reis mit Possumfleisch, und sie war nicht bereit, »ihre Menschen« kampflos mit anderen Vögeln zu teilen.

Über die Wochen und Monate freundeten wir uns mit Wilma an. Ihre intelligenten rubinroten Augen beobachteten uns ohne Unterlass, und ich hatte den Eindruck, sie studiere unsere Laute, Gewohnheiten und Verhaltensmuster, als wäre sie eine Wekarallen-Anthropologin, die das Verhalten von Menschenaffen studierte.

Nach fast zwei Monaten in unserem stillen, trockenen Tal kam der erste Regen. Es schüttete sintflutartig die ganze Nacht über. Als es am nächsten Morgen aufhörte, kroch ich aus dem Zelt. »Das musst du dir anschauen, Peter!«, rief ich aufgeregt, denn so etwas hatte ich noch nie gesehen. »Komm raus!« Ich rüttelte ungeduldig am Zelt, um ihn zur Eile anzutreiben.

Schlammiges graues Flusswasser schwappte langsam auf unser Zelt zu, das zum Glück auf einem Hügel stand. Erst am Vorabend war ich durch den knietiefen Mokihinui River gewatet, jetzt war er hundert Meter breit, und die Strömung war so reißend, dass in der Mitte große Wellen mit Schaumkronen sichtbar wurden. Die trüben Fluten hatten Bäume entwurzelt und rissen sie mit in Richtung Meer, große Felsbrocken rollten laut donnernd hinterher.

Die Flut war über unseren kleinen Garten hinweggespült, Wasser schäumte zwischen den dicken Bäumen hindurch.

Auf unserem Hügel fühlten wir uns relativ sicher, deswegen hüpften wir auf und ab wie zwei aufgeregte Kinder und deuteten immer wieder auf die Wunder der Naturgewalten um uns herum.

Es dauerte zehn Tage, bevor wir den Fluss wieder durchqueren konnten, was bedeutete, dass wir gezwungen waren, in unserem Camp zu bleiben und Bücher zu lesen. Ich schrieb viel in mein Tagebuch.

Ich habe über Krishnamurtis Aussage »Eure Abhängigkeit und Gebundenheit haben den Boden für euer Leid bereitet« nachgedacht. Wenn ich mich selbst genauer betrachte, erkenne ich eine große psychische Abhängigkeit von Peter. Erst kürzlich sagte er, er habe das Gefühl, ich klammere mich zu sehr an ihn, weil ich Angst habe, allein zu sein.
Ich denke, er könnte recht haben.
Ich kann gut und gerne einen Tag, sogar eine Woche lang allein sein, aber ich weiß, dass die Furcht, völlig allein zu sein, nie ganz verschwindet. Mit den Jahren habe ich einen liebevollen Kokon um uns gewoben – das ist das, was ich »Liebe« nenne, dort fühle ich mich sicher. Dieser Kokon entspricht meinem Verständnis von Geborgenheit, dazu benötige ich weder einen Job noch ein Haus. Ich würde gern eine andere Form zu lieben finden, ohne die Furcht, allein zu sein oder Peter zu verlieren. Wir diskutieren recht viel darüber, aber diese Dinge sind nicht so einfach. Es ist sehr viel leichter, sie einfach auf sich beruhen zu lassen, sie in der Erde zu vergraben, bis eine Flut kommt und alles entwurzelt ...

Der Flusspegel ging langsam zurück, und sofort tauchten die ersten Gräser und Pflänzchen aus dem sandigen Schlamm am Flussufer auf.

»Ist es nicht verblüffend, dass die Natur für sämtliche Eventualitäten und Katastrophen gerüstet ist?«, fragte Peter, als wir an einem warmen, sonnigen Morgen loszogen, um Feuerholz zu sammeln. »Millionen von Samen warten in diesem Boden auf ihre

Chance, zu wachsen und zu gedeihen, um das Überleben zu sichern.«

»Ja«, pflichtete ich ihm bei. »Was auch immer passiert, das Leben bleibt bestehen, ganz gleich, in welcher Form.«

»Das Leben ist extrem vielseitig und anpassungsfähig.« Peter lachte. »Selbst wenn der Planet zu einem öden Nichts zerbombt würde, vergingen einfach eine Million Jahre, bis das Leben aus dem Meer zurückkehrte.«

Meine Laune hob sich beträchtlich. »Du hast recht! Das Leben kann nicht sterben.«

Peter hob ein paar Äste und Zweige auf, die die Flut flussabwärts gerissen hatte, und schichtete sie zu einem Haufen auf. Dann streckte er die Arme aus, und ich belud sie mit Feuerholz. Anschließend sammelte ich einen weiteren Stapel, band eine Schnur darum und trug ihn zurück ins Camp. Wir zündeten ein Feuer an, rösteten uns auf den heißen Kohlen ein paar Scheiben Brot, und nach zwei Tassen Tee stand ich auf und nahm meinen Bogen.

»Ich komme nicht vor Anbruch der Abenddämmerung zurück«, teilte ich Peter mit und legte meinen Messergurt an. Ich war seit Wochen immer wieder auf die Jagd gegangen und so einigen Tieren begegnet, aber aus verschiedenen Gründen hatte ich keinen Erfolg gehabt.

Der Nachmittag war so heiß, dass ich in einem Bikinioberteil und Shorts aufbrach. Um mein Handgelenk hatte ich ein Stück Schnur gebunden, in der Hand trug ich den Bogen. Wahrscheinlich bot ich einen sehr ungewöhnlichen Anblick, aber hier gab es weit und breit niemanden, der mich hätte sehen können.

Ich ging schnell, um den Sandfliegen zu entkommen, doch gleichzeitig langsam genug, um jeden noch so feinen Geruch in der Luft wahrzunehmen. Nach mehreren Stunden witterte ich ein paar Ziegen. Für die meisten Leute ist der Geruch von Ziegen abstoßend, aber für mich war er gleichzusetzen mit Nahrung und deshalb angenehm.

Als ich die Herde entdeckte, legte ich einen Pfeil ein und hielt Ausschau nach einer Ziege, die seitlich zu mir stand, aber alles, was ich sehen konnte, waren zwölf Nasen – die ungünstigste Position für einen »intuitiven« Bogenschützen. Ich kniete mich hinter einen kleinen Busch in der Hoffnung, wenigstens eine von ihnen würde sich abwenden und mir eine Schussfläche bieten, doch leider kamen sie allesamt direkt auf mich zu. Ich war gezwungen, mich flach hinzulegen. Sie kamen so nahe, dass sie mich tatsächlich durch den Busch sehen konnten, also tat ich so, als sei ich tot, ertrunken und von der Flut ins Gras gespült. Zu meinem Vergnügen fielen sie auf meine schauspielerische Darbietung herein und grasten unbeeindruckt weiter. Dann hüpfte plötzlich ein Kitz auf mich zu, und ich konnte nicht widerstehen, einen Blick zu riskieren. Nur einen guten Meter von mir entfernt blieb es stehen und zupfte etwas Gras ab, doch als es meine offenen Augen bemerkte, wurde ihm klar, dass ich es reingelegt hatte. Voller Panik rannte es davon, der Rest der Herde folgte.

Ich verfluchte mich selbst, denn nun musste ich lange Zeit die Gegend durchstreifen, um die Ziegen wiederzufinden. Als ich endlich eine große Ziege in perfekter Position und in idealer Entfernung entdeckte, zögerte ich nicht: Ich schoss all meine sechs Pfeile ab, einen nach dem anderen. Zwei davon trafen – einer durchbohrte die Lunge, der andere traf die Ziege am Fuß, trotzdem rannte sie schnell außer Sichtweite.

Ich suchte nach meinen Pfeilen, doch ich konnte sie im hohen Gras nicht finden. Perplex blieb ich eine Minute lang stehen; ich wusste nicht, was ich ohne meine Pfeile anfangen sollte, aber mir blieb keine Wahl. Die einzige Lösung war, die verwundete Ziege zu finden und sie mit dem Messer zu töten. Ohne Pfeile oder Ziege würde ich nicht ins Camp zurückkehren. Also ließ ich meinen Bogen auf einem großen Stein liegen und suchte nach Blutspuren. Ich folgte einem Pfad ins dichte Unterholz, bis ich beinahe in ein Spinnennetz gekrabbelt wäre. Nein, so wurde mir klar, diesen Weg konnte das Tier nicht genommen haben.

Aber wohin würde eine verwundete Ziege gehen? Sie würde sich nicht durch den undurchdringlichen Wald kämpfen – sie würde natürlich den Flussarm hinauflaufen! Etwa hundert Meter flussaufwärts fand ich zu meiner Erleichterung tatsächlich den verwundeten Bock. Er lag hinter einem großen angespülten Baumstamm. Geräuschlos zog ich mich zurück und schlich durch die Büsche, um auf der anderen Seite des Baumstamms herauszukommen, direkt hinter ihm.

Pack mit der linken Hand seine Hörner und schneide ihm mit der rechten die Kehle durch, dachte ich. Mein Herz hämmerte wild, als ich zögerlich die Linke in Richtung seiner Hörner ausstreckte … doch genau in dem Moment, in dem meine Hand über seinem Kopf schwebte, roch er mich und schoss mit erstaunlicher Geschwindigkeit davon. Beim nächsten Mal durfte ich nicht so lange zögern – vorausgesetzt, es würde ein nächstes Mal geben.

Der Bock rannte über die großen grauen Steine im Flussbett, und ich sah, wie Schaum aus seiner Schnauze drang. Er wirkte so schwach, dass ich beschloss, ihm nachzulaufen. Also sprang ich von Stein zu Stein, das Messer in der Hand. Nach fünfzig Metern wurde ich müde und verringerte mein Tempo. Der Bock blieb ebenfalls stehen, wartete, bis ich fast zu ihm aufgeschlossen hatte, dann sprang er wieder davon. Auf diese Weise legten wir eine lange Strecke durchs Tal zurück.

Im Augenblick bist du das Wichtigste für mich, dachte ich. *Und ich bin das Wichtigste für dich.* Der Ziegenbock und ich waren auf seltsame Art miteinander verbunden.

Dann verschwand er plötzlich aus meinem Sichtfeld.

Ich umrundete einen steilen Felsvorsprung und entdeckte ihn in einer kleinen Höhle. Eine Weile standen wir einander Auge in Auge gegenüber. Ich trat näher an den Bock heran, damit er nicht fliehen konnte. Als er versuchte, an mir vorbei zu gelangen, stach ich ihm mein Messer zwischen die Rippen. Er sackte schwer vor meine Füße. Ich taumelte nach hinten und setzte mich benommen auf die Steine. Es war geschafft. Erledigt. Meine Beine zitterten, und ich keuchte vom Laufen, dem Adrenalin und dem abrupten Ende.

Was nun?, überlegte ich. Die leblose Ziege vor mir auf dem Boden sah sehr groß aus.

Ich zerrte den schweren Tierkörper über die großen Felsbrocken zum nächsten Baum. Es kostete mich all meine Kraft, ihn hochzuheben und gleichzeitig mit meinem Seil an einen Ast zu binden. Als ich auch das geschafft hatte, entnahm ich die Eingeweide, die Peter und ich nicht aßen, und legte sie wie beim ersten Mal gut sichtbar für die Habichte aus.

Den gehörnten Kopf stellte ich auf einen Baumstumpf.

Ruhe in Frieden, Ziegenbock, dachte ich.

Die Vögel sangen ihre Abendlieder. Ich blickte besorgt zum Himmel. Die Dämmerung senkte sich langsam über die bewaldeten Berge herab, kalte Luft wehte von den Gipfeln ins Tal. Es war ein langer Weg zurück ins Camp. Ich beeilte mich, die Vorderbeine der Ziege mit den Hinterbeinen zu verschnüren, und band mir das Tier so auf den Rücken, wie Maus es mir gezeigt hatte. Der Bock war noch warm, sein Fell kitzelte auf meiner nackten Haut.

Der Tierkörper schwankte während des Gehens unangenehm von links nach rechts. Die Wanderung war lang und ermüdend, doch das letzte Licht im Westen geleitete mich durch die starke Strömung des Flusses und zurück zu unserem Camp. Schon aus weiter Ferne konnte ich den Rauch unseres Lagerfeuers riechen; der Wind hatte sich wieder gedreht.

Als ich endlich eintraf, saß Peter neben dem kleinen Feuer. Erschöpft ging ich in die Hocke, während er mir die Ziege vom Rücken nahm. Wir setzten uns um die tanzenden Flammen, und ich berichtete ihm haarklein von der Jagd, während der silberne Mond über den hohen Bergspitzen aufstieg.

Anschließend watete ich in ein dunkles Flussbecken, um mir das Blut vom Körper und aus den Haaren zu waschen. Als ich zum Mond am klaren Nachthimmel hinaufblickte, dachte ich an die lange Jagd und das Töten. Es war ganz schön grausam gewesen. Mir wurde bewusst, dass ich genau zu dem Typ Mensch geworden war, den ich in meiner Jugend, als ich eine überzeugte Vegetarierin mit hehren Moralvorstellungen gewesen war, gehasst hätte. Ich war bodenständig geworden, wenn ich nicht gar – um im Bild zu bleiben – die tieferen Schichten berührte. Die Erde.

Es war noch kein Jahr her, dass ich Virginia an meinem letzten Tag in der Schule erklärt hatte, ich wolle ein Leben ohne eine Barriere zwischen der nackten Erde und mir führen. *Nun,* dachte ich jetzt überrascht, *das ist dir gelungen. Es gibt keine Barriere mehr.*

Die folgenden Tage verbrachten wir damit, die Ziege zu kochen. Das Fleisch war zäh und musste lange Zeit im Topf bleiben. Als es endlich fertig war, setzten wir uns ans Feuer, um es zu essen. Da noch jede Menge an den Knochen festsaß, aßen wir mit den Händen. Nachdem wir die Knochen blank geknabbert hatten, brach ich sie mit einem Stein auf, um ans Mark zu kommen: der köstlichste Teil des Tiers. Mit fettverschmierten Gesichtern kauten wir die Knochen und lächelten uns an. Abgesehen von unseren modernen Klamotten, hätten wir in der Steinzeit leben können. Es brachte uns ein überraschend hohes Maß an Erfüllung und Zufriedenheit, ein so simples, praktisches Leben zu führen.

Die einzigen anderen Geschöpfe, die – abgesehen von Wilma – ihren Anteil am Fleisch verlangten, waren die Wespen. Es gab im Tal unglaublich viele dieser Plagegeister. Solange wir sie nicht störten, waren sie nicht aggressiv und stachen uns nicht. Als wir unser Ziegenfleisch aßen, krabbelten mindestens fünf Wespen über unsere Teller. Sie landeten auf unseren Beinen und fraßen die Sandfliegen von unseren Knöcheln. Als die Tage kürzer und die Nächte kälter wurden, wurden die Wespen hungriger und fingen an, sich gegenseitig zu fressen – verzweifelt aufs Überleben bedacht. Fasziniert beobachteten wir diesen Wespen-Kannibalismus: Zwei Wespen pickten sich eine schwächere heraus, zerbissen den Körper in der Mitte und fraßen ihn auf.

An den warmen Abenden aßen wir Curry-Gerichte und spielten Schach auf einem großen flachen Stein am Fluss. Während sich Peter auf die Spielfiguren konzentrierte, betrachtete ich sein Gesicht mit den buschigen Brauen über den blauen Augen – genau wie ich es an jenem Abend in Indien getan hatte, als wir uns das erste Mal begegnet waren.

Wir hatten uns in einem ruhigen Einheimischenlokal inmitten üppiger grüner Reisfelder kennengelernt. Es war ein friedlicher, warmer Abend gewesen, in der Ferne zirpten die Grillen. Ich war seit fünf Monaten mit meinem Schachspiel kreuz und quer durch Indien gereist, und Peter war der erste ernst zu nehmende Gegner, dem ich dort begegnete. Wir spielten ein Spiel, und anschließend tranken wir süßen Chai-Tee aus kleinen Gläsern und sprachen über Trekkingtouren durch den Himalaja, bis das Restaurant schloss.

Er brachte mich zu meinem Gästehaus. Es lag gleich außerhalb des Dorfes, und ich musste an einer Meute von Straßenhunden vorbei, vor denen Peter keine Angst hatte. Wir umarmten uns zum Abschied.

»Ich nehme eine Abkürzung durch die Reisfelder«, sagte er. »Es sind nur ein paar Kilometer.«

Ich sah ihn ohne Taschenlampe in der Dunkelheit verschwinden. Sein lockiges Haar glänzte im Mondschein. Er erinnerte mich an einen unbezähmbaren Wolf, und in dem Augenblick beschloss ich, dass ich gehen würde, wohin auch immer er ging.

Bei Tagesanbruch packte ich meine Sachen und ging zu dem kleinen Naturreservat, um das er sich kümmerte. Schlangen, Echsen, Eichhörnchen und Affen hatten eine Zuflucht zwischen den großen runden Felsen gefunden, die so alt waren wie die Erde. Sogar ein scheues Krokodil lebte in einem Becken neben Peters Hütte. Das Reservat war eine Oase der Ruhe inmitten der geschäftigen Dörfer.

»Nini hat letztes Jahr draußen auf den Steinen geschlafen«, erzählte Peter. Nini war eine Freundin, die ebenfalls im Reservat übernachtet hatte.

»Ich werde auch auf den Steinen schlafen«, beschloss ich.

Peter nickte zustimmend.

In jener Nacht lag ich friedlich draußen auf einem großen, flachen, warmen Stein, schaute hinauf zu den Sternen und fühlte mich frei und stark.

Am nächsten Morgen sagte Peter zu mir: »Letzte Woche habe

ich einen Affen schreien hören. Es war wirklich grauenhaft, ich hab richtig Gänsehaut gekriegt. Das Geschrei dauerte mindestens zehn Minuten, wenn nicht länger. Ein Ziegenhirte hat mir erzählt, ein Leopard habe den Affen erbeutet ... aber mach dir keine Gedanken: Das war letzte Woche. Der Leopard ist längst weg.«

Ich hatte ein unbehagliches Gefühl, aber da ich die letzte Nacht draußen verbracht hatte, wusste ich, dass ich es wieder schaffen würde. Nichtsdestotrotz zog ich von meinem Stein auf die Veranda um, gleich neben der Hüttentür. *Wenn ich einen Leoparden höre,* sagte ich mir, *stehe ich einfach auf, öffne die Tür und gehe rein.* Ich legte mich auf meine kleine Matte und starrte in die Dunkelheit. Die Furcht, die ich tagsüber empfunden hatte, vervielfachte sich während der Nacht. Ich hatte schreckliche Angst, wollte nicht einschlafen, weil ich fürchtete, nicht mitzubekommen, wenn der Leopard sich anschlich. *Wie oft muss ein Leopard fressen?,* fragte ich mich. In meinem Schlafsack wäre ich eine leichte Beute.

Ich wollte Peter bitten, mich auf eine Reise in den Himalaja mitzunehmen, aber ich wusste, dass ein solches Unterfangen jede Menge Mut erforderte. Daher war ich fest entschlossen, ihm zu beweisen, wie tapfer ich war. In jener Nacht tat ich kein Auge zu, wurde immer wieder von erschreckenden Gedanken aus dem Schlaf gerissen, aber ich sah keinen Leoparden.

Am nächsten Morgen fragte ich schüchtern, ob ich auch in der Hütte schlafen könne.

»Selbstverständlich«, antwortete Peter mit einem breiten Lächeln.

»Erinnerst du dich noch, wie ich vor deiner Hütte gelegen und die ganze Nacht aus Angst vor Leoparden gebibbert habe?«, fragte ich ihn bei einem unserer Schachspiele am Lagerfeuer.

»Ja.«

»Hattest du keine Sorge, dass mich ein Leopard schnappen würde?«

»Nein. Ich wusste doch, dass er weg war«, antwortete er schlicht. »Ich wusste nur nicht, wie ich dich sonst in meine Hütte kriegen sollte.« Er grinste. »Du bist dran.«

Wir lebten über zwei Monate in absolutem Frieden in unserem Camp in der Nähe der Goat Creek Hut und vergaßen beinahe, dass da draußen noch eine andere Welt existierte. Unsere einzigen Besucher waren Vögel und ein paar umherstreifende Kleintiere. Manchmal zog eine Warmfront von Norden über uns hinweg oder eine Kaltfront von Süden. Unser Leben verlief so ruhig und gemächlich, dass wir aufhörten, die Tage, Wochen und Monate zu zählen. Unser einziger Zeitmesser war der zu- und abnehmende Mond.

Eines Morgens erwachten wir nach einer gefühlten Ewigkeit der Stille von dem Geräusch eines Helikopters. Wir liefen zur Hütte und sahen zu, wie die Maschine im Gras landete. Der Pilot sprang heraus und kam auf uns zu, während seine Passagiere – zwei Männer – Kisten und Taschen aus dem Hubschrauber luden.

»Wie geht's?«, rief er über das Dröhnen des Motors hinweg. »Ich bin Wayne!« Er schüttelte unsere Hände. »Seid ihr Angler?«

»Nein, wir leben hier!«, rief ich zurück.

»Ihr *lebt* hier? Wie lange schon?«

Peter hielt drei Finger in die Höhe. »Drei Monate!«

Wayne starrte uns überrascht an. »Das ist unglaublich!« Dann deutete er entschuldigend auf seinen Heli, dessen Motor noch immer lief. Ich lächelte, um ihm zu zeigen, dass wir verstanden, und Peter winkte. Der Pilot rannte zurück zu seiner Maschine, sprang hinein und flog über die bewaldeten Gebirgszüge davon.

Wir näherten uns den beiden Männern. Sie waren Ende dreißig und trugen den Rest ihrer Ausrüstung in die Hütte. Einer von ihnen war schlank, hatte ein hübsches Gesicht, hellblaue Augen und lange blonde Locken, die ihm bis auf die Schultern fielen. Wir erfuhren, dass er Daniel hieß. Er trug Jeans, ein schwarzes Wollhemd und Stiefel, um seinen Nacken hingen zwei handgefertigte Ketten: eine mit einem Stück Nephrit- oder Neuseeland-Jade, von den Maori »Pounamu« genannt, die andere aus Hirschzähnen gefertigt. Er hatte lässig ein Gewehr um die Schulter geschlungen und verdiente sein Geld als Possumfallensteller. Aus den Fellen der kleinen Beuteltiere fertigte er Decken.

Der andere Mann, Carl, war ebenfalls schlank und drahtig und verbrachte den Großteil seiner Zeit damit, auf küstennahen Inseln Albatrosse und andere gefährdete Tierarten zu retten. Er sah aus, als habe er sich am Morgen nicht rasiert und schon seit Längerem vergessen, seine Haare zu schneiden. Carl trug einen braunen Wollpulli mit Löchern und Jeans. Er sah auf seine eigene Weise gut aus mit seinen starken, breiten Schultern und wirkte ungemein entspannt und selbstsicher, als er sein Tabakpäckchen hervorzog und sich erst einmal eine Zigarette drehte.

Die Männer stammten aus der wilden West-Coast-Region, wo man ziemlich tough sein musste, um zu überleben. Das Aussehen zählte nicht, alles, was man dort brauchte, waren eine gewisse Selbstgenügsamkeit und Selbstständigkeit, um das Leben zu genießen. Die beiden hatten etwas Interessantes, Anziehendes an sich.

»Die Regierung und die Energiekonzerne liebäugeln mit der Idee, einen Damm am Mokihinui River zu bauen«, erzählte uns Carl, als Peter sich nach der Absicht ihres Besuchs erkundigte. »Um potenziellen Schaden an der Umwelt zu kompensieren, haben sie vor, die Vögel und andere Tiere in den Gebieten am Oberlauf des Flusses zu schützen. Sie benötigen ein Gutachten, um ihr Vorhaben durchzusetzen. Deshalb haben sie uns engagiert: Wir sollen feststellen, welche Vogelarten tatsächlich dort zu finden sind.« Carl drückte seine Zigarette aus.

»Und was genau habt ihr zu tun?«, fragte ich.

»Wir sitzen an zuvor festgelegten Stellen im Wald und schreiben die Namen der Vögel auf, die wir hören«, erläuterte Daniel. Er zog seine Machete heraus und hieb mit einem Streich ein Blatt Neuseelandflachs ab.

»Haltet ihr den Damm für eine gute Idee?«, wollte Peter wissen.

»Nun, man geht davon aus, dass er Jobs für die Leute an der Westküste schafft«, antwortete Daniel. »Allerdings ist der Mokihinui einer der letzten Flüsse des Landes, der von der Quelle bis zum Meer naturbelassen ist.« Er wand sich das lange, biegsame Blatt wie ein Haarband um die blonden Locken. »Wir sollten ihn schützen.«

»Der Damm ist ohnehin nutzlos, wenn du mich fragst«, sagte Carl. »Dieser mächtige Fluss hat die Angewohnheit, gewaltige Steine mitzureißen und kleinzukriegen.« Er klopfte auf die glatt geschliffenen Felsbrocken um ihn herum. »In weniger als hundert Jahren wäre der See hinter dem Damm voller Kies und Sand.«

»Die eigentliche Frage ist doch, warum wir so viel Strom brauchen«, sagte Daniel. »Ein großer Teil des Talgrunds müsste geflutet werden, alle Vögel, Säugetiere – Schädlinge hin oder her –, Insekten und Schnecken sowie sämtliche Bäume und Pflanzen würden ertrinken – und das nur, damit die Leute noch mehr Energie verschwenden können!«

Als wir später alle am Lagerfeuer saßen, erwähnte Peter unsere Hütte in »Pauls Paradies«.

»Bereitet ihr euch etwa auf die Apokalypse vor?«, scherzte Daniel. Er hatte immer ein Lächeln auf den Lippen, als sei er ständig überrascht und amüsiert zugleich.

»Was für Fertigkeiten hast du?«, fragte ich ihn. »Wie bist du auf das Überleben vorbereitet?«

Er erzählte uns, dass er ein Meister im Jagen, Häuten und dem Nähen von Fellkleidung sei, außerdem könne er Hütten, Boote und Häuser bauen, gärtnern, schweißen, Fischernetze und Schießpulver herstellen und nicht zuletzt Aal- und Possumfallen bauen. Er könne sogar seine eigenen Messer und Gewehre fertigen.

Als Daniel die lange Liste mit seinen Fertigkeiten aufgezählt hatte, konnte ich es kaum glauben. Bescheiden erzählte er von seinen Erfahrungen, als sei alles völlig einfach, und er habe das, was er konnte, rein zufällig erlernt. Er berichtete von seinen Expeditionen ins Amazonasbecken und dass er, als er fünfundzwanzig war, ein bolivianisches »Dschungelmädchen« heiraten wollte. Dieses Mädchen war ihm nie begegnet, nichtsdestotrotz besaß er noch immer ein Stück Land am Rand des Regenwaldes. Ich dachte zunächst, er würde allein leben, irgendwo an der West Coast, wo er eine Soloexpedition nach der anderen plante, zu sehr Freigeist, um sich für Frauen zu interessieren, aber ich täuschte mich: Daniel war verheiratet und hatte zwei Töchter. Er wohnte in einem kleinen Cottage an der Küste, doch die Familie überlegte, in die Stadt zu ziehen.

Als wir am nächsten Tag eine ruhige Minute hatten, beschloss ich, möglichst viel von Daniel zu lernen. Er erklärte mir detailliert, wie man Possumhäute behandelte und gerbte, dann beschrieb er die verschiedenen Nähtechniken, die ich sorgfältig in meinem Tagebuch notierte.

Ich für meinen Teil erzählte ihm unbekümmert von der Wespenattacke. Als ich ihm schilderte, wie wir überlegten, einen Luftröhrenschnitt vorzunehmen, bemerkte er völlig unbeeindruckt: »Ach, die gute alte Tracheotomie.«

»Ähm, ja. Die gute alte Tracheotomie«, wiederholte ich und fragte mich, ob ich tatsächlich die Einzige war, die noch nie von diesem Eingriff gehört hatte. »Wir saßen also in dieser Schlucht«, fuhr ich fort, »und Peter wollte, dass ich eine Art Strohhalm auftreibe. Kannst du dir das vorstellen? Einen *Strohhalm!* Wo sollte ich den denn hernehmen? Ich dachte, ich könnte vielleicht ein Schilfrohr benutzen oder –«

»Du hältst doch einen in der Hand«, unterbrach mich Daniel. »Deinen Kugelschreiber!« Er lächelte.

Ich lachte verlegen und kam mir ziemlich idiotisch neben meinem Überlebenshelden vor.

Nach vier interessanten Tagen war es Zeit für Daniel und Carl, sich zu verabschieden. Wir versprachen, in Kontakt zu bleiben, und Daniel schrieb uns – in erstaunlich ordentlicher Handschrift – seinen Namen, Handynummer und Adresse auf. Dann zeichnete er eine Landkarte auf die Rückseite, damit wir sein Häuschen an der Küste fanden. Ich gab den beiden meinen Brief an Sofie mit und umarmte sie, bevor sie in Waynes Helikopter stiegen und in den Wolken verschwanden.

In den Wochen nach ihrer Abreise wurden die Tage merklich kürzer. Die Schatten wurden dunkler, die Nächte kühler und länger. Es war ein ungewöhnlich langer, warmer, trockener Herbst gewesen, aber schließlich kam doch der erste Frost und mit ihm die

Hirschbrunft. Das zurückgezogen lebende Rotwild, von dem wir bislang lediglich die Hufabdrücke entdeckt hatten, gab plötzlich seine geheimen Verstecke auf, jeder Hirsch verteidigte sein Revier und versuchte, die Hirschkühe zu beeindrucken. Einen großen Hirsch – manche wogen an die zweihundert Kilogramm – in der nächtlichen Stille röhren zu hören, hatte etwas Magisches. Es war, als kämen die Brunftrufe aus einem verborgenen Tal unter der Erde, so tief waren die Laute, die durch die Berge hallten.

Nach drei Monaten in dem stillen Tal hatten wir unsere Lebensmittelvorräte aufgebraucht, also packten wir unsere Rucksäcke und machten uns bereit, den Rückweg anzutreten. Wir nahmen nicht denselben Weg, den wir gekommen waren, stattdessen folgten wir dem Fluss hinab ins Tal. Das Wasser stieg Tag für Tag an, doch noch fanden wir fast immer eine flache Stelle, an der wir es durchqueren konnten, auch wenn die Strömung mitunter ziemlich reißend war. Einmal gelangten wir an ein tiefes Becken, an dessen Grund lange, flache Aale zwischen überfluteten Baumstämmen schwammen.

»Sieh mal, Aale!«, rief ich begeistert, als wären sie harmlose Goldfische.

Peter zog sich langsam aus dem Wasser zurück. »Die Aale dort drüben warten auf Opfer«, sagte er und kletterte eine schwierige Böschung hinauf, die beinahe mit ihm zusammen abgerutscht wäre. »Stell dir mal vor, du wärst bei der großen Flut letzten Monat mitgerissen und unter einem dieser Holzstämme eingeklemmt worden.«

Ich lachte unsicher.

»Unsere Kumpel hier hätten dich aufgefressen. Sie fangen bei deinem Bauch an – das ist der weichste Teil –, und dann verschlingen sie dich nach und nach, nagen dich ab bis auf die Knochen.« Er stand jetzt oberhalb des Flusses. »Wusstest du, dass sie spitze, nach hinten gekippte Zähne haben? Wenn sie einmal zubeißen, können sie nicht mehr loslassen – selbst wenn sie wollten.«

Ich watete durchs Wasser, die Augen auf die Kreaturen gerichtet, die mich nun an hungrige, lauernde Krokodile erinnerten. Als ich hastig über die großen, schlüpfrigen Baumstämme watete, stellte ich mir vor, abzurutschen und von den Aalen bei den Beinen gepackt zu werden. Für den Rest des Tages mied ich sämtliche Flussbecken.

Die letzte halbe Stunde unserer Wanderung kämpften wir uns durch schulterhohen Ackerschachtelhalm, dann stiegen wir einen Hügel hinauf und erreichten die Forks Hut.

»Wenn der Damm tatsächlich gebaut wird, ist das alles hier See«, sagte Peter und schaute über die Flussarme, die sich nach Süden und Norden erstreckten. Das Gebiet war riesig. Ich hoffte, die Regierung und die Energiekonzerne würden auf den Damm verzichten.

Wir ruhten uns ein paar Tage an der Forks Hut aus und backten unseren letzten Laib Brot. Gerade als wir unsere Rucksäcke schulterten und nach unseren Trekkingstöcken griffen, um die letzte Etappe unserer Tour in Angriff zu nehmen, erschien ein großer Hubschrauber am Himmel. Ich erkannte den Piloten sofort: Es war Wayne.

»Ihr seid ja immer noch hier!«, rief er über das Dröhnen des Motors hinweg, während gleichzeitig zwei Jäger aus dem Heli sprangen.

»Ja, aber wir sind auf dem Rückweg!«, rief ich zurück.

Wayne deutete den Fluss hinunter, und ich nickte.

»Warum kommt ihr nicht mit mir?«, brüllte Wayne und lächelte.

Ohne groß zu überlegen, nahmen wir sein Angebot an und sprangen in den Hubschrauber. Wayne flog uns aus dem Tal, das den Herbst über unser Zuhause gewesen war. Wir ließen den Fluss mit seinen glänzenden Steinen, in dem ich jeden Abend unser Geschirr gespült hatte, hinter uns, genau wie unsere Feuerstelle, an der sich die noch verbliebenen Wespen gegenseitig auffraßen. Wir ließen unser Camp mit unseren kleinen Pfaden hinter uns und Wilma, die vermutlich immer noch an der von ihr gezogenen Reviergrenze patrouillierte. Mein Ziegenkopf würde noch immer auf dem Baumstumpf in einem Tal stehen, das so gut wie menschenleer war. In unserer Riesenlibelle flogen wir über die

Baumwipfel und die stillen Berge. Eine milde Frühwintersonne warf lange, dunkle Schatten über den Wald.

Als wir die letzte Gebirgskette hinter uns gelassen hatten, sahen wir den blauen Himmel mit dem endlosen Ozean verschmelzen, der Horizont bildete eine gerade Linie dazwischen. Im Norden hingen Kumuluswolken am Himmel, weiße, tuftige Gebilde. Die Waldlichtungen wichen Viehweiden und Straßen. Die ersten Häuser erschienen, verstreut auf dem abgeschiedenen, baumlosen Farmland. Der Kontrast zu dem dichten Wald mit dem sich unablässig verändernden Fluss war entmutigend.

»Lasst uns einen Kaffee trinken«, schlug Wayne vor, als wir etwas außerhalb der kleinen Ortschaft Karamea gelandet waren. Überrascht stellten wir fest, wie schnell sich unsere Lebensumstände geändert hatten. Im einen Augenblick waren wir noch im Herzen der Wildnis und hatten einen Zwei-Tages-Marsch zurück in die Zivilisation vor uns, und nun fanden wir uns vor dem Last-Resort-Café wieder, das am Ende einer kurvenreichen, hundert Kilometer langen Straße lag.

Während Wayne Kaffee bestellte, ging ich hinein, auf der Suche nach der Toilette. Eine junge Frau stand hinter der Bar und polierte mit einem Trockentuch Weingläser.

»Hallo!«, rief ich und winkte aufgekratzt.

Das Lachen der jungen Frau zeigte mir, dass meine überschwängliche Begeisterung ein wenig übertrieben war, aber ich fühlte mich nun einmal ausgesprochen glücklich und aufgeregt.

Als ich an den hohen Spiegeln vorbeiging, fiel mein Blick auf mein Konterfei. Mein Gesicht war tief gebräunt, mein Haar ziemlich lang und sonnengebleicht. Ich war überrascht, wie schäbig und formlos mein weiches grünes T-Shirt aussah. Meine Shorts waren verschossen, und meine Sandalen, die ich jeden Tag getragen hatte, sahen ziemlich mitgenommen aus und waren bedeckt mit getrocknetem Schlamm.

Als ich wieder hinauskam, waren Wayne und Peter in ein freundschaftliches Gespräch vertieft.

»Dann sind eure wöchentlichen Ausgaben für Lebensmittel also in etwa so hoch wie meine wöchentliche Kaffeerechnung«, stellte Wayne soeben ungläubig fest. Die beiden Männer lachten. Peters Körperhaltung, genauso wie die Ruhe, die er ausstrahlte, führten mir noch einmal die Tatsache vor Augen, dass er vier lange Jahreszeiten in der Wildnis überlebt hatte. Er hatte einen Arm lässig über den benachbarten Stuhl gelegt, in der anderen Hand hielt er ein leeres Zuckertütchen, das wie eine Zigarette zwischen seinen Fingern steckte. Er wirkte stark und selbstbewusst.

Ich setzte mich, nahm einen Schluck aus meiner kleinen Kaffeetasse und zog einen Fuß auf meinen Stuhl, bevor mir einfiel, dass das unhöflich wirken könnte. Langsam, sehr langsam setzte ich mich anders hin. Plötzlich fielen mir all die Verhaltensregeln wieder ein – wie man sprechen, aussehen, lachen und gehen sollte. Es gab Regeln für jedes noch so kleine Detail des menschlichen Lebens. In der Vergangenheit hatte ich stets anstandslos funktioniert; erst jetzt kamen mir all die Regeln und Vorschriften seltsam vor.

Als wir unseren Kaffee getrunken hatten, lud Wayne uns ein, in seinem Haus zu übernachten. Als wir dort waren, fragte er mich: »Möchtest du deine E-Mails checken und deiner Mum mitteilen, dass du noch am Leben bist?«

Ich öffnete mein Postfach, und nachdem ich eine Mail an meine Eltern geschickt hatte, stieß ich auf eine Nachricht, die vor zwei Monaten eingegangen war:

Liebe Miriam und lieber Peter,

wir würden uns geehrt fühlen, wenn Ihr in unserer Hütte im Abel-Tasman-Nationalpark wohnen würdet. Sie liegt am Fuß der Berge, bis zum Meer mit seinen goldenen Sandstränden ist es ein zwanzigminütiger Fußmarsch. Die Hütte wird nicht benutzt, und die Ratten versuchen, dort einzuziehen. Sie gehört Euch, wenn Ihr wollt.

Viele Grüße
Terry und Rachel

Nach dem Abendessen fragte uns Wayne: »Und, wie ist es so, ein Jahr in der Wildnis zu verbringen?«

Wir saßen am Tisch mit seiner Frau Julie und der zwölf Jahre alten Tochter, eine Tasse Tee in der Hand, eine Schale Mandarinen zwischen uns.

»Für den Geist, der daran gewöhnt ist, auf Hochgeschwindigkeit zu laufen«, antwortete ich, »ist das Leben in der Natur extrem langweilig, da es kaum etwas zu tun gibt. Doch wenn man sich die Zeit nimmt, ein paar Gänge runterzuschalten, findet man eine Welt voller unglaublicher Wunder. Rund um ein Lagerfeuer, umgeben von prächtigen uralten Bäumen zu leben, dem Rhythmus eines Flusses zu folgen, sich auf das Wechselspiel des Wetters einzulassen … das ist unbeschreiblich.«

»Ich würde das auch gern einmal erleben«, sagte Julie.

Wayne schaute seine Frau skeptisch an. »Es ist schon hart genug, hier draußen zu leben, findest du nicht?«, entgegnete er, dann fügte er hinzu: »Wisst ihr, was mich am meisten verblüfft?«

»Nein, was denn?«, fragte ich lächelnd.

»Dass wir ohne einen Tropfen Alkohol einen so wundervollen Abend verbringen können!«

An Alkohol hatte ich nicht einmal gedacht. Wir unterhielten uns unermüdlich bis ein Uhr morgens. Peter und ich sprudelten vor Energie und waren so angeregt von dieser spontanen Begegnung, dass wir die ganze Nacht über hätten reden können.

Während sich die anderen fürs Bett fertig machten, ging ich hinaus. Es war ziemlich kühl. Der Geruch des herannahenden Winters hing in der Luft. Ich schaute in die Dunkelheit um mich herum und fragte mich, was die Zukunft wohl bringen würde. Ein leichter Wind wehte durch die Blätter einer Birke in der Nähe, und für einen Augenblick schien der ganze Baum zu rascheln. Als es wieder ruhig war, ging langsam ein sichelförmiger Mond über den Bergen im Osten auf.

Die beste Fertigkeit der Welt ist, sich zu Hause zu fühlen, wo immer man ist, dachte ich.

6

Der Abel-Tasman-Nationalpark

Wir trafen Rachel auf einem kleinen Markt in dem Städtchen Takaka. Touristen saßen auf Bänken und tranken Biokaffee aus Pappbechern, während Backpacker mit Dreadlocks im Gras hockten und Flachskörbe flochten. Auf einer kleinen Bühne spielte ein Musiker auf einer indischen Sitar. Ich schaute mir die Stände an, an denen Ziegenkäse, eingelegtes Gemüse und Eier von frei laufenden Hühnern verkauft wurden. All die Bioprodukte sahen köstlich und gesund aus, aber die Preise waren zu hoch für unser Budget. Neben Lebensmitteln wurden auch Bilder, handgemachter Schmuck und Klamotten verkauft.

»Oh, hallo, Peter und Miriam!« Ich hörte Rachels fröhliche Stimme schon von Weitem. Sie winkte mit der rechten Hand, mit der linken umklammerte sie einen kleinen weißen Pudel. Rachel war groß und attraktiv mit ihren braunen Augen, dem frischen Haarschnitt und den Designerklamotten. Auch ihr Parfum duftete angenehm. Sie war Peters Cousine, und ihrem Partner Terry gehörte die Hütte im Abel-Tasman-Nationalpark, die sie in ihrer E-Mail erwähnt hatten.

»Hallo, ihr zwei!« Terry, ein untersetzter, stämmiger Mann, der von Beruf Bauarbeiter war, hatte die Hütte selbst gebaut. Mit einem charmanten Lächeln kam er auf uns zu. Nachdem wir uns umarmt und die üblichen Floskeln ausgetauscht hatten, fragte Peter, wie es möglich sei, ein Stück Land mitten in einem berühmten Nationalpark zu besitzen.

»Ich kannte die richtigen Leute zur richtigen Zeit«, erwiderte Terry. »Damals hat mich das Land, das heute vermutlich ein Vermögen wert ist, so gut wie gar nichts gekostet.«

»Übernachtest du oft in der Hütte?«, fragte ich Rachel und streichelte ihren wuscheligen Hund.

»Ich? Nein.« Sie lachte. »Aber ich fahre gern hin. Es ist schön dort, aber zum Übernachten ist mir die Hütte nicht komfortabel genug. Außerdem ist sie, um ehrlich zu sein, total rattenverseucht.«

Ich mochte Rachel sehr gern, wenngleich wir nicht verschiedener hätten sein können.

»Wie lange wollt ihr dort bleiben?« Sie nahm ihren Pudel hoch.

»Vielleicht ein Jahr«, antwortete ich. »Ich würde gern lernen, wie man zu den jeweiligen Jahreszeiten Gemüse anbaut.«

»He, im Sommer ...« Terry hielt inne und kramte in seiner Tasche nach den Schlüsseln für die Hütte. »Im Sommer könnte es sein, dass ihr ein paar Wohnmobile am Ende der Straße seht, aber im Winter ist es dort absolut ruhig. Ihr habt bloß eine Nachbarin – eine alte Dame namens Elisabeth, die immer noch in dem alten Gehöft ein paar Kilometer entfernt lebt.«

Wir verließen Takaka – und damit die letzte Einkaufsmöglichkeit – mit Lebensmitteln für drei Monate im Kofferraum unseres Wagens, der während unserer Abwesenheit bei Maus gestanden hatte, und fuhren etwa eine Stunde über eine Asphaltstraße durch die Hügel, vorbei an menschenleeren goldenen Sandstränden und atemberaubenden Buchten. Als wir in den Abel-Tasman-Nationalpark hineinkamen, endete die Asphaltstraße, und eine Schotterpiste begann.

»Hör mal, die Vögel!« Ich kurbelte das Fenster herunter und streckte den Arm hinaus, um die kühle, feuchte Luft auf der Haut zu spüren. Ich konnte beinahe die dicken Lianen berühren, die von den Ästen der riesigen Bäume hingen. Der Wald lag auf der Höhe des Meeresspiegels, und die Vegetation unterschied sich grundlegend von der in den Bergen; es war, als hätten wir ein anderes Land betreten. Die hohen Nikau-Palmen zu beiden Seiten der Piste sahen ein bisschen aus wie Kokospalmen, sodass ich mich fühlte, als wären wir in einem tropischen Dschungel.

»Sieh dir nur diese gewaltigen Baumfarne an! Sind die nicht der Wahnsinn?« Peter deutete auf einen riesigen grünen Farn mit drei Meter langen, elegant geschwungenen Wedeln, der mindestens zwölf Meter in die Höhe ragte. Peter lächelte und wirkte genauso aufgeregt, wie ich mich fühlte. An einem neuen Ort zu sein, verlieh uns beiden neuen Schwung.

Hinter einer scharfen Kurve führte die Straße plötzlich durch eine Schlucht mit einem kleinen Fluss in der Mitte. Ich hielt den Atem an, als Peter durchs Wasser fuhr, denn unser Wagen war für die Stadt gemacht und lag tief am Boden. Als wir mit der Unterseite geräuschvoll über die Felsen schrammten, fürchtete ich, wir hätten etwas beschädigt – es war ein weiter Weg bis zur nächsten Werkstatt –, aber zum Glück überstand das Auto die Furt.

Nach einer langen Fahrt überquerten wir endlich eine extrem schmale Brücke ohne Geländer und kamen auf Terrys und Rachels Grundstück an. Auf der Brücke konnte Peter nur erahnen, wo sich die Planken befanden, und ich war beeindruckt, mit welcher Ruhe er die Räder über das Holz lenkte. Die lange Zufahrt führte durch einen Wald mit großen, in Neuseeland beheimateten Kahikatea-Bäumen – Warzeneiben –, und nach ein paar Hundert Metern gelangten wir auf eine große, grasbewachsene Lichtung, umgeben von Hügeln. Hinter einer weiteren Kurve entdeckten wir die Holzhütte, die auf der Sonnenseite eines schmalen Tals stand.

Peter stellte den Motor ab, und wir stiegen aus dem Wagen. Die Stille war eine angenehme Überraschung. Der Ort war ausgesprochen friedlich.

»Unser neues Haus, Miriam!«, rief Peter und umarmte mich voller Freude. »Wir können unsere Sachen auspacken, uns auf einen Stuhl setzen und ausruhen. Niemand wird hier aufkreuzen und uns stören!« Peter betrat die geräumige Veranda. »Schau dir mal diese alte Ladentür an!« Die Holztür hatte ein großes Glasfenster, in welches das Wort *STORE* graviert war. »Das sieht ja aus wie in den Siebzigern! Als würden hier die alten Hippies abhängen!«

Ich schloss die Tür auf, trat ein und entdeckte zu meiner Linken eine Küchenzeile. Nachdem ich die Fenster über der Spüle geöffnet hatte, warf ich einen Blick in die grün-blauen Schränke. In der Mitte der Hütte befand sich ein Holzofen, auf dem man auch kochen konnte. In der Ecke stand ein großes Bett. Der gemütliche

Schlafbereich war mit Batiktüchern vom Rest des Raums abgeteilt.

In unseren Augen war die Hütte luxuriös. Sie lag abgeschieden und hatte fließendes kaltes Wasser, was ausgesprochen praktisch war. Das Wasser wurde durch ein langes Rohr aus einem kleinen, klaren Fluss hügelabwärts in die Hütte geleitet. Am Waldrand befand sich ein Plumpsklo. Das Loch war sehr tief – Spritzer waren daher nicht zu befürchten. In dem murmelnden Bächlein neben der Hütte entdeckte ich ein tiefes Becken, in dem wir uns und unsere Kleidung waschen konnten.

Am nächsten Tag fand Peter eine brauchbare Stelle, um einen Garten anzulegen, und wir fingen an, die Erde mit Schaufeln umzugraben.

»He, sieh dir das an! Lauter Würmer.« Er klang hocherfreut.

»Und warum bist du so glücklich darüber?«, fragte ich, weil ich unbedingt alles Wissenswerte übers Gärtnern erfahren wollte.

»Die Würmer sind unsere kleinen Helfer, Miriam«, erklärte er mit einem ansteckenden Lachen. »Sie verwandeln die harte, unbrauchbare Erde in weichen, fruchtbaren Humus. Sei vorsichtig, dass du sie nicht zerkleinerst!«

Peter war in seinem Element. Er hatte in der Vergangenheit schon viele große Gemüsegärten angelegt. Ihn so zufrieden zu sehen, machte mich jedes Mal glücklich.

»Siehst du, was du da umgräbst?«, fragte er.

»Die Erde, meinst du?«

»Ja. Bemerkst du den Sandanteil? Das Meer reichte früher bis hierher. Dieses Stück Land war früher ein Strand.«

Ich schaute mich um und stellte mir die hereinbrechende Flut vor. Die Talsohle war ziemlich flach und die bewaldete Hügellandschaft ringsherum ziemlich steil. Als wir unsere Gartenarbeit erledigt hatten, kehrten wir zur Hütte zurück.

Wir wohnten mehr oder weniger auf der Veranda, auf der ein großer runder Tisch und vier Stühle standen. Unter dem Dach blieben wir trocken, wenn es regnete, und wenn es kalt war, zogen wir einen Extrapullover an. Erst nach Einbruch der Dunkelheit zogen wir uns in die Hütte zurück. Nachdem wir ein Jahr lang draußen gelebt hatten, kehrten wir nur zögerlich in ein festes Gebäude zurück.

Eines Tages saßen wir draußen auf der Veranda und spielten Schach, als wir eine alte Dame Ende siebzig über die Zufahrt auf die Hütte zukommen sahen.

»Guten Tag!«, riefen wir gut gelaunt.

»Oh, hallo. Es tut mir schrecklich leid, wenn ich Sie störe«, stammelte sie und nahm ihren braunen Schlapphut ab, unter dem ihr kurz geschnittenes weißes Haar zum Vorschein kam. »Ich bin Elisabeth«, fügte sie etwas schüchtern hinzu und musterte uns mit ihren blassblauen Augen. Sie war kaum eins fünfzig groß und hatte ein rundes Gesicht mit weicher Haut.

Ich stellte Peter und mich vor und gab mir alle Mühe, sanft zu sprechen, damit ich sie nicht noch mehr einschüchterte.

»Wir sind Nachbarn«, sagte sie und deutete in die Richtung, aus der sie gekommen war. »Ich wohne dort drüben.« Für einen kurzen Augenblick wirkte sie verwirrt. »Hm, ich glaube, dort.« Sie deutete hinter die Hütte. Ihr Akzent klang beinahe britisch, wie die Stimmen der alten Leute, die ich im Radio gehört hatte.

»Nehmen Sie Platz«, forderte Peter sie mit seiner leisen, ruhigen Stimme auf. »Möchten Sie eine Tasse Tee?«

»Nun«, sie lachte nervös, »eigentlich habe ich mich gefragt, ob Sie wohl eine Schachtel Streichhölzer für mich haben?« Sie griff in ihre Tasche. »Ich werde selbstverständlich dafür bezahlen.« Sie wollte mir tatsächlich eine Zwanzig-Dollar-Note in die Hand drücken. Beinahe hätte ich gelacht: Ein Dutzend Streichholzschachteln kosteten nicht mehr als ein paar Dollar.

Unsicher stieg sie die Stufen zur Veranda hinauf, ihre Körperhaltung ließ sie zart und zerbrechlich erscheinen. Oben angekommen, blieb sie unsicher stehen und schien nicht recht zu wissen, wo sie sich hinsetzen sollte. Ich rückte ihr einen Stuhl zurecht. Als der Tee eingeschenkt war, nahm sie einen Schluck aus der Emailletasse, wobei sie sich die Lippen verbrannte.

»Dann haben Sie also Ihr ganzes Leben hier verbracht?«, fragte Peter.

»Ja. Mein Großvater hat das Land urbar gemacht, und mein Vater hat es sein Lebtag bewirtschaftet. Ich bin auf dem Hof groß geworden.« Langsam stellte sie ihre Tasse zurück auf die hölzerne Tischplatte, die von der Sonne verbogen war. Ihre Hände waren klein und schmal – eher zum Stricken geeignet als für die Schafzucht, dachte ich. Mit einer Stimme, die so leise war, dass ich die Ohren spitzen musste, um sie zu verstehen, erzählte sie uns, wie alles mit dem Boot hergebracht werden musste. Ihr Großvater und seine Brüder hatten schließlich mit Spitzhacken und Schaufeln die Straße gebaut. Ich fragte sie, wie sie heutzutage für ihr Essen sorgte. Sie habe eine Freundin, antwortete sie, die ihr alle vierzehn Tage Lebensmittel vorbeibringe. Sie lud uns ein, bei ihr vorbeizuschauen, falls wir Zeit hätten, dann stand sie zögernd auf.

»Wie lange hatten Sie schon keine Streichhölzer mehr?«, fragte ich und reichte ihr mehrere Schachteln.

»Drei Tage«, antwortete sie verlegen.

»Haben Sie so lange in der Kälte gesessen?« Ich wusste, dass sie keinen Strom hatte. Diese zerbrechliche und doch so zähe alte Dame beeindruckte mich.

»Ach, ich hab einfach dafür gesorgt, dass das Feuer nicht erlischt, aber als ich heute Morgen aufgestanden bin, war es doch aus. Da fiel mir ein, dass ein Freund von Terry erwähnt hatte, dass Sie hier sind. Glück gehabt!«

Sie nahm ihren Hut und verabschiedete sich.

Das warme Herbstwetter wurde unbeständiger, die Tage wurden kürzer, die Nächte länger und kälter. Wir führten ein sehr ruhiges, sehr einfaches Leben. Tagsüber arbeiteten wir in unserem Garten, und am Nachmittag wanderten wir oft zum Meer. Nach dem Abendessen gingen wir in die Hütte, ich setzte mich an den Tisch, sang leise und spielte Gitarre. Eine Kerze erhellte die Texte und Melodien, die ich auf Zettel gekritzelt hatte. Ich hatte über die Wildnis geschrieben und über die Welt. Viele meiner Songs drehten sich um die Freiheit, aber am meisten mochte ich es, Liebeslieder für Peter zu singen, der hinter mir im Bett lag und zuhörte.

»I love a wild man, he lives with me. He dares to live a life without security ...« – Ich liebe einen Mann, der ungezähmt ist und wild. Er lebt mit mir ein Leben, in dem nicht nur die Sicherheit gilt ... –, sang ich eines Abends.

»Wie lieb, Schatz«, sagte er, als ich fertig war. Ich blies die Kerze aus, kroch zu ihm unter die Bettdecke und machte es mir in seinem Arm bequem, in zwei dicke Schichten Klamotten gehüllt. Den Kopf auf seine Brust gelegt, lauschte ich seinem Herzschlag. *Pa-dumm, pa-dumm, pa-dumm ...* Sein Herz schlug langsam. Ich wollte für immer so liegen bleiben, das Ohr auf seinem Herzen, in diesem stillen Wald, in einer abgeschiedenen Bucht, in einem weit entfernten Eckchen des Pazifischen Ozeans.

Wir lagen friedlich in unserem warmen Bett, als ich plötzlich ein Geräusch vernahm. *Drrr.*

»Was ist das?«

»Ratten!«, flüsterte Peter in einem Ton, als klopfe der Sensenmann an unsere Hüttentür. Eine Ratte trappelte über unseren Köpfen zwischen Dach und Decke, eine andere lief in der Wand hoch. Dann begann die erste – oder war es vielleicht eine dritte –, laut am Holz zu nagen. Es klang, als hätte sie sich gleich durch die Decke gearbeitet und würde auf unserem Bett landen.

»Was sollen wir tun?«, wisperte ich.

»Klingt so, als hättest du Angst«, stellte Peter fest. »Warum? Hattest du nicht früher eine Ratte als Haustier?«

»Das war eine süße, kleine Zuchtratte! Kein großer, wilder Nager, der den Leuten die Finger abfrisst!«

Nach einer unruhigen Nacht wachte ich bei Tagesanbruch auf. Als ich plötzlich eine Maus durch die Küche huschen sah, flitzte ich zu dem Eimer mit Rattengift und nagelte die runden Köderstücke mitleidlos an die Dachsparren.

Die Nagetiere verendeten langsam und qualvoll zwischen den Wänden der Hütte, was uns einen schier unerträglichen Gestank bescherte. Unser Krieg gegen die Ratten dauerte den ganzen Winter über.

Eines Nachmittags, als wir im Garten beschäftigt waren, hörten wir das Dröhnen eines herannahenden Motors. Peter legte seine Schaufel zur Seite und schaute erst mich an, dann auf die Zufahrt. Ein weißer Pick-up erschien.

»Maus!« Ich warf die Stangen, die ich gerade setzen wollte, auf die Erde und rannte barfuß zur Straße.

Ricky hupte, als er mich kommen sah. Er riss die Autotür auf, sprang aus dem Wagen und umarmte mich so stürmisch, dass er mir beinahe die Füße wegriss, dann begrüßte er Peter. Er trug einen dunkelgrünen Pulli, der seine Augen gut zur Geltung brachte. Seine dürren Beine, die in Gummistiefeln steckten, ragten aus seiner kurzen Hose, was lustig aussah. Obwohl er inzwischen neununddreißig war, wirkte er noch immer sehr jung. Er öffnete die Transportboxen, und seine vier Hunde sprangen heraus und rannten über die frisch umgegrabene Erde.

Maus hatte uns Lebensmittel, Zeitungen und jede Menge Neuigkeiten mitgebracht. Bei unzähligen Tassen Tee berichteten wir ihm alles, was sich seit unserem letzten Beisammensein ereignet hatte.

An jenem Abend nahm Maus sein Gewehr aus der Tasche und schaute mich fragend an. »Möchtest du ein Possum fürs Essen schießen?« Er suchte bereits nach einem zweiten Pullover und seiner Taschenlampe, und ein paar Minuten später traten wir aus der gemütlichen Hütte hinaus in die kalte, mondlose Nacht.

»Still!«, flüsterte er den winselnden Hunden in ihren Boxen zu. Sie spürten, dass wir auf die Jagd gingen, und wären gern mitgekommen, aber Maus ließ sie da. Er leuchtete mit der Taschenlampe in den Wald und ließ den hellen Lichtkreis von Stamm zu Stamm wandern, auf und ab. Anscheinend hoffte er, auf Possumaugen zu stoßen, die im Lichtschein aufblinkten wie kleine Spiegel. Langsam wanderten wir die bewaldete Zufahrt entlang. In einem Baum gleich neben uns schrie eine Eule. Der helle Strahl der

Taschenlampe zuckte durch die Dunkelheit, doch der Rest der Welt war pechschwarz. Eine zweite Eule schrie aus einer anderen Richtung, und die erste antwortete.

»Puh, mir friert gleich die Hand ab«, flüsterte Maus.

»Gib mir die Taschenlampe«, wisperte ich.

Er reichte mir die Lampe, aber ich nahm stattdessen seine Hand, rieb sie und blies warme Luft darauf. Seine Handflächen fühlten sich so an wie meine: breit, voller Schwielen, rau und kräftig. Auf einmal drückte ich spontan meine Lippen auf seinen Handrücken und nahm einen schwachen, süßen Duft wahr. Wir verstummten und verlangsamten unsere Schritte, dann blieben wir stehen. Ich schaltete die Taschenlampe aus und lächelte. Die Dunkelheit senkte sich so lautlos über uns herab wie die Flügel einer Fledermaus.

»Wirklich?« Er lachte leise.

Ich küsste seine Hand erneut, und er trat ein kleines Stück näher. Ich beugte mich vor und ertastete mit den Lippen die Konturen seines Gesichts. Mein Mund glitt über seine kalte Nase und die warmen Wangen. Die Nacht war so still, dass ich ihn atmen hören konnte. Dann fand ich seine Lippen und küsste sie. Er hatte einen weichen, feuchten Mund. Er erwiderte meinen Kuss – ein bisschen hastig, als wäre er nervös.

Ich zog an seinem Wollpulli, und er beugte sich weiter vor. Ich küsste ihn erneut, bedächtiger. Es fühlte sich so an, als gäbe es nichts anderes auf der Welt als seinen Mund, und alles andere wäre in der Dunkelheit verschwunden. Er berührte mein Gesicht mit einem Finger und strich sanft über meine Wange, meinem Wangenknochen folgend. Erneut fanden sich unsere Lippen. Ich schloss die Augen und spürte die ungeheure Intimität dieser Berührung. Sein Kuss dauerte endlos, die Zeit an sich schien zu stocken.

Plötzlich hörte ich in einem Kahikatea-Baum ganz in der Nähe etwas rascheln. Ich knipste die Taschenlampe an und sah ein Possum auf einen Ast klettern. Es schaute ins Licht und erstarrte. Maus reichte mir das Gewehr und nahm die Lampe.

»Du schießt«, flüsterte er. »Schau durch den Sucher, visiere dein Ziel an, drück ab.«

Zögernd griff ich nach der Waffe. Das Fadenkreuz schwankte von einer Seite zur anderen. Ich drückte ab. Die Kugel traf das Possum in den Kopf, es fiel tot zu Boden. Der laute Knall der Waffe zerstörte die Magie des Augenblicks und holte uns zurück auf den Boden der Tatsachen.

»Guter Schuss! Es wusste gar nicht, wie ihm geschah«, sagte Maus. Seine Stimme klang laut in der Stille.

»Das ist ja hundertmal einfacher als mit Pfeil und Bogen!« Ich reichte Maus das Gewehr zurück, der die Kugeln herausnahm. »Es ist so leicht, wie auf einen Knopf zu drücken, um Monster zu zerstören – so wie ich es als Kind bei meinen Computerspielen gemacht habe.«

»Genau!« Er lachte und fasste das Possum beim Schwanz. »Jetzt verstehst du, warum alle anderen Pfeil und Bogen hinter sich gelassen und zum Gewehr gegriffen haben!«

Als wir uns der Hütte näherten, schaltete Maus die Taschenlampe aus. Durchs Fenster konnten wir Peter sehen, der im flackernden Schein einer Kerze ein Buch las. Maus schlich, das Possum in der Hand, über die Veranda, dann scharrte er mit den Krallen des Tiers an der Hüttentür. Als sich drinnen nichts rührte, drückte er die Tür vorsichtig ein paar Zentimeter weit auf und schob das Possum hinein. Peter schwieg, dann fing er an zu lachen. »Guten Abend, Mr Possum!«

Es war ziemlich absurd: Ich war durch die kohlrabenschwarze Nacht marschiert, hatte einen Freund geküsst und ein Beuteltier zum Abendessen geschossen. Aber das war nun mal die Realität, das hier entsprang nicht meiner Fantasie, es passierte tatsächlich.

Das Leben ist zu kurz, um zu träumen, dachte ich lächelnd und betrat die warme Hütte.

»Es ist seltsam, wenn es bei einem Paar keine Eifersucht gibt«, sagte Maus nach dem Abendessen.

Wir saßen am Ofen, dessen Tür so weit offen stand, dass wir die Flammen sehen konnten.

»Nun, ich halte Eifersucht für ausgesprochen zerstörerisch«, sagte Peter. »Viele Menschen führen sich auf, als würden sie einander besitzen.«

»Du hast recht. Niemand besitzt jemand anderen.« Maus schwieg eine Weile. »Ich weiß das, und trotzdem kann ich die Vorstellung nicht ertragen, dass Debbie einen anderen Mann anfasst. Das würde mich verrückt machen!«

»Aber für dich selber gilt das nicht?«, fragte ich und tätschelte seine Füße, die in dicken Wollsocken auf meinem Schoß lagen.

»Nein, nein, natürlich nicht!« Er lachte herzhaft und wackelte mit den Zehen.

»Aber warum würde dich das so auf die Palme bringen?«, wollte Peter wissen.

»Ich nehme an, ich hätte Angst, sie könnte den anderen Mann lieber haben als mich.«

Ich nickte. »Du musst darauf vertrauen, dass sie dir nicht davonläuft.«

Peters Gesicht wurde nachdenklich. »Nun, wenn sich Miriam in dich verlieben würde, dich heiraten und Kinder mit dir bekommen wollte – was ich für ausgesprochen unwahrscheinlich halte –, könnte ich nicht wirklich etwas dagegen tun, oder?« Er lachte. »Miriam ist jung und attraktiv. Sie hat viele Optionen. Ich kann sie nicht kontrollieren, selbst wenn ich es wollte.«

»Ich werde nie wieder heiraten«, sagte Ricky.

»Aber Maus, du *bist* verheiratet«, erinnerte ich ihn.

»Ich weiß.« Er seufzte. »Aber sie scheint die ganze Zeit über genervt zu sein. Die Leute ändern sich mit den Jahren. Ich weiß auch nicht ... Sie hasst ihren Job, kommt völlig ausgelaugt von der Arbeit nach Hause und stellt den Fernseher an. Wir machen kaum noch etwas zusammen.«

Er gab zu, dass Debbie und er nicht mehr sonderlich glücklich miteinander waren. Als er nach vier Tagen wieder aufbrach, wünschten wir ihm alles Gute, und er versprach wiederzukommen, sobald die Arbeit es erlaubte.

Ich war neugierig zu sehen, wo Elisabeth lebte, also machte ich mich eines Morgens nach Maus' Abreise auf den Weg zu ihrem Haus. Nachdem ich eine Weile durch den Wald gewandert war, traf ich auf die Schotterpiste, auf der mir eine kühle Brise entgegenwehte. Ein gutes Stück entfernt konnte ich ein altes Gehöft auf einer kleinen Anhöhe erkennen. Die große Lichtung zwischen der Straße und dem Haus hatte einst zu einer Schaffarm gehört. Das hohe Gras war ausgebleicht, als erwarte es bald den ersten Frost, an einigen feuchten, sumpfigen Stellen wuchs Schilf. Zwischen den schroffen Kämmen der bewaldeten Berge in der Ferne hingen Nebelschwaden. Der Wind heulte um die Gipfel der umliegenden Hügel, lange Streifenwolken trieben zügig nordwärts.

Als ich an einem Stechginster vorbeimarschierte, durchbrach plötzlich schneller Flügelschlag die Stille. Das laute *Trrrrrrrrr!* klang wie eine Explosion. Erschrocken fuhr ich zusammen.

»Pick-werwick! Pick-werwick!«, riefen zwei wohlgenährte Wachteln energisch und brachen aus dem Busch hervor. Sie flatterten zwei Meter durch die Luft, dann rannten sie die Schotterpiste entlang, bevor sie im Schilfgras verschwanden. Der Weg führte durch einen Sumpf, und ich versank bis zu den Waden im Wasser. Hier musste Elisabeth also jedes Mal durch, wenn sie ihr kleines Reich verließ. Vielleicht ging sie deshalb nirgendwohin.

Ich folgte dem Weg ungefähr zwei Kilometer weit, bis ich auf zwei große Eichen stieß, die auf menschliche Besiedlung hinwiesen. Im Gras neben den Bäumen lagen jede Menge Eicheln und braune Blätter. Neben dem Tor zum Farmgelände entdeckte ich eine baufällige Scheune mit losen Wellblechplatten, die im Wind quietschten und klapperten – ein unheimliches Geräusch. Überhaupt erinnerte die ganze Szenerie an ein altes, gruseliges Märchen. Eine dicke Schicht aus Moos und Flechten überzog das Tor, das schief in den Angeln hing und sich nur schwer öffnen ließ. Aus dem Schornstein des Blockhauses quoll Rauch. Die weiße Farbe blätterte an zahlreichen Stellen ab, und wäre der Rasen nicht ordentlich gemäht gewesen, hätte das Gehöft einen verlassenen Eindruck gemacht.

»Hallo!«, rief ich. »Ist jemand zu Hause?«

Elisabeth erschien mit leicht gerötetem Gesicht auf der Türschwelle. »Hallo! Ich backe gerade ein paar Muffins«, sagte sie fröhlich, als ich die Veranda betrat. Hier, bei sich zu Hause, wirkte sie weitaus selbstsicherer.

Im Haus duftete es nach Frischgebackenem und dem Rauch des Holzfeuers. Ich hatte den Eindruck, ein lebendiges Museum aus einer vergessenen Welt zu betreten. Strahlender Sonnenschein fiel durch die Fenster und erhellte das Haus, das nicht viel größer war als unsere Hütte – nichtsdestotrotz hatte Elisabeth hier mit ihren Eltern und fünf Geschwistern gelebt. Ein staubiges Sofa stand unter einem ovalen Gemälde von ihren Großeltern. Es war offensichtlich, dass Elisabeth überwiegend in der Küche lebte, wo ihre halb fertige Stickarbeit auf dem Tisch lag – neben einer altmodischen Keksdose mit dem Bild der jungen Königin von England. Hinter ihrem Stuhl stand ein alter Kohleherd – so einen hatte ich noch nie gesehen. Er hatte eine große, schwere Tür, hinter der sich der Ofen befand; hinter einer weiteren, kleineren Tür brannte ein Kohlenfeuer, das gleichzeitig das Wasser für das alte Gehöft aufwärmte.

Wir gingen hinaus auf die wettergegerbte Veranda und setzten uns auf Holzstühle, die in der Sonne standen, um Tee aus kleinen Porzellantassen zu trinken.

»Fühlen Sie sich nicht einsam hier draußen?«, fragte ich.

Einen kurzen Moment sah sie mich verwirrt an, als sei sie nicht daran gewöhnt, Fragen zu beantworten.

»Nein«, sagte sie dann. »Nein. Obwohl sich vermutlich jeder ab und zu einsam fühlt.«

Die alte Dame legte ihre Gabel auf den Teller und lächelte, ohne mich anzusehen. Sie hatte kaum einen Bissen von ihrem Muffin genommen, während ich meinen schon vor zehn Minuten verschlungen hatte. Ich schaute über die große Lichtung vor uns. In der Ferne konnten wir das blaue Meer sehen.

»Es gibt hier so viel zu tun. Ich muss noch all diese Kleidungsstücke und das Papier sortieren.« Sie deutete mit der Hand auf fünf verschiedene Müllhaufen auf dem grünen Rasen. Sie hatte alles akribisch getrennt, als käme in den nächsten Tagen ein Recycling-Laster aus der Stadt, um den Müll abzuholen.

»Und dann habe ich ja auch noch Midnight.«

»Midnight?«

»Das Possum, das im Windfang wohnt. Jeden Tag bei Anbruch der Abenddämmerung stelle ich ihm etwas zu fressen hin. Ich liebe auch die Wildvögel. Dad hat sie immer von den Muskatellertrauben verscheucht, doch ich finde, es gibt mehr als genug Trauben für uns alle.« Sie hielt kurz inne und lauschte, dann sah sie mich fragend an. »Hören Sie diesen Warnruf? Der könnte einem Hermelin gelten, der an den Vögeln vorbeischleicht.«

Ich hatte nie sonderlich auf Vögel und ihre Rufe geachtet, doch das, so schwor ich mir, sollte sich von nun an ändern.

»Als Dads Hund vor ein paar Jahren starb, habe ich mir keinen neuen besorgt«, fuhr sie fort. »Ich mag Wildtiere. Sie sind so viel einfacher zu halten, weil sie nicht abhängig sind.«

Sie erzählte mir, dass ihre Mutter recht jung gestorben sei, weshalb sie sich um ihren Vater hatte kümmern müssen, der weit über neunzig geworden war, und sie erzählte mir von ihren Brüdern und Schwestern und von der Farm. Schließlich hörte ich die große Uhr im Haus zwölfmal schlagen. Es wurde Zeit, dass ich mich auf den Rückweg machte, doch zuvor versprach ich Elisabeth, dass ich sie bald wieder besuchen würde.

Ich wanderte über den mit Eicheln übersäten Weg, auf dem, wie ich nun wusste, Elisabeth als Kind gespielt hatte. Unter den Eichen stand ein alter, verrosteter Pflug, zum Großteil überwuchert von hohem Gras. Einst hatten Pferde die Pflüge und Heuwagen gezogen, während bellende Hütehunde die Schafe zusammentrieben. Für Elisabeth verkörperte dieser Ort das Althergebrachte, für mich dagegen das Neue.

Ich fand es faszinierend, sie in ihrer verrußten Küche mit dem Kohleofen zu besuchen, zu hören, wie die alte Uhr die Stunden schlug, und mir dämmerte, dass auch ich eines Tages alt sein und mich über Gesellschaft freuen würde.

Von nun an wurde mein Leben durch Elisabeth bereichert. Sie war meine sonderbare, schöne, gebrechliche Freundin. Während der letzten Monate hatte ich mich nach einer Freundin gesehnt, und nun hatte ich eine gefunden. Lächelnd nahm ich mir vor, mich um sie zu kümmern und sie glücklich zu machen.

Klopf, klopf, klopf…
»Wer ist da?« Peter schaute mich an, die Lippen zu einem fröhlichen Grinsen verzogen. Der Tag brach gerade an.

»Ich komme ja schon!«, rief ich, sprang aus dem Bett und legte eine Handvoll Hafer auf die Holzdielen der Veranda.

William war eine ausgesprochen gewitzte Wekaralle, die jeden Morgen an die Hüttentür klopfte. Der Vogel kam und ging auf mysteriöse Weise, und er wusste, wie man in der Wildnis leben konnte, ohne menschenscheu zu sein. William hatte vor Kurzem eine Rallenfrau gefunden – Wanda –, die ich jetzt über die mit weißem Frost überzogene Lichtung laufen und die Stufen zur Veranda heraufhüpfen sah, wo sie sich ihren Haferanteil sicherte.

Ich zündete das Feuer an, um das Eis, das sich über Nacht gebildet hatte, abzutauen, und kurze Zeit später saßen wir mit einer Tasse Tee draußen. Warm gehalten von mehreren Wollpullovern, bewunderten wir den Anbruch des neuen Tages.

»Schau dir den Raureif an dem Baum dort drüben an.« Peter deutete auf einen alten Kōwhai-Baum auf der schattigen Seite der Lichtung. Die Luft war so kalt, dass ich seinen Atem sehen konnte. Wir lebten in einem Frostloch. Kalte Luft von den Bergen sammelte sich in dem windstillen Tal, über Nacht gefror das Kondenswasser unter dem Hüttendach, und wenn die Morgensonne aufs Wellblech schien, tropfte das Wasser von oben herunter. Ein dicker Tropfen landete in meiner Tasse, Tee spritzte heraus. Langsam erreichte die Sonne den Talboden. Die weiße Frostglasur schmolz, und das Gras wurde wieder grün.

Essen und Wärme standen für uns im Mittelpunkt. Bei meinem nächtlichen Ausflug mit Maus war mir klar geworden, wie viele Possums in dieser Gegend lebten. Während der stillen Nächte hörten wir, wie sie sich bellend im Wald verständigten. Ich stellte Fallen auf. Indem ich ihre Gewohnheiten und Verhaltensmuster studierte, fand ich heraus, was sie mochten und was nicht. Es war leicht, ihre schmalen, ausgetretenen Pfade im Unterholz auszumachen, die zu den hohen Bäumen führten. Da ich fürchtete, Wanda und William zu fangen, verbrachte ich viel Zeit damit, die Possumfallen in den Bäumen anzubringen. Wann immer ich ein Possum fing, tötete und häutete ich es. Den Tierkörper gab ich Peter, der ihn kochte. Das Fell nagelte ich an einen Holzrahmen, den ich extra zu diesem Zweck angefertigt hatte.

Ich gerbte die Häute so, wie Daniel es mir im Mokihinui-Tal erklärt hatte. Als Erstes trug ich eine dicke Schicht Salz auf, die ich am nächsten Tag abkratzte. Diesen Schritt wiederholte ich mehrere Male. Anschließend schmierte ich eine Mischung aus Backpulver und Kerosin auf die Haut und ließ sie über Nacht einwirken, bevor ich sie wieder abrieb. Ab und zu rieb ich zu heftig, sodass die Haut spröde und brüchig wurde; andere Male zog das verbliebene Salz Feuchtigkeit an, und die Haut fing an zu verrotten. Als es mir endlich gelungen war, mehrere Häute ordentlich zu gerben, fing ich an, Decken und Mützen daraus zu nähen, was mir sehr viel Freude machte. Die Frauen aus der Familie meiner Mutter hatten alle gern und gut genäht, und meine Schwester Sofie studierte Modedesign, also war es nur natürlich, dass auch ich mich im Nähen versuchte.

Elisabeth hatte erwähnt, dass ihre Brüder früher große Miesmuscheln von den Felsen draußen im Meer gesammelt hatten, daher brachen wir eines Tages auf, um nach den köstlichen Meeresfrüchten zu suchen. Um zu den Felsen zu gelangen, mussten wir über eine Stunde bei Ebbe den Meeresarm entlangwandern und einen Fluss durchqueren. Unterwegs entdeckten wir Hunderte von Vögeln auf einer Sandbank. »Kri! Kri!«, flöteten die Austernfischer. Sie hatten lange rote Schnäbel, schwarze Rücken und weiße Bäuche. Gleich neben ihnen sahen wir einen Schwarm Seeschwalben.

Der Meeresarm bestand überwiegend aus goldenem Sand, doch manche Teile waren von einer dicken Schlammschicht bedeckt. Als die Flut zu hoch stieg, mussten wir einen sandigen Hang hinaufklettern und den Meeresarm umrunden. Um das offene Meer zu erreichen, folgten wir dem menschenleeren Strand, bis wir auf einem Felsvorsprung standen und auf die Wellen hinabblickten, die gegen die Felsen unter uns schlugen. In einem Moment konnten wir die Muschelbänke sehen, im nächsten waren die Felsen komplett unter Wasser. Ich zögerte, noch näher heranzugehen, da ich fürchtete, von einer Welle erfasst und von der Strömung ins offene Meer gezogen zu werden. Peter erklärte mir den Rhythmus der Wellen, und wir zählten gemeinsam: Jede fünfte oder siebte Welle war größer als die anderen.

Der Ozean war gefährlich wild und neu für mich. Ich hatte gelernt, mit dem Wetter in den Bergen umzugehen, ich konnte Flüsse durchqueren und mit dem Bogen in der Hand über Felsen und Bäume klettern, aber mit der Brandung kannte ich mich nicht aus. Anfangs zerrte ich an den kleineren Muscheln, die dicht an dicht auf den Felsen wuchsen, aber sie ließen sich nur schwer aus der Masse lösen. Weiter unten entdeckte ich größere Miesmuscheln, doch die waren der Brandung ausgesetzt, daher nahm ich meinen ganzen Mut zusammen und sprang zwischen zwei Wellen hinunter. Es war, als würde ich in ein schlagendes Hüpfseil springen, denn alle paar Minuten prallte eine riesige Welle gegen die zerklüfteten Felsen. Hastig riss ich die großen grünen Muscheln ab und warf sie in die mitgebrachte Plastiktüte, während ich immer wieder über die Schulter blickte, um Ausschau nach dem nächsten Brecher zu halten. Mit der Hand, in der ich die Tüte hielt, musste ich mich gleichzeitig an den Felsen festklammern.

Manchmal schwappte eine Welle über mich hinweg, aber das Wasser war nicht kalt. Langsam schwand meine Furcht, und ich fing an, den wilden, gnadenlosen Ozean zu schätzen.

Später kochten wir unsere Muscheln in einem großen Topf und verbrannten anschließend die Schalen, um mit der Asche unseren Garten zu düngen.

Nach und nach wurden die Frühlingstage länger und wärmer und die Pflanzen in unserem Garten Woche für Woche üppiger. Peter klärte mich über Saisonabhängigkeit, pH-Werte, Bodenbeschaffenheit und Spurenelemente auf, und ich gab mein Bestes, um mir alles einzuprägen. Ich zeichnete Diagramme in mein Notizbuch und verfasste ein Glossar auf der Rückseite; beinahe kam es mir so vor, als würde ich bei ihm in die Lehre gehen. Ich hatte sogar zwei Bücher über Pflanzenheilkunde mitgebracht, die ich eifrig studierte. Ich war froh über diese Kenntnisse, obwohl ich keine Gelegenheit hatte, sie zu erproben, da wir uns nie krank fühlten.

Wenngleich ich fest entschlossen war, das Gärtnern zu erlernen, musste ich mich doch zwingen, die nötige Begeisterung aufzubringen. Es fiel mir nicht leicht, stets diejenige zu sein, die etwas lernte, diejenige, die Anweisungen bekam. Manchmal vergaß ich irgendwelche Details, und wenn ich zum zweiten oder dritten Mal nachhakte, seufzte Peter und sagte: »Das hab ich dir doch schon erklärt!« Dann kam ich mir albern vor und fühlte mich verletzt. In solchen Momenten hätte ich am liebsten die Schaufel auf den Boden geschmissen und dem Gärtnern den Rücken gekehrt.

Aber ich schmollte nie lange. Die natürliche Schönheit um mich herum verfügte über die außergewöhnliche Fähigkeit, sämtliche negativen Gedanken und Gefühle verpuffen zu lassen. Das Sonnenlicht durch die Zweige eines Baums fallen zu sehen und den Vögeln zu lauschen, die sich nie wegen irgendetwas Sorgen zu machen schienen, half mir, die Dinge in die richtige Perspektive zu rücken, und hob meine Laune. Es tat mir gut, in dieser schönen, unberührten Landschaft zu leben.

Ich schaute Peter bei der Gartenarbeit zu, sah zu, wie er seine Sandalen auszog, vorsichtig zwischen die Beete trat und selbstvergessen die Pflanzen betrachtete, als habe er den Rest der Welt vergessen. Langsam ging er zu den Bohnen hinüber, bückte sich, zupfte ein paar tote Blätter ab und zog das Gras aus der Erde. Ich folgte ihm, und immer wenn ich kurz davor stand, auf einen Kürbistrieb zu treten, berührte er mich sachte an der Schulter. »Gib acht, sie sind sehr empfindlich.«

Ohne es zu merken, wurde ich aufmerksamer und wachsamer. Peter bat mich nie, ihm zuzuhören, doch mit den Monaten brachte er mir bei, ein Gespür für die Pflanzen zu entwickeln. Ich fand selbst heraus, dass Tomaten nicht gern berührt wurden. Manche Pflanzen mochten kein Wasser auf ihren Blättern oder auf dem Gras rund um ihre Wurzeln. Jede Pflanze hatte spezielle Vorlieben, die man nicht dem Lehrbuch entnehmen, sondern lediglich mit dem eigenen Instinkt erspüren konnte. Durch das Zusammensein mit unseren Pflanzen begann ich langsam, ihre verschiedenen Charaktere wahrzunehmen – die »Pflanzenseelen« zu erkennen.

Wir bauten mehr Gemüse an, als wir essen konnten, deshalb brachte ich unseren Überschuss zu Elisabeth, deren Frühlingsrasen übersät war mit gelben Narzissen. Sie hatte ebenfalls versucht, ein bisschen Gemüse anzubauen, aber Midnight hatte ihr den Ertrag noch vor der Ernte gestohlen. Jedes Mal wenn ich sie besuchte, reparierte ich irgendetwas an ihrem Gehöft, das langsam, aber unaufhaltsam verfiel. Während ich mit meinem Hammer und Nägeln hantierte, strickte Elisabeth oder häkelte Wollquadrate für eine Patchwork-Decke. Meine Gefälligkeiten waren wenig mehr als eine Ausrede, um zu ihr zu gehen. Es war, als befänden wir uns in einem Theaterstück der 1930er, in dem sie die Dame des Hauses gab und ich den Handlanger. In diesem entlegenen Winkel der Welt konnten wir sein, was immer wir wollten. Wenn ich meine Arbeiten erledigt hatte, setzten wir uns auf die Veranda und tranken Tee, der auf einem dekorativen Tablett serviert wurde.

Elisabeth liebte das alte Gehöft, es machte ihr nichts aus, ohne Strom zu leben und auf ihrem rußenden Kohleofen zu kochen. Sie liebte all die vertrauten Dinge, dennoch hatte ich den Eindruck, dass die Bürde der Vergangenheit auf ihr lastete. Sie war keine störrische, starke oder exzentrische Frau, sie war so sanft und zart wie ein Alpenblümchen. So fragil, dass ein unachtsamer Mensch sie niedertrampeln konnte, ohne es überhaupt zu bemerken. Ich mochte meine Freundin sehr, da sie etwas Unverfälschtes, Unschuldiges an sich hatte.

Der Garten stand in voller Blüte. Wir hatten alles, was wir uns vorstellen konnten: Possumfleisch, frische Meeresfrüchte und jeden Tag unser eigenes Gemüse. Dann fing es eines Tages an zu regnen. Die Tropfen trommelten so laut aufs Dach, dass wir uns kaum unterhalten konnten. Drei Tage prasselte es ohne Unterlass, und in der vierten Nacht schüttete es wie aus Kübeln. Es war, als wären die Wolken über der Golden Bay geplatzt.

Als der Regen am Morgen des fünften Tages endlich nachließ, rannten wir nach draußen. Der kleine Bach hatte sich in einen mächtigen, trüben Fluss verwandelt, der tonnenweise Sand aus den Bergen mitgerissen hatte. Er hatte sein ursprüngliches Bett verlassen und toste nun ungebremst über die Zufahrt. Die graswachsene Lichtung war zu einem See mit einem einen Meter hohen Sandboden geworden. Überall lagen Holzstämme und ganze Bäume, die die Strömung im oberen Tal entwurzelt hatte. Der frei liegende Schlick verwandelte sich in dem Augenblick, in dem wir versuchten, ihn zu überqueren, in Treibsand. Der Schaden war unfassbar.

Wir schauten über das Wattenmeer, das einst unser Garten gewesen war. Nein, nicht nur ein Garten, sondern unser Leben. Wir hatten viele Monate damit verbracht, den Boden zu kultivieren. Der Viertelhektar hatte uns all das Gemüse gegeben, das wir benötigten, und es war vernichtend zu sehen, dass nichts davon übrig geblieben war.

Peters Blick schweifte verzweifelt durchs Tal. »Ich wette, die Straße ist total zerstört. Wir werden es nie mit dem Auto hier raus schaffen. Wie sollen wir bloß an Essen kommen?«

»Wir könnten wieder Gemüse anbauen, vielleicht an einer anderen Stelle?«, schlug ich vor.

»Das dauert doch Jahre!« Er ließ sich auf einen schlammverschmierten Baumstamm fallen.

»Dann müssen wir eben nach Takaka wandern und mit dem Rucksack neue Vorräte besorgen«, sagte ich.

Er schaute mich mit besorgtem Gesicht an. »Wie viele Lebensmittel haben wir noch?«

»Genug für zwei, vielleicht drei Wochen.« Ich zuckte die Achseln. »Ich könnte zur Piste laufen und per Anhalter fahren. Das dürfte kein Problem sein.«

Zum Glück lag unsere Hütte hoch genug, um der Flut zu entgehen. Das kleine Gebäude war noch intakt, doch das Rohr, das unser Wasser vom Bach zu uns leitete, war komplett weggespült worden, weshalb wir nun Wasser in Eimern aus dem Fluss holen mussten.

Später erfuhren wir, dass in weniger als zwei Tagen ein ganzer Meter Regen gefallen war. Man sprach von einer »Fünf-Jahrhunderte-Flut«. Der Zivilschutz hatte Straßensperren errichtet, Weide- und Ackerland waren überzogen von Sand, Schlamm und Baumstämmen. Gewaltige Erdrutsche hatten Häuser unter sich begraben. Traurigerweise gab es Tote und Verletzte zu beklagen, und der Abel-Tasman-Nationalpark war vorübergehend für Besucher geschlossen. Wanderer durften den berühmten Küstenweg nicht mehr begehen, da sämtliche Brücken weggespült worden waren und Schlamm- und Erdlawinen den Weg unpassierbar gemacht hatten.

Elisabeths Blockhaus war den Fluten nur knapp entronnen. Der Fluss hatte abgerissene Bäume und Sträucher, riesige Steine und tonnenweise Sand direkt hinter dem Gehöft angespült. Als wir sie besuchten, erzählte sie uns, dass sie in ihrem Leben nie etwas Ähnliches gesehen hatte. Das ganze Tal war zu einer riesigen, kilometerweiten Sandgrube geworden. Sie sagte, sie habe die Erde rumpeln hören, was ihr schreckliche Angst eingejagt hatte.

Peter und ich wanderten die Schotterpiste entlang, um den Schaden zu begutachten. Mächtige Erdrutsche hatten die Straße weggerissen. Blanker Fels wechselte ab mit großen Flächen umgestürzter Bäume, vor uns taten sich gut hundert Meter tiefe Abgründe auf. Die Flüsse waren voller braunem Schlamm. Wir mussten über uralte Bäume klettern, die quer über der ehemaligen Piste lagen. Nach ein paar Stunden kamen wir gar nicht mehr weiter, da die Straße komplett verschwunden war: Vor uns lag eine große Schlucht voller goldenem Sand.

Sobald es uns möglich war, begannen wir, einen neuen Garten an einer höher gelegenen Stelle anzulegen. Während des Sommers gediehen die Pflanzen rasch, und schon bald konnten wir das erste schnell wachsende Gemüse essen. All die Pflanzen, die eine längere Zeit brauchten, um zu gedeihen, waren für immer verloren, einschließlich unserer Kartoffeln. Da wir den Park nicht verlassen konnten, waren wir nun komplett isoliert. Doch das plötzliche Fehlen der Straße hatte einen überraschend angenehmen Effekt: Wir empfanden eine wundervolle Ruhe, als wären wir wieder in der unberührten Wildnis. Sämtlicher Kontakt zur Außenwelt war abgebrochen. Die einzige Möglichkeit, aus dem Nationalpark hinaus- oder umgekehrt hineinzugelangen, war wie zu Elisabeths Kindheit über das Meer – oder per Helikopter.

Der Sommer brachte Hunderte, wenn nicht Tausende Zikaden mit sich. Der Wald vibrierte förmlich von ihrem Gezirpe. Wenn man zwischen den Bäumen stand, war der Lärm der Insekten nahezu ohrenbetäubend. Die Larven verbrachten Jahre unter der Erde, bevor sie nach oben krochen und sich bis zum Schlüpfzeitpunkt an der Rinde eines Baums festklammerten. Anschließend flog die Zikade davon und ließ ihre trockene braune Hülle zurück. Eine solche Hülle fand man an jedem Baum. Manchmal landete eine große Zikade versehentlich auf meinem Arm, und ich betrachtete ihren grünen Rücken, der aussah, als hätte ihn ein Künstler bemalt. Mit ihren roten Augen und den hakenförmigen Beinen wäre sie – bei entsprechender Größe – sicher eine Furcht einflößende Kreatur gewesen.

Eines heißen Tages versuchten wir, einem Fluss hinauf in die Berge zu folgen. Das Tal lag fernab sämtlicher markierter Wanderwege, und wir sahen uns einer Schönheit gegenüber, die wahrscheinlich sehr lange Zeit von niemandem mehr bewundert worden war. An einer Stelle stießen wir auf einen riesigen, glatten Felsen. Wir klammerten uns mit den Fingern an schmalen Felsvorsprüngen fest und kraxelten hinauf. Oben angekommen, blickten wir auf einen tosenden Wasserfall, der rhythmisch zu pulsieren schien. Es war ein unglaubliches Gefühl, den Herzschlag des Wasserfalls zu beobachten.

Nach dem Mittagessen erklommen wir einen Höhenrücken und fanden uns zwischen alten Rimu-Bäumen – Harzeiben – wieder. Einer von ihnen wurde umschlungen von den Lianen eines Nordinsel-Eisenholzes, einer Pflanze mit prächtigen roten Blüten. Der ganze Boden unter der Harzeibe war mit einem Teppich aus Blütenblättern bedeckt.

»Glaubst du, das Eisenholz bringt den Rimu irgendwann um?«, fragte ich und berührte eine Liane, die so dick war wie mein Oberschenkel.

»Nun, die Ökologen behaupten, dass Eisenholz einem Rimu Konkurrenz macht und ihn letztendlich erstickt«, antwortete Peter. »Aus darwinistischer Sicht geht es um das Überleben des Stärkeren – eine Hypothese, die sich zu einem kulturellen Konstrukt entwickelt hat. In Wirklichkeit vermute ich, dass sehr viel mehr an Symbiose dahintersteckt, als auf den ersten Blick zu erkennen ist. Eisenholz keimt nur in ausgewachsenen Bäumen, und der Rimu erlaubt dem Eisenholz, ihn so lange zu umschlingen, bis er stirbt. Der tote Baum verrottet und bietet dem Eisenholz Nahrung – ein außergewöhnlicher Zyklus des Lebens.«

Ich folgte Peter die dicke Liane hinauf; sie war fast so leicht zu erklimmen wie eine Leiter. Nach etwa zehn Metern kam mir der Boden sehr weit weg vor, aber Peter kletterte immer weiter. Zögernd stieg ich hinter ihm her. Der Rimu-Baum war so gigantisch, dass wir bald den ganzen Wald überblicken konnten. Ich hakte ein Bein in eine Schlinge der Liane ein und genoss den Anblick der sanft gewellten Baumwipfel. Wir befanden uns auf gleicher Höhe mit zwei Glockenvögeln. Sie waren ausgesprochen überrascht, uns in ihrem Baum zu entdecken. Das Blätterdach unter uns wogte sanft in der Brise, ab und an leuchteten rote Blüten zwischen dem satten Grün hervor. Ich konnte die großen Baumfarne unter uns erkennen, deren Wedel perfekte Sonnenschirme bildeten. Die Harzeibe, auf der wir saßen, schwang sanft von links nach rechts. Das Zirpen der Zikaden hallte durch die Luft, und ich hatte das

...ch mit meinem schweren Rucksack auf dem Te Araroa Trail, dem [lä]ngsten Fernwanderweg Neuseelands
© *Lottie Hedley*

Oben: Peter, umgeben von jungen, einheimischen Scheinbuchen, vor unserem Lagerfeuer mit Treibholz vom Flussbett

Unten links: Ich beim Bogenschießen in unserem Garten vor unserem Aufbruch in die Wildnis

Unten rechts: Ich in der Weste, die ich mir aus Possumfellen genäht habe
© *Lottie Hedley*

Oben: Unser starr gefrorenes kleines Zelt an einem Morgen mitten im Winter in Marlborough

Rechts: Mein Atem sieht in der kalten Luft aus wie eine Rauchwolke. Ich trage all meine Klamotten, um warm zu bleiben!

Oben: Peter bringt unsere Lebensmittel zu unserem Wintercamp in den hohen Bergen im Süden der Provinz Marlborough.

Links: Peters und mein Hochzeitstag

Gegenüberliegende Seite oben: Die steilen, zerklüfteten Berge im Paparoa-Nationalpark an der Westküste der Südinsel

Gegenüberliegende Seite unten: Daniel bringt mir bei, sein Jagdgewehr zu benutzen.

Gegenüberliegende Seite oben: Herrlich klares Wasser in den Bergen im Süden von Marlborough

Gegenüberliegende Seite unten: In der Spirits Bay am Anfang unserer langen Wanderung auf dem Te Araroa Trail

Rechts: Auf dem Te Araroa Trail beim Durchqueren von South Canterbury
© *Floortje Dessing*

Unten: Der Tag, an dem wir unsere Dreitausend-Kilometer-Tour auf dem Te Araroa Trail geschafft haben.

Links: Ich wate durch einen kristallklaren Fluss, der direkt aus einem Gletscher in South Canterbury fließt.
© *Floortje Dessing*

Rechts: Peter und ich suchen unter einem Manuka-Busch Schutz vor dem Regen.
© *Lottie Hedley*

Gefühl, dass der Gesang dieser Insekten in meinem ganzen Körper resonierte. Es war einfach der Wahnsinn, so hoch über dem Wald zu sitzen.

Nach einer Weile kletterten wir hinunter auf den Boden und kehrten am späten Nachmittag zur Hütte zurück. Wir wollten gerade in unsere Zufahrt einbiegen, als wir einen gebückten Mann mit mehreren Hunden die Schotterpiste überqueren sahen.

Peter fasste mich am Arm. »Warte. Der Kerl kommt mir verdächtig vor, als würde er herumschnüffeln, um etwas zu stehlen. Es ist besser, wenn er uns nicht sieht.«

Wir versteckten uns hinter einem Baum, bis er außer Sichtweite war.

Zurück an der Hütte, saßen wir auf der Veranda und tranken Tee, als wir jemanden auf uns zumarschieren sahen. Mir klappte die Kinnlade herunter. Der Mann mit den Hunden war Maus! Seine Schultern waren herabgesackt, er wirkte verloren und am Boden zerstört.

Ich rannte zu ihm. »Maus!« Es fühlte sich an, als würde das letzte bisschen Kraft aus ihm weichen, als er in meine Arme sackte.

»Debbie hat mich verlassen«, stieß er hervor.

Alles, was von ihm übrig geblieben war, war eine Hülle, ein trauriges, verzweifeltes Skelett mit Tränen in den Augenhöhlen. Der unerschrockene Gesichtsausdruck, den er sonst zur Schau trug, sein fröhliches Lächeln und seine grenzenlose Energie waren verschwunden. Die Veränderung war so enorm, dass ich mir auf der Stelle ernste Sorgen um ihn machte.

Wir setzten uns, und Ricky erzählte uns seine Geschichte. Debbie und er waren zunehmend ungehaltener und frustrierter über das Verhalten des anderen geworden, hatten sich auseinandergelebt. Letzte Woche hatte sie ihm mitgeteilt, dass sie die Scheidung wolle. Er hatte vor Wut gebrüllt, ihre Hochzeitsfotos durchs Zimmer geworfen und seinen Ring gegen die Wand. Während Maus erzählte, fing er an zu weinen und beteuerte, er sei bereit, alles zu tun, um Debbie zurückzugewinnen.

Für mich war es keine Überraschung, dass sich die beiden letzendlich getrennt hatten. Was mich dagegen erstaunte – beinahe beängstigte –, war, wie sehr Maus die Trennung zusetzte.

Am nächsten Morgen gingen wir zu Rickys Boot. Er hatte in den Nachrichten gehört, dass die Straße zerstört worden war, und uns daher auf dem Wasserweg Lebensmittelnachschub gebracht. In den folgenden Tagen wurde er nach und nach ruhiger. Während wir draußen in unserem Feuertopf Brot backten, saß er stumm da und betrachtete den Wald und unseren Garten. Wir nahmen eine friedliche Gelassenheit an ihm wahr, die vorher nicht da gewesen war.

»Je mehr man von Schönheit umgeben ist, desto mehr fängt man an, die Schönheit zu erkennen«, sagte er einmal aus heiterem Himmel.

Langsam schien er zu begreifen, was passiert war. Er war in einer gewalttätigen, von Armut geplagten Welt aufgewachsen und hatte sich nichts sehnlicher gewünscht als den Lebensstil der Mittelklasse, von dem er sich das Gefühl von Stabilität versprach. Mit der Scheidung würde er die Hälfte von allem verlieren und seinen Besitz verkaufen müssen. Zusammen mit seinem Haus, dem Grundstück und den Tieren würde er auch seine Sicherheit und seinen Status einbüßen.

Nach einer Woche wurde er fröhlicher und lächelte öfter. Eines warmen Tages schleppten wir Terrys Kajaks zum Fluss und paddelten aufs Meer hinaus. Wir folgten der Küstenlinie, bis wir einen unberührten kleinen Strand mit goldenem Sand entdeckten. Nachdem wir die Kajaks an Land gezogen hatten, sammelten wir Treibholz und zündeten ein Feuer an, um Tee zu kochen. Maus entdeckte Muscheln an den Felsen. Er verknotete die Ärmel seines T-Shirts, das wir benutzten, um die Meeresfrüchte zu sammeln, die wir anschließend in dem Topf für unser Teewasser kochten und zum Abendessen verspeisten. Während wir aßen, betrachteten wir den blauen Ozean und zwei Rotschnabelmöwen, die aus dem klaren Himmel aufs Wasser herabstießen. Mit ihren roten Beinen und dem weiß-grauen Gefieder sahen sie aus wie Geschäftsmänner in eleganten Westen. Sie hatten uns schon von weitem entdeckt, und einer der Business-Vögel lieferte uns zum Preis von einer Muschel eine Show. Er stellte sich auf die Zehen, um sich groß zu machen, dann fing er an, den zweiten Business-Vogel anzuschreien, der sich duckte und auf urkomische Art und Weise die Flügel herabhängen ließ. Als wir aufgegessen hatten, verloren sie das Interesse an uns.

An anderen Tagen brachen wir zu langen Spaziergängen auf oder arbeiteten im Garten. Oft saßen wir zusammen im warmen Sonnenschein und plauderten. Ich machte es mir im Schneidersitz im hohen Gras bequem, während Maus meine Haare flocht und mit Peter sprach. Maus amüsierte und überraschte mich immer wieder, und er war einfühlsamer und herzlicher, als ich ihn je zuvor erlebt hatte.

Wir waren alle drei rundherum glücklich. Ich war sprachlos vor aufrichtiger Freude darüber, dass eine solch perfekte Harmonie zwischen Menschen tatsächlich möglich war. Es gab weder Eifersucht noch Wettbewerb, noch sonstige Unstimmigkeiten; wir waren einfach zusammen, im Herzen der Wildnis. Es gab keine neugierigen Blicke einer voreingenommenen Gesellschaft mit ihren stillschweigenden Regeln, wer wen zu lieben hatte. Diese Art von Freundschaft war die freieste und reinste Form der Freundschaft überhaupt.

Eines Abends sprachen wir über Maus' Zukunft.

»Weißt du, Maus«, sagte Peter. »Als ich meinen Besitz verkauft habe, befand ich mich in einer ähnlichen Lage wie du. Es war fantastisch. Ich habe mich so frei gefühlt.«

»Ja, aber du hattest beschlossen, alles loszuwerden. Ich dagegen wurde dazu gezwungen.« Maus lächelte und überlegte einen Moment, bevor er fortfuhr: »Ihr zwei besitzt nichts, aber ihr habt euch. Ihr müsst euch keine Sorgen darum machen, dass ihr euren Besitz verliert, aber ihr müsst euch umeinander sorgen.« Er sah mich an. »Wenn Peter etwas zustößt, wirst du zusammenbrechen!«

»Ja«, stammelte ich völlig perplex, da ich wusste, dass er recht hatte. Ich zögerte einen Augenblick, bevor ich weitersprach. »Ich fühle mich sehr sicher mit Peter. Ich kann überall leben, ganz gleich, an welchem Ort, solange er bei mir ist. Er ist mein Anker, meine Sicherheit.« Mein Blick schweifte zum Feuer. »Natürlich bringt diese Sicherheit die Furcht, Peter zu verlieren, mit sich. Ich habe so große Angst um ihn, dass ich ihn am liebsten in Watte packen würde.« Ich versuchte zu lachen.

»Und das ist das Schlimmste, was du tun kannst«, erwiderte Peter mit einem schiefen Grinsen.

»He«, sagte Maus. »Wenn das so ist: Warum hast du dich für einen Mann entschieden, der dreißig Jahre älter ist als du und womöglich an Altersschwäche stirbt, wenn du noch jung bist?«

»Ich habe mich in ihn verliebt.« Ich strahlte Peter an. »Doch sollte ich irgendwann allein sein, bin ich hoffentlich stark genug, um auf eigenen Füßen zu stehen.« Ich klang überzeugter, als ich es tatsächlich war.

»Wer behauptet eigentlich, dass ich zuerst sterbe?«, fragte Peter. »Du könntest krank werden oder bei einem Unfall ums Leben kommen, und dann bin ich derjenige, der übrig bleibt.«

»Und was würdest du tun, Peter, wenn du allein wärst?«, wollte Maus wissen.

»Das wäre extrem schwierig. Diese Art und Weise zu leben ist nur für uns zwei geeignet, ich müsste also etwas völlig anderes tun.« Peter beugte sich vor und zog seine Socke zurecht. »Aber ich habe schon früher allein gelebt, daher weiß ich, dass ich das kann.«

Nach zwei Wochen bei uns musste Ricky nach Hause zurückkehren, um dort Termine wahrzunehmen. Das Wetter hatte umgeschlagen, es wehte ein kräftiger Ostwind. Als wir ihn zum Meeresarm begleiteten, sahen wir in der Ferne weiße Schaumkronen auf den Wellen. Bevor er aufbrach, versprach Maus, umzukehren, sollte es auf dem Ozean zu gefährlich werden. Peter und ich schoben das Boot ins tiefere Wasser. »Geh da draußen bloß nicht verloren«, sagte Peter, aber Maus hörte ihn nicht, so laut heulte der Wind. Er winkte lächelnd, und wir winkten zurück.

»Geh da draußen bloß nicht verloren!«, rief Peter noch einmal, und diesmal reckte unser Freund den Daumen in die Luft. Dann drehte er sich um und lenkte das Boot tapfer aus der Mündung aufs offene Meer.

»Ob er wohl kehrtmacht?«, fragte Peter, kurz bevor Maus die Wellen mit den weißen Schaumkronen erreichte.

»Nein«, sagte ich. »Der macht weiter.«

Eines schönen Sommertags beschloss ich, den ruhigen Pfad durch die Berge gleich oberhalb der Hütte entlangzuwandern. Peters Knie hatte sich noch nicht weit genug erholt, um steile Wege mit einem schweren Rucksack auszuhalten, daher gab ich ihm zum Abschied einen Kuss und zog allein los mit Lebensmitteln, die für sechs Tage reichten. Der Ruf des Kaka, eines roten Papageis, hieß mich in den Bergen willkommen. Je weiter ich hinaufstieg, desto näher kam ich dem Himmel. Ich lebte gern in unserer Hütte, aber die Berge hatten etwas, das mich nicht losließ. Über die lebensfeindlichen, schroffen Kämme zu wandern, wo Sturm und Wind freies Spiel hatten, verlieh mir ein seltsam befreiendes Gefühl der Bedeutungslosigkeit. Allein die Gegenwart zählte – ein reinigender Effekt, der all den Unsinn abfallen ließ, der in den Augen der Natur nichts zählte.

Ein Jahr an ein und demselben Ort zu leben, hatte durchaus angenehme Seiten. Ich sah die Jahreszeiten kommen und gehen, die Pflanzen wachsen, und meine Freundschaft mit Elisabeth entwickelte sich großartig, doch vor allem in den Sommermonaten zog es mich immer wieder in die Berge, und ich verspürte den wachsenden Drang, erneut wandern zu gehen.

Ich folgte dem Pfad über den Kamm und verbrachte die Nacht in meinem Zelt im Wald. Maus' Bemerkung, ich würde zusammenbrechen, sollte Peter etwas zustoßen, kam mir in den Sinn. Ich malte mir Peters Tod aus. Tränen schossen mir in die Augen, allein die Vorstellung war lähmend. Eine Weile starrte ich in die Dunkelheit, bis mir klar wurde, dass ich mich mehr vor meinen eigenen Gedanken an eine mögliche Zukunft fürchtete als vor dem, was in diesem Augenblick tatsächlich war.

Ich kam mir vor wie ein Kind, das vor dem Schatten eines Wolfs an der Wand erschrak, nur um festzustellen, dass dieser Schatten von den eigenen Händen vor einer Lampe verursacht wurde. Viele Ängste basierten auf abstrakten Gedanken, erkannte ich.

Das Wandern war ein Genuss. Der Weg war leicht zu verfolgen, der Wald vielfältig, der Ausblick über die Bucht atemberaubend. Eines Abends baute ich mein Zelt auf dem weichen Gras unter einer großen Scheinbuche auf, zündete ein Feuer an und aß mein Abendessen. Als die Dämmerung hereinbrach, verfärbte sich der Himmel im Osten blassblau und rosa im Westen. Die Umrisse der Bäume hoben sich scharf und dunkel von diesem Farbenspiel ab. Ich schlenderte ziellos ein Stück in den Wald hinein. Auf einmal spürte ich, wie sich die Welt um mich herum erweiterte. Alles war wunderbar und ergab Sinn. Mir wurde klar, dass der Sinn des Lebens in der Ziellosigkeit lag: Wenn es keinen Fokus gibt, öffnet sich die Welt.

Ich dachte an das Dorf, in dem ich aufgewachsen war. Die stillen, kleinen Straßen, mit Weiden gesäumt, über die ich so oft mit meinem gelben Fahrrad geflitzt war. Wie gern war ich zu einem Naturschutzgebiet geradelt und auf eine Weide geklettert, um die Vögel auf dem Haff zu beobachten. Als Kind war die Welt für mich neu und voller Schönheit gewesen, doch als ich erwachsen war, schwand dieser Eindruck. Durch meinen Rückzug in die Natur offenbarte sich mir diese verwunschene Welt nach und nach erneut.

An den meisten Tagen des ruhigen Sommers spazierten Peter und ich hinunter zur Küste. Der riesige Meeresarm sah jedes Mal anders aus. In der Mitte befand sich eine kleine, malerische Insel, und es gab eine überwältigend schöne Bucht mit außergewöhnlich klarem Wasser. Bei Ebbe war der Boden mit geriffelten Mustern überzogen, und es wimmelte nur so von Krabben und anderen Meerestieren, die sich im Watt versteckten, bis die Flut zurückkehrte. In den vielen Gezeitentümpeln ruhten Stachelrochen.

Eines Tages folgten Peter und ich bei Ebbe der felsigen Küste und sammelten eine Tasche voll Felsenaustern. Auf dem Rückweg entdeckten wir ein warmes Becken. Ich legte den Kopf auf Peters Schoß, dessen Beine im Wasser baumelten. Wir besprachen die Idee, uns eines Tages ein eigenes Stück Land zu kaufen. Begeistert malten wir uns aus, welche Obst- und Nussbäume wir pflanzen könnten, wie wir unser Häuschen bauen und Ziegen für Milch und Käse halten würden.

»Das einzige Problem ist«, sagte Peter, »dass ich nie wieder einen Kredit aufnehmen möchte. Das musste ich schon einmal tun, damals, für die Obstplantage. Einen Kredit zu bedienen, bedeutet permanenten Stress.« Er nahm einen kleinen Stein und klopfte damit auf den Felsen, auf dem er saß.

Ich erinnerte mich an die Fotos, die Peter als Dreißigjährigen zeigten. Mit einem schiefen Lächeln stand er zwischen ordentlichen Reihen von Orangen- und Avocadobäumen, eine schwarze Katze auf dem Arm.

»Wir müssen ein Stück Land finden, das wir kaufen können, ohne Schulden bei der Bank zu machen«, überlegte ich.

»Land mit fruchtbarem Boden für eine ertragreiche Ernte ist oft recht teuer.« Peter legte mir vorsichtig den warmen Stein auf die Stirn.

Das weiche Nachmittagslicht tauchte alles um uns herum in einen orangefarbenen Schein. Die alten Scheinbuchen klammerten sich unermüdlich an die Felsen, ihre dicken, starken Wurzeln ragten in die Luft, zerfressen vom Wind und der salzigen Luft. Ich roch den Duft der Südseemyrte, vermischt mit dem des Meeres. Die Flut brach so schnell herein, dass wir zusehen konnten, wie das Wasser in den sandigen Meeresarm strömte.

Als wir zur Schotterstraße zurückkehrten, begegneten wir einer jungen Frau mit lockigen Haaren, die uns fröhlich mit einem französischen Akzent begrüßte. Sie hatte ein herzförmiges Gesicht, braune Augen und dunkles Haar und war schlank und sportlich. Sie trug eine locker fallende kurze Hose, ein enges Oberteil und rosa Sportschuhe. Auf dem Rücken hatte sie einen kleinen Rucksack, und alle paar Minuten trank sie mit einem Strohhalm eine

Flüssigkeit, die sie in einem Seitenfach verstaut hatte. Sie erzählte uns, dass sie beim Laufen war, und zeigte uns die Dreißig-Kilometer-Strecke auf ihrem Smartphone. Sie müsse jetzt nur noch den Meeresarm durchqueren, um zu ihrer gemieteten Hütte auf der anderen Seite zu gelangen.

»Das dürfte schwierig werden. Wahrscheinlich wirst du schwimmen müssen«, teilte Peter ihr lachend mit.

»Meine Eltern warten auf mich.« Sie deutete über die Bucht. »Sie machen hier Urlaub, um mich zu sehen. Meine Mutter wird sich Sorgen machen. Ich werde um die Bucht herumlaufen müssen.«

Ich versuchte, ihr klarzumachen, dass der Meeresarm sehr viel breiter war, als er auf den ersten Blick wirkte. Es war nicht leicht, ihn zu umrunden, denn die Klippen und Felsen waren sehr steil und zerklüftet, doch sie schien fest entschlossen und zog bereits ihre Schuhe aus. Da ich wusste, dass sie Stunden brauchen würde, schlug ich ihr vor, mit uns zu kommen, unser Kajak zu nehmen und den Fluss hinunterzupaddeln.

»Und wie bekommt ihr euer Kajak zurück?«, fragte sie und richtete sich langsam wieder auf.

»Du kannst es auf der anderen Seite der Bucht verstecken, und ich komme morgen bei Ebbe vorbei und hole es ab.«

Das überzeugte sie, und wir machten uns über den langen, sandigen Pfad auf den Weg zur Hütte. Wir erfuhren, dass sie Celine hieß und als onkologische Chirurgin in einem öffentlichen Krankenhaus arbeitete. Sie war nur vier Jahre älter als ich, und dennoch hätte die Welt, in der sie lebte, keinen größeren Kontrast zu meiner eigenen Welt darstellen können. Sie verbrachte die meisten Tage drinnen, führte mithilfe der neuesten Technik Operationen durch, um Menschenleben zu retten. Sie war klug und direkt, und wenn sie redete, verströmte sie so viel Energie, dass man diese beinahe greifen konnte. Es war, als stünde sie permanent unter Strom. Ich hatte den Eindruck, dass Celine das Leben als eine Reihe von Hindernissen betrachtete, die sich leicht überwinden ließen, solange man wusste, was man wollte.

»Was denkst du als Medizinerin über die Zukunft, und was macht dir Sorgen?«, fragte Peter, der sich nie die Chance entgehen ließ, etwas Neues zu erfahren.

»Eine Pandemie«, antwortete sie, ohne nachzudenken. »Die Frage ist nicht, ob, sondern *wann* es dazu kommen wird. Ein fataler Virus oder Bakterien können sich über die Klimaanlagen in den Flugzeugen in Windeseile in der ganzen Welt verbreiten. Dazu kommt eine steigende Anzahl von antibiotikaresistenten Erkrankungen. Wegen der höheren Lebenserwartung glauben die Menschen, wir würden Fortschritte machen, aber das menschliche Immunsystem war nie geschwächter als heutzutage.«

Ich erzählte ihr, dass wir uns auf die Apokalypse vorbereiteten und eine Notfallhütte gebaut hatten, und sie hörte interessiert zu. »Was wirst du im Falle einer Pandemie tun?«, fragte ich sie.

»Ich? Ich werde mit dem sinkenden Schiff untergehen«, antwortete sie. »Ich bin ein Stadtmensch, kein geübter Überlebenskünstler.«

»Du solltest mit uns kommen!« Ich lachte. »Deine medizinischen Fertigkeiten könnten uns das Leben retten, und im Gegenzug retten wir deins.«

Während wir ihr unseren Gemüsegarten zeigten, tauchten William und Wanda mit ihren vier Küken auf.

»Das sind unsere Wekarallen«, erklärte ich stolz. »Sie haben entdeckt, dass wir eine hervorragende Futterquelle darstellen, und Wanda hat Westie, Wimpie, Wicky und Woolly ausgebrütet.« Ich lachte.

»Die Vögel sind Wildtiere?«, fragte Celine.

»Aber ja«, antwortete Peter. »Sie leben irgendwo im Wald. Viele der einheimischen Vögel sind recht zahm, weil sie es nicht mit Bodenräubern zu tun haben. Wekarallen haben keine Angst vor Menschen, aber sie schauen immer voller Furcht zum Himmel, wenn ein Flugzeug vorüberfliegt. Sie sind an Lufträuber gewöhnt.«

Nachdem wir uns mit selbst gebackenem Brot und Possumeintopf gestärkt hatten, trugen Celine und ich das Kajak zum Fluss. Ich fasste vorn an, Celine hinten.

»Und wie ist es, als französische Chirurgin in Neuseeland zu leben?«, fragte ich.

Sie schwieg ein paar Sekunden, und ich dachte schon, sie habe meine Frage nicht gehört, doch dann antwortete sie: »Ich habe in verschiedenen Krankenhäusern gearbeitet und herausgefunden, dass mein persönlicher Glückslevel unmittelbar verknüpft ist mit der allgemeinen Atmosphäre auf meiner Station. Wenn die anderen Ärzte und die Schwestern hilfsbereit und verantwortungsvoll sind, ist mein Leben gut. Gibt es Spannungen oder Konflikte, wird mein Leben schlagartig unausgewogen und stressig.«

Eine Weile gingen wir schweigend weiter.

»Vermisst du nicht ab und an eine heiße Dusche, neue Klamotten, ein gutes Restaurant oder ein bisschen Kultur?«, fragte sie dann.

»Ähm, nein.« Ich schaute mich um, sah ihr in die Augen und lächelte. »Ich weiß, dass ich für meinen Verzicht auf Komfort und Vergnügungen das hier bekomme.« Ich deutete auf die Berge in der Ferne und auf die wogenden Rohrkolben am Wegrand. Ihre zigarrenähnlichen Köpfe steckten fest auf den gut zwei Meter langen Stängeln.

»Die Schönheit der Natur«, erwiderte sie nachdenklich. »Eine Sache, die man nicht kaufen kann.«

Als wir die Brücke erreichten, ließ ich das Kajak in den Fluss gleiten. Das Wasser war so klar, dass die Steine am Boden genauso hell aussahen wie die Kiesel am Rand.

»Habt ihr eine Postadresse?«, erkundigte sie sich. »Ich habe ein Buch über das Überleben in der Wildnis, das ich nicht brauche.« Sie hielt einen kurzen Moment inne. »Nun, vielleicht könnte ich es schon gebrauchen, aber mir fehlt einfach die Zeit, es zu lesen, also schicke ich es stattdessen euch.«

Ich gab ihr die Adresse von Terry und Rachel, die sie in ihr Smartphone eintippte. Ihre eigene notierte sie unter einer alten Quittung, dann stieg sie ins Kajak. Als sie bequem saß, sagte sie lächelnd: »Ich bewundere euer freies Leben!«

Ich lachte. »Vergiss nicht, der Natur ab und an einen Besuch abzustatten. Die Natur heilt die Seele!«

Als sie außer Sichtweite war, betrachtete ich die Quittung genauer und stellte fest, dass sie siebenundachtzig Dollar für ein Stück Biokäse und eine Flasche Wein ausgegeben hatte. Wir lebten tatsächlich in verschiedenen Welten.

Eines Nachmittags am Ende des langen Sommers machte ich mich auf den Weg zu Elisabeths Gehöft. Ich kletterte über den umgestürzten Baumstamm, machte halt, um die letzten Beeren zu pflücken, und marschierte weiter zu ihrem Blockhaus.

Als ich durch das moosbewachsene Tor trat, spürte ich eine ganz besondere Stille. Ein Kaninchen hoppelte über den Rasen. Die verrosteten Angeln quietschten aufdringlich. Aus dem Schornstein quoll kein Rauch, und Elisabeth saß nicht auf ihrem Stuhl auf der Veranda.

»Elisabeth?« Ich versuchte, die alte Holztür zu öffnen, doch sie war verschlossen. Durchs Fenster sah ich ihre Stickarbeit auf dem Tisch liegen. Mein Blick fiel auf den Hammer mit dem Holzgriff und die Dose mit Nägeln, die bei meinem letzten Besuch auf der Veranda liegen geblieben waren, als ich ein Loch im Dach repariert hatte. Elisabeth hatte ein Stück Eisenblech für die Flickstelle gefunden, und wir hatten gelacht, als sie darauf bestand, die wackelige alte Leiter festzuhalten, die ihr Großvater aus einheimischem Holz gefertigt hatte.

Ganz offensichtlich war niemand zu Hause, und als ich zwei Tage später zurückkehrte, war das Haus immer noch leer. Elisabeths Leben in der Wildnis schien ein abruptes Ende genommen zu haben. Was immer geschehen war, sie hatte nicht die Zeit gehabt, es mir vor ihrer Abreise mitzuteilen. Die Stapel aus Papier, Decken und Kleidungsstücken lagen noch immer auf dem Rasen. Es war ihr nicht gelungen, Ordnung in die Besitztümer ihrer Familie zu bringen; beim ersten Herbststurm würde alles fortgeweht werden. Ich packte das Ganze in mehrere, mit kleinen Bohrlöchern versehene Holztruhen im Schuppen, die neben mehreren großen Sensen standen. Anschließend kehrte ich auf die Veranda zurück und setzte mich ein letztes Mal in die warme Sonne. Die vielen

Füße, die über die Holzdielen gelaufen waren, hatten eine glatte Vertiefung hinterlassen. Ich stellte fest, dass das Fenster unverschlossen war, also nagelte ich es zu, um Einbrecher und clevere Possums draußen zu halten.

Es machte mich sehr traurig, dass Elisabeth fort war. Wir hatten die Gesellschaft der anderen genossen, und ich empfand große Bewunderung für ihren Mut, in ihrem Alter an diesem Ort auf eine so urtümliche Art und Weise zu leben. Ich schaute auf das vertrocknete Gras und den Ozean in der Ferne. Dunkle Wolken brauten sich im Norden zusammen, die Luft roch nach Regen.

Nach einer ganzen Weile stand ich auf und ging zum Tor. Eine leichte Brise wehte das erste gelbe Blatt einer Eiche vom Baum. Es schwebte langsam hinab ins hohe Gras, in dem bereits die ersten Eicheln lagen. Das Blatt war schön – und überraschend farbintensiv. Es war das erste von vielen, die nach und nach die Erde bedecken würden. Ich schloss das Tor hinter mir. Die Vergangenheit war verstrichen, um Platz für einen Neubeginn zu machen.

Nachdem wir viele Wochen Holz und Steine geschleppt hatten, um den Fluss von der Zufahrt abzuleiten, waren wir endlich wieder in der Lage, uns mit dem Auto bis zur Piste und zu einer Stelle am Fluss durchzuschlagen, wo einige Ferienhausbesitzer einen Lastkahn organisiert hatten, um gestrandete Fahrzeuge abzutransportieren. Wir glitten an leeren Buchten und Meeresarmen vorbei, und wieder einmal staunte ich über all diese Schönheit. Wolken hingen in den Berggipfeln, der dichte Wald in der Ferne wirkte unberührt und undurchdringlich.

Als wir vom Kahn runter waren, fuhren wir in die Stadt, um uns mit Terry und Rachel zu treffen. Während Peter draußen Terry half und Rachel Salat und Lachs zum Abendessen vorbereitete, suchte ich die Nummer von Elisabeths Bruder aus dem Telefonbuch heraus. Er erklärte mir, dass Elisabeths Familie und ihr Arzt es nicht guthießen, dass sie völlig allein in einem abgelegenen, verfallenen Gehöft lebte, zu dem nicht mal mehr eine Straße führte, über die man Lebensmittel oder Hilfe hätte schicken können, also hätten sie sie von einem Hubschrauber abholen lassen. Ihr Bruder versicherte mir, sie sei in der Stadt gut untergebracht.

Ich stellte mir vor, wie Elisabeth ohne Widerstand in den Helikopter gestiegen war. Bestimmt hatte sie nicht gewusst, dass sie nie mehr zurückkehren sollte, und sie würde niemals den Mut aufbringen, dem Arzt von der Aussicht aufs Meer zu erzählen, die sich ihr von ihrer Veranda aus bot, oder davon, wie sie Muffins in ihrem Kohleofen backte, ganz zu schweigen von ihren Wildvögeln und dem Possum Midnight, die sie so glücklich gemacht hatten.

Rachel unterbrach meine Gedanken. »Ach, bevor ich es vergesse, Miriam«, sagte sie. »Wir haben Post für dich in Empfang genommen.« Sie reichte mir ein Päckchen. Darin befand sich ein orangefarbenes Buch mit einer kurzen Nachricht.

Hier ist das Buch über das Überleben in der Wildnis, das ich Dir versprochen habe. Ich hoffe, es interessiert Dich und kann Euch ein paar nützliche Tipps geben. Ich freue mich auf ein Wiedersehen. Ich werde Euch besuchen kommen – ganz gleich, wo Ihr steckt –, Ihr müsst mir nur Euren Aufenthaltsort mitteilen, wenn es Euch irgendwie möglich ist.

Liebe Grüße
Celine

Als ich meinen Posteingang öffnete, fand ich eine Nachricht von Daniel vor. Er war mit seiner Frau und den Kindern in die Stadt gezogen, sodass sein Blockhaus an der West Coast nun für ein Jahr leer stand. Wenn wir Interesse hätten, könnten wir gern umsonst darin wohnen.

»Hast du viele E-Mails bekommen?«, fragte Rachel und blätterte durch die Wochenendausgabe einer Zeitung.

»Hm. Wir ziehen vielleicht an die Westküste«, antwortete ich, ohne konkret auf ihre Frage einzugehen.

Sie sah mich überrascht an. »Ach. Und wohin genau?«

»Ich bin mir nicht ganz sicher, aber ich hab irgendwo eine kleine

Karte.« Ich lachte voller Vorfreude auf den Umzug, darauf, eine neue Gegend zu erkunden und die Hütte im Abel-Tasman-Nationalpark den Elementen zurückzugeben, genau wie es Elisabeth mit ihrem Gehöft getan hatte.

Rachel sah mich verwirrt an. »Es ist erstaunlich«, sagte sie schließlich, »wie ihr zwei scheinbar mühelos durchs Land zieht.«

»Ja, vielleicht ist es das«, erwiderte ich lächelnd. »Allerdings rennen wir lediglich offene Türen ein.«

7

Die West Coast

Vorsicht, Kinder!, stand auf dem rostigen Blechschild, das ein Bild von einem Kind mit einem Messer in der Hand zeigte. Wir waren von der Küstenstraße in eine überwucherte Zufahrt inmitten von Manuka-Sträuchern abgebogen. Nach ein paar Kilometern entdeckten wir einen Schuppen, vor dem ein Fahrzeug parkte. Von einem Haus war nichts zu sehen, also folgten wir zögernd einem schmalen Fußweg ins Dickicht. Nach ein paar Hundert Metern gelangten wir zu einer Lichtung, die einen atemberaubenden Ausblick auf den Ozean bot. Wir waren hoch über dem Meer und meinten, von hier aus bis zum Ende der Welt schauen zu können.

Vor uns stand ein kleines Cottage mit dunkelroten Fensterbrettern aus Recyclingholz.

Daniel hatte uns kommen hören. »He, ihr habt's tatsächlich geschafft!«, rief er und sprang von der Veranda. »Wie geht es euch?« Er trug dasselbe schwarze Wollhemd wie im Mokihinui-Tal, aber seitdem hatte er sich einen Bart wachsen lassen, der erstaunlich dunkel war, verglichen mit seinen lockigen blonden Haaren. Er umarmte uns, dann drehte er sich um und zeigte uns sein Haus, das er mit seinen eigenen Händen erbaut hatte. Jedes Stück Holz und Eisen hatte er mit einer Schubkarre hierhergeschafft. Durch die zahlreichen Fenster des achteckigen Cottages fiel jede Menge Licht. In einer Ecke standen ein blaues Sofa und ein Couchtisch – es sah aus, als hätte Daniel den Tisch mit der Handsäge aus einem großen Stück Holz gefertigt. Die Atmosphäre, die durch die schlichte Einrichtung, die schönen Holzschränke über der Spüle und die glänzenden Bodendielen entstand, führte dazu, dass ich mich augenblicklich heimisch fühlte.

Hinter dem Cottage war eine große Badewanne: Wir konnten heiß baden, während es stürmte und regnete, denn der Ofen heizte den Warmwasserspeicher auf. Neben der Wanne stand eine riesige Pflanze mit dunklen Blättern, die Peters Aufmerksamkeit erregte. Er betastete die dicken Blätter und erklärte mit feierlicher Stimme: »Das ist ein ausgesprochen gesundes Riesenvergissmeinnicht, das nur auf den Chatham-Inseln vorkommt, Miriam.«

Ich schaute ihn an und wartete auf eine genauere Ausführung.

»Das bedeutet, dass es hier ständig regnet.«

Wir schauten aufs Meer hinaus. Ein dunkles Wolkenband zog mit hoher Geschwindigkeit von Westen heran.

Butterblumen hatten den Gemüsegarten erobert, der darauf wartete, mal wieder umgegraben zu werden. Zwölf gackernde Hühner und ein Hahn hießen uns eifrig willkommen. Eine große Henne namens »Old Chook« – altes Huhn – mit leuchtend orangefarbenen Federn kam auf Peter zu. Als er sie vorsichtig hochnahm, drehte sie ihm den Kopf zu und schaute ihn mit erfahrenem Blick an. Ihre großen, kräftigen Beine standen steif zu beiden Seiten seiner Finger ab.

»Die Wasserzufuhr erfolgt über den Carport«, erklärte Daniel, als wir den Weg entlanggingen. »Auf dem Dach wird der Regen in einem großen Tank gesammelt, der über ein Rohr mit der Küche verbunden ist.«

»War der Tank jemals leer?«, wollte Peter wissen.

»Nie.« Daniel lächelte. »Das hier ist das Land des Regens.«

Wir setzten unseren Rundgang fort und kamen zu einem kleinen Schuppen etwa fünfzig Meter vor dem Haus.

»Und das ist die Toilette. Ich fürchte, sie ist etwas primitiv.«

Das Toilettenhäuschen hatte keine Tür, und wenn der Regen von Westen kam, wurde man nass. Unter der hölzernen Klobrille stand ein großer schwarzer Eimer.

»An eurer Stelle würde ich den Eimer recht oft leeren.«

»Ähm, und wo?« Ich stellte mir vor, wie ich den überschwappenden Fäkalieneimer über rutschige Hügel und durch schlammige Mulden schleppte.

»Schüttet ihn dort aus, wo der Inhalt von Nutzen ist.« Daniel zuckte die Achseln. »Zum Beispiel an einem Baum.« Während wir zum Haus zurückkehrten, deutete er auf mehrere entsprechende Stellen.

»So, das ist alles, was ihr wissen müsst. Ich glaube, ich sollte mich jetzt lieber auf den Weg machen«, sagte er, als die ersten Tropfen aus den dunklen Wolken über uns fielen.

»Wann wird es aufhören zu regnen?«, fragte ich ihn.

»Ach, das sind bloß ein paar Winterschauer.« Daniel lachte. »Der richtige Monsunregen beginnt im September und dauert für gewöhnlich bis November, aber manchmal schüttet es auch länger.« Selbst wenn er sprach, schien Daniel zu lächeln, da seine Mundwinkel stets nach oben zeigten.

Wir brachten ihn zurück zu seinem Wagen, und Peter fragte: »Daniel, warum lässt du uns hier wohnen? Du könntest das Cottage doch auch vermieten.«

Daniel blieb stehen. »Nun, ich selber kann dieses abenteuerliche Leben nicht länger führen. Früher glaubte ich, es wäre kein Problem, Kinder in der Wildnis großzuziehen, aber wie sich herausstellte, ist das schwieriger als gedacht. Die Mädchen brauchen zwei Stunden, um zur Schule zu kommen, und der Rückweg dauert ebenso lange; außerdem vermissen sie ihre Freundinnen. Das Ganze wurde einfach zu anstrengend. Im Augenblick bin ich gefangen in einem Netz aus Verantwortlichkeiten und muss meine Familie versorgen.« Er sah uns an. »Wenn ihr hier wohnt, kann ich mein Abenteuerleben sozusagen durch euch weiterführen.«

Als er weg war, schafften wir unsere Habseligkeiten in einer Schubkarre zu unserem neuen Cottage, dann setzten wir uns auf eine Bank auf der Veranda. Daniel sollte recht behalten: Es hörte tatsächlich wieder auf zu regnen. Wir schauten uns um. Hier gab es weder einen Zaun noch einen Grenzstein, aber vor Daniels Grundstück begann ein Waldschutzgebiet. Die weglose Wildnis erstreckte sich ein paar Hundert Meter einen steilen Abhang hinunter zum Meer. Der Blick über den Ozean sorgte für ein verblüffendes Raumgefühl.

Es kam uns so vor, als seien wir beide ganz allein auf der Welt. Staunend betrachteten wir den wunderschönen Sonnenuntergang.

Das letzte Licht schien durch eine dunkle Wolke von der Form eines Auges. Helles Orange strahlte durch die Wolkenpupille. Als die Sonne hinter dem Horizont verschwand, färbte sich der Himmel rot, rosa und sogar grün, indigofarbene Streifen spiegelten sich im Ozean. Die spektakuläre Show über dem türkisfarbenen Wasser ging weiter, bis das Licht langsam verblasste. Der Tag war vorüber.

Wir fühlten uns in Daniels Cottage mit Meerblick wie die Kinder eines Himmelsgottes. Der Himmel brachte Regen und Sonne, Donner und Blitz, Wind und Wärme. Wir lebten mit dem Wetter und seiner ergreifenden Schönheit, voller Freude und Staunen über die Sonnenuntergänge. Hinter uns erhob sich die zerklüftete, unberührte Paparoa-Bergkette mit ihren hoch aufragenden Gipfeln und tiefen Schluchten. Es war das Land von Moos und Regen, Farnen und Höhlen, Palmen und geheimnisvoller Schönheit. Die West-Coast-Region war die lebendige Seele der Wildnis.

Nach einer Woche kehrte Daniel zurück, um seine restlichen Habseligkeiten abzuholen. Ungefähr fünfzig Meter vor dem Haus hatte er eine Art Schießstand aufgebaut, der aussah wie ein Kasperltheater mit leeren Weinflaschen. Als er sein Gewehr anlegte, hielt ich mir die Ohren zu. »Kannst du von hier aus die Flaschen treffen?«, fragte ich.

»Meistens.« Er zielte und drückte ab. Das Geräusch von berstendem Glas, das hinter dem Stand in einen Behälter fiel, war seltsam befriedigend. »Recycling«, sagte er und lud das Gewehr nach. Er sah aus wie ein Cowboy aus dem Wilden Westen mit seiner abgewetzten Jeans und dem Ledergürtel. Lässig zielte er auf die Flaschen. »Komm, ich zeige dir den Rest meiner Artillerie.« Grinsend schloss er eine Eisentür auf, die in eine massive Betonkiste hinter dem Cottage eingelassen war. Der Waffensafe war voller antiker Pistolen, Flinten, Revolver und Gewehre.

»Sicher, die Jagd mit Pfeil und Bogen reicht am weitesten zurück«, räumte er ein. »Aber der simple Mechanismus einer Schusswaffe ist auch schon seit Jahrhunderten bekannt.« Er hatte meine

Zurückhaltung, Schusswaffen betreffend, gespürt, genau wie meine idealistische Vorliebe für die ursprüngliche Jagdweise. »Diese alten Dinger haben einen ganz eigenen Charakter«, sagte er. »Manche von ihnen wurden im Krieg eingesetzt, andere bei der Jagd. Sie waren an außergewöhnlichen Orten, an denen sie außergewöhnliche Dinge erlebten. Wenn du sie in die Hand nimmst, kannst du ihren Charakter spüren. Hier, probier's mal aus.«

Er reichte mir eine Pistole mit Holzschaft, in deren Seite Blumen und andere elegante Muster geschnitzt waren. Sie war schwerer, als sie aussah, aber ich spürte ihre Geschichte nicht.

Lächelnd reichte ich sie Daniel zurück.

»Du solltest dieses Gewehr benutzen, während du hier bist.« Er deutete auf ein sehr leichtes, schlankes Modell, dessen Holz und Metall wunderschöne Verzierungen aufwiesen. »Das hier ist eine hundert Jahre alte Winchester. Sie ist durch die ganze Welt gereist und wurde von vielen abenteuerlustigen jungen Männern benutzt – und vielleicht sogar von ein paar Frauen«, fügte er mit einem Lächeln hinzu. »Dieses Gewehr ist beinahe so elementar wie ein Bogen. Es hat nicht mal einen Sucher.«

Zögernd nahm ich die Winchester in die Hand.

»Mit einem Bogen verwundet man die Tiere«, fuhr Daniel fort. »Mit einer Schusswaffe tötet man sie sofort, was weitaus humaner ist. Außerdem musst du keine teuren Pfeile mehr kaufen.«

Er reichte mir eine Schachtel Munition und brachte mir bei, auf die Flaschen im Kasperltheater zu schießen. Obwohl ich vor zwei Jahren einen Waffenschein gemacht hatte, da ich mir vorgenommen hatte, das Schießen zu lernen, hatte ich so gut wie keine Erfahrung darin. Tatsächlich wurde mir allein beim Anblick von Feuerwaffen mulmig. Ich mochte den Lärm nicht, und nachdem ich viel über Jagdunfälle gehört hatte, traute ich weder einer Waffe noch ihrem Besitzer. Als Kind hatte ich oft Fußball mit den Jungs aus dem Dorf gespielt, aber bei ihren Ballerspielchen hatte ich nie mitgemacht. Wie die Erwachsenen aus meinem Umfeld hielt auch ich Schusswaffen für das Sinnbild des Bösen.

Jedes Mal wenn Daniel uns in seinem Cottage besuchte, brachte er mir mehr über Feuerwaffen bei. Er war so begeistert, dass ich sein Gewehr zögernd annahm. Ich war dankbar, einen Lehrer zu haben; ohne ihn hätte ich nie gelernt, mit einer Schusswaffe zu jagen. Er brachte mir bei, auf ein Ziel zu schießen, zeigte mir, wie ich atmen und meinen Körper entspannen musste, bevor ich abdrückte. Er erklärte mir die verschiedenen Methoden, Lauf und Kammer zu reinigen, und er lehrte mich, mein Jagdmesser richtig zu schleifen, indem ich es locker in der Hand hielt und auf das Geräusch des Schleifsteins achtete. Wenn es sich veränderte, lag es nicht mehr im selben Winkel auf und wäre nicht so scharf. Für Daniel war das alles eine Art von Kunst, und langsam begann ich, seine Sichtweise zu verstehen.

Ich fing an, in den bewaldeten Ausläufern der Berge zu jagen, marschierte Flüsse hinauf und wagte mich in die Seitenarme, wo das Wasser Tunnel durch den Schlammstein gegraben hatte. Ich durchstreifte überraschend unberührte Landschaften und entdeckte versteckte Kalksteinhöhlen und beeindruckende, mit Moos und kleinen Sträuchern bewachsene Felswände.

Gefährlich in dieser Gegend waren die natürlichen »Tomos« – Karsttrichter im Boden. Ein Tomo sah aus wie eine tiefe Senke, und wenn Zweige und Pflanzen diese Löcher im Kalksteinboden bedeckten, konnte man das Pech haben, zehn, zwanzig oder sogar dreißig Meter in die Tiefe zu stürzen. Ich hatte von Tieren und Jägern gehört, denen ein solches Schicksal widerfahren war.

Eines Tages ging ich an einer hohen Kalksteinwand entlang in den Wald hinein. Als ich einen schmalen Vorsprung bemerkte, kletterte ich hinauf, bis ich mich etwa dreißig Meter über dem Boden unter einer Felsnase befand. Der Vorsprung war recht groß und bot einen fantastischen Ausblick über die bewaldete Schlucht. Ich zog ein paar große Steine in »meine« Höhle und baute mir einen Tisch und einen Stuhl. Später kam ich oft her, um zu lauschen. Die weißen Wände hinter mir funktionierten wie ein großes Ohr: Wenn in der Ferne eine Ziege meckerte, konnte ich sie mühelos hören. Ich lernte, ihr Gemecker täuschend echt nachzuahmen, und manchmal kamen tatsächlich Ziegenböcke zu mir.

Mit den Wochen und Monaten lernte ich, jeden Fluss, jede Schlucht, jede Klippe und jeden Kalktrichter zu umgehen. Es war ein ganz anderes Gefühl, mit einem Gewehr zu jagen. Solange ich die Waffe in den Händen hielt, verspürte ich ein seltsames Gefühl der Macht, das sämtliche Ängste verdrängte. Ich fürchtete nicht länger, in einen Tomo zu fallen, mich zu verirren, nass zu werden oder zu frieren oder etwa einem Menschen mit bösen Absichten zu begegnen. Das Gewehr verlieh mir ein falsches Gefühl der Sicherheit, und ich verstand, dass dieses Machtgefühl süchtig machen konnte. Ich verstand, warum ein Land, in dem jeder eine Pistole besaß, zu einer Nation mit einem trügerischen Selbstvertrauen verkommen konnte.

Der Akt des Tötens war anders mit einem Gewehr. Durch die Schusswaffe war ich von dem Tier getrennt; es fühlte sich an, als sei ich lediglich ein Beobachter, während Mr Winchester den Job erledigte. Die Effizienz einer Kugel ließ sich nicht leugnen. Sie brachte eine Ziege auf der Stelle um, was uns mit jeder Menge Fleisch versorgte. Fast immer, wenn ich auf die Jagd ging, kehrte ich mit einer Ziege zurück.

Um das Fleisch frisch zu halten, baute ich einen großen Zylinder aus Hühnerdraht, den wir an einen Balken in den Schatten hinter dem Haus hängten. Aus einer alten Spitzengardine nähte ich eine Hülle, um die Fliegen abzuhalten. Da sie gleichzeitig winddurchlässig war, hatten wir so eine Art natürlichen Kühlschrank.

Wir führten ein befriedigend autarkes Leben: Außer dem Fleisch, das ich jagte, hatten wir Hühner, die Eier für uns legten, der Garten versorgte uns mit Gemüse. Wir brauchten nur wenig Geld zum Leben, aber eines Tages beschloss ich, welches zu verdienen.

Verloren stand ich an der stillen Küstenstraße. Ohne Uhr wusste ich nicht, wie spät es war, aber es musste wohl noch sehr früh sein, da kein einziges Fahrzeug unterwegs war. Dunkle Wolken zogen vom Meer heran, kurz darauf begann es zu nieseln. Ich wurde nass und fühlte mich elend. Wer würde eine nasse Anhalterin im Auto mitnehmen? Nach einer gefühlten Ewigkeit hörte ich endlich das leise Brummen eines Motors, und ein paar Minuten später erschien ein Wohnmobil auf der Hügelkuppe. Es hielt an, ein blonder Mann öffnete die Tür und fragte: »*Nederlands?*«

Ich prustete los. Es war erstaunlich, dass mir dieser Holländer am Gesicht ablesen konnte, dass ich im selben Teil der Welt geboren war wie er. Zusammen mit seiner Frau reiste er durchs Land und freute sich, mich in die Stadt mitzunehmen. Es war schön, mich mal wieder in meiner Muttersprache zu unterhalten. Die beiden fragten mich, warum ich nach Neuseeland ausgewandert sei, um in der Wildnis zu leben. Ich antwortete, dass mir die Schönheit der unberührten Natur – die Kraft des Unkontrollierten – ein Gefühl von Lebendigkeit verleihe, das ich in Holland nicht verspürt hatte. Wir plauderten noch eine Weile, dann setzten sie mich am Supermarkt ab.

Zögernd ging ich hinein und kaufte mir ein Scone. Als mir die junge Frau an der Kasse den Beleg reichte, sagte ich: »Entschuldigen Sie, könnte ich bitte den Geschäftsführer sprechen?«

Sie erstarrte und blickte mich mit entsetzt aufgerissenen Augen sprachlos an, woraufhin ich ebenfalls verstummte. Zum Glück reagierte ihre Kollegin, die mein Scone in eine Plastiktüte steckte. Sie schaute überrascht erst die Kassiererin, dann mich an, und sagte: »Der Geschäftsführer ist oben.«

»Danke. Ich möchte ihn fragen, ob ich hier Straßenmusik machen darf.« Ich hielt meine Gitarre in die Höhe.

Der Geschäftsführer erlaubte mir, am Eingang des Supermarkts zu singen. Ich hatte meine Folksongs in einer Mappe mitgebracht, ein Tamburin um den Knöchel gebunden und eine Schelle am Fuß befestigt. Ich war in einem Haus voller Musik und Theater groß geworden, und meine Schwester Hanna war eine professionelle Sängerin – sie ermutigte mich stets zu singen, wenn sie Klavier spielte, weshalb mir die Vorstellung, vor Publikum aufzutreten, nicht allzu fremd war, dennoch war ich nervös. Meinen ersten Song trug ich mit hoher, zitternder Stimme vor, doch niemand achtete auf mich. Die Leute gingen an mir vorbei, als wäre ich gar nicht da.

Es brauchte einigen Mut, einfach weiterzusingen, aber ich rief mir ins Gedächtnis, dass ich mich nicht fürchten musste, da mir keinerlei Gefahr drohte. Ich würde weder von einem Berg stürzen noch in einem Fluss ertrinken und auch nicht im Schnee erfrieren. Ich war in Sicherheit. Ich musste bloß ein paar harmlose Lieder zum Besten geben.

Nach dem dritten Song hatte sich meine Stimme aufgewärmt, und ich wagte es, von meiner Mappe aufzublicken. Die Leute in dieser kleinen Stadt an der West Coast wirkten auf mich wie eingekapselt. Ich beschloss zu versuchen, jedem Kunden, der an mir vorüberging, in die Augen zu schauen, um ihm zu zeigen, dass ich seine Anwesenheit bemerkte, und jedes Mal wenn ich Erfolg hatte, lächelte die Person. Nach einer Stunde tauten die Leute auf, und ich bekam zahlreiche Komplimente – ein paar erwähnten sogar Joan Baez oder Judy Collins. Manche blieben stehen und hörten zu, und eine Frau fragte mich, ob ich bei einer Hochzeit singen würde. Ein freundlicher älterer Herr kam, sein Fahrrad schiebend, über den Parkplatz und deutete auf die Worte auf meiner Gitarre. »Was bedeutet das: ›Freiheit gibt es umsonst‹?«

»Nun«, erwiderte ich vergnügt, »Freiheit ist ein Geschenk. Und Geschenke sind umsonst! Viele Menschen arbeiten jahrelang, um Geld für später zu sparen, aber wenn sie genug zusammenhaben, um etwas anderes zu tun, fehlt ihnen oftmals der Mut dazu. Und irgendwann ist später zu spät. Man muss kein Millionär sein, um eine andere Lebensweise zu entdecken – das ist es, was ich sagen möchte.«

Der alte Herr lächelte. »Ich habe mein ganzes Leben lang gearbeitet, und als ich im Ruhestand war, habe ich mir gewünscht, ich hätte früher aufgehört.« Er schaute für einen Moment auf die Berge in der Ferne. »Aber ich hatte keine Wahl. Ich musste vier Kinder ernähren, Rechnungen bezahlen, eine Hypothek abstottern – das volle Programm.«

Ich nickte mitfühlend. »Welchen Beruf hatten Sie?«

»Ich war Lehrer. Am hiesigen College für Jungs.« Er deutete, ohne hinzusehen, nach links, dann fischte er einen Fünf-Dollar-Schein aus der Tasche und legte ihn vorsichtig unter ein paar Münzen in meinem Gitarrenkoffer. »Gut gemacht, meine Liebe. Sie haben eine schöne, klare Stimme. Ich hab Sie bis auf die andere Seite des Parkplatzes gehört.« Er winkte mir zum Abschied und schob mit seinem Fahrrad von dannen.

Durch all die freundlichen Ermutigungen fing ich an, meinen Auftritt zu genießen, und stellte fest, dass dies eine gute Möglichkeit war, Geld für meinen Einkauf zu sammeln. Ich sang sechs oder sieben Stunden lang, und am Ende des Tages erledigte ich meine Besorgungen und trampte zurück zu Daniels Cottage.

»Und, wie viel Geld hast du zusammenbekommen?«, fragte Peter, als ich mit einem breiten Grinsen auf den Lippen zurückkehrte.

»Ich hab mir ein goldenes Ohr verdient!« Strahlend hielt ich eine große Tüte mit Münzen in die Höhe.

Peter lachte. »Du meinst wohl, eine goldene Nase.«

»Oh, natürlich, eine goldene Nase.« Ich schmunzelte. »Mit dem Geld aus der Tüte kommen wir für den Rest des Monats über die Runden.«

»Ich weiß, wie du zu deinem Vermögen gekommen bist.« Peter schnappte sich eine Zwanzig-Dollar-Note. »Sie bezahlen dich für zehn Sekunden Glück!«

»Nun, das ist ein hinreichender Beitrag für die Gesellschaft, findest du nicht?«, entgegnete ich schmunzelnd.

Daniel hatte mir eine alte Swanndri-Jacke gegeben. Die dunkelgrüne Wolle war so dick, dass sie mich selbst vor den spitzesten Dornen schützte, gleichzeitig war sie so warm, dass ich bestimmt nicht an Unterkühlung sterben würde, sollte ich eine Nacht im Wald verbringen müssen. Sie war so schwer, dass ich nie vergaß, ein neuseeländisches Symbol für Freiheit, Abenteuer und Wildnis zu tragen. Leider war sie stellenweise so von Motten zerfressen, dass ich eine Woche brauchte, um all die Löcher zu flicken. Und da ich schon dabei war, nähte ich Reißverschlusstaschen für Munition, Schnur und ein Erste-Hilfe-Set ein.

Daniel hatte außerdem ein paar alte Bücher über Rotwildjäger dagelassen, die mit einem Kochtopf, einer Tüte Salz und einem Gewehr über der Schulter lange Zeit die Berge durchstreiften. Sie schliefen in ihren Swanndris und aßen, was sie erlegten; sie führten ein Leben in der Wildnis und nutzten zum Überleben das, was die Natur ihnen bot. Diese Vorstellung gefiel mir ausgezeichnet, und als die Mittwintersonne durch die Wolkendecke brach, erklärte ich stolz, dass auch ich hinaus in die Wildnis ziehen wolle.

Als Daniel zu Besuch kam, erzählte ich ihm, ich würde eine Woche lang auf Rotwildjagd gehen.

»Tatsächlich?« Er lächelte, und ich freute mich, weil er sich beeindruckt zeigte. »Für den Anlass gebe ich dir ein anständiges Gewehr.« Er schloss seine Schatzkammer auf und reichte mir eine große Jagdflinte. »Hier, nimm das. Das ist mein Lieblingsgewehr.«

Am nächsten Tag war der Himmel klar und die Luft frisch. Voller Stolz brach ich in meiner neuen Jacke auf, das Gewehr in der Hand, das Messer am Gürtel, Zelt, Schlafsack, Gewürze und einen Kochtopf im Rucksack. Ich fand, dass ich genauso aussah wie die Männer in Daniels Büchern (abgesehen von der Tatsache, dass ich kein Mann war, versteht sich). Der einzige Proviant, den ich mitnahm, war ein Stück Brot für den ersten Tag. Wenn das aufgegessen war, wollte ich mich von Wildbret ernähren, und wenn das nicht klappte, von Ziegenfleisch. Rotwild ist wachsam, ausgesprochen clever und schwer aufzuspüren – und ich wusste so gut wie nichts darüber. Aber ich würde lernen, redete ich mir mit meinem üblichen Optimismus ein.

Ich wanderte flussaufwärts durch eine herrliche Schlucht. Gigantische weiße Kalksteinfelswände ragten zu beiden Seiten des klaren Wassers in die Höhe. An manchen Stellen klammerten sich Farne und Moose an die Klippen, doch meist waren sie so steil, dass nichts darauf wachsen konnte. Kleine Rinnsale hatten kunstvolle schwarze und graue Streifen auf dem Kalkstein hinterlassen. Ich prüfte sorgfältig die Wassertiefe, als ich durch den Fluss watete, denn ich wusste, dass er bei Regen anschwellen und ich im oberen Tal festsitzen würde.

Nachdem ich viele Stunden gewandert war, stellte ich fest, dass die Klamm bewaldeten Bergen wich. Zwischen den Bäumen entdeckte ich eine Tierfährte, die den Hang hinauf zu einer ebenen, graspbewachsenen Stelle zwischen zwei großen Bäumen führte – offensichtlich ein Lagerplatz für Rotwild, wie ich an ihren Hinterlassenschaften erkennen konnte. Die Fläche war gleichzeitig ein exzellenter Ort, um mein Zelt aufzuschlagen, was ich dann auch tat. Ein Feuer zündete ich allerdings nicht an, denn Rotwild konnte den Rauch schon aus meilenweiter Entfernung riechen.

Am frühen Abend lag ich auf dem Bauch zwischen den Bäumen, die Waffe unter meinem Kinn. Während die Vögel sangen, beobachtete ich die Lichtungen in dem breiten Flusstal unter mir. Als das letzte Licht des Tages verblich und sich die Dunkelheit herabsenkte, verstummte auch der Gesang der Vögel. Alles war totenstill, bis der erste Ruf einer Eule ertönte. Gegen fünf oder sechs Uhr abends war es bereits stockdunkel, und plötzlich wurde mir auch die Kälte bewusst. Ich kroch in meinen Schlafsack im Zelt und betrachtete eine Weile die dunklen Schatten draußen, dann zog ich den Reißverschluss zu und versuchte zu schlafen.

Ich dämmerte gerade ein, in Gedanken bei völlig irrelevanten Dingen aus einer weit entfernten Welt, als plötzlich ein sehr großes Tier über eine der Zeltschnüre stolperte. Ich bekam einen fürchterlichen Schreck. Das Herz schlug mir bis zum Hals, bis ich realisierte, dass es sich um ein Reh oder einen Hirsch handeln musste. *Du hättest dich gar nicht so erschrecken müssen*, dachte ich und lauschte auf das Rotwild, das im Wald verschwand. *Stattdessen hättest du lieber das Tier mit dem Gewehr erlegen sollen, das griffbereit am Zelteingang liegt.*

Am nächsten Morgen wachte ich noch vor Anbruch der Dämmerung auf und krabbelte aus dem Zelt in den kalten Morgen hinaus. Dick eingepackt, bezog ich erneut Posten unter den Bäumen. Das Gras auf den Lichtungen am Flussbett unter mir war überzogen mit weißem Raureif. Schon zu dieser frühen Stunde ertönte fröhliches Vogelgezwitscher. Ein Maori-Glockenhonigfresser saß auf einem Zweig neben mir, hüpfte auf und ab und streckte seinen kleinen Körper, um die glockenähnlichen Töne hervorzubringen, die ihm zu seinem Namen verholfen hatten. Die hellen Töne sprudelten in die Luft wie ein Springbrunnen und wurden abgelöst von einem rhythmischen Klopfen, das an Wassertropfen erinnerte, die auf Steine fielen. *Vögel sind die ersten Musiker, die es auf der Welt gab*, dachte ich. Als es hell wurde, verstummte die Musik, und das Rauschen des Flusses wurde lauter.

Mucksmäuschenstill lag ich da, sah zu, wie das Gras in der warmen Sonne wieder grün wurde, dann stand ich auf und sammelte Holz für ein Feuer. Ich knipste die Spitzen eines Manuka-Schösslings ab und bereitete mir mit den winzigen Blättern einen Tee zu, der angeblich Vitamin C enthielt. Der Rauch des Lagerfeuers wehte langsam das Tal hinauf, und mir war klar, dass sich von nun an kein Rotwild mehr meinem Lager nähern würde. Im Grunde war ich froh darüber: Es waren so schöne große Tiere, und es kam mir absurd vor, eins davon zu erschießen. Stattdessen wollte ich lieber eine Ziege erlegen – auch wenn sie ebenfalls sehr schön waren, kamen sie in dieser Gegend doch häufiger vor und ließen sich leichter finden, schießen, transportieren und aufbewahren.

Nachdem ich mein letztes Stück Brot geröstet hatte, wanderte ich mit meinem Gewehr in den Wald hinein. Hier gab es keine markierten Wege, also schlängelte ich mich geräuschlos zwischen den alten Bäumen hindurch, ging über graswachsene Ebenen und durchquerte felsige Schluchten, saß stundenlang auf Felsvorsprüngen, ließ den Blick über das Flussbett schweifen und horchte intensiv auf das Gemecker von Ziegen. Alles war friedlich an diesem klaren Wintertag. Ich fühlte mich wohl allein im Wald und musste daran denken, wie unbehaglich mir zumute gewesen war, als ich in unserem ersten Winter in der Wildnis ohne Peters Begleitung in die Berge aufgebrochen war. Anscheinend hatte ich meine Furcht vor dem Alleinsein überwunden. Der feste Wille, frei von Angst zu sein, war stärker gewesen als die Angst an sich.

Als ich gegen Mittag eine Pause einlegte, schrieb ich Sofie einen Brief:

Liebe Sofie,

hier ist es Winter, aber die Bäume sind immergrün und die Tage so warm wie im Sommer in den Niederlanden. Allein die langen, frostigen Nächte erinnern mich daran, dass wir Winter haben.
Ich bin der einzige Mensch in diesem Tal, doch ich habe herausgefunden, dass ich nie wirklich allein bin. Ganz gleich, wohin ich gehe – stets folgt mir ein ausgesprochen munterer Begleiter: meine Gedanken! Die Stimme in meinem Kopf plappert unablässig über eine schier unglaubliche Bandbreite an Themen. Mitunter bin ich es satt, alten Erinnerungen zu lauschen, und hätte lieber meine Ruhe – vor allem beim Einschlafen –, aber die Stimme plappert immer weiter, wie ein Radio. Meistens klingt sie recht optimistisch, doch sie erinnert mich wieder und wieder an all die Dinge, die ich in der Vergangenheit falsch gemacht habe. Manchmal mischt sich eine zweite Stimme ein, die der ersten befiehlt, die Klappe zu halten, und dann wird die Sache kompliziert. Ob ich wohl die einzige Person mit einem so redseligen Begleiter bin? Ich kann mir vorstellen, dass auch Du einen ähnlichen Freund hast wie ich ...

Alles Liebe
Miriam

Am späten Nachmittag entdeckte ich eine Ziege und feuerte. Der Schuss aus der Waffe, die einen Elch hätte umbringen können, dröhnte in meinen Ohren wie eine Kanone. Eine Weile hörte ich nichts außer einem lauten *Piiieeep*, außerdem glaubte ich, erblindet zu sein, so sehr brannte der Rauch in meinen Augen. Ich konnte nicht hören, wohin die Ziege gelaufen war, doch als ich wieder klar sehen konnte, stellte ich fest, dass sie nirgendwohin gerannt war: Der Bock lag tot auf dem Boden. Als ich ihn zurück zu meinem Zelt schleppte, vermisste ich plötzlich Peter. Er war jedes Mal überglücklich, wenn ich mit einer Ziege zurückkehrte, und ohne ihn fühlte sich die Jagd längst nicht so lohnenswert an.

Ich hielt die große Leber in der Hand und überlegte, wie ich sie am besten in Stücke schneiden sollte. Peter brachte stets ein Schneidbrett mit, ich selber hatte keins. Also entfernte ich mit meinem Messer die Rinde von einem umgestürzten Baum und schnitt die Leber auf dem Holz klein. Sie wurde schmutzig, aber ich briet sie trotzdem. Sie schmeckte streng und nicht besonders gut, weshalb ich von einem Toastbrot mit Erdnussbutter träumte, das ich jedoch nicht hatte.

Am nächsten Morgen gab es Nieren zum Frühstück, die etwas besser schmeckten als die Leber. Zur Mittagszeit betrachtete ich den Tierkörper, den ich in einen Baum gehängt hatte. Wo waren die zarten Lendenstücke, die ich als Erstes essen sollte? Auf einmal wurde ich mir meiner Unfähigkeit, das Fleisch zu zerteilen, bewusst; das Zerlegen der Tiere hatte stets Peter übernommen. Schließlich gelang es mir, zumindest ein paar große Lendenfilets herauszuschneiden. Ich öffnete das Glas mit den kleinen Gewürztütchen, aber ich hatte keine Ahnung, wie viel von den einzelnen Gewürzen ich jeweils verwenden sollte. Auch das war Peters Ressort.

Am Abend bereitete ich Rückensteaks zu. Sie schmeckten ganz gut, wenngleich sie mich von der Konsistenz her an Gummi erinnerten. Was hatte ich falsch gemacht? Als ich mich schweigend ans Feuer setzte und das zähe Fleisch kaute, wurde mir klar, dass der Bock so alt gewesen sein musste, dass man sein Fleisch kaum genießen konnte. Es hätte mindestens eine Woche vor sich hin köcheln müssen, bis es halbwegs weich gewesen wäre. Dennoch war ich fest entschlossen, mich weitere vier Tage von der Ziege zu ernähren, denn aus dem Grund war ich hierhergekommen – ich wollte das essen, was die Natur mir gab.

Am nächsten Tag fragte ich mich, was die beiden Jäger aus Daniels Büchern wohl taten, wenn sie sich etwas zu essen geschossen hatten. Als die Aufregung nach dem Jagen und Zubereiten erst einmal verflogen war, überfiel mich die Langeweile, und ich griff nach Celines Buch mit den Überlebenstipps für ein Leben in der Wildnis.

Die Langeweile kam und ging. Es half, ins Feuer zu blicken, was einen reinigenden Effekt hatte. Ich dachte an meine großartige Reise mit Peter in den Himalaja in dem Jahr, in dem wir uns kennenlernten. Wir waren zwei Monate durchs Gebirge gewandert. Eines Tages hatte ich angehalten, um mich auf einem großen Stein auszuruhen, während Peter einen höheren Pass erklimmen wollte. Ich schaute hinunter in ein gewaltiges Tal: Gigantische karge Bergketten erstreckten sich in alle Richtungen, und der Wind hatte den Fels zu riesigen Säulen geformt. In jenem Augenblick verstand ich, dass ich einen klareren Blick bekäme, wenn ich mich dazu entschied, ein einfaches Leben zu führen, was mir wiederum zu einem gesunden, weniger belasteten Körper verhelfen würde ... und vielleicht zu einem unverfälschteren Leben, was immer das bedeuten mochte. *Einfachheit, Klarheit, Reinheit.* Das war eine Vision, die ich stets mit mir herumgetragen hatte, und sie erschien mir wie das Natürlichste der Welt.

Nach vier langen Tagen änderte sich am fünften Morgen das Wetter. Ich konnte den aufziehenden Regen förmlich riechen. Die Luft war schwer und feucht und schmeckte beinahe süß. Ich verstaute das Fleisch in meinem Rucksack und wanderte zurück zu Peter. Es war mir egal, dass die Ziege steinalt gewesen und das Fleisch zäh wie eine Schuhsohle war; ich war einfach nur stolz, dass ich ein Tier geschossen und gegessen hatte. Während meiner Wanderung dämmerte mir, dass meine Tour in die Wildnis womöglich als Misserfolg gewertet werden könnte – schließlich hatte ich auf meiner Rotwildjagd kein Rotwild gesichtet. *Jeder Misserfolg kann in einen Erfolg umgemünzt werden und jeder Erfolg in einen Misserfolg,* stellte ich lächelnd fest. *Es ist alles eine Frage der Perspektive.*

Es fing tatsächlich an zu regnen, und in den Tagen nach meiner Rückkehr wurde der kalte Regen immer heftiger. Er schien gar nicht mehr aufzuhören, der Himmel war permanent grau. Über dem Meer konnten wir die Regenbänder kommen und gehen sehen. Zwischen den Schauern rannten wir nach draußen, um die Hühner zu füttern, die eifrig im Schlamm pickten. Es war schrecklich trostlos, und wir fragten uns, warum in aller Welt wir an die nasse Westküste gekommen waren. Langsam fürchteten wir, einen weiteren Frühling wie in Downie's Hut verbringen zu müssen, doch diesmal fand ich zumindest eine Ablenkung: Daniel hatte mir mehrere Kisten professionell gegerbter Possumhäute und -schwänze überlassen, und ich beschäftigte mich wochenlang, indem ich die Fellstücke in kleine Quadrate schnitt und daraus eine große Decke nähte. Mit großer Mühe glättete ich die Possumschwänze und nähte sie zusammen; sie waren so dick und hart, dass ich unzählige Nadeln abbrach. Ich fertigte eine Unterlage aus Possumschwänzen für Peter an – wofür ich zweihundert Schwänze und zwei Wochen brauchte –, dann nähte ich eine zweite für mich selbst. Die Unterlagen waren ein warmer Ersatz für die Yogamatten, auf denen wir bislang geschlafen hatten.

Außerdem hatte ich meine Gitarre. »*It's the love that counts, my sweet one. It's the love that counts, my lovely one ...*« – Es ist die Liebe, die zählt, mein Süßer. Es ist die Liebe, die zählt, mein Liebster ... –, sang ich eines Abends für Peter. Er lag auf seiner Possumschwanz-Unterlage, ein Buch in den Händen. »Gefällt dir mein Song?«, fragte ich ihn, als ich zu Ende gesungen hatte.

»Ja, er ist sehr schön.« Er ließ sein Buch sinken. »Aber was ist das für eine Liebe, über die du singst?« Lächelnd griff er nach einem Zahnstocher.

»Na, meine Liebe zu dir!« Ich lachte.

»Zu mir oder zu dem Bild, das du dir von mir machst?«, fragte er. »Die Liebe ist eine Welt für sich«, fuhr er fort. »Wenn man jemanden liebt, muss man dies und das tun, dies und das sagen, so und so handeln und so und so aussehen. Liebe ist mit Pflichten, Ritualen und unendlich vielen bedeutungslosen Worten verknüpft.«

Plötzlich verspürte ich einen Knoten im Magen. Ich wollte doch bloß zärtliche Liebeslieder singen, wollte, dass er mich in seine

Arme schloss, und für immer glücklich sein. »Glaubst du, das trifft auf uns zu?«, murmelte ich.

»Ja. Wir haben schon letztes Jahr darüber gesprochen. Dein Kokon, in dem du dich sicher fühlst, ist das, was wir Liebe nennen. Doch wenn du Sicherheit und Geborgenheit an die erste Stelle stellst, wirst du früher oder später in eine bedeutungslose Routine verfallen«, erwiderte er. »Und dann wird der Kokon zum Gefängnis.«

Ich starrte aus dem Fenster. Es gefiel mir gar nicht, wohin dieses Gespräch führte. Der Regen strömte vom Himmel. Die Manuka-Bäume wogten im Wind.

»Ich frage mich, ob zwei Menschen miteinander leben können, ohne dass sich ein schaler Beigeschmack einschleicht«, fuhr Peter fort. »Liebe muss lebendig, spontan und neu bleiben.«

»Ja, aber wie?«, krächzte ich. Meine Stimme klang, als würde ich gleich anfangen zu weinen.

»Tja, ich weiß es nicht. Vielleicht indem man das Ritual durchschaut? Im Augenblick verschafft es einem ein befriedigendes, aber falsches Gefühl der Sicherheit, doch nach ein paar Jahren hasst man die Abgestandenheit, die eingefahrenen Gewohnheiten und die leblosen, immer wiederkehrenden Handlungen.«

»Woher weißt du das?«, unterbrach ich ihn, plötzlich gereizt darüber, dass er ständig so tat, als sei ich die Unwissende.

»Ich hab das alles schon ein paarmal mitgemacht«, erwiderte er sanft. »Ich war schon mal verheiratet. Nach einigen Jahren glaubt man, einander zu kennen, und die Neugier, der Wunsch, alles vom andern zu erfahren, lässt nach. Die Beziehung wird zum Altvertrauten, was sich auf die Vergangenheit, nicht auf die Gegenwart bezieht.«

Wir schwiegen beide. Ich blickte in seine ernsten Augen.

»Hier draußen in der Wildnis gibt es nur dich und mich«, sagte er. »All unsere Eier liegen in einem Korb. Wir müssen also vorsichtig sein.«

Ich nickte stumm. Hätte ich versucht, etwas zu erwidern, wäre ich mit Sicherheit in Tränen ausgebrochen.

In jener Nacht lag ich wach im Bett. Seine Worte hallten in meinem Kopf wider. Was war diese Liebe, was war unsere Beziehung wirklich? Hatte ich mich tatsächlich in das Bedürfnis verrannt, ein perfektes Bild davon aufrechtzuerhalten? Spielte ich einfach nur eine Rolle in einem Stück voller sich endlos wiederholender Worte und Gesten? Machte ich mir etwas vor?

»Ist das alles bloß ein Hirngespinst?«, fragte ich Peter, als wir am Morgen unser geröstetes Brot mit Butter und Marmite-Aufstrich aßen.

»Du meinst – unser Leben?« Er lachte leise.

»Ja, und unsere Beziehung. Wahrscheinlich ist es immer falsch, sich eine Vorstellung zu machen«, bemerkte ich. »Eine Vorstellung – oder ein Bild – ist immer etwas Festes, Unveränderliches, aber die Realität verändert sich ständig.«

»Ja.« Peter griff nach seiner Tasse Tee. »All die Regeln, wie man in einer Beziehung miteinander umgehen sollte, sind willkürlich.«

»Spontane Handlungen sind weitaus authentischer«, pflichtete ich ihm bei.

»Da hast du recht, und wenn man das Bild, die Vorstellung sieht, kann man es getrost fallen lassen. Einfach liebevoll sein, wenn einem danach ist. Sagen, was man fühlt, anstatt sich an eingefahrene Rituale zu klammern. Wenn du verstehst, was ich meine.« Peter schnitt sich noch eine Scheibe Brot ab. »Aber das hier ist keine mathematische Gleichung mit nur einem korrekten Ergebnis. Es ist ein fortwährender Prozess, denke ich. Ähnlich wie bei einem Feuer muss man eine Beziehung die ganze Zeit über im Auge behalten – nicht nur manchmal.«

An jenem Nachmittag saß ich auf dem Holzboden und nähte eine Weste aus meinen Possumfellstücken. Es war eine ganz schöne Puzzlearbeit, alle aneinanderzufügen. Ich schaute aus dem Fenster. Peter hatte vor ein paar Tagen die Scheiben geputzt, doch sie waren schon jetzt wieder salzverkrustet. In der Ferne brauten sich dunkle Wolken über dem Ozean zusammen: Es würde wieder regnen.

Ich hörte eine Stimme, dann sah ich zu meiner Verblüffung Celine den Weg zum Haus entlangkommen. Ich war total überrascht, da ich nicht mit ihr gerechnet hatte – wir hatten ihr vor Wochen unsere Adresse gegeben, aber nichts von ihr gehört. Ich sprang auf und rannte zu ihr, um sie zu begrüßen. Es war schön, sie zu sehen. Celine erklärte mir, sie habe der Stadt für ein Wochenende entkommen wollen und spontan beschlossen, uns zu besuchen.

In der Nacht gab es wie immer einen Sturm. Das kleine Cottage bebte, die Fensterscheiben wackelten, der Regen trommelte aufs Dach. Die Äste der Manuka-Bäume schlugen gegen die Wände, ganz in der Nähe klapperten Eisenteile. Wir hatten uns an diesen nächtlichen Lärm gewöhnt, doch am nächsten Morgen sah Celine nicht sonderlich ausgeruht aus. Ich fragte mich, ob sie ihren Wochenendtrip bereits bereute, und um ihren Abstecher in die Wildnis lohnenswert zu machen, bot ich ihr an, sie mit auf die Jagd zu nehmen.

Wir warteten, bis es aufhörte zu regnen, dann machten wir uns auf den Weg in den Wald. Nach zehn Minuten fing es erneut an zu prasseln. Ich entschuldigte mich für das schlechte Wetter, doch Celine versicherte mir, dass jeder Tag, den sie nicht im Krankenhaus verbrachte, ein guter Tag sei. Wir marschierten durch den klatschnassen Wald. Der schmale Pfad war zugewuchert von Farnen und Manuka, und binnen Sekunden waren wir durchweicht bis auf die Haut, doch das gehörte nun mal zu unserem Abenteuer dazu. Als wir ein Stück matschigen Lehmboden überquerten, machte ich Celine auf Hufabdrücke aufmerksam: Eine große und eine sehr kleine Ziege waren erst vor Kurzem hier gewesen. Der Regen verwischte schnell sämtliche Spuren, die Tiere konnten noch nicht lange weg sein. Neben dem Fluss befand sich eine kleine Wiese, und ich zeigte Celine das abgefressene Gras. Als wir an einer hohen Felswand vorbeikamen, blieben wir stehen. Unter einem Vorsprung entdeckten wir Ziegenkötel. Die Tiere schliefen gern an trockenen Plätzen, erklärte ich unserem Besuch.

Und dann roch ich eine Ziege. Ich deutete auf meine Nase und schaute Celine an. Sie gab mir mit einem leicht panischen

Gesichtsausdruck zu verstehen, dass sie nichts riechen konnte. Ich nickte und schlich auf Zehenspitzen ins Dickicht, dann bedeutete ich ihr, mir zu folgen, was sie zögernd tat.

»Das ist ziemlich interessant«, flüsterte Celine. »Für gewöhnlich bin ich diejenige, die die Verantwortung trägt. Ich weiß, wo ich bin und wohin ich gehen muss, doch nun muss ich dir vertrauen. Ich hoffe, du weißt, was du tust, denn ich habe absolut keine Ahnung!«

»Wir sind noch nicht weit gegangen«, versicherte ich ihr. »Wir finden mühelos wieder heraus.« Ich deutete nach rechts.

Nachdem ich festgestellt hatte, dass die Ziegen nicht mehr da waren, kehrten wir auf den Weg zurück und wanderten eine Weile, dann fragte Celine plötzlich: »Wonach suchen wir eigentlich?«

»Nach Ziegen!«, platzte ich lachend heraus.

»Ja, aber welche Farbe haben die? Weiß, wie in der Schweiz?«

»O nein. Die wilden Ziegen hier sind meistens schwarz-weiß und manchmal auch braun.«

Ich achtete darauf, möglichst geräuschlos aufzutreten und Zweigen und Steinen auszuweichen. Celine tat es mir nach.

Wir gingen weiter. Nichts passierte.

Dann sahen wir plötzlich eine große Ziege unter einer Nikau-Palme stehen. Rasch legte ich das Gewehr an und feuerte. Die Ziege rannte verwundet davon, ich jagte hinterher, bis ich das zusammengebrochene Tier zwischen zwei großen Farnen entdeckte. Ihre Wedel spannten sich über die Ziege wie ein großer Schirm. Wenige Augenblicke später schloss Celine zu mir auf. Sie wirkte schockiert. Ich dachte an meine erste erlegte Beute zurück. Ich wollte nicht, dass dies ein Albtraum für sie wurde, deshalb schlug ich vor, die Dinge langsam anzugehen, und erklärte ihr das Ausweiden und Häuten. Obwohl sie etwas verunsichert dreinblickte, sagte sie, sie wolle versuchen, die Ziege zu schlachten.

Ich hängte meine Jacke in einen Baum und gab zu bedenken, dass wir ziemlich schmutzig werden könnten. »Am besten, du ziehst so viel aus wie möglich. Es ist wesentlich einfacher, dich selbst zu waschen anstelle der blutverschmierten Klamotten. Wenn wir fertig sind, säubern wir uns in dem Fluss dort drüben.«

Celine schaute in die Richtung, in die ich deutete; in dem dichten Wald war der stille Fluss nur schwer zu erkennen. Anschließend zog sie Regenmantel und T-Shirt aus und stand in BH und Höschen da. Sie hatte meinen Rat wörtlich genommen.

»Okay, dann hängen wir die Ziege mal auf«, sagte ich.

»Aufhängen?« Celine schaute mich skeptisch an. Anscheinend kam ihr das Ganze ziemlich merkwürdig vor.

Ich deutete auf den dicken Ast einer Schwarzen Bergsüdbuche ganz in der Nähe, und sie half mir, die Ziege dorthin zu tragen. Wir banden sie mit einem Seil im Baum fest.

»Muss ich sie damit aufschneiden?« Celine schnappte nach Luft, als ich ihr mein Jagdmesser reichte. »Beim Operieren benutze ich für gewöhnlich Scheren und ein elektrisches Skalpell. Mit diesem Ding verletze ich womöglich die Eingeweide!«

Wir starrten auf das große Messer, das in ihren kleinen, zarten Händen riesig wirkte.

Ich zeigte ihr, wie sie mit einer Hand die Gedärme schützen konnte, und bat sie, Herz, Leber und Nieren zu entnehmen, aus denen wir später unser Abendessen zubereiten wollten. Zögernd fing sie an, doch sie erwärmte sich schnell für ihren Job.

»Aha! Interessant. Hier ist das Zwerchfell, das Bauch- und Brusthöhle voneinander trennt«, murmelte sie während der Arbeit vor sich hin. »Alles ist etwas anders als bei den Menschen. Das Blut riecht auch anders, findest du nicht?«

Ich räumte ein, dass ich mich mit menschlichem Blut nicht so gut auskannte.

»Das hier«, fuhr sie fort und deutete mit der Spitze des Jagdmessers auf eine Stelle zwischen den Lungen, »ist das Mediastinum, und hier sind Trachea und Aorta. Und hier befindet sich die untere Hohlvene. Kann ich mal das Beil haben?« Ohne von der Ziege aufzublicken, streckte sie die Hand in meine Richtung aus. Zunächst fand ich es seltsam, dass sie all diese medizinischen Begriffe nannte, doch dann wurde mir klar, dass ihr dies den Anschein von Normalität verschaffte. Es war ihre Art und Weise, mit dieser außergewöhnlichen Situation umzugehen.

»Ohne Retraktoren habe ich keine gute Sicht auf das, was ich tue«, stellte sie fest. »Wo ist der Oesophagus? Ah … Kann ich das Messer wiederhaben?«

Sie war so konzentriert, dass sie anscheinend vergessen hatte, dass sie in Unterwäsche in einem moosüberwucherten, tropfnassen Wald stand und eine tote Ziege operierte.

»Es kommt mir irgendwie verkehrt vor, dass ich Blut an den Händen habe«, sagte sie plötzlich. »Normalerweise benötige ich für einen Eingriff zwei Paar sterile Handschuhe *und* einen gestärkten Kittel. Mit bloßen Händen in Slip und BH zu operieren, ist ein seltsames Gefühl.«

Als sie fertig war, packten wir die Schlachtteile in meinen Rucksack. Es hatte aufgehört zu regnen, die Sonne schien durch die Bäume. Wir gingen zum Fluss hinüber und wuschen uns. Ich benutzte Sand, um die dunkelroten Flecken von der Haut zu schrubben, und Celine folgte zögernd meinem Beispiel. Unter einem Felsvorsprung entdeckte ich ein paar trockene Zweige, sodass ich mithilfe der mitgebrachten Zeitung ein Feuer anzünden und einen Tee aus Manuka-Blättern zubereiten konnte. Während wir unser selbst gebackenes Brot rösteten, fragte ich Celine, wie es sich anfühlte, für ein Wochenende fernab jeglicher Computer und Handys zu sein.

»Oh, das ist herrlich friedlich«, räumte sie ein. »Allerdings werde ich am Montagmorgen einen Berg von E-Mails und Nachrichten vorfinden, und Thomas wird sich wundern, warum ich ihm nicht zurückgeschrieben habe.«

Thomas war ein Ire, mit dem sie sich seit ein paar Monaten traf, aber sie war sich nicht sicher, ob sie fest mit ihm zusammen sein wollte. Irgendetwas fehle ihr, meinte sie. »Er ist intelligent, witzig und sieht recht gut aus, aber ich werde den Eindruck nicht los, dass er sich mit dem Durchschnitt begnügt. Seine Träume sind klein und in meinen Augen ziemlich öde. Ich fürchte, dass mir sein geordnetes Leben bald langweilig wird.« Sie lächelte und zupfte das Moos von einem Zweig, um damit den Schlamm von ihren Stiefeln zu wischen. »Wie mein Vater so schön sagt: Man soll immer nach dem Besten streben.«

Wir sprachen über Beziehungen, und ich schilderte ihr, dass wir oftmals eine feste Vorstellung davon hatten, wie diese aussehen sollten, während die Realität meilenweit davon abwich – im Grunde wiederholte ich genau das, was Peter mir am Vortag zu erklären versucht hatte.

»Macht es dir nichts aus, dass Peter dir ständig Dinge erklärt?«, fragte Celine. »Als wärst du seine Schülerin und er dein Lehrer?«

»Manchmal schon. Gestern war ich etwas genervt«, gab ich zu. »Allerdings denke ich, dass zwei Menschen in einer Beziehung immer über unterschiedliche Qualitäten verfügen. Ich bin stärker und fitter; Peter kann, körperlich betrachtet, nicht mit mir mithalten, er ist doppelt so alt wie ich. Dafür hat er jede Menge Wissen und Erfahrung, die ich noch gar nicht erworben haben kann, daher ist es an mir, von ihm zu lernen.«

»Das stimmt.« Celine nickte. »Selbst ohne Altersunterschied sind zwei Menschen immer verschieden.«

Nachdem Celine und ich zum Haus zurückgekehrt waren, setzten wir uns auf die Possumunterlagen und berichteten Peter, der die Ziege zubereitete, bis ins kleinste Detail von unserem Jagdabenteuer. Als wir unser Curry aßen, wies ich Celine darauf hin, dass es, abgesehen von Reis und Gewürzen, komplett »hausgemacht« war – das Gemüse hatten wir im Garten angebaut, das Fleisch war selbst geschossen.

»Es schmeckt kräftig und sehr gesund«, sagte Celine. »Ganz und gar nicht wie ein wässriges Hühnchen aus dem Supermarkt.« Sie lachte. »He, auf dem Weg hierher hab ich ein paar zum Verkauf stehende Küstengrundstücke entdeckt. Manche waren ausgesprochen preiswert. Ich hab überlegt, ob ich mir ein Stück Land kaufen soll, vielleicht für ein Ferienhaus. Habt ihr je darüber nachgedacht, euch etwas Eigenes zuzulegen?«

»Das haben wir tatsächlich«, antwortete ich. »Doch nachdem wir diesen Regen erlebt haben, bin ich mir nicht sicher, ob ich den Rest meines Lebens in der West-Coast-Region verbringen möchte.«

»Vielleicht entdecken wir irgendwann ein Stück Land zum passenden Preis, bei dem wir erneut überlegen«, fügte Peter hinzu.
»Wollt ihr denn keine Kinder haben?«, fragte Celine. »Das hier scheint mir ein guter Ort zu sein, um Kinder großzuziehen. Sie würden in der Natur aufwachsen, könnten zu Hause unterrichtet werden ...«
Ich erzählte ihr von Daniel, der sich genau das Gleiche vorgestellt hatte und recht schnell von der Realität eingeholt worden war.
»Ich glaube nicht, dass ich Kinder haben möchte«, sagte Peter. »Wahrscheinlich bin ich einfach schon zu alt dafür.«
»Und was ist mit dir, Miriam?«, wollte Celine wissen.
»Im Augenblick möchte ich ganz bestimmt keine Kinder haben. Und da Peter keine möchte, dürfte das ohnehin ziemlich schwierig werden.«
»Du könntest dir einen anderen Partner suchen«, sagte Peter mit vollem Mund.
»Ich hab lieber dich als Kinder«, entgegnete ich lachend. »Letztes Jahr haben wir zufällig zwei von Peters alten Schulfreunden getroffen. Sie hatten sich nicht mehr gesehen, seit sie fünfzehn waren. Einer von ihnen hat sich erkundigt, ob Peter Kinder habe, und ich hab geantwortet: ›Nein! Er hat doch mich!‹«
Celine schmunzelte. »Haben sie das lustig gefunden?«
»Irgendwie schon, aber sie waren nicht an die niederländische Direktheit gewöhnt«, antwortete Peter.
»Das war doch bloß ein Scherz.« Ich grinste. »Unser Altersunterschied ist schließlich kein Tabu, das niemand erwähnen darf.«

Kurz bevor Celine am nächsten Morgen aufbrach, standen wir auf der Veranda und schauten aufs Meer hinaus. Sonnenstrahlen stahlen sich durch die Löcher in den Wolken und trafen funkelnd auf die Wasseroberfläche.
»Ihr müsst jede Menge wunderschöner Fotos haben«, sagte Celine, griff nach ihrer Kamera und machte Aufnahmen vom Haus und dem Ozean.

»O nein, wir haben gar keinen Fotoapparat«, sagte ich. »Dazu bräuchten wir Batterien, Speicherkarten, Ladegeräte und jede Menge Zubehör.«

»Außerdem entgeht uns jedes Mal, wenn wir ein altes Foto betrachten, die Schönheit des Hier und Jetzt«, ergänzte Peter.

»Ich werde das Foto als Bildschirmschoner verwenden.« Celine zeigte mir eine Aufnahme, auf der sie den Ausblick vom Cottage aufs Meer eingefangen hatte. »Dann haben wir alle dieselbe Aussicht!« Sie lachte und verstaute die Kamera in ihrem blauen Parka.

Wir umarmten uns zum Abschied, und dann ging Celine zurück zu ihrem Auto, eine Ziegenkeule in jeder Hand.

Es regnete zwei Monate durch, trocken war es nur im November. Im Frühling wurden die Tage länger und die Sonne wärmer. Eines ruhigen Abends saßen wir draußen auf der Veranda und spielten Schach. Während im Westen noch das letzte Tageslicht zu sehen war, zeigten sich im Osten bereits die ersten Sterne am Himmel. Eine leichte Brise trug das Klatschen der sich brechenden Wellen zu uns herauf. Auf einmal vernahmen wir völlig unerwartet ein seltsames Geräusch, das klang wie das Heulen von Hunden.

»Was ist das?«, fragte ich verwundert.

»Ich glaube, wir hören die Seehunde auf den Felsen unten am Wasser«, sagte Peter.

Am nächsten Morgen beschlossen wir, die Klippen hinabzusteigen, um unsere Nachbarn zu besuchen. Es wehte ein starker, böiger Wind, als wir aufbrachen, doch als wir den subtropischen Regenwald betraten, schien es uns, als kämen wir in eine andere Welt. Der Wind drang nicht bis in die dichte Vegetation vor, kein Blättchen regte sich. Riesige Bäume wuchsen zwischen haushohen Felsbrocken. Die glatten Stämme der Nikau-Palmen mit ihren perfekten Ringen sahen aus wie von Menschenhand geschaffene Kunstwerke.

Wir stiegen im Zickzack einen heimtückisch steilen und mit schlüpfrigen Schlingpflanzen zugewucherten Abhang hinunter, bis wir umgeben waren von »Kiekies«, verholzenden Kletterpflanzen mit schlanken Sprossachsen, die mit ihren dichten Zweigen und den vielen Luftwurzeln ein eng verschlungenes, undurchdringliches Geflecht bildeten. Manchmal konnten wir darunter hindurchrutschen oder uns hindurchzwängen, aber mitunter war es so dick, dass wir darauf laufen konnten. Wir kamen extrem langsam voran, doch das Tosen der See wurde immer lauter und zeigte an, dass wir uns der Küste näherten.

Am Ende fanden wir uns auf einer schmalen Klippe in einem kalten Nebel aus Salz und Gischt wieder, von wo aus wir die donnernden Wellen unter uns betrachteten. Es roch nach Tang. Spitze, zerklüftete Felsen ragten aus dem Meer, und wenn große Wellen gegen diese schwarzen Zacken prallten, schoss eine gewaltige fünfzehn Meter hohe Fontäne in die Luft. Die Kämme der Wellen wurden von den Böen zur Seite geweht. Es war ein fantastischer und gleichzeitig Furcht einflößender Anblick.

Nach einer aufgeregten Diskussion ließ sich Peter an der vertikalen Felswand hinab, wobei er sich an einer dünnen Liane festklammerte. Als ich sah, dass die Pflanze sein Gewicht trug, folgte ich ihm zögernd. Unten angekommen, fanden wir uns in einem Gestrüpp aus Kiekie-Lianen wieder, durch das ein Tunnel führte. Es roch Übelkeit erregend nach fauligem Fisch. Ich kroch voraus durch den Tunnel, Peter folgte.

»He! Das ist ein Robbenhaus!«, rief ich Peter über den Lärm der sich brechenden Wellen hinweg zu und krabbelte über den Lehmboden.

»Dann wollen wir mal hoffen, dass wir keinem Bullen begegnen!«, rief Peter zurück.

Daran hatte ich gar nicht gedacht! Voller Panik versuchte ich aufzustehen und zu laufen, doch ich stieß mir den Kopf an dem Kiekie-Geflecht über mir. Mir blieb keine andere Wahl, als auf Händen und Füßen durch das Labyrinth der stinkenden Robbentunnel weiterzukrabbeln. Nach einer Weile bog ich in einen Seitentunnel ein und tat so, als habe ich den falschen Weg eingeschlagen, um Peter vorbeizulassen. Es war besser, ihn vorankriechen zu lassen, damit er sich gegebenenfalls mit dem Bullen auseinandersetzen musste, dachte ich und kam mir vor wie ein Feigling.

»Such dir einen Stock, um dich zu verteidigen!«, brüllte Peter über das Tosen der See hinweg.

Ich entdeckte ein massives Stück Treibholz und fühlte mich gleich ein wenig besser. Peter hielt ebenfalls einen Stock in der Hand, mit dem er auf den Boden pochte, um die Robben zu warnen, dass wir da waren. Ich machte dasselbe. Wir hörten uns an wie Walrosse, die ihre gigantischen Hauer auf den Boden schlugen. »Wir sind Walrosse!«

Endlich entkamen wir dem Labyrinth – glücklicherweise unversehrt. Alle Robben fischten im aufgewühlten Wasser oder nahmen ein Sonnenbad auf den Felsen. Es war ein sonniger Tag, doch der Ozean toste, als befänden wir uns mitten in einem Unwetter. Riesige Brecher krachten unaufhörlich gegen die Klippen, der Wind wirbelte die weißen Schaumkronen auf, Möwen kreisten laut schreiend am Himmel. Gischt spritzte in die Höhe, salziger Nebel hing in der Luft.

Die Küste bestand aus gewaltigen Felsbrocken, hinter denen die Klippen aufragten. Die steilen Wände waren überwuchert von üppiger Vegetation. Es lag auf der Hand, dass niemand diesen Küstenabschnitt besuchte; dieser Ort war den Robben vorbehalten. Riesige Bullen, dreimal so groß wie die Weibchen, fischten im Ozean und kehrten gelegentlich zur Küste zurück. Die Jungen spielten in den Becken zwischen den großen Steinen, tauchten und wirbelten voller Anmut durchs Wasser; an Land dagegen robbten sie unbeholfen über die Felsen. Es war ein Bild der vollkommenen Ruhe und Gelassenheit, wie sie durchs Wasser schossen oder in der Sonne badeten.

Wir betrachteten diese urtümliche Szene. So war es an diesem Ort von jeher gewesen – eine Ordnung im Chaos, ein weicher Kern in einer widerstandsfähigen Schale.

Peter kletterte von unserem sicheren Ort auf dem Felsen hinunter und sammelte etwas Treibholz. Die Robben folgten ihm neugierig mit ihren großen braunen Hundeaugen. Er sah sehr klein aus zwischen den riesigen Felsen. Wir kochten unser Mittagessen über dem Feuer, aus allen Richtungen von Robben beobachtet. Ich entdeckte einen Robbenschädel, dessen Knochen weiß zwischen den schwarzen Steinen leuchteten, und sprang auf, um ihn zu holen. Während Peter mit der Zubereitung des Essens beschäftigt war, löste ich einen großen Zahn aus dem Kiefer, anschließend bohrte ich mit meinem Taschenmesser ein Loch hinein.

Auf dem Rückweg schlugen wir uns tapfer durch einen wahren Kiekie-Irrgarten, um ja nicht durch den Tunnel zu müssen. Endlich gelangten wir wieder in den Regenwald, der jedes Geräusch verschluckte – das Tosen der Wellen wurde schlagartig abgelöst von absoluter Stille.

Bei Sonnenuntergang trafen wir am Cottage ein. Ich nahm ein Stück Schnur, band den Robbenzahn daran und reichte Peter die Kette.

»Jetzt trägst du den Geist des Tiers mit dir.« Ich lachte. »Und du wirst wissen, wie man es anstellt, selbst an den wildesten Orten dieser Welt so gelassen und friedlich zu bleiben wie die Robben.«

Eines Morgens im Frühsommer kam Daniel zu Besuch und fragte uns, ob wir Lust hätten, ihn für zwei Nächte bei seiner Arbeit in der letzten Westlandsturmvogel-Kolonie zu begleiten. Er war in zahlreiche Naturschutzmaßnahmen eingebunden, und eine seiner Aufgaben war es, Sturmvögel zu überwachen, genau wie Albatrosse. Von den Westlandsturmvögeln gab es nur noch rund viertausend Paare, die sich auf einer Fläche von zwei bis drei Quadratkilometern aufhielten.

Wir folgten Daniel erwartungsvoll einen steilen, rutschigen Berg hinauf. Nachdem wir uns stundenlang durch unwegsames Gelände geschlagen hatten, erreichten wir endlich die Spitze einer Klippe mit riesigen Bäumen. Das hier war eindeutig »Vogelhoheitsgebiet«: Unter den Bäumen wuchs keine einzige Pflanze, der Boden war trocken und festgetreten. Wir stellten unser Zelt auf und warteten.

An jenem Abend ließen sich gut tausend der großen Vögel in den

Baumwipfeln nieder; sie fielen förmlich vom Himmel, ihre unbeholfene Landung wurde abgebremst von den Zweigen der Bäume. Daniel erklärte, dass der Körper der Sturmvögel für das Landen auf dem Wasser ausgerichtet sei; auf Zweigen zu landen falle ihnen schwer, weshalb sie einfach auf das Blätterdach krachten. Dieser Ort war der einzige auf der Welt, an dem sie Land berührten.

Die Ankunft der Vögel wurde begleitet von einem ohrenbetäubenden Schnattern, Kreischen, Rufen und Heulen – eine unglaubliche, schauerliche Kakofonie. Wir schauten uns mit großen Augen um, wie gebannt von den seltsamen Lauten. Der Zauber hielt noch lange Zeit an, bis die Vögel endlich alle den Weg in ihre Nisthöhlen gefunden hatten und es wieder still wurde.

Daniel streifte seine Handschuhe über und wurde aktiv. Er schob die Hand in eine der Erdhöhlen und zog einen Vogel hervor. Mit lauten, heiseren Schreien pickte das aufgebrachte Tier wiederholt in Daniels behandschuhte Hand. Daniel musterte es gründlich und bat mich, die Nummer des Fußrings in sein Notizbuch einzutragen. Auf mich wirkte es wie ein Widerspruch, die Tiere einerseits schützen zu wollen und sie gleichzeitig in ihren Nisthöhlen zu stören, aber Daniel versicherte mir, dass sie von dieser menschlichen Einmischung eher profitierten, als dass sie darunter litten.

»Kann es sein, dass der Naturschutz auf Schuldgefühlen basiert?«, fragte ich.

»Klar.« Er grinste. »Die Menschen haben unzählige Pflanzen- und Tierarten vernichtet. Wir sind ohne Zweifel die größten Plagegeister auf dem ganzen Planeten. Wenn es den Tieren und Pflanzen möglich wäre, würden sie uns mit Sicherheit die Existenzberechtigung absprechen.«

»Ich verstehe nicht viel von Naturschutz«, sagte ich, »aber was ich im Leben gelernt habe, ist, dass jede Handlung, die aus Schuldgefühlen resultiert, für gewöhnlich noch mehr Verwirrung hervorruft. Ein Konflikt wird auf diese Art nie gelöst.«

Daniel schwieg für eine Weile, dann sagte er: »Ja, das mag bei Menschen zutreffen, allerdings müssen wir auf diesem Planeten etwas tun, bevor alles den Bach runtergeht.«

Kurz vor Tagesanbruch, gegen sechs Uhr morgens, postierten wir uns hinter einem Baum in der Nähe des Abflugplatzes der Sturmvögel – eine steile Klippe oberhalb eines bewaldeten Tals und des Ozeans. Es war unglaublich zu sehen, wie diese klobigen Vögel unbeholfen zum Klippenrand watschelten, ihre Flügel spreizten und sich dann mit einer solchen Kraft und Anmut in den Himmel schwangen. Ich konnte nur dasitzen und über die Wunder dieses unglaublichen Planeten staunen.

Jeder Vogel nutzte die Thermik und glitt auf seinen Schwingen in Richtung Ozean. Die Westlandsturmvögel würden mehrere Hundert Kilometer weit zu Inseln fernab ihrer Brutstätten fliegen, um Futter zu suchen, und anschließend den ganzen Weg entlang der Küste der Südinsel zurücklegen, bevor sie zu ihrer Nisthöhle zurückkehrten.

Unser Sommer in der West-Coast-Region sollte der trockenste seit Beginn der Wetteraufzeichnungen werden. Zwischen November und Februar regnete es gar nicht. Die meisten Bäche und kleinen Flüsse trockneten aus; und obwohl dies den Farmern Probleme bereitete, war es angenehm für uns.

Wir entdeckten einen anderen Weg durch den Wald hinunter zur Küste, ohne dass wir die Robben aufschrecken mussten. Unten am Meer schlenderten wir über herrliche Sandstrände, kletterten über große Felsbrocken und legten lange Strecken auf glattem Felsboden zurück. Ich stieg gerade über ein paar große, angespülte Holzstämme, als Peter auf mehrere Kalksteinklippen zu unserer Linken deutete.

»Da könnte eine Höhle sein!«, rief er über den Lärm der brechenden Wellen hinweg.

Ich schaute auf, doch ich konnte nicht sehen, was er meinte. Bevor ich etwas erwidern konnte, war er bereits im Dickicht verschwunden. Es war so dicht, dass ich schon bald jede Spur von ihm verlor. Ich rief seinen Namen und kämpfte mich landeinwärts, bis ich zu einem beeindruckenden Felsvorsprung gelangte.

»Die Höhle ist ziemlich tief!«, hallte Peters Stimme aus der

Dunkelheit. Als sich meine Augen an das dämmrige Licht gewöhnt hatten, konnte ich erkennen, dass ein Teil der großen Kalksteinhöhle nass war, kleine Rinnsale tropften von den Wänden herab, andere Teile dagegen waren trocken.

»He, wir könnten hier leben!«, rief ich begeistert. Die Vorstellung, in einer Höhle zu wohnen, hatte mich von jeher fasziniert. »Wir könnten unsere Lebensmittel per Boot herbringen. Niemand würde uns finden! Wir könnten Muscheln essen und Ziegen, und dort drüben wäre unser Schlafplatz.« Ich deutete auf eine trockene Ecke. Wir suchten die Höhle nach Spuren menschlicher Besiedlung ab. »Stell dir mal vor, wir finden irgendwelche Knochen!«, sagte ich aufgeregt.

»In Indien hab ich mal ein Skelett in einer unterirdischen Höhle gefunden«, erzählte Peter.

»Wirklich?« Es erstaunte mich immer wieder, wie viele von Peters Geschichten ich noch nicht gehört hatte.

»Ja. Zunächst dachte ich, es handele sich um Affenknochen, aber die Beine sahen zu lang aus. Es musste schon eine ganze Zeit dort gelegen haben, und es gab keinen Schädel und keine Kleidungsreste. Ich hab mein Bein mit einem Stock gemessen und ihn dann vorsichtig neben die Knochen gelegt. Die der Beine waren länger als meine. Sie mussten von einem Menschen stammen.«

»Glaubst du, die Person wurde ermordet?«

»Das werden wir wohl nie erfahren, aber nachdem ich das Skelett gefunden hatte, entdeckte ich ganz in der Nähe Leopardenkot. Leoparden sind große Tiere – sie können bis zu neunzig Kilo wiegen. Ich wusste, dass es in der Gegend Leoparden gab, doch ich wusste nicht, dass sie in der Höhle lebten.«

»Hattest du keine Angst?«, wollte ich wissen.

»Doch, natürlich. Als mir klar wurde, dass ich mich in der Höhle eines Leoparden befand, habe ich mich furchtbar erschrocken. Die Angst hat mich beinahe paralysiert, aber sie ließ nach, als ich mir bewusst machte, dass mich die Leoparden längst gehört haben mussten. Hätten sie mich umbringen wollen, hätten sie das bereits getan.«

»Und was war mit dem Skelett?«

»Nun, ich saß eine ganze Weile einfach nur da und fragte mich, was der Person wohl zugestoßen sein mochte, dann wurde mir klar, dass dies auch meine Zukunft sein würde. Eines Tages wäre von mir ebenfalls nicht mehr übrig als ein paar Knochen – ganz gleich, welches Schicksal mich ereilte. Ich dachte darüber nach, was für ein eigenartiges Leben wir Menschen doch führen.« Er sah mich lange an. »Ich begriff, dass wir uns so sehr auf das fokussieren, was werden soll, dass wir das Sein vergessen; dass wir uns an der Zukunft orientieren, wenngleich wir im Jetzt leben. Wenn das Sein endet, werden wir alle zu Knochen, und das war's dann. Aus. Vorbei. Endgültig und ohne Wiederkehr.«

»Ja, es ist seltsam, für die Zukunft zu leben, denn die Zukunft beginnt womöglich nie«, pflichtete ich ihm bei.

»Auch du wirst eines Tages sterben«, sagte Peter. »Vielleicht denkst du noch nicht an den Tod, denn du bist noch jung und sehr gesund. In meinem Alter dagegen stehen die Menschen morgens mit Plänen für den Abend auf, und dann fallen sie mittags tot um. Aus dem Grund ist es etwas anderes, wenn man fast sechzig ist. Die Zeit ist zu begrenzt, um sie mit Dingen zu vergeuden, die ich nicht wirklich tun möchte.«

»Das verstehe ich.«

Schweigend saßen wir nebeneinander und betrachteten die wunderschönen Farben des Blätterdachs vor der Höhle. Große Farnwedel und lange Moosstränge hingen vor dem Eingang und schaukelten in der Brise.

»Hast du ein paar Knochen von dem Skelett als Souvenir mitgenommen?«, fragte ich nach einer Weile.

»Nein.« Peter lachte. »Wie würde das aussehen, wenn ich mit einer Kette aus Menschenknochen um den Hals durch den neuseeländischen Zoll ginge!«

Die Luft in der Höhle war ziemlich kalt, also kehrten wir zur Küste mit ihrem warmen Wind und den wilden Wellen zurück. Weil es so lange nicht geregnet hatte, mussten wir ein ganzes Stück einem ausgetrockneten Fluss folgen, um Süßwasser für unseren

Tee zu finden. Als wir endlich auf ein kleines Rinnsal stießen, zündeten wir ein Feuer an, um Wasser zu kochen und Brot zu rösten. Nach dem Mittagessen schlug Peter vor, dem Flussbett noch weiter zu folgen. Unsere Mühe wurde belohnt, als wir zu einem Becken mit dunklem Wasser gelangten. Hinter einer Felsbiegung hörten wir einen Wasserfall rauschen.

»He, lass uns zum Wasserfall schwimmen!«, schlug ich vor, während ich mich bereits auszog. Nackt watete ich ins Becken, dann schwamm ich langsam Richtung Wasserfall. Der Lärm war ohrenbetäubend, die Energie elektrisierend. Das Wasser in dem Becken, das umgeben war von hohen, mit kleinen Farnen und Blumen bewachsenen Felswänden, schien zu vibrieren. Es war ein außergewöhnlich ursprünglicher Ort.

Ich drehte eine Runde, dann kehrte ich langsam zu Peter zurück. »He, Feigling!«, rief ich. Er stand immer noch am Rand des Beckens. »Komm schon rein, du Weichei!« Lachend hielt ich mich an einem großen Stück Holz fest, das im Wasser trieb. »Du musst dir den Wasserfall anschauen. Er ist wunderschön!«

»Wassismitaalen?«, brüllte er.

»Wie bitte?«

»Was ist mit Aalen?«, brüllte er erneut, noch lauter diesmal. »Kannst du irgendwelche Aa…«

Er hatte seinen Satz noch nicht zu Ende gesprochen, als ich plötzlich einen schmerzhaften Biss am Bein verspürte. Ich schrie auf und schaute ins Wasser. Ein langer schwarzer Aal schlängelte sich um meine Beine. Blitzschnell kletterte ich auf den Holzklotz, während Peter sich am Ufer vor Lachen bog.

»Ich dachte mir schon –« Er konnte kaum sprechen. »Ich dachte mir schon, dass sie hungrig sein würden!«

Ich krabbelte über die glitschigen Hölzer im Becken, weil ich auf keinen Fall wieder ins Wasser wollte.

»Wer ist hier das Weichei?«, wollte Peter wissen. »Das Becken ist voller Aale! Von hier aus sehe ich vier, und es sind noch mehr unterwegs. So viel zur tapferen Dschungel-Jane!« Er lachte noch immer.

Ich grinste verlegen, als ich es endlich geschafft hatte, ans Ufer zu gelangen. Die Wunde an meinem Bein blutete, doch wenigstens hatte der Aal losgelassen – trotz seiner nach hinten gekippten Zähne.

Eines schönen Herbstmorgens, die Luft war warm und der Himmel blau, packten wir einen kleinen Rucksack mit Proviant und wanderten in die Berge. Ich zeigte Peter die geheimen Orte, die ich auf meinen Jagdausflügen entdeckt hatte. Als wir auf Hufabdrücke stießen, betrachtete ich diese eingehend und teilte Peter voller Stolz mit, wann in etwa die Ziegen hier gewesen waren. Wir saßen in meiner Höhle zwischen getrockneten Ziegenköteln, und ich brach einen davon in zwei Hälften, um Peter das grob zersetzte Gras darin zu zeigen, was auf eine ältere Ziege hindeutete, da die Verdauung mit zunehmendem Alter der Tiere nachließ.

Die Sonne stand hoch am Himmel, als wir im Flussbett Treibholz sammelten und Peter ein Feuer machte, um unser Mittagessen zu kochen. »Es gibt hier so viel Land – einfach unglaublich«, sagte er.

»Ist es nicht interessant, dass so viele Menschen ihr *eigenes* Land besitzen möchten, nur um etwas vorweisen zu können?«

»Ja, die meisten Leute in Neuseeland sind darauf konditioniert zu glauben, dass man auf eigenen Besitz hinarbeiten sollte. Auch ich hab mal dazugezählt.«

»Ich denke, dahinter steckt die Idee, dass man sich mit eigenem Besitz sicherer fühlt«, bemerkte ich. »Sicherheit bedeutet uns Menschen offenbar sehr viel. Aber gewinnt man tatsächlich Sicherheit, wenn man etwas vorweisen kann? Hast du dich sicher gefühlt, als du die Plantage gekauft hattest?«

»Nein. Es hat zehn Jahre gedauert, bis mir klar wurde, dass ich mir ein nettes Gefängnis gebaut hatte.«

»Ich fühle mich relativ sicher«, stellte ich fest. »Obwohl ich nicht viel mehr besitze als meinen Bogen. Müsste ich jedoch Monat für Monat einen Kredit abstottern, wäre ich ständig nervös, ob ich das Geld zusammenbringe oder nicht. Hätte ich einen Job, würde ich permanent fürchten, ihn zu verlieren. Ich glaube nicht, dass ich mich sicherer fühlen würde als jetzt. Womöglich hätte diese Form der Sicherheit auf mich sogar den gegenteiligen Effekt.«

»Ja, aber wie Maus richtig festgestellt hat, bin ich deine Sicherheit.«

»Das ist richtig.« Ich lächelte. »Doch was ich eigentlich sagen möchte, ist das: Wenn ich Land kaufe und dafür einen Kredit aufnehmen muss, würde ich mich weniger sicher fühlen als jetzt.«

»Selbst wenn dir das Land gehört und nicht mit einem Kredit belastet ist, musst du immer noch Steuern zahlen. Und wenn du Ziegen melken oder dich um Obstbäume und Gärten kümmern musst, bist du angebunden. Du kannst nicht einfach an einem heißen Sommertag für Wochen in den Wald verschwinden, ohne die Pflanzen zu wässern.«

»Plötzlich klingt es wie eine fürchterliche Beschränkung, Land zu besitzen«, stellte ich fest. »Ich frage mich, ob wir tatsächlich etwas kaufen sollen.«

»Nein, wahrscheinlich besser nicht.«

Wir aßen unser Mittagessen auf, und Peter schlug vor, den Fluss zu erkunden, also wanderten wir in unseren Sandalen durch das Wasser in eine Klamm hinein. Spektakuläre Klippen, Felsüberhänge und Wasserfälle ließen uns immer weiter gehen. Peter vermutete, dass der Fluss irgendwann eine Kurve machen würde, weshalb wir eine Abkürzung von ungefähr hundert Metern durch den Wald nahmen. Doch zu unserem Erstaunen fanden wir den Fluss nicht wieder – er war in eine andere Richtung geflossen, als wir vermutet hatten.

»Wenn wir uns links halten, müssten wir wieder darauf stoßen«, sagte ich.

Wir wanderten und wanderten durch den dichten Dschungel. Die Farne, Rimu-Bäume, Nikau-Palmen und Scheinbuchen wurden zu einem einzigen grünen Meer. Alles sah gleich aus. Schon bald wussten wir nicht mehr, wo wir uns befanden.

»Aus welcher Richtung sind wir gekommen?«, fragte Peter.

»Von dort«, antwortete ich und deutete nach links.

Peter starrte mich an. »Ich dachte, wir seien von da drüben gekommen.« Er wies in die entgegengesetzte Richtung. »Wie zum Teufel konnte das passieren? Wo ist der Fluss?«

Eine schwarze Mutterziege trat mit ihrem Zicklein hinter einem kleinen Hügel hervor. Die beiden schauten uns überrascht an, dann setzten sie unbeeindruckt ihren Weg durch den Wald fort. Lächelnd sah ich Peter an. »Die zwei haben sich nicht verlaufen.«

»Nein, sie können überall schlafen und alles fressen«, sagte er. »Es muss großartig sein, so vollkommen unabhängig zu leben.«

Es war schwer zu sagen, ob wir im Kreis gingen oder nicht. Der stille Wald kam mir plötzlich ziemlich unheimlich vor. Selbst die Vögel schienen verstummt zu sein. Es war, als halte alles um uns herum inne. Langsam, aber sicher war ich überzeugt, dass wir die Nacht im Wald verbringen mussten. Wir hatten warme Kleidung mitgebracht und Streichhölzer, Brot war auch noch übrig.

»Wie lange irren wir schon hier herum?«, fragte Peter.

»Irgendwas zwischen dreißig Minuten und vier Stunden.«

Peter drehte sich um. »Das ist seltsam, nicht wahr? Wenn man sich verirrt, verliert man jegliches Zeitgefühl.«

Ein Kereru, eine Maori-Fruchttaube, beobachtete uns schweigend vom Ast eines Baumes. Die Augen dieser Waldtaube waren leuchtend rot, und sie hatte eine breite, strahlend weiße Brust, was bei ihrem ansonsten in einem prächtigen Blaugrün schillernden Gefieder aussah, als trage sie ein Turnhemd.

Eine gefühlte Ewigkeit bahnten wir uns einen Weg durch das dichte Unterholz, vorbei an Farnen und beeindruckenden Bäumen, deren Stämme komplett von Moos und Flechten überzogen waren. Jeder Quadratzentimeter des Waldes war mit Pflanzen bedeckt. An den sonnigen Stellen war das Licht so hell, dass es die grünen Baumfarne weiß erscheinen ließ, während die schattigen Bereiche pechschwarz wirkten. Wir kämpften uns voran und folgten Tierfährten hügelauf- und hügelabwärts. Je länger wir unterwegs waren, desto orientierungsloser wurden wir. Manchmal glaubten wir, den Fluss in der Sonne schillern zu sehen, doch das stellte sich jedes Mal als Illusion heraus.

Plötzlich entdeckte ich zu meiner Linken eine Lücke zwischen den Bäumen. »Der Fluss!«, rief ich freudig. Peter kam herbeigerannt. »Aber das ist die linke Flussseite«, stellte ich erstaunt fest. »Wie ist das möglich?«

Wir waren völlig perplex. Anscheinend waren wir über einen Hügel gewandert und auf einen anderen Fluss gestoßen. Erschöpft setzten wir uns erst einmal hin, um zu verschnaufen. Endlich fühlten wir uns wieder sicher, jetzt, da wir nicht länger im Wald umherirren mussten, sondern diesem Fluss zur Küste folgen konnten. Wir waren erst ungefähr zwanzig Meter flussabwärts gegangen, als wir auf unsere Fußabdrücke stießen, die aus dem Fluss heraus in den Wald führten. Verblüfft schauten wir uns an. »Was ist das denn? Eine optische Täuschung?«, fragte ich.

Ohne ein Wort drehte Peter sich um und wanderte flussaufwärts. Nach etwa fünfzig Metern verschwand der Fluss vollständig unter der Erde. Bäume waren über die Felsbrocken gewachsen, es gab keinerlei Hinweise auf ein Flussbett. Das war des Rätsels Lösung: Wir waren direkt über den Fluss hinweggelaufen.

Eines Nachmittags zu Herbstbeginn saß ich auf der Veranda und nähte Possumfellstücke zusammen, als ich plötzlich eine vertraute Stimme hörte. »Bist du da, Pete? Ist jemand zu Hause?«

Ich schaute auf und war überwältigt vor Freude, Ricky auf mich zukommen zu sehen. Er stellte seine Taschen ab und umarmte mich übermütig.

Peter kam aus dem Garten. »Wie geht es dir, Maus?« Die beiden umarmten sich ebenfalls.

Als wir zusammen an dem Picknicktisch auf der Veranda saßen und unseren Tee tranken, brachte Maus uns auf den neuesten Stand über seine langwierige Scheidung und die Aufteilung des gemeinsamen Besitzes. Debbie und er hatten anfangs als Freunde auseinandergehen wollen, doch dann war es hässlich geworden. Am Ende hatten sie nur noch über einen Rechtsanwalt kommuniziert. Zum Glück war inzwischen alles in trockenen Tüchern.

»Ja, es geht mir bombastisch«, behauptete Maus, dessen Hauptbeschäftigung im Augenblick darin bestand, auf Frauenjagd zu gehen, wie er uns stolz mitteilte. »Ihr habt ja keine Ahnung, wie praktisch ein Smartphone ist!« Er lachte und klopfte mit dem Gerät auf den Tisch. Es war erstaunlich zu sehen, wie begeistert er von der Technik war – er, der nie etwas mit Computern am Hut gehabt hatte. Er schaute Peter an. »Es gibt da eine App, die dich mit Mädels in deiner Nähe zusammenbringt. Du kannst ein Nümmerchen schieben, wann immer du möchtest!«

»Über eine App?«, fragte Peter ungläubig.

»Ja!« Maus lachte. »Sieh dir das an, ich hab mir das zeigen lassen. Es ist einfach unglaublich!« Er schüttelte verwundert den Kopf, während er durch die entsprechenden Seiten scrollte. Maus erzählte uns von all den interessanten Partys, auf denen er gewesen war, und welche Leute er kennengelernt hatte. Außerdem teilte er uns mit, dass er eine Reise nach Südostasien gebucht habe, erster Stopp: Thailand. Mitten in seiner Schilderung sprang er plötzlich auf, hängte sich an einen Querbalken und fing an, Klimmzüge zu machen.

Peter starrte ihn verblüfft an, als beobachte er einen Hund mit einem epileptischen Anfall, dann sah er mich an. »Was macht er denn jetzt?«

»Ach«, ächzte Maus, »bloß ein paar Übungen.« Er zog die Beine an, stieß sie vor sich in die Luft und sprang in hohem Bogen auf den Boden.

»Du bist doch ohnehin der schlankste Kerl im ganzen Land!«, rief Peter. »Du hast kein Gramm Fett an dir!«

»Man muss sich fit halten für die Damen, Pete! Das ist ungeheuer wichtig!« Maus lachte.

Natürlich genossen wir die Zeit, die wir zusammen verbrachten, redeten und lachten viel, aber der Ricky, den wir kannten, schien verschwunden zu sein, verloren in einer Welt der Technik und all der Wunder, die sie zu bieten hatte. Seine Leidenschaft für die Wildschweinjagd war abgelöst worden von der Leidenschaft, auf Frauenfang zu gehen. Wann immer Peter oder ich etwas zu sagen versuchten, starrte Maus auf sein Smartphone. Es tat gut, ihn zu sehen, aber ich war auch ein wenig traurig. Die Sanftmut, die Herzensgüte, das, was Maus so liebenswert machte, schienen sich in Luft aufgelöst zu haben.

Nach zwei Tagen musste er wieder aufbrechen. Wir begleiteten ihn zu seinem Pick-up.

»Seltsame Vorstellung, dass ich in zwei Wochen in Bangkok sein werde«, sagte er grinsend.

»Das ist eine ganz andere Welt!«, gab Peter zu bedenken. »Es ist ziemlich heiß da. Du solltest dir etwas Zeit geben, um dich an das Klima zu gewöhnen. Das Essen wird dir schmecken.«

»He.« Er zuckte die Achseln. »Wir bleiben in Kontakt!«

Wir nickten.

»Besorg dir ein Smartphone.« Er sah mich an. »Dann kann ich dir schreiben.«

»Wo wir leben, gibt es keinen Empfang.« Ich lächelte.

Er schloss mich in die Arme, hielt mich einen Moment lang fest, dann schaute er Peter an. »Wenn ihr zwei euch noch weiter in die Wildnis zurückzieht, fürchte ich, dass ich euch nicht mehr oft zu sehen bekomme.«

Für einen Augenblick schwiegen wir alle, dann sagte Peter: »Pass auf dich auf, Kumpel.«

Maus lachte und sprang in seinen Pick-up. »Klar! Mach dir keine Sorgen um mich.« Er kurbelte das Fenster herunter und stützte lässig den Arm auf. Als ich näher trat, nahm er meine Hand.

»Bye, Ricky«, sagte ich. »Viel Glück.«

Er lächelte, aber ich hätte nicht sagen können, was er dachte.

Sein Pick-up streifte einen überhängenden Baum, als er um die Ecke bog. Tropfen regneten von den Blättern.

»Glaubst du, wir werden ihn je wiedersehen?«, fragte ich.

»Ich weiß es nicht, Liebling.«

»Es ist so, als würde man beim ersten Anzeichen des Herbstes dem Sommer nachweinen«, sagte ich, als wir zum Cottage zurückkehrten. »Dem Sommer ist es egal, dass er in den Herbst umschlägt. Nur *wir* wehren uns dagegen.«

Zur Herbst-Tagundnachtgleiche, wenn der Tag genauso lang ist wie die Nacht, sank die Sonne hinter den neuseeländischen Horizont und ging in etwa zur selben Zeit in Stockholm auf. Genau auf der anderen Seite der Welt schenkte meine ältere Schwester Hanna einem kleinen Jungen das Leben. Sie und ihr Mann nannten ihn Rafael.

Ich nähte eine weiche Decke aus Possumfellen für ihn und schrieb einen Brief, in dem ich versprach, ihm eines Tages die friedliche Stille der hohen Berge und die Schönheit der klaren Flüsse zu zeigen. Zusammen würden wir die Vögel beobachten und bis zum Anbruch der Abenddämmerung ihrem Gesang lauschen. Ich würde ihm beibringen, auf dem Boden zu schlafen, mit einem Bogen zu jagen und die Wildnis zu durchstreifen. Abends würden wir ein großes Feuer auf den Steinen im Flussbett entzünden, und vielleicht würden die Flammen eines Tages ein Feuer in seinem Herzen entfachen.

Gegen Herbstende fing es wieder an zu regnen. Die Temperatur sank, der Himmel wurde grau, der Boden matschig, und damit kehrte auch das trostlose Gefühl zurück, das wir letzten Winter empfunden hatten. Wir hatten keine Lust, noch länger in der West-Coast-Region zu bleiben. Wir wollten nicht mehr gebunden sein durch einen Garten, Hühner und auch nicht durch ein Haus. Wir wollten wieder frei umherziehen können.

Bevor wir Daniels Angebot annahmen, in sein Cottage an der Küste zu ziehen, hatten wir überlegt, ob wir uns unser eigenes Stück Land kaufen, Ziegen halten und Obstbäume anpflanzen sollten, doch jetzt waren wir froh, dass wir das nicht getan hatten, da wir es beide satthatten, an einem einzigen Ort zu leben. Wir wollten unabhängig sein und auch nicht darauf bauen, dass uns andere Leute in ihren Häusern wohnen ließen. Etwas in uns war in Bewegung geraten: Wir waren wieder bereit für das Nomadenleben, waren bereit, auf Berge zu klettern, Täler zu durchstreifen, zu jagen und zu sammeln.

Es war Zeit, weiterzuziehen.

8

Moderne Nomaden

»Eins und eins ist drei, Liebling«, sagte ich.
»Nicht zwei?«
»Nein.« Ich schüttelte lachend den Kopf. »Wenn zwei Menschen harmonisch arbeiten, ergibt das eine vereinte Kraft, die stärker ist als die von zwei Individuen.«

Ich war aufgeregt. Wir waren aufgebrochen in ein neues Abenteuer. Es war Winter, und wir fuhren auf die Berge mit ihren schneebedeckten Gipfeln zu. Peter schaute konzentriert auf die schlammige Piste vor uns, die Hände fest um das abgegriffene Lenkrad geklammert. Hinter uns standen große, geschlossene Behälter voller Lebensmittel, Kleidung und Decken, außerdem hatten wir unsere Possumfelle, das Zelt und eine große Plane eingepackt. Unser Auto hatten wir gegen einen zwanzig Jahre alten Toyota Hilux getauscht, der dafür konstruiert war, sich zu allen Jahreszeiten durch Wasser, Schlamm, über Steine, Geröll und steile Bergpisten zu kämpfen. Wir hatten vor, zumindest das kommende Jahr damit zu verbringen, von der Spitze der Südinsel zum unteren Ende zu fahren.

Der meiste Regen in Neuseeland fiel auf der Westseite, deshalb beschlossen wir, nach einem Jahr in der West-Coast-Region auf der Ostseite zu bleiben. Wir hatten vor, den alten Wegen in die Berge zu folgen, Flüsse zu überqueren, um zu den entlegensten Plätzen zu gelangen, und in der Wildnis zu zelten. Wir würden durch die Gegend ziehen wie moderne Nomaden. Hätten wir im frühen zwanzigsten Jahrhundert gelebt, wären wir auf Pferden geritten, jetzt hatten wir unseren Pick-up.

Plötzlich tauchte ein Sturzbach vor uns auf. Peter hielt an. Schweigend betrachteten wir die reißende Strömung, die gegen große Felsbrocken brandete. Der Fluss sah aus wie ein Whirlpool mit weiß schäumendem Wasser. Nervös versuchte Peter, in einen anderen Gang zu schalten, aber der alte Pick-up reagierte nicht gleich; er hatte bereits über dreihundertfünfzigtausend Kilometer auf dem Buckel.

»Dort hinüber, dort hinüber!«, rief ich besorgt und deutete auf eine seichtere Stelle.

Die Schnauze des Pick-ups senkte sich Richtung Wasser, unsere Ausrüstung auf der Ladefläche rutschte langsam nach vorn. Ich stützte mich an dem Handgriff über dem Handschuhfach vor mir ab. Wir rollten in den Fluss. In der Mitte bekamen wir die volle Wucht der Strömung zu spüren, Wasser schäumte über die Motorhaube. Ich hielt den Atem an. Der Pick-up kämpfte sich unerschütterlich durch die Fluten, dann erklomm er Stück für Stück das Ufer auf der gegenüberliegenden Seite. Erleichtert atmete ich aus.

»Was hat der Mechaniker noch gleich gesagt? Toyotas sind unverwüstlich.« Peter lachte.

Wir grinsten und fingen an, uns zu entspannen.

»Die Fahrt erinnert ein bisschen an eine Expedition, findest du nicht?«, fragte ich.

»Ja«, stimmte Peter mir zu, während er den Pick-up um einen großen Felsen herumlenkte. »Nur dass wir keinen Plan, kein Programm, keine Sponsoren, Verpflichtungen oder teure Ausrüstung haben.«

»Aber auch niemanden, der uns rettet, falls uns etwas zustößt«, bemerkte ich.

Wir waren es nicht gewöhnt, einen Allradwagen zu fahren, und weil wir wussten, dass wir von unserem Toyota abhängig waren, zerrte die Tour ganz schön an unseren Nerven. Wir durchquerten das Hochland von South Marlborough. Die meisten Leute kamen im Sommer hierher, bildeten Konvois und zogen sich gegenseitig mit Seilwinden und Abschleppseilen aus Schluchten, Flüssen und Schlamm. Im Grunde verlor ich nur nicht den Mut, weil ich wusste, dass wir uns im Notfall unsere Rucksäcke schnappen und zu Fuß Hilfe holen konnten.

Das Tal, durch das wir fuhren, bestand zum Teil aus Weidefläche, die umliegenden Wälder waren öffentliches Land. Die Bergketten im Osten und Westen ragten so hoch auf, dass auf den Gipfeln noch ziemlich viel Schnee lag. Zwei prächtige Regenbögen – einer direkt hinter dem anderen – waren zwischen den Bergen zu sehen. Es war ein Wagnis, so ganz allein dieses menschenleere Hochland zu durchqueren, doch es gab uns ein einzigartiges Gefühl von Freiheit und Unabhängigkeit.

Wir ließen das letzte Gatter hinter uns und fuhren in ein Naturschutzgebiet. Der Wald und die schroffen Klippen verschwanden, wurden ersetzt durch abgerundete Berge mit Tussockgras in den Tälern; lange goldbraune Halme bogen sich im starken Wind. Der Himmel war tiefgrau, von Süden zogen dunkle Wolken heran. Nervös hielten wir Ausschau nach Bäumen. Wir brauchten Wald, um Schutz und vor allem Feuerholz zu suchen. In der Gegend waren wir noch nie gewesen, und wir hatten keine Ahnung, wo wir unser Zelt aufschlagen sollten.

Nach einer Weile entdeckten wir in einem abgelegenen Seitental eine Gruppe von Bäumen. Obwohl es keinerlei Hinweise darauf gab, dass hier eine Piste existierte, fuhren wir mitten durch Tussockgras, Schlamm und Felsen, bis wir die Bäume erreicht hatten, dann stellten wir den Pick-up ab und schlugen zwischen den niedrigen, dickstämmigen Bergsüdbuchen unser Zelt auf. Ich spannte unsere große Plane, um uns ein Freiluftwohnzimmer zu schaffen – was eine ziemliche Kunst war: Ich musste starke Winde, Regen und Schnee einkalkulieren, und es war wichtig, die Plane so zu befestigen, dass eine Seite leicht abfiel, damit das Wasser ablaufen konnte. Peter schaufelte einen Graben, um überfließendes Wasser in Richtung eines kleinen Flusses in der Nähe abzuleiten. Gleichzeitig deckte die Plane unser Feuerholz ab und schützte zusätzlich unser Zelt. Auf diese Weise hatten wir ein Dach für jeden »Raum«: Schlafzimmer, Wohnzimmer, Vorratskammer für Holz und unseren Proviant sowie eine Küche.

Ich hatte Haken aus dickem Zaundraht gebogen und ein Seil zwischen die Äste gespannt, um Töpfe, Tassen und Pfannen daran aufzuhängen – genau wie in einer Küche. Ein elastisches Seil, hinter das wir Bürste, Rasierer, Zahnbürsten und Zahnpasta steckten, umgab unseren »Badezimmerbaum«. Bevor wir aufgebrochen waren, hatten wir einen altmodischen Fliegenschrank zum Aufbewahren von Fleisch entdeckt, den wir an einem Ast befestigten – eine Metallkiste mit feinmaschigem Draht an den Seiten, damit der Wind hindurchwehen konnte. Er funktionierte ausgezeichnet, hielt die Fliegen in Schach und das Fleisch frisch. Wenn es regnete, setzten wir uns unter die Plane auf unsere mit Deckeln verschlossenen Proviantbehälter und spielten Schach.

Rund um die Feuerstelle hatten wir dicke Flusssteine gelegt, auf die wir uns setzen konnten. Alles war ausgesprochen ordentlich, organisiert und gemütlich.

An unserem ersten Morgen wachte ich bei Tagesanbruch auf, zog meine Possumjacke an und setzte die dazu passende Mütze auf. Mein Atem war in der frischen kalten Luft zu sehen. Als ich aus dem Wald hinaustrat, war es sehr still. Es ging kein Wind, alles verharrte unter einer weißen Frostschicht. Ich betrachtete die Felswände, die, abgesehen von vereinzelten, sich an das Gestein klammernden Pflanzen, nackt waren. Weiter unten schmolz der Schnee auf den Bergwiesen und bildete kleine Rinnsale.

Ich atmete die saubere Luft ein. Die aufgehende Sonne berührte die Gipfel der Berge im Westen und färbte den Schnee rot und orange. Es war großartig, die Farbenpracht dieser stillen Welt zu sehen. Wie wunderbar, dass wir an einem derart schönen Ort lebten! Die Herrlichkeit war allumfassend, und ich dachte: *Warum soll ich je wieder in einem Haus in der Stadt wohnen, beherrscht von festen Zeiten, Geld und sozialen Verpflichtungen?* Und plötzlich schien mir alles ganz klar. *Das werde ich nicht mehr. Ich will ein freies Leben in der Natur führen.* Dieser Gedanke erschien mir als das Natürlichste auf der Welt. *Es gibt ein Leben in Freiheit, und ich werde es leben.*

Diese Feststellung war wie ein Weg, der vor mir lag: Alles, was ich tun musste, war, ihm zu folgen. Selbst wenn ich davon abkam, würde ich ihn wiederfinden, da ich wusste, dass er existierte.

Obwohl wir die Schönheit der Landschaft um uns herum genossen, war es doch ziemlich kalt, um in einer solchen Höhe im Winter zu zelten, vor allem wenn der Südwind eisige Temperaturen von der Antarktis mitbrachte. In unserem ersten Jahr in der Wildnis hatten wir ebenfalls im Zelt geschlafen, doch die verschiedenen Hütten, in deren Nähe wir kampierten, hatten uns an den schlimmsten Tagen Schutz geboten. Nun hatten wir nicht mehr als unser Lagerfeuer. Wir konnten im Pick-up sitzen, um dem Wind zu entkommen, doch dort war es ebenfalls kalt, denn die Heizung funktionierte nur bei laufendem Motor, und den stellten wir nicht an, um die Batterie zu schonen.

Unsere Pelzjacken, Mützen und Handschuhe waren unbezahlbar, genauso wie die Possum-Decken und Schlafunterlagen, die uns in den eisigen Winternächten wunderbar warm hielten. Wir konnten die Felle nicht waschen, aber wir breiteten sie draußen über den Büschen aus, wenn die Sonne schien. Das beste Mittel gegen die Kälte war ohnehin, viel zu essen und in Bewegung zu bleiben. Wenn es mir nicht gelang, ein Tier zu schießen, fingen wir an zu frieren, was von Tag zu Tag, von Stunde zu Stunde schlimmer wurde. Unser Wohlbefinden hing entscheidend davon ab, ob ich uns Fleisch beschaffen konnte oder nicht.

Eines Nachmittags ging ich auf die Jagd. Ich wanderte talaufwärts aus dem Wald hinaus in ein alpines Becken voller Tussockgras, umgeben von beeindruckenden Gipfeln. Das Gewehr in der Armbeuge, schlängelte ich mich im Zickzack zwischen den großen Felsen hindurch und scannte suchend die Landschaft. Die Schatten wurden länger, Felsen und Pflanzen leuchteten glühend rot in der Abendsonne. Kleine rosa Wattewolken zogen langsam hinter den Berggipfeln vorbei. Jeder Windhauch wehte mir einen anderen, kaum wahrnehmbaren Duft in die Nase.

Alles in der Natur hatte seine eigene unverwechselbare Farbe. Es gab unzählige verschiedene Brauntöne – Gräser, Felsen, Sträucher –, das zarte Braun eines Hasen aber kam nur einmal vor. Und plötzlich sah ich es. Ich erstarrte. Tatsächlich, dort drüben war ein Hase. Er hatte die Ohren hoch aufgerichtet und nahm jedes Geräusch, jede Bewegung wahr, konnte meine Schritte hören, mein Atmen, den Wind, der um meinen Körper wehte. Ein einziges Geräusch, und er wäre weg. Wie in Zeitlupe schlich ich auf einen großen Felsbrocken zu, stützte mein Gewehr vorsichtig auf dem Stein ab und zielte. Meine Hände zitterten leicht. Ich wollte auf keinen Fall danebentreffen. Das hier war der einzige Hase, den ich in zwei Tagen zu Gesicht bekommen hatte.

Wumm.

Der Schuss hallte durchs Tal.

Als ich feststellte, dass der Hase tot war, seufzte ich erleichtert auf. Ich rannte zu ihm und streichelte sein warmes Fell. Es ist seltsam, dass man ein Wildtier nur streicheln kann, wenn es tot ist. Der Bauch des Hasen war weich und schneeweiß. Er hatte ein dichtes, flauschiges Polster unter den Füßen, damit sie bei den eisigen Temperaturen warm blieben. Ich nahm den Hasen hoch und lächelte. Peter würde so glücklich sein, wenn er sah, dass es Fleisch zum Abendessen gab.

Ich war in der Wärme eines sonnigen Nachmittags aufgebrochen, doch nun war die Sonne mit all ihren Farben verschwunden. Die Landschaft hatte sich in ein blasses Blaugrau verwandelt. Ein kalter Wind von Süden wehte über die Berge. Ich hatte meine Possumhandschuhe vergessen, sodass meine Hände ungeschützt der eisigen Brise ausgesetzt waren. Ich musste etwas tun, da meine Hände zu schmerzen begannen und der Rückweg lang war. Vorsichtig schlitzte ich den Hasen mit meinem Messer auf. Der weiche Balg ließ sich mühelos von dem noch warmen Körper lösen, und ich schob meine Finger in den Hasen wie in einen Handschuh.

Die Körperwärme des Hasen übertrug sich auf meinen eigenen Körper, bald würde ich mir sein Fleisch einverleiben, seine Kraft würde mich stärken. *Das Leben wird zum Tod,* dachte ich, *und der Tod wird zum Leben.* Ich fühlte mich wie ein Wildtierjäger, eng verbunden mit meinen europäischen Nomaden-Vorfahren aus alten Zeiten. Sie hatten ebenfalls die Berge durchstreift und waren durch unbekannte Täler dem offenen Horizont entgegengewandert, um in der Kälte des Winters nach Nahrung zu jagen.

Es war dunkel, als ich in den Wald zurückkehrte. Während der vergangenen Wochen hatte ich meine Taschenlampe so wenig benutzt wie möglich, und meine Augen hatten gelernt, in der Dunkelheit zu sehen. Instinktiv erkannte ich die Umrisse von Bäumen und Steinen und schlüpfrigen Felsen, die im Mondlicht glänzten. Es war still im Wald, der kleine Fluss murmelte leise. In der Ferne schrie eine Eule. Ab und an stieg mir der tröstliche Geruch von Peters Feuer weiter unten in die Nase. Als ich im Camp eintraf, war der Hase kalt, doch meine Hände waren warm.

Von nun an jagte ich Hasen im offenen Grasland. Naturschützer hassten Hasen, da sie die empfindliche alpine Vegetation zerstörten, doch je länger ich auf Hasenjagd ging, desto mehr bewunderte ich diese Geschöpfe. Obwohl man hier keine große Population vorfand, schienen sie doch überall leben zu können, selbst in den höchsten alpinen Regionen. Sie konnten dort überleben, wo andere Tiere verendet wären. Meist führten sie ein Einzelgängerleben, aber sie schienen nie einsam zu sein. Und sie wussten, was es hieß, in brenzligen Situationen die Flucht zu ergreifen. Wenn sie durch die Gegend hoppelten, ohne sich bedroht zu fühlen, waren ihre Ohren steil aufgestellt, wenn sie auf der Hut waren, halb abgesenkt, da sie so schneller laufen konnten. Wenn sich einer von ihnen jedoch in unmittelbarer Gefahr wähnte, flitzte er blitzschnell davon, die Ohren flach angelegt, den Körper lang gestreckt wie ein Pfeil. Auf diese Art und Weise schossen sie mit beeindruckender Geschwindigkeit mühelos selbst einen steilen Hang hinauf. Es war eine Freude, diese anmutigen Tiere zu beobachten.

Mir fiel auf, dass ich bei der Jagd oft von Habichten beobachtet wurde, die über mir am Himmel kreisten und geduldig auf ihren Anteil warteten. Sie hatten nicht lange gebraucht, um herauszufinden, dass ich ihnen stets etwas zu fressen daließ.

Jene Wintermonate waren kalt, rau und ungemütlich, aber etwas in mir fing wieder an zu atmen. Am Limit zu leben führte dazu, dass ich mich frei fühlte, rührte an den Kern meiner Existenz. Die kalten Berge wirkten reinigend auf mich, der Wind machte mich widerstandsfähig, das eisige Wasser im Fluss stark, die Dunkelheit ausdauernd. Ich hatte mich erneut mit Leib und Seele dem dynamischen Rhythmus der Natur verschrieben.

Eines kalten Morgens wachten wir auf. Um uns herum herrschte tiefe Stille. Ich hatte mit Mütze, drei Pullovern und zwei übereinandergezogenen Leggins aus Merinowolle geschlafen. Als ich etwas an unserer Plane herabgleiten hörte, kroch ich aus dem Zelt und erblickte rund um mich herum schneebedeckte Bäume. Die Äste und Zweige bogen sich unter der dicken weißen Schicht, genau wie unsere Plane. Es war ein wundervoller Anblick. Die Rinde der Scheinbuchen sah plötzlich sehr dunkel aus, verglichen mit dem weißen Waldboden. Kleine Flocken waren in unsere »Küche« geweht. Sämtliche Töpfe und Pfannen hatten eine Schneehaube bekommen, und unsere Zahnbürsten am »Badezimmerbaum« waren fast vollständig verschwunden. Ein Vogel war über unser Schachbrett am Lagerfeuer gehüpft, die Abdrücke waren deutlich im pulvrigen Schnee zu erkennen.

Ich zündete ein Feuer an, kauerte mich dicht neben die Flammen und bewunderte die makellose weiße Pracht um mich herum. Als ein leichter Wind aufkam, stoben winzige weiße Schneekristalle durch die Luft. Ein Sonnenstrahl fiel durch die Bäume. Ein magischer Moment.

Ich machte eine Tasse Tee mit viel Honig und Milchpulver für Peter, der den weißen Wald von seinem warmen Fellbett aus betrachtete. Der Dampf, der von seinem heißen Tee aufstieg, bildete eine dichte Wolke in der kalten Luft.

Wir genossen den Frieden in dieser unberührten Welt. Unsere Seele fing an, zu entschleunigen, jegliche Sorgen fielen von uns ab. Wir hatten mindestens dreizehn Stunden geschlafen – wenn man mit sich im Reinen ist, fällt es einem leicht zu schlafen – und fühlten uns ausgeruht und zufrieden. Entspannt sprachen wir über unser Leben, über die Schönheit um uns herum und erörterten die Notwendigkeit, Zeit zur inneren Einkehr zu finden.

Am Nachmittag zog ich ein Paar Wollsocken und meine Sandalen an, und wir brachen auf zu einem Spaziergang durch die schneebedeckte Landschaft. Ganz in der Nähe entdeckten wir Spuren von einem Wildschwein. In der Schneedecke waren die Abdrücke, die es hinterlassen hatte, leicht zu erkennen. Auch Spuren von Kaninchen und Hasen tauchten auf dem weißen Teppich auf. So geräuschlos wie möglich folgten wir den großen Hufabdrücken eines Rotwilds auf eine verschneite Wiese. Eine Ladung Schnee rutschte von einem Ast, das dumpfe Geräusch, als sie auf dem Boden auftraf, ließ uns aufblicken: Nur dreißig Meter entfernt schaute ein Hirsch auf denselben Ast. Wir konnten nur seinen Kopf mit dem großen Geweih zwischen den Büschen sehen. Ganz ruhig stand er da, lief nicht fort. Seine großen, spitzen Ohren drehten sich nach vorn und zur Seite, um die Geräusche um ihn herum aufzufangen. Wir beobachteten ihn, und er beobachtete uns – wer von uns neugieriger war, hätte ich nicht sagen können. Nach einer ganzen Weile zog er sich langsam in den Wald zurück, den Kopf vorsichtig von einer Seite zur anderen drehend, um mit seinem Geweih herabhängenden Zweigen auszuweichen.

Wir verbrachten den gesamten Winter an verschiedenen Orten in ein und demselben lang gezogenen Tal. Nur ein einziges Mal begegneten wir einem anderen Menschen – einem Jäger, der auf einen Plausch bei uns anhielt, als er unser Lager entdeckte. Er war in den Vierzigern, hatte kurzes Haar, leichtes Übergewicht und einen müden Ausdruck im Gesicht. Ich freute mich sehr, jemanden zu treffen, kochte ihm schnell einen Tee und bot ihm unser selbst gebackenes Brot an. Als er uns eifrig ein paar Geschichten erzählte, merkte ich, dass Peter mich beobachtete. Ich schaute ihn an, und er kam mir plötzlich alt und grau vor. Auch die Berge, die mir am Morgen noch so prächtig erschienen waren, wirkten düster und trostlos.

»Seltsam«, sagte Peter, als unser Besucher wieder aufgebrochen war. »Als ich dich vorhin betrachtet habe, kamst du mir so alt und ausgelaugt vor, aber jetzt siehst du wieder ganz normal aus. Sogar die Landschaft war irgendwie hässlich!«

Ich war überrascht, hatte ich doch genau dasselbe empfunden.

»Es scheint, als hätten wir die Welt durch die Augen jenes Mannes gesehen.«

»Aber warum sollte er so negativ denken?«, fragte Peter verwirrt.

»Nun, keine Ahnung. Vielleicht leidet er an Depressionen?«, überlegte ich. »Auf alle Fälle kam es mir so vor.«

Peter sah mich an. »Es ist bizarr, dass wir beide das Gleiche empfunden haben. Das kann doch gar nicht sein.«

»Tja, vielleicht ist unser Geist eben doch nicht so individuell und abgeschottet, wie wir denken«, überlegte ich.

»Ich habe keine Ahnung«, erwiderte Peter. »Wie oft so etwas wohl passiert? Es ist interessant, sich ins Bewusstsein einer anderen Person einzuklinken. Vielleicht ist das etwas, was in der Welt der Menschen ständig vorkommt, und wir wissen es bloß nicht.«

»Nun, wir haben monatelang keine Menschenseele mehr gesehen. Vielleicht liegt es daran, dass wir uns plötzlich besser einfühlen können?«

Wir sollten dieses Phänomen noch ein paarmal erleben, aber es kam stets völlig unerwartet.

Nach vier Monaten hoch oben in den Bergen kehrten wir zurück ins Tal, wo der Frühling bereits in vollem Gange war. Wilde Kirschbäume mit leuchtend rosa Blüten erstreckten sich über einen ganzen Berghang. Wir fuhren durch einen Tunnel aus üppig blühenden Bäumen. Der Frühling brachte jede Menge neue Energie mit sich.

Wir tauschten die kalten, schroffen Gebirgsketten gegen eine Gegend voller Gletscherflüsse, die die Berge während der letzten vier Millionen Jahre geformt hatten. In einem Wald oberhalb dieser verflochtenen Wasserläufe entdeckten wir einen herrlichen, gut versteckten Platz, um unser Lager aufzuschlagen. Wir stellten unser Zelt im weichen Gras inmitten einer sonnigen, von Bergsüdbuchen umstandenen Lichtung auf.

Eines Tages wanderten wir aus dem Wald heraus, um uns einen der breiten Flüsse anzusehen. Das türkisfarbene Wasser floss über Kies und Schluff und bildete ein Geflecht aus einzelnen Wasserläufen, die sich mit jedem Hochwasser änderten. Wir standen auf einer hohen Böschung und beobachteten, wie kleine weiße Vögel geschäftig auf und ab flatterten. Ein Luftstrudel – ähnlich einem Mini-Tornado – erschien aus dem Nichts und wirbelte zornig über den Boden. So plötzlich, wie er gekommen war, verschwand er auch wieder.

Hätten wir auf die andere Flussseite gelangen wollen, hätten wir mehr als zehn Wasserläufe durchqueren müssen. Manche waren flach genug, doch andere waren zu tief, um hindurchzuwaten, sogar im Sommer.

»Schau dir das Wasser an«, sagte Peter. »Es bildet einen unendlichen Kreislauf, der weder Anfang noch Ende hat. Wenn ein Fluss ins Meer fließt, verdunstet Wasser und bildet eine Wolke. In den Bergen fällt Regen oder Schnee, und das Wasser gelangt zurück in den Fluss.«

»Ja, es ist leicht zu vergessen, dass sich das Wasser unaufhörlich transformiert«, sagte ich und betrachtete die Wolken.

»Auf gewisse Art und Weise sind auch die Flüsse Lebewesen«, bemerkte Peter. »Seen und Weiher sind ruhig, aber der Fluss ist in ständiger Bewegung, der Ozean unendlich, und trotzdem bestehen sie alle aus ein und demselben Element, haben ein und denselben Kern. Wasser ist ein Symbol der Ewigkeit. Es dreht sich mit unendlicher Anmut um sich selbst, fügt sich und fließt an den tiefsten Stellen, unermesslich in seinem Bestand.«

»Das muss ich mir aufschreiben, damit ich es nicht vergesse«, sagte ich.

»Schreib es nicht auf.« Peter lachte. »Erkenne es lieber selbst. Worte sind bedeutungslos, verglichen mit unmittelbarer Erfahrung.«

Wir lebten ruhig und friedlich in unserem Lager am Waldrand. Wir aßen gesund, lasen Bücher, spielten Schach, redeten miteinander und brachen zu zahlreichen Wanderungen in den Wald auf. Eines Tages rasteten wir in der Sonne auf einem dicken Moosbett inmitten von Bäumen und betrachteten einen kleinen Fluss, der sich eine schmale Schneise gegraben hatte. Flecken aus Sonnenlicht huschten über die Farne und Moose.

»Weißt du, Liebling«, fing ich an, dann schwieg ich wieder, um nach den richtigen Worten zu suchen. »Alles in diesem Wald hat einen Platz. Jede Pflanze wächst an einer bestimmten Stelle. Sämtliche Vögel und Tiere haben ein Gespür dafür, wohin sie gehören, fühlen sich irgendwo zugehörig. Auch du hast dieses Gefühl. Ein starkes Fundament. Mir fehlt das. Ich habe keinen Ort, an den ich gehöre.«

Peter sah mich an.

»Ich meine damit nicht, dass ich mich irgendwo fest niederlassen muss. Ich meine, dass ich selber nicht so ein Fundament habe wie du«, sagte ich und schaute einem kleinen Fächerschwanz zu. Er hüpfte aufgeregt zwitschernd durch die Zweige, sein weißer Schwanz zuckte von links nach rechts. Er flatterte hoch und schnappte sich ein kleines Insekt, dann kehrte er auf seinen Platz zurück.

»Manchmal sehe ich dich in einem Sessel mit großen, bequemen Armlehnen sitzen«, fuhr ich fort. »Und ich habe keinen Stuhl für mich, also muss ich mich neben dich quetschen, sodass wir beide in deinem Sessel sitzen.« Meine Worte kamen mir plötzlich vage und unsinnig vor. Ich bedauerte, das Thema angesprochen zu haben. »Ergibt das irgendeinen Sinn?« Ich griff nach einem kleinen Zweig und drehte ihn zwischen den Fingern.

»Ja, ich verstehe, was du meinst«, antwortete Peter. »Ich hätte das zwar nie in ein solches Bild gefasst, aber ja, manchmal verspüre ich das Bedürfnis, Platz für mich selbst zu schaffen.«

»Ich weiß nicht, warum ich mir das einbilde – oder ob es tatsächlich real ist –, aber ich habe den Eindruck, ich habe keinen eigenen Platz, bildlich gesprochen.«

Wir schwiegen eine Weile.

Das ganze Gespräch war ziemlich ernüchternd. »Was muss ich tun, jetzt, da mir das klar geworden ist?«, fragte ich.

»Nichts«, antwortete Peter. »Du kannst deine Erziehung hinterfragen, deine Vergangenheit analysieren, deine Zukunftspläne – all das. Du kannst deine Bindungen unter die Lupe nehmen, dein Bedürfnis nach Sicherheit und sämtliche psychologischen Aspekte. Doch um klar zu sehen, so wie du es jetzt tust, braucht es noch sehr viel mehr.«

Also tat ich genau das: Ich versuchte, klar zu sehen. Lange Zeit schien sich nichts zu verändern, aber ich vergaß nicht, die Augen offen zu halten, und endlich, sehr viel später, nahm ich eine Veränderung wahr.

Mit unserem robusten Pick-up konnten wir in viele abgelegene Bergregionen vordringen und es uns häuslich einrichten, wo immer wir wollten. Der einzige Nachteil daran war, dass wir ihn nicht einfach stehen lassen konnten: Er schenkte uns jede Menge Freiheit, doch gleichzeitig waren wir daran gebunden. Der Wagen war alt, und unsere Habseligkeiten waren sogar noch älter, dennoch wollten wir nicht riskieren, dass er mutwilliger Zerstörung oder einem Diebstahl zum Opfer fiel.

Als ich also einen guten Weg über die Berge entdeckte, setzte ich meinen Rucksack auf und machte mich allein auf durch den dichten Wald, der an diesem warmen Oktobertag wunderbar idyllisch war. Der Duft des Frühlings vermischte sich mit dem Geruch nach feuchter Erde. Alles war moosbedeckt – selbst große Steine und umgefallene Baumstämme. Als ich mich auf den weichen Moosteppich setzte, um eine Rast einzulegen, sah ich einen von Neuseelands kleinsten Vögeln: Ein Grünschlüpfer lief auf der Suche nach Insekten am Stamm eines in der Nähe stehenden Baumes auf und ab. Der kleine Vogel gab dabei ein Geräusch von sich, das dem einer Grille ähnelte.

Ich folgte dem schmalen Wanderpfad über einen Pass und gelangte in ein offenes Tal mit einem Fluss, der über saubere, runde Steine floss. Unterwegs hörte ich den Gesang aller möglichen Vogelarten und übte, ihre verschiedenen Töne und Melodien nachzuahmen. Nach einem langen Tag traf ich an einer großen Hütte des Department of Conservation ein. Überzeugt, dass außer mir niemand kommen würde, da ich unterwegs keiner Menschenseele begegnet war, zog ich mich aus und nahm ein Bad im Fluss. Weil ein leichter Wind ging und die Sonne schien, nutzte ich die Gelegenheit, gleichzeitig sämtliche Wanderklamotten zu waschen. Als alles wieder trocken war, zog ich mich an, hackte Holz, zündete ein Feuer im Ofen an und trank gerade meinen Tee, als ich Stimmen hörte. Zwei Männer bogen um die Ecke.

»Wie viele Personen sind in deiner Gruppe?«, fragte einer der Männer mit britischem Akzent. Er sah gut aus, war ziemlich groß und hatte ein gebräuntes Gesicht, haselnussbraune Augen und ziemlich langes braunes Haar.

»Nur ich«, antwortete ich. »Und wie viele seid ihr?«

»Sechs. Um ehrlich zu sein, sind wir ein bisschen so wie die Vereinten Nationen.« Er setzte sich auf die Holzveranda, um seine Stiefel auszuziehen. »Ich bin aus Großbritannien, Belgien ist direkt hinter uns, und Indien und Japan müssten ebenfalls bald eintreffen. Dave hier ist der einzige Kiwi, aber seine Eltern stammen ursprünglich aus Kambodscha. Wir sind bei einer Teambildungsübung, und all die Jungs sind Doktoranden aus meiner Arbeitsgruppe.« Er stand auf und schüttelte meine Hand. »Ich bin Antony, aber die meisten Leute nennen mich Fez.« Er hatte ein freundliches Lächeln.

Ich freute mich, als wir alle um den Tisch herum saßen, und plauderte den ganzen Abend mit den Studenten. Am Ende waren nur Fez und ich noch wach.

»So, und wo wohnst du?«, fragte er, während er Teewasser auf seinem Gaskocher heiß machte.

»Hier!«, antwortete ich grinsend und deutete aus dem Fenster.

»*Hier?*« Er legte den Kopf schräg, die Augenbrauen skeptisch in die Höhe gezogen. »Wie bitte, du lebst hier, so weit oben?«

»Ja, mein Partner und ich haben keinen festen Wohnsitz. Wir leben in einem Zelt in den Bergen.« Ich lächelte.

Er hörte interessiert zu, als ich ihm von unserem Leben erzählte. Als ich von meiner Jagd berichtete, wandte er ein, er würde das Töten von Tieren verabscheuen. Mit ungefähr zehn hatte er zusammen mit seinem Großvater eine Taube geschossen und beschlossen, nie mehr ein Tier umzubringen.

»Aber du isst Fleisch?«, fragte ich.

»Ja. Ich habe mich vegetarisch ernährt, doch damit war Schluss, als mich eine Exfreundin verlassen hat. An jenem Abend hab ich mich mit Chicken Tikka Masala vollgestopft und am nächsten Morgen mit Schinkenbroten weitergemacht, und das hab ich beibehalten.« Er zuckte die Achseln.

»Wer Fleisch isst, sollte selbst einmal ein Tier töten, um zu realisieren, was es bedeutet, etwas zu verzehren, das einmal gelebt hat«, gab ich vorsichtig zu bedenken.

Fez lachte und erwiderte, das sei ein hervorragender ethischer Standpunkt; sicher würden damit viele Leute zu Vegetariern bekehrt. Er stellte mir Hunderte von Fragen über unser Leben, und am Ende des Gesprächs kam er zu dem Schluss, dass es authentisch, beschaulich und abenteuerlich war. »Aber leider«, merkte er an, »leider hat es einen Fehler: Was werdet ihr zwei tun, wenn ihr alt seid und euer Körper dieses Leben nicht mehr mitmacht? Was ist mit Ärzten und Gesundheitsfürsorge? Könnt ihr mit siebzig, achtzig noch in einem Zelt wohnen? Ihr habt keine Ersparnisse, kein Eigentum und keine Rente. Die Menschen brauchen Rücklagen, wenn sie alt sind, aber ihr habt keine.«

»Mag sein«, pflichtete ich ihm bei. »Dennoch weigere ich mich, den Großteil meines Daseins damit zu verbringen, mir um meine letzten Tage Gedanken zu machen. Meine größte Rücklage ist hoffentlich die Fähigkeit, mit sehr wenig glücklich zu leben.«

Antony erzählte mir, er sei fünfundvierzig und sein Leben stehe gerade Kopf. Er hatte sich vor ein paar Monaten von seiner Partnerin getrennt, mit der er über zehn Jahre zusammen gewesen war, und sein Vater war kürzlich an Krebs gestorben.

»Was wird passieren, wenn *ich* sterbe?«, überlegte er. »Der Notar wird mein Testament verlesen, und das war's, nehme ich an. Mein Leben ist zu Ende. Wen kümmert es schon, dass ich nicht mehr da bin?«

Einen Moment lang starrte er aus dem Fenster in die Dunkelheit. »Das britische Bildungssystem habe ich sozusagen mit links durchlaufen – Einser-Schüler, stets unter den Besten, Promotion in Oxford, Postdoktorand in Paris und Cambridge. Ich war erst siebenundzwanzig, als ich in Oxford zum Fellow ernannt wurde, wofür ich natürlich jede Menge Lob einheimste. Ich unterrichtete intelligente, hoch motivierte Studenten und erhielt jede Menge Vergünstigungen. Doch irgendwann hatte ich die Nase voll davon. Also ging ich nach Neuseeland, wo ich ohne Probleme eine Stelle in Christchurch bekam. Manche meiner ehemaligen Kollegen hielten mich für verrückt, weil ich Oxford den Rücken kehrte ...« Er sah mich an. »Ich hatte das erreicht, was die Gesellschaft mir als erstrebenswert vorführte – na und? Was hatte ich für mich daraus gezogen? War ich glücklich oder zufrieden? Es ist ein Klischee, doch wenn die Zeit verstreicht, fängt man an, sich zu fragen, was all das für einen Sinn macht, wozu es gut ist.«

Wir beide schauten auf die Kerze zwischen uns. Er pulte mit einem Streichholz etwas flüssiges Wachs ab.

»Ja«, pflichtete ich ihm bei. »Es ist gut, sich zu fragen, ob man das, was man tut, wirklich tun möchte, bevor es zu spät ist.«

Er lehnte sich zurück, hob die Hände in die Luft und fragte mich: »Und? Was soll ich tun?«

Für einen Augenblick war ich perplex. Wie konnte dieser Oxford-Professor mich fragen, was er mit seinem Leben anfangen sollte? »Woher soll ich das wissen?« Ich lachte. »Was möchtest du denn tun?«

»Ähm ... ich reise gern – Südamerika, Peru, Trekking in Nepal.« Er zögerte. »Keine Ahnung. Meine Ex wollte keine Kinder, und ihretwegen habe ich nie richtig darüber nachgedacht, aber jetzt, da wir getrennt sind, frage ich mich, ob Kinder nicht genau das sind, was ich brauche. Im Grunde sehe ich es ähnlich wie der Evolutionsbiologe Dawkins: Vielleicht ist das Weitergeben unserer Gene der eigentliche Sinn im Leben? Natürlich müsste ich zunächst der richtigen Partnerin begegnen, was leichter gesagt ist als getan ...«

»Vielleicht brauchst du bloß eine jüngere Frau«, versuchte ich ihn aufzumuntern. »Mein Partner ist dreißig Jahre älter als ich.«

»Ah, dreißig.« Er nickte.

»Nein, nein – dreißig Jahre älter. Er ist sechzig!«

»Das glaub ich nicht! Du machst Witze!« Er lehnte sich vor, legte die Hände auf den Tisch und lachte herzhaft. Sein Gelächter war ansteckend. »Wie habt ihr euch kennengelernt?«

»Wir sind uns in Indien begegnet.« Ich lachte nun ebenfalls. »Ich nehme an, Indien hat uns gestattet, sämtliche gesellschaftlichen Regeln und Systemzwänge zu vergessen.«

Wir redeten lange über das Reisen, Kinderkriegen und den Einfluss der Natur auf die Seele, bevor wir endlich ins Bett gingen. Als Fez am nächsten Morgen mit seiner Gruppe aufbrach, um zu den Fahrzeugen zurückzukehren, lud er mich und Peter in sein Haus in Christchurch ein.

Ich setzte meine Wanderung ins Hochgebirge allein fort. Stundenlang ging mir das Gespräch mit Fez durch den Kopf, vor allem seine Worte: »Der Notar wird mein Testament verlesen, und das war's.« *Eines Tages,* dachte ich, *wird es all die Schönheit der Natur für mich nicht mehr geben.*

Ich watete durch einen großen Fluss, an dem eine Gänseschar rastete. Als ich vorsichtig an den Tieren vorbeiging, fingen sie an zu schnattern. Manche von ihnen standen nervös auf, aber sie flogen nicht weg. Ihr trompetender Ruf hallte durch die Bäume, ein schöner, geheimnisvoller Klang.

Ich folgte einem schmalen Pfad durch einen dichten Wald und gelangte zu einem klaren blauen See. Es war ein atemberaubender Ort. Mehrere Wasserfälle ergossen sich von den hohen Felswänden, ein weißer Vogel dümpelte mitten auf dem Wasser, manchmal tauchte er und blieb für längere Zeit unter der Oberfläche verschwunden. Friedlich wanderte ich allein durch den tiefen, stillen Wald, durch die Blätter fiel gedämpftes Sonnenlicht. Abgesehen von einem gelegentlichen Rascheln im Unterholz, war es so ruhig, dass mir meine eigenen Schritte laut erschienen. Meine Gedanken hörten nicht auf zu kreisen, doch manchmal kamen sie für einen Augenblick zur Ruhe. Ich setzte mich ans Ufer des kleinen Gewässers und sah mich um. Alles hatte seine perfekte Ordnung, wirkte harmonisch und friedlich, denn jede Pflanze und jedes Tier hatten ihren Platz.

Ich setzte meine Wanderung fort und verbrachte mehrere Nächte in alten Hütten, doch an meinem letzten Abend beschloss ich zu campen. Ich gelangte zu einer hoch gelegenen Bergwiese. Da unser Zelt bei Peter war, hatte ich bloß eine kleine Zeltplane bei mir. Ich rollte meine Matte im Gras aus, dann brachte ich eine Stunde damit zu, meinen Unterschlupf possumsicher zu machen. *Natürlich habe ich keine Angst vor Possums,* redete ich mir ein. *Ich möchte in der Nacht bloß keine Überraschungen erleben.*

Ich zündete ein Feuer an, kochte und aß. Gerade als ich eindämmerte, frischte der Wind auf, und es begann heftig zu regnen. Mit jeder Böe wurde die Plane weggerissen. Ich fluchte; wäre ich mal lieber nicht so besorgt wegen der Possums gewesen und hätte stattdessen die Plane vernünftig befestigt! Jetzt war es zu spät. Der Wind peitschte den kalten Regen auf meine Ausrüstung. Ich schaute auf die bedrohlich dunklen Wolken. Die Plane schlug mir immer wieder ins Gesicht. Ich stapelte meine Sachen in der Mitte des Unterschlupfs, dann nahm ich ein halb verrottetes Stück Holz von der Wiese und benutzte es als Zeltstange. Solange ich das gut einen Meter lange Holz aufrecht halten konnte, würde ich trocken bleiben.

Plötzlich hörte ich Donner grollen. Im Norden zuckten Blitze am Himmel. Das entfernte Grollen wurde schnell lauter und hallte zwischen den Felsen wider. Voller Angst fing ich an, den zeitlichen Abstanz zwischen Blitz und Donner zu zählen, um die Entfernung zwischen mir und dem Unwetter zu überschlagen. Es zog in meine Richtung, daran bestand kein Zweifel. Diese gewaltige Naturshow war wahrhaftig beängstigend. Ich legte mich hin, um den hölzernen Zeltpfosten gekrümmt. Der Donner war ohrenbetäubend. Die Luft prickelte vor geballter Energie, was ein seltsames Gefühl in mir hervorrief – als versuchte eine riesige Hand, mich in die Luft zu heben.

Ich spürte, wie die Erde vibrierte, und war mir schmerzhaft bewusst, dass ich mich auf einer Wiese unter dem einzigen Baum aufhielt: Wenn ich Pech hätte, würde mich der Blitz treffen. Ich fragte mich, ob mir wohl eine Gottheit oder universale Macht das

Leben retten würde. Auch wenn ich es versuchte – es gelang mir nicht, an einen Schöpfer oder ein allumfassendes geistliches Wesen zu glauben, das über Leben und Tod bestimmte. Für mich ereilte einen der Tod eher zufällig. Das galt für die Tiere, die ich jagte, für Menschen, die Krankheiten erlagen, im Krieg oder bei Verkehrsunfällen starben – der Tod konnte jedes Individuum treffen, also auch mich. Ich starrte in die Dunkelheit und wartete auf den nächsten Blitz.

Nach vielen Stunden zog der Sturm endlich ab. Ich hatte überlebt, was mich ungeheuer erleichterte. Nie war ich glücklicher gewesen, die Morgendämmerung am Himmel aufziehen zu sehen. Sobald es hell genug war, fing ich an, meine Sachen zu packen. Ich stopfte all mein nasses Zeug in den Rucksack und eilte den steilen, bewaldeten Hang hinab.

Nach etwa einer Stunde begann es wieder zu regnen, in der Ferne grollte der Donner: Ein weiteres Gewitter zog herauf. Über mir wogten die Wipfel der großen Bäume heftig hin und her. Ich hetzte über den aufgeweichten Wanderpfad, doch das Gewitter kam näher und näher, bis es direkt über mir toste. Instinktiv rannte ich los, um schneller in unser Camp zu gelangen. Der Regen strömte in Sturzbächen vom Himmel und verwandelte den steilen Pfad in eine schlammige Rutschbahn. Ich rutschte aus. Meine Hose und der Boden meines Rucksacks waren mit lehmigem braunem Matsch bedeckt.

»Langsam! Langsam!«, rief ich mich zur Räson. Ich dachte an die gleichmütigen Robben an der Westküste, die sich gelassen jeglichen Wetterbedingungen anpassten und sich keinerlei Sorgen machten. Einen Unfall konnte ich mir nicht leisten, denn ich hatte niemanden, der mir in dieser Situation beistehen konnte. Zwar hatte ich mehrere Erste-Hilfe-Kurse absolviert und ein Notfall-Set mit starken Schmerzmitteln bei mir für den Fall, dass ich mich zurück ins Lager schleppen musste, aber ich hatte weder einen Positionsanzeiger noch einen Knopf, den ich drücken konnte, wenn ich einen Hubschrauber brauchte. Ich hatte kein Handy und nicht einmal ein Funkgerät, um Hilfe zu holen, was mich zwang, die volle Verantwortung für jede meiner Handlungen zu übernehmen. Mich zwang, mein Tempo zu drosseln, um keinerlei Risiko einzugehen. Meine einzige Rettung wäre Peter: Wenn ich heute oder morgen nicht zurückkehrte, würde er sich auf den Weg machen und nach mir suchen.

Also bewegte ich mich im Schneckentempo bergab, hielt mich an Baumstämmen und Ästen fest, damit ich nicht ins Rutschen geriet. Um mich herum blitzte und donnerte es, aber der Wald kam mir vor wie mein Beschützer.

Als ich endlich im Camp eintraf, war das Gewitter weitergezogen, und Peter war sehr froh, mich lebend wiederzusehen. Er hatte genauso schreckliche Angst gehabt wie ich inmitten des Unwetters. Alle Geschichten sprudelten gleichzeitig aus mir heraus. Peter war sauber und trocken, ich durchweicht bis auf die Knochen. Ich dachte an Fez und seine Studenten, die mittlerweile wieder in ihren Büros saßen. Ihre Klamotten wären längst in Waschmaschine und Trockner gewesen. Für Peter und mich war es gar nicht gut, wenn unsere Ausrüstung nass und schmutzig wurde, da wir keine Möglichkeit hatten, sie zu säubern. Nasse Kleidung an nassen Tagen war wohl das Einzige, an das ich mich nie gewöhnte.

Nach mehreren Wochen an unserem schönen Fleckchen im Wald packten wir unsere Sachen und fuhren in die karge Gegend, in der kaum etwas wuchs außer Tussockgras. Viele Gebiete, die wir durchquerten, waren ehemaliges Farmland, das jetzt unter Naturschutz stand. Zwischen den riesigen Streifen mit Tussock und kleinen Büschen befanden sich hier und da kleine Wäldchen, die die Brandrodung und das weidende Vieh überlebt hatten. Nach genau solchen Plätzen hielten wir Ausschau.

Es war nicht immer leicht, ein ruhiges Fleckchen zum Leben zu finden. Obwohl es auf der Ostseite jede Menge öffentliche Straßen für Geländefahrzeuge gab, wurde die Zufahrt nicht selten verwehrt durch geschlossene Gatter, Zäune oder Verbotsschilder. Wenn das der Fall war, blieb uns nichts anderes übrig, als weiter die Augen offen zu halten. Wir begegneten ziemlich vielen Einheimischen, die sich darüber aufregten, dass sie ihre Rechte an diesem sogenannten öffentlichen Eigentum verloren hatten, und ich konnte ihren Unmut gut verstehen.

Wir fuhren über eine schmale, schlammige Piste auf ein Wäldchen zu, das Peter auf der Landkarte entdeckt hatte. Mehrere Male mussten wir in aufgeweichten Fahrrinnen einen Fluss durchqueren und uns auf der anderen Seite das Ufer hinaufkämpfen. Mit weit aufgerissenen Augen starrte ich auf die vor uns liegende Piste, gefasst auf alle möglichen Katastrophen. Teile der Straße waren bei Überschwemmungen weggespült worden, und der Pick-up musste sich über große Steine und Felsbrocken quälen. Bei jedem kratzenden Geräusch hielt ich den Atem an, zuckte bei jedem Stein zusammen, der gegen die Unterseite des Wagens prallte.

Als wir an einen Sumpf gelangten, der zwischen uns und den Bäumen lag, mussten wir schließlich anhalten. Wir trugen unsere Ausrüstung durch den knietiefen Morast und schlugen unser Zelt zwischen den Bäumen auf, aber wir waren nicht die einzigen Geschöpfe, die hier leben wollten: Der Wald war ein kleines Refugium für Vögel, Echsen, Insekten und Hasen. Eines Tages in der Zukunft würden aus den Samen jener Bäume neue Bäume entstehen und langsam, aber sicher wieder zu einem großen Wald heranwachsen.

Von unserem Lager aus hatten wir einen fantastischen Blick über eine grüne Wiese mit einem See, der zahlreichen Paradieskasarkas ein Zuhause bot. Ihre Federn waren wunderschön gefärbt: schwarz und weiß, dazu grüne und blaue Flecken, ich entdeckte sogar Orange und Kastanienbraun. Oft schlenderte ich am See entlang, um auf der gegenüberliegenden Seite nach Hasen Ausschau zu halten, aber jedes Mal wenn mich die Paradieskasarkas entdeckten, schlugen sie laut schnatternd Alarm. »Ahu, ahu, ahu!«, warnten sie so lange, bis ich vorbei war, dann wechselte ihr Ruf zu »Oh, oh, oh!«, was scheinbar bedeutete, dass die Gefahr gebannt war. Mit den Wochen fing ich selber an, »Oh!« zu rufen, damit sie aufhörten, den Hasen mitzuteilen, dass sich ein Eindringling am See herumtrieb. Wir lernten, einander zu verstehen.

Langsam wurden Peter und ich zu einem Teil des Tals, anstatt einfach nur Beobachter zu sein. Eines sonnigen Novembertags brachen wir zu einer Wanderung talaufwärts auf. Wir folgten einem steinigen Flusslauf mit blühendem Speergras zu beiden Seiten. Die gelben Doppeldolden voller kleiner Blüten ragten hoch über den speerähnlichen, scharfkantigen Blättern auf. Mein Blick blieb an einem besonders augenfälligen Exemplar hängen: einer eindrucksvollen, zwei Meter hohen Speergrasstaude mit langen Dornen. Die Dolden wogten sanft im Wind, und wenn ich die Pflanze ansah, konnte ich sie *spüren* – es war, als stünde ich einem gefährlichen Tier gegenüber. Ich hatte schon zuvor Pflanzen »gespürt«, zum Beispiel im vergangenen Jahr in unserem Gemüsegarten, aber das hier war eine sehr viel stärkere Erfahrung und ziemlich überwältigend. Ich betrachtete die Speergrasstaude eine Weile, dann setzten Peter und ich unseren Weg fort. Um die Mittagszeit zündeten wir ein Feuer an und nahmen auf den warmen Steinen ein Sonnenbad. Auf dem Rückweg kamen wir erneut an der Staude vorbei. Sie wirkte immer noch beeindruckend, aber mein Gefühl war verschwunden.

Ich setzte mich neben die Pflanze. »Was habe ich zuvor bloß gespürt?«, fragte ich mich laut. »Und warum spüre ich es jetzt nicht mehr?«

»Ich empfinde oft eine enge Verbindung zu Pflanzen und Bäumen«, sagte Peter. »Ein Bewusstsein, das die ganze Zeit über existiert. Das ist natürlich. Man muss nicht meditieren, um das zu erkennen, doch aus irgendeinem Grund bemerken wir es die meiste Zeit über nicht. Vielleicht sind wir zu beschäftigt mit unseren Gedanken, vielleicht sind wir auch nur nicht aufmerksam genug. Ich weiß es nicht.«

»Ich habe den Eindruck, dass uns ziemlich viel von dieser Welt entgeht.« Ich dachte an den kleinen Vogel damals an der Base Hut, dessen Pfeiftöne wir zum Teil nicht hören konnten.

»Ja, aber man kann ein solches Bewusstsein nicht einfach erzeugen«, sagte Peter. »Du kannst nicht zu dieser Pflanze zurückkommen und eine Verbindung erzwingen. Solche Dinge passieren spontan oder gar nicht.«

Wir blieben einen Monat in dem kleinen Refugium am See und genossen den herrlichen Frühling, in dem nicht ein einziger Tropfen Regen fiel. An einem trockenen Ort draußen zu leben war ungleich einfacher als in einer nassen, klammen Umgebung. Es war ungeheuer entspannend, einfach so auf dem Boden sitzen zu können.

Etwa fünfzig Meter von uns entfernt brüteten zwei Elstern. Sie waren äußerst wachsame Nachbarn. Jedes Mal wenn wir unser Camp verließen, stießen sie einen Respekt einflößenden Schrei aus und schwangen sich durch die Lüfte, um eine Attacke auf unsere Köpfe zu starten. Sie griffen uns nie wirklich an, ich war mir allerdings nicht sicher, ob sie es nicht irgendwann doch tun würden. Die Vögel mit ihrem eleganten schwarz-weißen Federkleid verfügten über ein breites Repertoire an verschiedenen Rufen. Ihre Warnlaute klangen schrill und schäckernd, aber ihr Gesang war wunderschön. Wir lebten in friedlichem Einklang mit den Elstern und Enten, den Schmetterlingen, Kaninchen und Hasen – außer an den Samstagvormittagen.

Schüsse kündigten den Beginn des Wochenendes an. Mehrere Salven hallten durch die Berge, als habe man uns in ein Kriegsgebiet gebeamt. Wir waren ziemlich weit weg, aber ich fühlte mich schrecklich verletzlich unter unserer Plastikplane. Den Schussintervallen nach zu urteilen handelte es sich weniger um eine Jagd, sondern eher um eine blindwütige Ballerei mit leistungsstarken Gewehren. Entlang der Geländewagenstrecke durchs Tal hatten wir in vielen der Straßenschilder Einschusslöcher entdeckt.

Für uns war dieser Ort ein kleines Refugium, in dem wir friedlich lebten; für jene, die die Gewehre abfeuerten, war es unbewohntes Brachland. Als wir eines Tages in einem anderen Tal acht tote Rinder entdeckten, fragten wir uns doch, in welcher mentalen Verfassung sich die Leute befanden, die das Umland unsicher machten. Wir hatten die aufgeblähten Kadaver gerochen, bevor wir sie entdeckten. Zwei von ihnen hatten sich in einem alten Weidezaun verfangen, bevor die großen Kugeln sie erwischten, und ich konnte das Entsetzen in ihren Augen sehen. Was hatten diese Rinder hier zu suchen? Warum erschoss jemand ein Zweitausend-Dollar-Tier und ließ es einfach im Gras verrotten? Was für ein Mensch ballerte auf Hügel, Straßenschilder und Vieh?

Zum Glück wurde es sonntags ab dem Nachmittag wieder ruhig. An den Wochenenden blieben wir in der Nähe unseres Lagers und beschränkten uns darauf, die weitere Umgebung während der Woche zu erkunden. Einmal erklommen wir einen hohen Gipfel. Sobald wir aus dem Talkessel heraus waren, wehte uns ein starker Wind von Westen entgegen, der gnadenlos über die nackten Felsen fegte, auf denen nichts anderes wuchs als rote Flechten. Als wir oben auf dem Gipfel standen, entdeckten wir unter uns einen türkisfarbenen See. Das erstaunlich milchige Gletscherwasser war atemberaubend. Ein verschlungener Fluss, bestehend aus hunderterlei kleinen Wasserläufen, glitzerte in der Nachmittagssonne. In der Ferne erblickten wir bewirtschaftetes Land, unterteilt in rechteckige Flächen und durchzogen von geraden Straßen. Wir saßen zwischen den Wolken und genossen die Aussicht, so wie wir es viele Male zuvor getan hatten.

Plötzlich spürten wir beide voller Ehrfurcht die Gegenwart einer anderen Dimension. Auf jenem hohen Berg wurden wir Zeugen von etwas Unermesslichem. Es war, als nähmen wir die unbeschreibliche Energie wahr, die jegliche Form von Wirklichkeit unterfütterte. Verglichen mit dieser Grenzenlosigkeit, erschienen Tausende Jahre menschlicher Geschichte und zivilisatorischer Errungenschaften vollkommen unbedeutend. Selbst die Existenz der Menschheit an sich verlor an Bedeutung. Dieses Gefühl hielt nur kurze Zeit an – höchstens eine halbe Stunde, und es sollte niemals wiederkehren. Wir versuchten, darüber zu reden, konnten aber nicht die richtigen Worte finden. Später fragte ich mich, ob es das war, was Laotse »den großen Sinn«, »das große Tao« genannt hatte.

Als unsere Lebensmittelvorräte zur Neige gingen, bereiteten wir uns auf eine Fahrt nach Christchurch vor, um Nachschub zu besorgen. Während Peter auf der Suche nach Pisten für Geländefahrzeuge und kleinen Wäldern die Karte studierte, wanderte ich zwei

Stunden über einen Pass zu einem See, der von Felsbrocken und Tussockgras umgeben war. Es war ein heißer Tag, an dem kein Lüftchen ging. Zunächst dachte ich, man habe einen Pfahl im See aufgestellt, doch als ich genauer hinschaute, erkannte ich tatsächlich einen Angler. Ich setzte mich ungefähr eine Stunde lang auf einen Stein am Ufer und schaute ihm zu. Irgendwann watete der Angler aus dem Wasser und fing an, seine Ausrüstung ins Auto zu packen. Ich ging zu ihm und erklärte, dass ich über den Pass gewandert sei, weil ich eine SMS schicken müsse, ob er mir sein Handy leihen könne. Er lächelte erstaunt und reichte mir sein Smartphone. Ich starrte eine Weile auf den Bildschirm, dann gab ich ihm das Telefon zurück: Ich hatte keine Ahnung, wie ich eine Nachricht eintippen sollte.

»Du gehörst heutzutage einer raren Spezies an.« Amüsiert tippte er die Wörter ein, die ich ihm nannte. Es gebe hier draußen keinen Empfang, sagte er, aber er versprach mir, die Nachricht so bald wie möglich zu versenden. Nachdem er sein Handy wieder verstaut hatte, öffnete er seine Kühltasche und reichte mir einen grau gesprenkelten Fisch. Er bestand darauf, dass ich ihn nahm.

Peter und ich aßen die köstliche Forelle des Anglers zum Abendessen.

Am nächsten Morgen fuhren wir aus den Bergen hinaus, vorbei an einem kleinen Wald voller blühendem Ginster. Die Umgebung, in der wir zuletzt gelebt hatten, war dominiert von Brauntönen, weshalb es ausgesprochen angenehm war, so viel Gelb zu sehen. Die Farbe und der süße Duft der Blüten erfüllten mein Herz mit Freude.

Wir kamen in einen ziemlich schicken Stadtteil von Christchurch, und mir wurde plötzlich bewusst, wie staub- und schlammverkrustet unser alter Pick-up war. Wir selbst trugen abgewetzte, verwaschene Klamotten, die nach Holzfeuer rochen. Die Straße führte an großen Villen mit schönen Blumengärten vorbei, und schließlich gelangten wir zu der Adresse, die Fez mir gegeben hatte. An der großen Mahagonitür auf der Rückseite der Backsteinvilla klebte eine Nachricht: *Willkommen, Miriam und Peter! Der Schlüssel ist im Briefkasten. Fühlt Euch wie zu Hause.*

Aufgeregt grinsend betraten wir das Haus. Oben befanden sich mehrere Schlafzimmer, unten gab es zwei Wohnzimmer. Das Haus war riesig für eine einzelne Person.

Fez freute sich, uns zu sehen, als er am Abend nach Hause kam. Wir setzten uns an den Tisch und sprachen über das Verstreichen der Zeit und die Auswirkungen der Arbeit an einem Institut. In dieser Villa zu sein war ein ungeheurer Kontrast zu unserem Leben in den Bergen, aber mir gefiel es sehr; es brachte mich dazu, die Dinge mit anderen Augen zu betrachten. Während unseres Gesprächs wurde mir bewusst, dass in der Natur alles lebendig war: die Bäume, die Vögel, all die Tiere, sogar das Feuer und das Wetter waren lebendig. Eins stand in Verbindung mit dem anderen. Im Vergleich dazu war ein Haus mit allem, was sich darin befand, tot.

Eines Abends nahm uns Fez mit zu einem Treffen der Fakultätsmitarbeiter. Ich fand es ausgesprochen anregend, mit Menschen aus aller Welt über ein breites Spektrum an Themen zu sprechen, und ich freute mich zu sehen, dass sich Peter angeregt mit Dozenten und Studenten unterhielt. Ich hatte ihn noch nie zuvor in einer solchen Situation erlebt, aber es war offensichtlich, dass er sich sehr wohlfühlte. Es fiel mir schwer, mir vorzustellen, dass er einst in einer Stadt wie dieser gelebt hatte, tagsüber unterrichtet und am Abend Hausarbeiten benotet hatte.

Nach fünf Tagen in der Stadt vernahmen wir wieder den Ruf der Wildnis, also brachen wir auf in Richtung Süden zu einem Tal in den Neuseeländischen Alpen. Wir verließen die Asphaltstraße und holperten gute vierzig Kilometer über eine Schotterpiste voller Schlaglöcher. Das Tal war überzogen mit kleinen Büschen und gelben Blumen, an den Hängen wuchsen gigantische Bergsüdbuchen. Um zu diesen Bäumen zu gelangen, mussten wir uns über Bergstürze und durch Flüsse kämpfen. Endlich fanden wir einen herrlichen Ort inmitten kleinerer Farne und bauten unser Zelt auf. Unser Lager unter den hohen Bäumen war so schön, dass wir beschlossen, lange Zeit hierzubleiben.

Bald schon stellten wir fest, dass wir Nachbarn hatten: zwei

Amseln, die vier Junge in einem Nest gleich über unserem Camp fütterten. Verzückt sahen wir zu, wie die Jungen nach und nach größer und kräftiger wurden.

Eines Tages kam ein Maorifalke vorbei und landete auf dem Ast neben dem Nest. Der Vogel war so dicht bei uns, dass wir ihn in all seiner Pracht bewundern konnten: Seine Beine waren mit orangebraunen Federn bedeckt, Augenring und Wachshaut leuchtend gelb. Mit seinem gebogenen, rasiermesserscharfen Schnabel zog er ein Junges aus dem Nest, dann flog er davon. Von nun an kam er jeden Tag, um sich ein weiteres Junges zu holen. Als er am vierten Tag eine Klaue um den Nacken der letzten kleinen Amsel legte, schaute er uns überraschend lange an, bevor er dem piepsenden Jungen ein Auge aushackte. Dann hob er es aus dem Nest, breitete seine spitz zulaufenden braunen Flügel aus und segelte durchs Tal – vermutlich zu seiner eigenen hungrigen Brut.

Wenn ich den Rhythmus der Natur genauer betrachtete, stellte ich fest, dass Opfer und Verlust zum Kreislauf dazugehörten. Überall um mich herum nahm ich eine umfassende Macht wahr, die über die Fähigkeit verfügte, wie nebenher Leben auszulöschen und gleichzeitig Neues zu schaffen. Dieselbe Kraft sah ich in der endlosen Landschaft, die uns umgab.

Ein Gletscher aus der Eiszeit hatte sich durch das Tal bewegt, in dem wir lebten, und ein breites Flussbett mit einem schönen türkisfarbenen Fluss hinterlassen. Während der Trockenzeiten konnte man mühelos hindurchwaten, doch hatte es viel geregnet, war er über einen halben Kilometer breit. Von unserem Lager aus blickten wir auf eine beeindruckende Gebirgskette auf der anderen Seite des Tals. Selbst im Dezember waren die hoch aufragenden Gipfel permanent schneebedeckt. Eines Hochsommernachmittags deutete Peter auf die weißen Bergspitzen und behauptete, dass wir dort oben ganz bestimmt einen Bergsee vorfinden würden.

Also machten wir uns am nächsten Morgen in aller Frühe auf den Weg. Es erforderte höchste Aufmerksamkeit, den Fluss zu durchqueren, und bevor wir uns dieser Herausforderung stellten, liefen wir erst einmal auf und ab, um nach der geeignetsten Stelle

Ausschau zu halten. Nach einigen Diskussionen wateten wir durch die starke Strömung, wobei wir unsere langen Trekkingstöcke als zusätzliche Fixpunkte einsetzten. Am anderen Flussufer angekommen, kraxelten wir die Böschung hinauf in den Wald, der nach und nach alpiner Vegetation Platz machte. Zwischen den mit Flechten bedeckten Felsen wuchsen kleine weiße Schneebeeren, die wir unterwegs wie Süßigkeiten naschten. Der Hang war unglaublich steil, sodass wir schon bald anfingen, zu keuchen und zu schwitzen. Je höher wir kamen, desto weiter entfernt schien der Gipfel zu sein.

Irgendwann gelangten wir zu einer gewaltigen Felswand mit einem Wasserfall. Wir wähnten uns direkt unterhalb des Sees, deshalb fingen wir an, die Wand hinaufzuklettern, doch der Fels erwies sich als gefährlich bröckelig. Ich hielt mich an den kleinen Sträuchern fest, die sich tapfer mit ihren kräftigen Wurzeln an den Stein klammerten, und benutzte sie als eine Art Kletterseil. Als wir die heimtückische Wand endlich überwunden hatten, fanden wir uns auf einem riesigen Geröllfeld wieder. Inzwischen war es Mittag, die Sonne brannte gnadenlos vom Himmel. Die Felsen flimmerten in der Hitze, und wir legten eine Rast im Schatten ein, um den Ausblick über die majestätischen Neuseeländischen Alpen zu genießen. Jeder Gipfel hatte seinen eigenen Namen – und seine eigene Form: Manche waren spitz, manche rund. Einige waren wolkenverhangen, andere ragten unverhüllt in den blauen Himmel. Jedes Mal wenn ich diese prachtvollen Gebirgsketten betrachtete, verspürte ich ein überwältigendes Gefühl der Freude über diese atemberaubende Schönheit und war unglaublich dankbar, dass ich hier sein und all das sehen durfte.

Als wir aufstanden, um weiterzugehen, entdeckten wir eine Gämse etwa zwanzig Meter hinter uns. Ich war wie hypnotisiert: Noch nie hatte ich eine Gämse aus einer solchen Nähe gesehen. Sie hatte den Körper einer Ziege und kleine, gerade Hörner, die an den Spitzen nach hinten gebogen waren. Ihr Gesicht war weiß, abgesehen von einem schwarzen Strich an den Seiten, der sich von der Nase bis hin zu den spitzen Ohren zog. Voller Anmut stand sie da und betrachtete uns mit scheuer Neugier.

Als ich dem Tier in die Augen sah, verstand ich, dass Schönheit nicht *wird*, sondern *ist*. Die Gämse arbeitete nicht an einer besseren Version ihrer selbst; alles, was sie tat, war *leben*. Ich dagegen versuchte ständig, netter, besser, stärker, klüger und hübscher zu werden, wodurch ich mein authentisches Ich einbüßte. Ich verstand, dass der Prozess des Werdens mein Sein entstellte. Diese Gämse zeigte mir in jenem Augenblick, dass das *Sein* die schönste Form der Existenz darstellte.

Nach langer Zeit erreichten wir den Gipfel, und am Fuß einer Schneemauer inmitten eines Kessels entdeckten wir endlich einen blauen See. Andächtig setzten wir uns an das stille, kristallklare Wasser. Die Oberfläche war glatt wie ein Spiegel und sah aus, als sei sie Millionen von Jahren unberührt geblieben. Es war, als blickten wir auf den Ursprung des Wassers, den Quell der Schöpfung allen Lebens auf unserem blauen Planeten. Am Ufer dieses uralten Sees, der sich für uns heilig anfühlte, verstummten unsere Worte.

Trotz des Hochsommers erinnerte das Wetter in den Bergen mitunter an den Winter. In regelmäßigen Abständen brachten eiskalte Winde Schnee und Hagel mit sich, und es wurde so kalt, dass die Hummeln reglos auf den Blumen hockten, unfähig, sich zu bewegen, während wir die Gelegenheit nutzten, mit der Fingerspitze über ihre pelzigen Rücken zu streichen. An diesen kalten Tagen saßen wir in unseren Winterklamotten am Feuer, bis der Wind die Richtung wechselte und die schwüle Sommerhitze zurückkehrte. Im Grunde mussten wir jederzeit mit jeder Jahreszeit rechnen.

Eines schönen, sonnigen Tages beschlossen wir, eine lange Strecke durchs Tal zu einem großen Wasserfall zu wandern. Wir folgten einem markierten Pfad, der durch den Wald und über einen gewaltigen Erdrutsch führte. Nach einer ganzen Weile legten wir eine Rast ein, sammelten Holz, das es hier in Hülle und Fülle gab, und zündeten ein Feuer an. Während Peter sein Brot an einem Stock röstete, erzählte ich ihm, dass sich in den letzten Tagen eine gewaltige Energie in mir aufgebaut hatte. So gewaltig, fuhr ich fort, dass ich auf- und abspringen könnte wie ein Massai-Krieger in Kenia. Peter lachte und gab mir zu verstehen, dass ich mir keinen Zwang antun solle: Seinetwegen könne ich so viel auf- und abspringen, wie ich wollte.

Wir setzten unseren Weg talaufwärts fort, wanderten langsam aus dem Wald in einen riesigen Kessel, umgeben von steilen Felswänden, von denen kleine Wasserfälle stürzten. Schließlich gelangten wir an eine Stelle, an der ein Fluss eine glatte Rinne in den massiven Fels gehöhlt hatte, was unglaublich schön aussah. Während Peter weiter nach oben kletterte, blieb ich stehen und bewunderte das türkisfarbene, seidige Wasser. Ich tat nichts Besonderes, doch plötzlich hatte ich das Gefühl, als schlage ein Blitz in meinen Kopf ein, der anscheinend den richtigen Teil meines Gehirns aktivierte, sodass ich mit einem Mal eine außergewöhnliche Klarheit empfand. Staunend setzte ich mich hin und begriff, dass das gesamte Dasein im Grunde einem sich drehenden Kaleidoskop entsprach. Ich begriff, dass sich alles, mein eigener Geist eingeschlossen, in unablässigem Wandel befand; ich war nicht an einen festen Ort gebunden. Ich begriff, dass diese sich verändernde Realität eine nie endende Bewegung in einer zeitlosen Welt darstellte.

Nach einer langen Weile kletterte ich zu Peter hinauf. Er sah mich an und erkannte sogleich, dass etwas geschehen war, zumal er in der Vergangenheit Ähnliches erfahren hatte. Ich setzte mich zu ihm. Wir waren derart miteinander im Einklang, dass er nach ein paar wenigen Worten intuitiv verstand, was ich ihm zu sagen versuchte. Mein Geist war wie befreit; es war, als hätte ich einen Wagen mit angezogener Handbremse gefahren, die sich plötzlich gelöst hatte.

Wir sprachen über die Menschheit, über Gut und Böse. Wir diskutierten darüber, wie man Kindern den Unterschied zwischen Richtig und Falsch beibringen sollte und wie diese Wörter unsere Art und Weise, die Welt zu betrachten, beeinflussten. Während ich mit Peter sprach, stellte ich fest, dass mein eigenes Denken in diesen kulturell bedingten Werten verfestigt war. Ich erkannte, wie ich meine eigenen Gedanken interpretierte, beurteilte und analysierte und dabei meinen Geist beschränkte. Mir wurde klar, dass die meisten gesellschaftlichen Regeln und Wertvorstellungen der Vergangenheit entstammten und nichts mit der sich permanent wandelnden Gegenwart zu tun hatten.

Wir stiegen zu dem tosenden Wasserfall hinauf. Ein schäumender Fluss donnerte in die Tiefe, umhüllt von feiner Gischt. Der Wind formte den weißen Sprühnebel zu verschiedenen Mustern. Das Wasser der spektakulären Hundert-Meter-Kaskade hatte einen Schacht in den harten Fels gegraben, bevor es den Berg hinabstürzte. Die Kraft des Wasserfalls übertrug sich auf mich. Ich fühlte mich als Teil seiner pulsierenden Bewegungen, mit denen er sich seinen Weg durch den Fels zu den tieferen Ebenen des Landes bahnte, bis er schließlich das Meer erreichte.

Nach jenem bemerkenswerten Tag trug ich nicht etwa ständig ein Lächeln im Gesicht. Ich verspürte keinerlei abgehobene Glückseligkeit durch den Segen der Erkenntnis, ganz im Gegenteil: Ich hatte den Eindruck, man habe mir meine rosarote Brille abgenommen. Auf einmal war die Welt glasklar, und ich war gezwungen, alles anzuschauen: das Gute, das Schlechte, das Schöne und das Hässliche, und zwar auf eine unmittelbare, unkonditionierte Weise. Diese Art der Betrachtung war ausgesprochen ernüchternd, doch gleichzeitig zutiefst verbindend.

In den folgenden Wochen unternahmen wir lange Wanderungen. Wir entdeckten Blumen, an denen ich Hunderte Male vorübergegangen war, doch mir kam es so vor, als sähe ich sie zum ersten Mal. Mein Blick blieb an einer großen Pflanze mit gelben Blüten hängen, und als ich ihre weichen grünen Blätter berührte, spürte ich intuitiv, dass sie eine heilende Wirkung auf die Lungen ausübte. Bei einer anderen Pflanze hatte ich das Gefühl, dass man sie lieber nicht essen, sondern zur Behandlung von Hautproblemen einsetzen sollte. Wir gingen von Pflanze zu Pflanze, und jede hatte uns etwas Interessantes zu erzählen. Mir wurde klar, dass die Menschen in der Vergangenheit ein Gespür für die Heilkräfte der Pflanzen entwickelt haben mussten – ein Wissen, das mittlerweile von der modernen Medizin, den modernen Technologien verdrängt worden war.

Aber ich war nicht nur fasziniert von der Welt der Pflanzen; Vögel und Insekten hatten es mir ebenfalls angetan. Als wir eine riesige Libelle am Boden sitzen sahen, legte ich mich neben sie. Sie sah aus wie ein Alien mit ihrem langen schwarz-gelben Schwanz. Ihre enorm großen Augen an dem beweglichen Kopf waren auf mich gerichtet, und ich fragte mich, was sie wohl sah.

Als wir in den Wald zurückkehrten, verspürte ich Ehrfurcht vor den großen Pflanzen, die wir Bäume nennen. Plötzlich kamen sie mir vor wie freundliche Riesen. Ich setzte mich auf die Wurzeln eines alten Baums und stellte fest, dass mein eigener Herzschlag mit seinem Puls harmonierte. Ich war mit diesem Baum verbunden. Die ganze Welt war magisch, und alles darin war wunderschön. Mein Geist war leer, die Welt war vollkommen, erfüllt. Nichts fehlte, kein Wunsch blieb offen.

Die Nächte waren genauso faszinierend wie die Tage. Wenn ich träumte, wusste ich, dass ich mich in einem Traum befand, und ich konnte mich umsehen, ohne aufzuwachen. Es war interessant, wie real die Traumwelt wirkte. Ich berührte die Gesichter der Leute, um festzustellen, ob ich ihre Haut spüren konnte. Wenn ich wollte, konnte ich hoch in die Luft springen oder fliegen. Ich lauschte ganzen Orchestern und war gleichzeitig erstaunt, dass mein Gehirn mir all diese Instrumente nicht nur sichtbar machen, sondern auch spielen konnte. Wenn mir der Verlauf meines Traums nicht gefiel, war ich in der Lage, ihn zu ändern.

Dieser Geisteszustand – diese außergewöhnliche Sensibilität und Verbundenheit mit der Natur um mich herum – hielt nur einige Wochen an. Nach einem Monat fühlte ich mich wieder »normal«, obwohl sich manche Aspekte meiner Wahrnehmung für immer verändert hatten. Vor allem meine Träume waren noch immer ausgesprochen angenehm.

Wir verbrachten mehr als zwei Monate in diesem stillen Paradies in South Canterbury, doch Anfang Februar mussten wir weiterziehen – uns ging wieder einmal das Essen aus. Wir fuhren durchs Tal in eine Stadt, erledigten unsere Einkäufe und setzten unsere Reise nach Süden auf einer Sandpiste durch eine goldene Wüste fort. Die mit Tussockgras bedeckten Hügel des Central-Otago-Distrikts wellten sich vor uns wie ein sanftes Meer. Der gewaltige Himmel verlieh uns ein Gefühl der Unendlichkeit. Die einzigen Charakteristika der Landschaft waren die natürlichen Felsskulpturen, die hoch aus dem Gras aufragten. Sie waren geglättet vom Wind, geschliffen von Sandstürmen, gebacken in der brütend heißen Sonne und in den eisigen Wintern schneebedeckt.

Diese trostlose Wildnis schien völlig menschenleer, doch in den 1860er-Jahren hatten hier Goldgräber mit Spitzhacken und Schaufeln gearbeitet. Zwischen den runden Bergen standen die Ruinen der alten Steinhäuschen, in denen die Minenarbeiter die ungemein kalten Winter überlebt hatten. In einem kleinen Tal entdeckten wir eine weitere dieser Steinruinen. Von dem Häuschen war nur wenig mehr übrig geblieben als drei halb eingestürzte Wände, die wir mit flachen Steinen wieder aufbauten. Anschließend spannten wir unsere Plane als Dach darüber.

Ich empfand genau die gleiche Freude wie damals als Kind, wenn ich mir eine Hütte im Garten gebaut hatte. Peter zupfte das Gras heraus, das drinnen wucherte, und säuberte das Innere. Ich schleppte einen dicken Stein hinein – das war unser Tisch. Wir konnten in unserem gemütlichen kleinen Unterschlupf nicht aufrecht stehen, aber wir konnten auf dem trockenen Sand sitzen und an unserem Steintisch Tee trinken, geschützt vor Wind und Regen. Es war schön zu wissen, dass wir uns selbst aus einer Ruine ein Zuhause erschaffen konnten.

An den Abenden bewunderten wir die brillanten Sonnenuntergänge: Der Himmel war überzogen mit Rot- und Orangetönen, sogar Grün war dabei, und jede Sekunde wechselten die Farben. Der Himmel veränderte sich unablässig. In der Nacht betrachteten wir die Sternenkuppel mit der Milchstraße, die sich uns in voller Pracht präsentierte.

Während des Tages suchten wir die Hügel nach wildem Thymian und Beeren ab. Vor mehr als hundert Jahren hatten die Goldgräber hier Stachelbeeren angepflanzt, außerdem rote und schwarze Johannisbeeren. Ihre kleinen Häuser waren längst verschwunden, aber ihre Obststräucher hatten überlebt. Wir pflückten eimerweise Früchte und stopften so viel in uns hinein, dass wir beinahe platzten. Dann dünsteten wir die Beeren und versuchten, noch mehr zu essen. Es gab nichts Befriedigenderes auf der Welt, als unsere eigenen Früchte zu pflücken. Wir waren den kühnen alten Goldgräbern unendlich dankbar.

Von Otago fuhren wir nach Southland. Peter hatte ein entlegenes Tal auf der Karte entdeckt, und wir folgten einer kaum erkennbaren Piste durch den Wald in die Berge. Als vor uns eine große Schlammpfütze auftauchte, versuchte Peter, seitlich daran vorbeizufahren. Prompt setzte der Toyota auf einen kleinen Erdhügel auf und blieb stecken. Die Räder drehten sich in der Luft. Ich sprang heraus und versuchte, den Erdhaufen abzutragen, um den Wagen zu befreien, während Peter nach flachen Steinen Ausschau hielt, die er unter die Reifen legen konnte.

Als wir es geschafft hatten, folgten wir der Piste durch ein mit Felsbrocken übersätes Flussbett. Wir querten den Fluss unzählige Male, und jedes Mal streckte ich die Hand aus, um Peter zu zeigen, wo ich tiefe Stellen und gefährliche Steine entdeckt hatte. Die Kiesbänke am Rand des Flusses wirkten solide, doch oft waren sie so gefährlich wie Treibsand. Ich war froh, als wir endlich eine passende Stelle entdeckten, an der wir unser Zelt aufschlagen konnten.

An einem Tag stiegen wir aus dem Wald hoch in Richtung Berggipfel. An der Baumgrenze, wo es noch Feuerholz gab, kochten wir uns ein Mittagessen und wanderten anschließend einen steilen, moosbedeckten Spornberg hinauf, der mit alpinen Blumen und Kräutern bedeckt war. Als wir die Spitze erreichten, bot sich uns ein erstaunlicher Anblick. In Otago hatten wir glatte, runde Berge gesehen; jetzt blickten wir plötzlich auf einen Horizont, vor dem sich zerklüftete Gipfel mit steilen, schroffen Klippen erhoben. Die Spitzen waren so scharf geschnitten, dass sie mich an Glasscherben erinnerten. Das hier war ein weniger bekannter Teil der Südinsel, und wir befanden uns an einem der wildesten Orte, die wir je gesehen hatten.

Als wir einen Habicht über den Wald hinter uns gleiten sahen, dachte ich plötzlich an den Topf, den ich an unserem Lagerplatz an der Baumgrenze zurückgelassen hatte, und machte mir Sorgen, jemand könne ihn entdecken.

»Es ist doch keine Menschenseele hier, wer also sollte den Topf stehlen!«, rief Peter, als ich meine Befürchtung äußerte. »Außerdem hast du ihn doch selbst geklaut.«

Vor ein paar Monaten hatten wir den hübschen kleinen Topf in einem verlassenen Cottage entdeckt. Er war schmutzig gewesen und verrostet, und ich hatte lange gebraucht, um ihn wieder sauber zu bekommen. Jetzt betrachtete ich ihn als mein Eigentum, aber Peter hatte recht: Er gehörte mir nicht. Im Grunde hatte ich ihn geklaut. Als mir das bewusst wurde, verschwand meine Unruhe schlagartig. Wenn mir der Topf nicht gehörte, musste ich mir auch keine Gedanken darum machen. Weniger Besitz bedeutete weniger Sorgen.

»Was gehört mir eigentlich tatsächlich?«, fragte ich und betrachtete meine Klamotten. Ich hatte diese Kleidungsstücke nicht gefertigt; ich hatte sie nicht einmal gekauft, die meisten hatte man mir geschenkt. Einen Teil meiner Ausrüstung hatte ich in Secondhandshops erworben von dem Geld, das ich mit Singen verdient hatte. Während wir über die Vorstellung von Besitz sprachen, stellte ich fest, dass ich keines meiner sogenannten Besitztümer legitimieren konnte.

»Das Einzige, das mir wirklich gehört, ist mein Körper«, schlussfolgerte ich. »Darum sollte ich mir Gedanken machen: meinen Körper gesund zu halten.«

Auf einer unserer Wanderungen begegneten wir einem Rotwildjäger, der den Kopf eines Hirschbocks bei sich trug. Er war Trophäenjäger, etwa vierzig Jahre alt, hatte einen kurz geschnittenen Bart und blaue Augen, und er trug eine Tarnjacke. Der Mann war recht freundlich, sodass wir stehen blieben und eine Weile mit ihm plauderten. Als wir merkten, dass er weiterwollte, fragte Peter ihn, wo der Rest des Hirsches sei.

»Dort drüben.« Er deutete mit seinen kräftigen, schwieligen Händen vage durchs Tal. »Allerdings schwirren schon die Fliegen darum herum, Kumpel.« Er warf einen Blick auf seine Uhr. »Ich hab ihn vor vier Stunden geschossen.« Als er merkte, dass wir den toten Hirsch tatsächlich finden wollten, setzte er zu einer komplizierten Wegbeschreibung an.

Wir kehrten zurück in unser Lager und holten zwei leere Rucksäcke. Peter hatte sich die Route eingeprägt, die der Jäger so präzise beschrieben hatte, und führte uns in ein Tal, einen Fluss entlang, einen Hang hinauf, durch Dickicht und Wald zu dem toten Tier.

Wir hörten die Fliegen, noch bevor wir den Kadaver sahen: Ganze Heerscharen schwirrten darum herum. Der Jäger hatte nur den Kopf mitgenommen, der Rest des Hirschs, inklusive der Haut, war unversehrt. Wir häuteten ihn, schnitten systematisch gute dreißig Kilo Fleisch in Stücke und verstauten sie in unseren Rucksäcken.

Als wir uns aus dem Fliegengewirr zurückzogen, entdeckten wir im Gras das Gehirn, das der Jäger aus dem Schädel gelöst hatte. Die Fliegen zeigten kein Interesse an dieser verschlungenen Masse. Peter nahm es hoch und betrachtete es aufmerksam. »Das können wir essen«, stellte er fest und zupfte ein paar Grashalme ab.

»Was?« Diese Vorstellung gefiel mir gar nicht. »Bist du dir sicher?«

»Klar.« Er lachte. »Meine Mutter hat immer die Schafhirne gekocht. Warte nur, bis ich das hier in der Pfanne brate.«

»Auf keinen Fall«, widersprach ich. »Ich will nicht an dieser komischen Lachkrankheit sterben.«

»Du meinst an Kuru? Keine Sorge, erstens sind wir hier nicht in Papua-Neuguinea, und zweitens passiert das nur, wenn man menschliches Gehirn verzehrt.«

Der Weg zurück ins Camp erschien uns wegen der schweren Rucksäcke ungleich anstrengender. Als wir endlich im Lager eintrafen, verstauten wir Herz, Leber und Nieren in unserem Fliegenschrank. Das Fleisch brachten wir in Plastikbehältern unter, die wir in den kalten Fluss stellten und mit Steinen beschwerten.

Peter zündete ein Feuer an und heizte die Pfanne auf. Dann schnitt er das Gehirn klein, rollte es in Mehl und briet es. Er verzehrte seine Mahlzeit voller Genuss, dann hielt er mir den Teller hin. »Hier, koste mal!«

Ich lehnte ab und machte mich stattdessen daran, die verschmutzten Rucksäcke zu säubern. Als Peter darauf bestand, dass ich probierte, nahm ich zögernd einen kleinen Bissen der weißlichen Substanz. Zu meiner Überraschung schmeckte sie köstlich. Die Textur erinnerte mich an Marshmallows. Hirschgehirn war mit das Köstlichste, was ich im Leben gegessen hatte! Ich lachte begeistert und verlangte nach mehr.

»Lach bloß nicht zu viel«, warnte mich Peter augenzwinkernd.

Im April machten wir uns langsam zurück auf den Weg nach Norden, zu den Mavora Lakes – zwei Seen im Nordwesten von Southland. Es war Herbst, und die Natur bescherte uns eine reiche Ernte. Für mich gab es keine größere Freude, als gesunde, frische Früchte, Nüsse und Kräuter zu essen. Als wir am North Mavora Lake ankamen, war die Ladefläche unseres Pick-ups voller Lebensmittel, Kisten mit Äpfeln und Eimer mit Walnüssen. Es war eine Zeit des Überflusses. Wir kamen uns sehr reich vor.

Der See war an einem Ende bewaldet, am anderen wuchs Tussockgras. Wir folgten einer schmalen Piste für Geländefahrzeuge in den Wald. Es gab nicht genug Platz, um Schlaglöchern oder Schlammpfützen auszuweichen, weshalb wir gezwungen waren, uns jedem Hindernis zu stellen. Peter grinste nur; mittlerweile war ein souveräner Geländewagenfahrer aus ihm geworden.

Wir errichteten unser Camp an einer schönen Stelle zwischen alten Scheinbuchen, von der aus man eine herrliche Aussicht über den glitzernden See und auf die dahinterliegenden Berge hatte.

Am frühen Morgen hörten wir die Vögel am See, ihre Laute und Rufe klangen geheimnisvoll, beinahe magisch. Manchmal war die Luft so still, dass die Wasseroberfläche die Berge reflektierte wie ein Spiegel. Am Nachmittag kam oftmals eine leichte Brise auf und riffelte das Wasser in Tausende horizontale Linien. Wenn der Wind stärker wurde, wurden aus den Riffeln Wellen, was sich anhörte, als habe sich der See in einen kleinen Ozean verwandelt.

Wir tranken das Seewasser, das sehr sauber war. Jedes Mal wenn ich einen Eimer Trinkwasser holte, freute ich mich. In Holland würde ich niemals Wasser aus einem Fluss, geschweige denn aus einem See trinken. Ich konnte mich glücklich schätzen, in einem Land mit sauberem Wasser zu leben.

Eines Tages wanderten wir zum oberen Ende des Sees. »Da drüben befindet sich Shirkers Bush.« Peter deutete auf einen kleinen Wald auf einem Bergausläufer. »Vor hundert Jahren versteckten sich dort mehrere Männer, die nicht im Ersten Weltkrieg kämpfen wollten. Sie folgten dem Beispiel von Archibald Baxter, einem überzeugten Kriegsgegner und Pazifisten, der sich gegen die Militärmaschinerie stellte. Er behauptete, dass er sich, solange er noch bei klarem Verstand sei, niemals der Macht des Bösen ergeben werde, die ihre gewalttätigen Wurzeln in der Welt ausbreite wie ein Krebsgeschwür. Man verschleppte ihn in die Schützengräben Frankreichs, brachte ihn absichtlich in eine Schusszone und band ihn an einen Pfosten im Schnee, damit er erschossen wurde.«

»Wirklich?« Ich schnappte nach Luft und fragte mich, ob ich in der Lage wäre, an meinen Überzeugungen festzuhalten, wenn man mich derartiger körperlicher und mentaler Gewalt aussetzte.

»Baxter ist beinahe wahnsinnig geworden, aber er wurde nicht getötet. Ich halte ihn für einen Helden, weil er es gewagt hat, die Stimme gegen den Krieg zu erheben.«

Wir stiegen hinauf in die zerklüfteten Berge. Hier wuchs das widerstandsfähige Speergras, alpine Blumen blühten auf grünen Bergwiesen. Es verblüffte mich immer wieder, dass sie in dieser unwirtlichen Umgebung gedeihen konnten.

»Weißt du, was das ist?« Peter deutete auf einen Strauch, der nicht höher war als einen Meter und sich wie ein hochfloriger Teppich über dem Gestein ausbreitete. Er bückte sich und pflückte eine kleine rote Beere. »Das hier ist ein Totara-Baum. Wenn du ihn ausgräbst und unten im Tal pflanzt, wächst er zu einem riesigen Baum heran!«

Ich betrachtete den Totara, der sich hier oben als alpines Strauchwerk tarnte, dann setzte ich mich neben Peter, um mir selbst ein paar Beeren zu pflücken. Während wir uns eine Beere nach der anderen in den Mund steckten, sah ich nach oben. Über uns auf den Felsen stand ein prächtiger Tahr. Wir hatten noch nie ein Exemplar dieser Himalaja-Ziegen aus solcher Nähe zu Gesicht bekommen. Der Tahr hatte lange Hörner, dunkles Fell und war kräftig und gesund. Mit seiner langen Mähne sah er ausgesprochen würdevoll aus. Einen Augenblick lang verharrte er reglos und schaute uns an, dann kletterte er weiter die vertikale Felswand hinauf.

Als sich der Herbst am See langsam dem Ende neigte, begannen unter den Bäumen die Pilze zu sprießen. Im frühmorgendlichen Tau wurden die Fäden prachtvoller Spinnennetze sichtbar. Die Nächte wurden immer kälter.

Eines Abends schlich ich lautlos mit meinem Gewehr durch den Scheinbuchenwald. Ich hoffte, am Waldrand ein grasendes Kaninchen zu finden, doch die Lichtung war leer. Der Himmel war wie so oft in der Dämmerung leicht rosa, um mich herum herrschte tiefe Stille. Es war, als habe sich der Himmel von der Erde zurückgezogen und einen Raum geschaffen, in dem alles still, heiter und vollkommen war.

Am Abend konnte ich besser sehen als tagsüber. Meine Augen schienen für das Zwielicht geschaffen zu sein. Wenn ich meine Augen öffnete, öffnete sich gleichzeitig meine Haut. Alles in mir öffnete sich, und ich konnte die geheimen Düfte der Erde riechen, das leise Flüstern des Tussockgrases hören, das Murmeln der Blumen und das Seufzen der Bäume. Ich konnte alles um mich herum spüren, und während die Vögel Rufe von Baum zu Baum schickten, betrat ich geräuschlos die Lichtung.

Plötzlich stellte ich fest, dass ich nicht allein war. Etwa zwanzig Meter entfernt bewegte sich ein weiterer Jäger in derselben Geschwindigkeit wie ich und mit der gleichen wichtigen Miene – eine Wildkatze. Das große schwarze Tier war kräftig, stolz und entschlossen, ein Tiger, verglichen mit einer gewöhnlichen Hauskatze. Ich dachte darüber nach, wie die Menschheit nach und nach zahm geworden war. Einst waren die Menschen so wild und stolz gewesen wie diese Wildkatze, und tief im Herzen spürte ich, dass sie eines Tages in weit entfernter Zukunft wieder wild sein würden. Wir lebten mittlerweile seit vier Jahren in der Wildnis, und ich hatte begonnen zu begreifen, dass alles früher oder später zu seiner natürlichen Ordnung zurückkehren würde. Man hatte den Wald in Neuseeland auf riesigen Flächen abgebrannt, doch eines Tages würde er dort wieder wachsen. Es würde natürlich Millionen von Jahren dauern, aber die Natur hat Zeit. Wie der Wald würden wir Menschen eines Tages wieder mit der Erde verbunden sein, auf die wir geboren wurden, und zu dem zurückkehren, was ich für die Ordnung der Natur hielt.

Mehrere einsame Wanderer kamen am Ufer des North Mavora Lake entlang, während sie den dreitausend Kilometer langen Fernwanderweg namens Te Araroa bezwangen. Dieser Trail erstreckte sich von der Spitze der Nordinsel bis zum Fuß der Südinsel, und die Wanderer, die wir trafen, waren seit fast fünf Monaten unterwegs. Obwohl sie erschöpft wirkten, lag etwas Seltenes in ihrem Blick – eine Art innerer Frieden und Selbstvertrauen. Die Entbehrungen des harten Marsches und die Schönheit der Natur hatten ihnen zu Widerstandsfähigkeit und Stärke verholfen.

Eines Morgens begegneten wir Jean-Charles. Wie die anderen jungen Wanderer, die wir kennengelernt hatten, war er gebräunt, schlank und kräftig. Seine Kleidung war abgetragen und ausgewaschen, seine Unterlippe sah aus, als sei sie mehrfach aufgeplatzt und wieder verheilt. Wir lockten ihn in unser Camp – ein bisschen so, als wäre er eine Wekaralle –, indem wir ihm Brot und Butter anboten. Er hatte sich am Tag zuvor den Knöchel verdreht, weshalb wir ihm vorschlugen, sich ein paar Tage bei uns auszuruhen. Wie hungrig er war, merkten wir, als er drei Teller Possumeintopf mit braunem Reis in sich hineinschlang. Er aß, als stünde er kurz vor dem Verhungern.

Als er aufgegessen hatte, erzählte er uns, dass er seine Wanderung auf der Nordinsel begonnen und bislang jeden Abschnitt des Te Araroa Trail bewältigt habe. Er sei fest entschlossen, bis zum Ende durchzuhalten. »Ich freue mich darauf, Bluff zu erreichen, und gleichzeitig fürchte ich mich davor«, sagte er. »In zwei Wochen sitze ich im Flieger zurück nach Paris, wo das Leben so trivial ist – alles ist langweilig, und die Leute sind total oberflächlich. Wenn man fast fünf Monate durch die Natur wandert, kommt einem die gesamte Menschheit plötzlich bedeutungslos vor.«

Er erzählte uns alles von dem berühmten Wanderweg, berichtete von seinen Vorbereitungen, der Organisation und der Planung. Voller Enthusiasmus schilderte er, welche Orte er als die schönsten und welche Streckenabschnitte er als die schwierigsten empfunden hatte.

»Woran denkst du, wenn du so allein unterwegs bist?«, wollte ich wissen.

»Nun, während der vergangenen Tage habe ich darüber nachgedacht, ob es im Leben jemals einen Moment gibt, in dem man weiß, wer man ist.« Er sah Peter an.

»Keine Ahnung«, erwiderte der.

»Das solltest du aber. Du bist sechzig!« Jean-Charles sprach gerne frei heraus.

»Sagen wir, das Leben ist ein Fluss«, ließ ich mich vernehmen. »Wenn ich mich in die Strömung werfe, ins Unbekannte, werde ich zum Spielball aller möglichen zufälligen Ereignisse – eine Erfahrung, die mich unweigerlich verändern würde. Ich wäre sehr lange Zeit nicht mehr dieselbe Person. Deshalb glaube ich – und es ist durchaus möglich, dass ich mich irre –, dass ich in dem Moment, in dem ich weiß, wer ich bin, in eine Routine verfalle, die mich am Ufer festhält und so daran hindert, mich vom Fluss des Lebens davontragen zu lassen.«

»Das sehe ich genauso«, pflichtete Peter mir bei. »Aber vielleicht manifestiert sich in jedem von uns ein authentischer Ausdruck des Seins – etwas, was sich nicht permanent verändert, aber trotzdem zu einem gehört.«

An dem Morgen, an dem sich Jean-Charles von uns verabschiedete, brachen Peter und ich zu einer Wanderung auf. Wir folgten einem schmalen Pfad über die Wurzeln der großen Bäume am See. Am Ufer setzten wir uns ins weiche Moos und schauten übers Wasser. Eine Schar Vögel auf dem See gab Geräusche von sich, die an ein quietschendes Rad erinnerten. Ihr Ruf hallte über die glatte Wasseroberfläche.

Ich klopfte auf das Moos neben mir. »Wäre es nicht schön, einfach weiterzuziehen und unser Zelt an irgendeinem netten Ort im Wald aufzustellen?«

»In der Tat. Ich hatte soeben den gleichen Gedanken.« Peter sah mich mit einem feinen Lächeln an. Seine blauen Augen funkelten. »Findest du nicht, dass wir ebenfalls den Te Araroa Trail entlangwandern sollten?«

»Ohne den Pick-up?«, fragte ich. »Ohne alles auskommen, nur mit den Dingen leben, die wir in unseren Rucksäcken verstauen können?«

»Hm.« Peter nickte bedächtig. »Ins Unbekannte wandern.«

»Das ist der beste Vorschlag, den ich je gehört habe.« Lachend schlang ich die Arme um ihn.

9

Zivilisation

Es war nicht das erste Mal, dass wir überlegten, zu einer langen Trekkingtour aufzubrechen. Als ich Peter kennenlernte und wir zusammen in jenem kleinen Restaurant in Indien Schach spielten, hatte er mir alles von seinen Reisen in den Himalaja erzählt. Später, als er mir vorschlug, eine sechshundert Kilometer lange Reise durch den Himalaja zu unternehmen, hatte ich, ohne groß darüber nachzudenken, zugestimmt – mein ganzes Leben hatte ich davon geträumt, so etwas zu unternehmen.

Wir waren im späten Frühling mit minimaler Ausrüstung aufgebrochen, waren durch Wälder, über hohe, schneebedeckte Gebirgsketten und durch unfruchtbare Wüsten gewandert. Wir hatten unter den Sternen oder in Höhlen geschlafen oder in entlegenen Dörfern übernachtet und unsere Mahlzeiten zusammen mit den Einheimischen eingenommen. Oft dauerte es vier oder fünf Tage, die Pässe zu überqueren, weshalb wir stets Fladenbrot, Tsampa, Trockenobst und Müsli bei uns hatten. Auf unserem Weg nach Ladakh mussten wir über acht Gebirgsketten, und drei der Pässe waren über fünftausend Meter hoch. Die Nomaden, denen wir auf unserer Reise durch jene majestätische Berglandschaft begegneten, waren eine Inspiration für mich. Wenn sie in der Schönheit der schroffen Wildnis um uns herum leben konnten, die von Tag zu Tag rauer und fordernder wurde, dann konnte ich das auch.

Und nun saßen wir hier und bereiteten uns darauf vor, erneut ein solches Nomadenleben zu führen, diesmal bei unserer Wanderung auf dem Te Araroa Trail. Wir würden nur sehr wenig mitnehmen und unterwegs jagen und sammeln, die Landschaft und ihre Schönheit erkunden. Ich spürte, wie eine aufgeregte Vorfreude in mir aufstieg, und brannte förmlich darauf, sämtliche Dimensionen der Realität zu erforschen.

Kurz nach Anbruch des Winters trafen wir mit unserem Pick-up in Wellington ein. Celine war vor Kurzem in die Hauptstadt gezogen, und wir kamen bei ihr in ihrem neuen Haus an der Südküste unter. Sie freute sich sehr darüber, Gesellschaft zu haben – und jemanden, der für sie das Abendessen kochte, wenn sie abends um acht oder neun von ihrer Arbeit in der Klinik nach Hause kam.

Wir trafen an einem Sonntagnachmittag bei Celine ein, tranken zusammen eine Tasse Tee, und anschließend ging ich unter die Dusche. Seit wir vor sieben Monaten bei Fez in Christchurch gewesen waren, hatte ich nicht mehr heiß geduscht. Das Gefühl des warmen Wassers auf meiner Haut war atemberaubend. Ich zog frische Kleidung an und blickte aus dem Fenster in das miese Wetter hinaus. Es hatte angefangen, heftig zu schütten, doch zur Abwechslung machte ich mir mal keine Gedanken darüber, ob unsere Ausrüstung nass oder weggeweht werden könnte. Bei all dem Luxus um mich herum trat ein breites Grinsen auf mein Gesicht – in einem Haus zu sein, war ausgesprochen bequem und gemütlich. Plötzlich kam es mir wenig verlockend vor, bei einem Unwetter wie diesem draußen auszuharren; den Winter im Zelt zu verbringen, erschien mir beinahe unsinnig.

Als es gegen sechs Uhr dunkel wurde, machten wir einfach das Licht an (anstatt wie sonst in der Wildnis zu Bett zu gehen) und kochten ein Curry mit Ei. Da ich in der Stadt nicht jagen konnte, kehrten wir automatisch zu einer vegetarischen Ernährung zurück. Zum Essen setzten wir uns gemeinsam an den großen Tisch. Es war verblüffend, wie bequem der Holzstuhl war; als sei er exakt für meinen Körper gemacht. Mein Rücken passte genau an die Lehne, und meine Füße standen perfekt auf dem Boden. Ich stützte meine Ellbogen auf die Holzplatte und grinste über die Genialität der Person, die diesen Stuhl designt hatte.

»Weißt du eigentlich, wie fantastisch ein Stuhl ist?«, fragte ich Celine. »Und wie praktisch ein Tisch? Wenn man ein Jahr lang Brot und Fleisch auf dem Boden geschnitten hat, hält man Tische und Stühle für die größten Erfindungen seit Menschengedenken!«

Celine betrachtete überrascht ihren Tisch. »Was habt ihr sonst noch vermisst?«

»Die Nachrichten«, sagte Peter. »Was ist in der Welt draußen passiert?«

Eine Zeit lang sprachen wir über die jüngsten Ereignisse, dann fragte Peter Celine: »Was ist gerade die größte Sorge der Medizin – immer noch eine Pandemie?«

»Eine Pandemie?«, entgegnete Celine überrascht.

Ich lachte, da ich mich noch gut an unser erstes Gespräch erinnerte.

»O nein«, antwortete sie. »Über eine Pandemie müsst ihr euch keine Gedanken machen. Ich würde sagen, Fettleibigkeit ist das drängendste Problem. Die Menschen verlieren die Fähigkeit, die Verantwortung für ihre Ernährung zu übernehmen. Ein anderes Problem ist die geistige Gesundheit. Die meisten arbeiten schrecklich viel, was zu Depressionen und Burn-out führt.«

Nachdem wir den Abwasch erledigt hatten, schlug Celine vor, einen Film anzuschauen. »Was möchtet ihr sehen?« Sie schaute mich an. Hätte sie mich gebeten, ihr sämtliche Städte in China aufzuzählen, hätte ich sie wohl ähnlich perplex angesehen. Mir fiel kein einziger ein, ich war völlig überfordert. »Ähm, entscheide du«, stammelte ich.

»Das Leben in der Stadt ist ziemlich einsam, wenn man keinen Partner oder Kinder hat«, sagte sie, während sie die Filme auf ihrem Smart-TV durchscrollte. »Ich sehe mir oft romantische Komödien an. Die Charaktere gaukeln mir vor, ich hätte Freunde, weil ich im echten Leben keine Zeit habe, Freundschaften zu schließen. Jämmerlich, nicht wahr?« Sie lachte. »Diese seichten, anspruchslosen Filme zu schauen, schafft für mich die Illusion, dazuzugehören. Mich nicht so anders zu fühlen als die anderen.«

»Wirklich?«, fragte ich ungläubig.

»Ja. Und manchmal muss ich einfach abschalten, um nicht immerzu an die Arbeit und an Krebs zu denken. Wenn ich Leben rette, ist mein Job wundervoll und erfüllend. Doch manchmal kann ich für einen Patienten nichts tun, und das ist ausgesprochen tragisch.« Sie schaute auf den Couchtisch und schwieg einen Moment lang. »Also«, sagte sie dann und drückte auf die Fernbedienung, »lasst uns den hier anschauen. Ich glaube, der gefällt euch.«

Celines Haus lag an der Küste und bot einen herrlichen Ausblick auf die tosenden Wellen, die gelegentlich den Fußweg überspülten.

An sonnigen Tagen brachen Peter und ich zu ausgedehnten Wanderungen entlang der Wasserkante auf und pflückten unterwegs wilden Mangold, Petersilie und Fenchel fürs Abendessen. Salz und Wind hatten die Blätter des Mangolds dick und schmackhaft gemacht. Auf den Felsen ein paar Kilometer entfernt entdeckten wir eine Seehundkolonie. Die Gegend war ausgesprochen wild und rau – kaum vorstellbar, dass sich ganz in der Nähe eine Stadt befand.

Eines Tages saßen wir an einer geschützten Stelle in den Dünen, blickten auf die Berge der Südinsel und sprachen über den Te Araroa Trail. Die meisten Wanderer, die an den Mavora Lakes vorbeigekommen waren, hatten ihre Reise präzise geplant, viele hatten professionell zusammengestellte Vorratspakete mit speziellen dehydrierten Lebensmitteln bestellt, die sie an bestimmten Punkten der Strecke abholen konnten. Obwohl es die Wanderung sicherlich leichter machen würde, fürchteten wir, dass solche Vorratspakete den Geist der Reise ruinieren könnten; wir wollten in der Lage sein, unsere Route, wenn nötig, zu ändern, wollten uns nicht durch einen im Vorhinein festgelegten Reiseplan einschränken lassen. Würden wir unsere Nahrungsmittel nicht vorab organisieren, müsste ich unterwegs per Anhalter in die nächstgelegenen Städte fahren – was bedeutete, dass ich mitunter stundenlang bis zur nächsten Straße würde laufen müssen, um mitgenommen zu werden. Dennoch hielt ich das für die bessere Idee.

Damit die Rucksäcke so leicht wie möglich waren, ernährten sich die meisten Wanderer von Zwei-Minuten-Nudeln oder dehydrierten Kartoffeln, was der Grund dafür sein mochte, dass ihre Körper am Ende der Reise so ausgezehrt waren. Unser Ziel dagegen war, so fit und gesund wie möglich an der Südspitze des

Landes einzutreffen. Um das zu erreichen, brauchten wir eine vollwertige Ernährung. Daher hatten wir vor, wie die Gaddi-Schäfer im Himalaja Vollkornmehl für Fladenbrot oder Chapatti mitzunehmen. Ich plante, unterwegs mit dem Gewehr auf die Jagd zu gehen. Da wir kaum eine ganze Ziege mitschleppen konnten, würden wir so lange Rast machen, bis wir das Tier verzehrt hatten. Peter würde diese Zeit außerdem brauchen, um sich zu erholen. Er hielt sich für fit genug, um die dreitausend Kilometer lange Wanderung zu bewältigen, allerdings nicht in dem Tempo, das die jungen Trekker vorlegten. Die meisten schafften die Strecke in drei bis fünf Monaten, doch da uns nichts und niemand drängte, beschlossen wir, uns wesentlich mehr Zeit zu lassen. Wir würden im Sommer über die Nordinsel wandern, uns den Winter über ausruhen und im darauffolgenden Frühling die Strecke über die Südinsel in Angriff nehmen. Unser Ziel war nicht allein, die lange Wanderung zu bewältigen – wir wollten ein Leben als Wanderer führen, genau wie die Nomaden, die wir im Himalaja getroffen hatten.

Eines Samstagmorgens wachte ich auf und hörte, wie sich Celine für die Arbeit fertig machte. Ich setzte mich an ihren Computer im Wohnzimmer und öffnete mein E-Mail-Fach. Als Celine in die offene Küche kam, um Frühstück zu machen, erzählte sie mir, was an diesem Morgen in ihrem Terminkalender stand.

»Vermisst du es nicht, einen Job zu haben?«, fragte sie und öffnete den Kühlschrank.

»Nun, wenn es sein muss, werde ich wieder unterrichten«, antwortete ich, »auch wenn ich nicht glaube, dass mir die monotone Routine gefallen würde. Mein Leben wäre wieder in Wochentage eingeteilt, meine Zukunft geplant und organisiert.« Ich lachte. »Wahrscheinlich würde ich an Stress oder Langeweile sterben.«

»Was ich an einer Arbeit mag, ist die Verantwortung. Fehlt dir dieser Aspekt nicht?« Sie gab Sellerie, Kohl und Avocados in einen Mixer, der einen fürchterlichen Lärm machte.

»Nun, in der Vergangenheit habe ich gewisse Aufgaben übernommen, wodurch ich mich eine Zeit lang wichtig fühlte, aber weißt du, was dann passiert ist? In dem Moment, in dem ich die Tür zur Verantwortung durchschritten hatte, fand ich mich im Raum der Verpflichtungen wieder.«

»Ich finde es schade, dass du das so siehst.« Celine trank ihren Smoothie. »Ich bin mir sicher, dass du eine gute Lehrerin bist. Du könntest deine Schüler enorm inspirieren.«

Ich lachte. »Mag sein, aber ich singe nun mal sehr viel lieber auf der Straße, um Geld zu verdienen.«

Celine nickte lächelnd, spülte ihr leeres Glas aus und schaute auf die Uhr. »Ich muss jetzt los. Meine Patienten warten auf mich. Ich wünsche euch einen schönen Tag!«

Als Celine weg war, ging ich mit meiner Gitarre auf einen Markt im Stadtzentrum. Ich hatte vor, ein bisschen Geld zu verdienen, weshalb ich mich nach einer geeigneten Stelle zum Singen umsah und mir die Menschen auf der Straße anschaute. Die meisten von ihnen schienen einen Job zu haben. Plötzlich kam es mir bizarr vor, dass ich genug Geld hatte, um ohne Arbeit alles zu tun, was ich wollte. Während der vergangenen Jahre hatte ich von den Zinsen meiner Ersparnisse gelebt, die ich zu meiner Zeit als Lehrerin zurückgelegt hatte, und an der Westküste hatte ich mein Geld als Straßenkünstlerin verdient. Gegessen hatten wir hauptsächlich das, was die Natur uns bot, hatten gelebt wie die Jäger und Sammler. Mein Geld schien ewig zu reichen – solange ich keine Dinge kaufte, die ich nicht brauchte.

Auf einmal entdeckte ich mehrere Männer, die an runden Tischen vor Schachbrettern saßen. Auf einem Schild las ich, dass sie neue Mitglieder für ihren Schachclub suchten. Nervös trat ich neben einen der leeren Stühle. Ein Mann um die sechzig saß auf der anderen Seite des Tisches. Ich deutete an, dass ich gern mit ihm spielen würde.

»Weißt du, wie's geht?«, fragte er.

Ich bin mir nicht sicher, ob er mir diese Frage gestellt hätte, wenn ich ein Mann gewesen wäre, aber ich nickte zurückhaltend. Woher sollte er auch wissen, dass ich in den vergangenen acht Jahren täglich mit Peter Schach gespielt hatte? Für die meisten

Menschen ist Schach ein langweiliges Spiel, für uns war es die Hauptunterhaltung. Wir hatten unzählige Spiele zusammen gespielt.

Als ich meinen Platz einnahm, verspürte ich augenblicklich einen Adrenalinschub. Anfangs war es leicht, wir beide machten unsere Züge ziemlich schnell. Als das Spiel komplizierter wurde, begann mein Gegner mit seinem Nachbarn zu plaudern, während ich konzentriert aufs Brett blickte. Ich führte einen Gabelangriff auf seine Königin und seinen Turm aus. Er war dabei zu verlieren. Als er endlich wieder aufs Brett schaute, war es zu spät. Er gab auf und bestand auf einer Revanche. Bei der zweiten Runde besiegte er mich, aber ich war trotzdem stolz, denn es stellte sich heraus, dass der Mann eine Art lokaler Schach-Champion war. Er versuchte, mich zu überreden, dem Schachclub beizutreten. Sie bräuchten mehr Frauen, sagte er. Würde ich in der Stadt leben, versicherte ich ihm, wäre ich dem Club beigetreten.

Ich nahm meine Gitarre und suchte mir einen geeigneten Platz für meinen Auftritt. »*We walk in the mountains, I hunt in the valleys. We sleep on the ground in a place that we have found. The call of the geese echoes in the trees. We receive our energy straight from the earth … straight from the earth* – Wir wandern in den Bergen, ich jage in den Tälern. Wir schlafen auf dem Boden an einem Ort, den wir uns ausgesucht haben. Der Ruf der Gänse hallt durch die Bäume. Wir beziehen unsere Energie direkt von der Erde, direkt von der Erde.« Voller Freude sang ich jede Menge Songs, und ich entdeckte noch weitere Ort in der Stadt, an denen ich auftreten und genügend Geld verdienen konnte, um meine Ersparnisse aufzustocken.

Die erste heiße Dusche nach unserer Ankunft in Wellington war wundervoll gewesen, aber es überraschte mich, wie schnell die außergewöhnliche Tatsache, über fließendes heißes Wasser zu verfügen, wieder zur Normalität wurde. Alles – das weiche Bett, die sauberen Laken und nach Blumen duftenden Klamotten – wurde enttäuschend schnell zum Alltag. Nach einer Woche in Celines Haus fing ich an, den Wind und mehr noch das Feuer zu vermissen. Es fühlte sich an, als hätte ich die Gesellschaft eines guten Freundes eingebüßt. Der Komfort der Wärmepumpe konnte die lebendige Schönheit und Wärme eines Feuers nicht wettmachen. Mit dem Leben in einem Haus ging unweigerlich der unmittelbare Kontakt mit der echten Welt verloren. Das Wetter spielte keine Rolle mehr, wir ließen die längsten Nächte des Jahres vorüberziehen, ohne es überhaupt wahrzunehmen, und ich verlor den Überblick über die Mondphasen. Meine Periode, die seit vielen Jahren stets mit dem Vollmond einherging, wurde unregelmäßiger. Obwohl ich täglich duschte, fühlte ich mich nie so sauber, wie ich mich in der Wildnis gefühlt hatte. Es war, als hätte das kalte, klare Wasser der Flüsse beide Seiten meiner Haut gereinigt.

Während Celine bei der Arbeit war, tippte ich lange E-Mails, und wir schauten die Nachrichten und Dokumentarfilme. Bevor ich es bemerkte, war ein weiterer Tag verstrichen. Die Zeit verging schnell, wenn ich hinter einem Computer saß; das Gerät schien die Stunden zu fressen. Ich stellte fest, dass seine Vorhersehbarkeit ein Gefühl der Vertrautheit hervorrief und im Gegenzug dazu Widerstand gegen das Unbekannte. Mir wurde klar, dass die Annehmlichkeiten eines modernen Lebens – mit Computern und heißen Duschen und allem Drum und Dran – es schwer machten, sich wieder der Zufälligkeit und dem spontanen Fluss der Realität anheimzugeben.

Wir hatten viel Essen mitgebracht, das wir in Celines Schränken verstauten. Ich konnte so viel futtern, wie ich wollte, es gab keinen Grund, sparsam mit unseren Lebensmitteln umzugehen. Wenn wir keine Butter mehr hatten, gingen wir ein kleines Stück die Straße hinunter und kauften welche. Was für ein Luxus. Aber da wir nicht mehr so lange schliefen wie in der Wildnis, hatte ich weniger Energie und wollte mehr essen. Schon bald fühlte ich mich aufgebläht und machte mir Sorgen, zuzunehmen. Je strenger ich mir untersagte zu essen, desto mehr aß ich. Anstatt auf meinen Körper zu hören, der mir sagte, wann er genug hatte, fing ich an zu überlegen, wie viel ich am Tag gegessen hatte und ob ich noch etwas zu mir nehmen durfte – oder auch nicht.

Eines Sonntagmorgens backte ich Brot in der Küche und sprach mit Celine über Äußerlichkeiten.

»Ich weiß, dass das total albern ist«, sagte Celine, eine Tasse Kräutertee in der Hand, »aber in Frankreich reden meine Freunde und ich – meistens Ärzte, Ingenieure oder Anwälte – viel über unser Gewicht und machen Bemerkungen über die Figuren anderer Leute.«

»Ich bin unglaublich froh, mich nicht damit befassen zu müssen.« Ich gab etwas Mehl in eine große Schüssel. »Es tut gut, ohne Spiegel zu leben. In der Natur ist es egal, wie man aussieht.«

»Da hast du recht.« Celine lächelte. »In der Gesellschaft ist das Aussehen dagegen sehr wohl von Bedeutung. Mich mit anderen zu vergleichen, ist so tief in mir verwurzelt, dass ich ständig denke, ich sollte etwas abnehmen.«

Ich musterte Celine überrascht. Sie war bereits sehr schlank.

»Wenn ich dich ansehe«, fuhr sie fort, »denke ich sofort, dass ich auch so starke, wohldefinierte Bizepse haben sollte wie du.«

»Wieso?«, fragte ich ungläubig. »Du musst doch keinen schweren Rucksack durch die Berge schleppen. Du arbeitest in einem Krankenhaus.«

Sie nickte leicht bekümmert. »Meine Eltern haben meine Brüder und mich stets dazu ermutigt, nach dem Besten zu streben. Der Nachteil ist, dass mir nie etwas gut genug erscheint. Ich messe mich andauernd an den anderen, verstehst du, was ich meine?« Sie hielt kurz inne, dann fuhr sie fort: »Es ist eine Art permanente Sehnsucht, doch sie gibt mir gleichzeitig die Energie, einem sich ständig verändernden Ziel nachzujagen.«

Ich erzählte ihr von dem Tag, an dem ich die Gämse gesehen und festgestellt hatte, dass wahre Schönheit im *Sein*, nicht im *Werden* liegt. In der Wildnis hatte diese Erkenntnis Sinn ergeben, doch nun merkte ich, dass alles in der Zivilisation dem Vergleich, dem Wettbewerb unterworfen war.

Nachdenklich vermischte ich Hefe und Wasser mit dem Mehl und fing an, den Teig zu kneten.

Celine nickte. »Oh! Ich hab da etwas für dein Brot.« Sie öffnete verschiedene Schubladen, bevor sie eine kleine Flasche mit einer Flüssigkeit fand, die allem einen leicht rauchigen Geschmack verlieh. »Das ist ziemlich teuer.« Sie lachte. »Wenn du etwas davon in deinen Teig gibst, schmeckt das fertige Brot, als hättest du es im Feuer gebacken.«

Von Celine aus fuhren wir weiter zu unserem Freund Bennie. Sein Vater war Deutscher, seine Mutter Neuseeländerin. Bennie war in meinem Alter, doch er sah jünger aus. Er war ziemlich groß, hatte grüne Augen, sehr blasse Haut und blondes Haar. Er lebte allein zur Miete in einem winzigen Cottage auf einem Hügel oberhalb der Stadt. Wir schliefen in einem Zelt in seinem Garten. Verglichen mit den Bergen der Südinsel erschien uns der Winter in Wellington ausgesprochen mild.

Wir mochten Bennies offene Art, seine Aufgeschlossenheit und seinen Sinn für Humor. Er schaffte es, Leute jeglichen Alters aus sämtlichen Lebensbereichen in seinen Bann zu ziehen. Ganze Gruppen von Freunden kamen vorbei, hingen bei Wein und Zigaretten in seinem kleinen Garten ab und redeten über alles – angefangen bei 3-D-Druckern bis hin zur Nanotechnologie, ob sie Elon Musk zum Mars folgen sollten und bis zu welchem Level und überhaupt Computer zu einem radikalen gesellschaftlichen Wandel führen würden. Keiner von ihnen – inklusive Bennie – zeigte jemals einen Anflug von Müdigkeit, auch nicht um zwei Uhr morgens. Sobald die letzten Gäste gegangen waren, krochen wir in unser Zelt und wachten ein paar Stunden später wieder auf, wenn die Vögel ihre morgendliche Kakofonie in dem Kawakawa-Baum gleich neben uns anstimmten.

Eines Morgens um kurz nach sieben kam Bennie aus dem Bad, mit einer Hand die Zähne putzend, mit der anderen seine blonden Haare kämmend. Er verschwand in seinem Schlafzimmer und kehrte fünf Minuten später wieder zurück. »Bist du bereit?«, fragte er.

»Klar«, erwiderte ich grinsend.

Ich wollte ihn ins Büro begleiten, um zu sehen, wo er als IT-

Spezialist arbeitete. Wir schlenderten die Straße hinunter in einen Park. Große Eukalyptusbäume beschatteten den Weg. Ihre glatte, vielfarbige Borke sah aus, als hätte sie ein Künstler bemalt. In den Zweigen saßen vier Elstern, die alle gleichzeitig zu krächzen begannen. Ich dachte an unser Tal in den Bergen mit unseren Elstern-Nachbarn zurück.

»Wir sind ein bisschen spät dran«, drängte Bennie, als wir die geschäftigen Straßen des Stadtzentrums erreichten. »Es ist besser, wenn wir etwas schneller gehen.« Morgens um sieben Uhr dreißig schienen alle Leute gleichzeitig auf dem Weg zur Arbeit zu sein. Der Lärm vorbeidröhnender Motorräder und Busse ließ meinen Körper vibrieren, Abgase drangen in meine Lungen. Die zischenden Luftdruckbremsen der Busse versetzten mir jedes Mal einen Schlag in den Magen. Bei all diesen heulenden, knurrenden Maschinen, der Umweltverschmutzung und den Menschenmassen kam ich mir nackt vor und ungeschützt. Das überraschte mich, hatte ich doch einst in Amsterdam gelebt – einer Stadt, die sehr viel geschäftiger, lauter und verschmutzter war als Wellington.

»An einem durchschnittlichen Morgen erkenne ich vielleicht fünfzig Gesichter wieder«, erzählte mir Bennie, während wir den Gehweg entlangliefen. »Die Leute kommen hier an jedem Wochentag vorbei. Selber Ort, selbe Zeit. Ein festgefahrenes Muster.«

Wir blieben vor einer roten Ampel stehen. Etwa siebzig Leute warteten mit uns, um bei Grün die Straße überqueren zu dürfen. Sonderlich effizient war dieses System nicht, denn nicht nur die Fußgänger, sondern auch die Autofahrer mussten vorübergehend warten – und zwar zusammen. Plötzlich sah ich einen jungen Mann auf einem Skateboard hügelabwärts rasen. Ich konnte mir nicht vorstellen, wie er es schaffen wollte, rechtzeitig anzuhalten, und das tat er auch nicht – er flitzte einfach über die roten Ampeln. Mir klappte die Kinnlade herunter.

»Der Typ ist unglaublich!« Mein Kommentar blieb ungehört, denn in diesem Augenblick ertönte das nervöse Ticken, das einsetzte, sobald die Ampel auf Grün sprang, und die gesamte Masse setzte sich in Bewegung. Alle überquerten eilig die Straße.

»Siehst du, wie sich alle abhetzen?«, fragte Bennie. »Wir glauben, dass wir irgendetwas erreichen, dass wir Fortschritte machen, dabei plagen wir uns in Wirklichkeit nur damit ab, unseren Platz in der Tretmühle zu behalten.«

Mir fiel auf, dass alle allein unterwegs waren. Niemand außer Bennie und mir ging oder sprach mit jemand anderem. Alle hatten die Augen auf einen Punkt in der Ferne gerichtet.

»Jetzt«, Bennie warf einen kurzen Blick auf sein Handy, »haben wir neunzig Sekunden, um etwas einzukaufen.« Er führte mich aus dem Pulk der dahinströmenden Menschen und zog mich in einen Supermarkt, dann schlängelte er sich durch die Gänge. Der einzige Stau erwartete uns an der Kasse.

»Jeden Tag überlege ich, was ich mir zum Mittagessen kaufen soll«, sagte Bennie, während wir uns langsam den Selbstbedienungskassen näherten. »Das Wissen, eine Auswahl zu haben, ist sehr angenehm, dennoch kaufe ich Tag für Tag das Gleiche.«

»Warum?«, fragte ich überrascht.

»Weil ich mir nicht die Mühe machen möchte zu überlegen, was ich nehmen soll. Und außerdem ist dieser Frucht-Smoothie echt lecker.« Er schüttelte die Plastikflasche in seiner Hand. »All diese Menschen hier kaufen ihr Mittagessen für heute ein – mehr nicht. Und morgen stehen sie zur exakt gleichen Zeit an der exakt gleichen Stelle und kaufen exakt die gleichen Dinge.« Bennie lächelte. »Wie ich.«

»Und warum machen sie ihre Brote nicht zu Hause und sparen sich Zeit und Geld?«, wollte ich wissen.

Bennie zog seine Kreditkarte durch das Kartengerät. »Aber nein, das geht gar nicht. Wir wollen uns keine Gedanken um das morgige Mittagessen machen. Abends gibt es so viel anderes zu organisieren, so viel Hausarbeit und andere Pflichten zu erledigen.« Wir verließen den Supermarkt. »Erinnerst du dich an gestern Abend? Ich musste meine Arbeitskleidung waschen, eine Konferenz vorbereiten, Textnachrichten an Freunde verschicken wegen einer Party am Wochenende … Kaum war ich zu Hause, musste ich auch schon loslegen. Tut mir leid, wir haben Zeit beim Anstehen verloren. Jetzt müssen wir rennen, ich muss vor acht durch die elektronische Schleuse sein.«

Ich joggte hinter ihm her und war froh, dass ich Shorts und Sandalen trug.

»Lauft, Lemminge, lauft!«, schrie Bennie, während er in seinem schwarzen Anzug den Gehweg entlangraste.

»Aber warum machen das alle Tag für Tag mit?«, fragte ich leicht außer Atem.

»Wir müssen alle Kredite bedienen oder die Miete bezahlen«, rief er über die Schulter. »Für ein Haus, das wir nur am Abend zu sehen bekommen.« Er sprang eine lange Treppe hinunter, wobei er sich mit der linken Hand am Geländer festhielt. Sein Körper wirkte beinahe reglos, während sich seine Füße mit rasender Geschwindigkeit bewegten. Er hielt sein Smartphone in die Höhe. »Und damit wir immer mehr praktisches Zeugs kaufen können. All diese Laptops und Handys – wie unendlich praktisch!«

Endlich blieb er vor einem großen, wichtig aussehenden Gebäude stehen und strich seinen Anzug glatt, während er darauf wartete, dass ich zu ihm aufschloss. »Das nennt man ›Wohlfühlsklaverei‹.« Er bewegte seinen rechten Arm in Richtung eines Sensors, und die Glastüren glitten auseinander. Ich folgte ihm in ein Foyer mit dickem Teppich und hohen Decken.

»Besten Dank für Ihre Begleitung, Ma'am!«, sagte er mit britischem Akzent zu mir.

»Es war mir ein Vergnügen. Ich wünsche Ihnen einen angenehmen Tag.« Wir schüttelten uns die Hand, um unsere Vorstellung komplett zu machen, dann verschwand er durch die elektronische Zeiterfassungsschleuse ins Büro. Die große Digitaluhr über dem Eingang zeigte 7:59:10 an. Er hatte es gerade noch rechtzeitig geschafft.

Erleichtert atmete ich aus und ließ mich auf ein Sofa fallen, um mich zu erholen. Als ich wieder hinausging, stand die Uhr auf 8:02:17. In anderen Kulturen hängte man sich Bilder von Gottheiten an die Wand, hier hatten wir »Die Uhr«.

Ich ging nach draußen und schaute am Gebäude hoch. Bennie

arbeitete im zweiten Stock. Ich konnte nicht hineinsehen; die Fenster waren verspiegelt und reflektierten drei Möwen, die am blauen Himmel ihre Kreise drehten, unter einer weißen Wolke, die ein bisschen aussah wie ein Hund mit einem sehr langen Schwanz.

»Lass uns eine Wanderung unternehmen«, schlug Peter an einem sonnigen Mittwochnachmittag vor. Wir folgten einem ausgewiesenen Wanderweg in den Wald, der sich mitten durch Wellington City zieht. Der Weg führte einen Hügel hinauf, sodass die Straßen und Häuser nun unter uns lagen. Während wir durch den Grüngürtel wanderten, stellte ich fest, dass das Leben in der Stadt nach einem zusätzlichen Sinn verlangte – einfach nur zu leben genügte nicht. Wenn ich je wieder in eine Stadt ziehen müsste, bräuchte auch ich ein Hobby, ein spezielles Interesse oder eine Beschäftigung. In der Wildnis hatte ich nie das Bedürfnis, mich mit anderen Dingen zu befassen als mit unseren täglichen Pflichten wie Brot backen, Feuer machen und die Wäsche im Fluss waschen. Diese Aktivitäten erfüllten mich, und inmitten einer so wunderschönen Umgebung zu leben, war sinnstiftend genug.

Nach ungefähr einer Stunde hielten wir unter einer kleinen Gruppe riesiger Kiefern an. Der Boden war weich und trocken und übersät mit biegsamen braunen Piniennadeln. Hoch oben in den Bäumen sangen die Vögel. Das Licht schien durch die Zweige und warf goldbraune Flecken zwischen die Stämme. Wir blickten über die Stadt und den Hafen unter uns. Das Stadtzentrum war relativ klein – nur ein paar Blocks mit Hochhäusern. Ich zeigte Peter, wo Bennie arbeitete. Es war windig, wie immer in Wellington, das aufgrund seiner ungeschützten Lage an der südwestlichen Spitze der Nordinsel auch »Windy City« genannt wird. Im Hafenbecken waren Wellen zu erkennen, die wie verschwommene weiße Striche aussahen. Mit seinem Blick auf die hohen Berge in der Ferne musste Wellington eine der schönsten Hauptstädte der Welt sein.

Wir setzten unseren Weg fort, bis wir an eine Stelle gelangten, von der aus wir die andere Seite der Stadt bewundern konnten.

Mehrere Male hielten wir an und legten eine Rast ein. Es war absolut still, bis auf ein gelegentliches Flugzeug war der Verkehr hier oben so gut wie nicht zu hören. Dann vernahmen wir ein eigentümliches Geräusch.

»Da brüllt ein Löwe«, stellte Peter fest.

Ich lachte. »Ganz bestimmt nicht, du Dummerchen.«

»In der Nähe muss ein Zoo sein«, beharrte er. »Lass uns mal nachsehen.«

Wir schlugen uns quer durch den Wald, bis wir tatsächlich an die Rückseite eines Zoos gelangten. Hinter dem Zaun lag ein schlafender Gepard. Als wir näher kamen, wachte er auf und schaute uns genervt an, dann stand er widerwillig auf, streckte seinen kräftigen Körper und schritt zur gegenüberliegenden Seite seines Käfigs. Ich bewunderte seine kräftigen Muskeln.

»Siehst du, wie stark der Gepard ist? Nach unserem Dreitausend-Kilometer-Marsch werden wir auch so aussehen«, prophezeite ich schmunzelnd.

»He, ich weiß nicht mal, ob ich in der Lage bin, die ersten Kilometer zu bewältigen!« Peter lachte. »Vielleicht bin ich schon tot, wenn wir das Ende des Ninety Mile Beach erreichen!«

Ich zog seine Arme über meine Schultern und küsste ihn. »Nein, du wirst nicht tot sein.«

Wir gingen weiter und gelangten zu einem Kinderspielplatz. Die Rutsche war ziemlich hoch. Kurz entschlossen stieg ich die Leiter hinauf. Es musste über zwanzig Jahre her sein, seit ich zum letzten Mal auf einem Spielplatz gespielt hatte. Ich sauste die Rutsche hinunter, kletterte auf einen Turm und raste mit einer Seilrutsche nach unten. Jedes Spielgerät weckte unterschiedliche Gefühle. Es war ein Riesenspaß.

Ein ungefähr neunjähriger Junge war mit seiner kleinen Schwester ebenfalls dort. Wir machten Drehungen auf den Schaukeln, und ich zeigte den Kindern ein paar simple Tricks auf dem Trampolin. Als wir zur Spitze eines Seil-Turms kletterten, rief das Mädchen plötzlich »Schaut mal!« und fing an zu lachen.

Ihr Bruder und ich drehten uns um. Zunächst verstand ich nicht, was sie so lustig fand, dann sah ich, dass sie auf einen großen Spucketropfen an ihrem Kinn deutete. Ihr fröhliches Gesicht, ihr unbekümmertes Gelächter und ihre Flachsereien erinnerten mich so sehr an Sofie, meine Schwester, als wir noch klein waren. Der Junge und ich grinsten uns an. Etwas später gingen die Kinder nach Hause, und ich kehrte zu Peter zurück.

»Erwachsene nehmen sich viel zu ernst«, sagte ich und griff nach meiner Swanndri-Jacke. »Ich sollte definitiv mehr über meine eigenen Albernheiten lachen.«

Peter stand auf. »Zum Beispiel darüber, dass du auf einem Kinderspielplatz herumtollst?«

»Nein, das ist nicht albern. Ich meine all die Dinge, die ich als Misserfolg betrachte, die mich verlegen machen oder für die ich mich sogar schäme. Ich sollte einfach darüber lachen.«

»Ja, aber es erfordert einiges an Selbstbewusstsein, über seine eigenen Fehler zu lachen«, sagte er. »Als Kind war ich schüchtern, hatte sehr wenig Selbstvertrauen, und das bisschen Selbstwertgefühl, das ich hatte, wollte ich unbedingt verteidigen.«

Eines Abends beschloss ich, mit Bennie in ein Pub in der City zu gehen. Ich hatte mir für ein paar Dollar im Secondhandladen eine Hose und eine Seidenbluse gekauft. Mein neues Outfit war Welten entfernt von meiner zusammengeflickten Swanndri-Jacke, den eingerissenen Merino-Shirts und den verwaschenen Shorts.

Als wir im Pub eintrafen, machte sich gerade eine Band für ihren späteren Auftritt bereit. Bennie stützte sich auf den Tresen und fragte mich, was ich trinken wolle.

Ich hatte in den vergangenen zehn Jahren kaum Alkohol angerührt, doch ich wollte wissen, welche Wirkung er auf mich ausübte, zumal er für so viele Städter ein fester Bestandteil ihres Freitagabends war.

»Wodka«, bestellte ich daher. Das war das Einzige, was mir außer Bier und Wein einfiel, und beides schmeckte mir nicht besonders gut.

Wir nahmen unsere Drinks mit nach draußen, wo große Heizpilze aufgestellt waren. Ich fragte mich, wie viel es wohl kosten mochte, den Winter so wie hier in Sommer zu verwandeln.

»Prost!«, sagte Bennie. »Das ist die Belohnung des arbeitenden Mannes für ein Leben in der Wohlfühlsklaverei. Man arbeitet die ganze Woche, um Geld zu verdienen, das man sofort wieder für teures Gift mit Freunden ausgibt, die einander nichts zu sagen haben, weil jeder auf eine langweilige Woche zurückblickt.« Sein Gelächter war ansteckend. Wir hoben unsere Gläser und nahmen einen Schluck. Es war ein seltsames Gefühl, wie sich der Alkohol einen Weg durch meine Kehle in meinen Magen brannte. Ich betrachtete die Leute um uns herum. Alle waren zu zweit oder in Gruppen gekommen.

»Sollen wir uns mit jemandem unterhalten?«, fragte ich.

»Nein.« Bennie schüttelte den Kopf. »Dazu ist es noch zu früh. Warten wir, bis alle etwas lockerer werden.« Er stützte sich auf einen Ellbogen und ließ die Flüssigkeit in seinem Glas kreisen. »Ich hab meinem Bruder erzählt, dass ihr in den Bergen in einem Zelt lebt«, sagte er plötzlich.

»Ach, tatsächlich?« Ich grinste.

»Ja. Seine erste Reaktion war: ›Sind die obdachlos? Was haben sie für ein Problem? Die müssen doch geisteskrank sein.‹«

»Das hat er gesagt? Wirklich?« Ich war sprachlos. »Geisteskrank?« Plötzlich wurde mir klar, dass Bennies Bruder wahrscheinlich nicht der Einzige war, der so über uns dachte.

»Ja, klar.« Bennie zuckte die Achseln. »Er glaubt, dass Glück mit finanzieller Sicherheit einhergeht. Er würde euren Lebensstil niemals begreifen.«

»Ich nehme an, das ist eine typisch demokratische Denkweise«, schlussfolgerte ich. »Was die Mehrheit für gut befindet, muss das Richtige sein!«

Bennie ließ meine Bemerkung einen Augenblick sacken. »Hm. Ihr habt euch für eine völlig andere Lebensweise entschieden als die meisten anderen Menschen. Mein Bruder leitet seine eigene IT-Firma mit über zwanzig Angestellten. Die Mehrheit der Leute vertritt vermutlich tatsächlich dieselbe Ansicht wie er.«

Während wir unseren Wodka tranken, schien unser Umfeld nach und nach freundlicher zu werden. Die Menschen sahen glücklicher aus und attraktiver. Die Wolken reflektierten die Lichter der Stadt in einem interessanten gelblichen Farbton. Sogar die Hochhäuser um uns herum, die mir bei meiner Ankunft so hässlich erschienen waren, wirkten nun wie architektonische Kunstwerke.

Wir schlenderten zurück zum Tresen, um uns einen weiteren Drink zu gönnen. Während ich auf Bennie wartete, trat ein junger Mann zu mir. »Wow, du hast ja lange Finger«, sagte ich. »Spielst du Klavier?« Ich deutete auf seine Hände. Er lachte und erwiderte, er spiele Bassgitarre, dann hielt er seine Hände in die Höhe, um sie mit meinen zu vergleichen. Wir gingen zusammen hinaus und redeten, bis drinnen die Band zu spielen begann. Selbst draußen war der Lärm für mich ohrenbetäubend. Ich war so geschockt, dass ich mir die Ohren zuhielt und die Nase krauste. Mein neuer Freund dachte, ich hätte etwas gegen die Musik, nicht gegen die Lautstärke, weshalb er ärgerlich fragte: »Was machst du hier, wenn dir die Musik nicht gefällt? Willst du hier bloß rumstehen in deinem netten Blüschen und einen auf süße, kleine Prinzessin machen?« Er wackelte abfällig mit den Hüften. Mir klappte die Kinnlade herunter, dann fing ich an, von ganzem Herzen zu lachen. Das war das Komischste, das ich seit Langem gehört hatte. Der junge Mann schien ziemlich erstaunt über meine Reaktion.

Um Mitternacht verließen Bennie und ich die laute Bar mit den glücklichen Gästen und schlenderten durch die Straßen des Stadtzentrums. Die Atmosphäre bei Nacht war völlig anders als tagsüber. Auf dem Gehweg kamen uns Betrunkene entgegen, vor den Nachtclubs und Bars hatten sich lange Schlangen gebildet, Türsteher in schwarzen Lederjacken bestimmten, wer reindurfte und wer nicht. Verblüfft stellte ich fest, dass inmitten des Getümmels aus vorbeifahrenden Fahrzeugen und grölenden Menschen Obdachlose mit ihren in Tüten gepackten Habseligkeiten im Licht der Straßenlaternen auf Bänken schliefen.

Bennie fragte mich, ob ich schon einmal in einem Sexshop

gewesen sei. War ich nicht, also gingen wir in einen hinein, der so hell erleuchtet war wie ein Supermarkt. Ich sah mich interessiert um. Es gab ein paar Videos und Magazine, doch der Großteil der Produkte war darauf ausgerichtet, auf die eine oder andere Art und Weise Schmerz zu erzeugen. Der Verkäufer hinter dem Tresen war das seltsamste Individuum, dem ich je begegnet war. Er hatte das Gesicht eines Mannes, inklusive Zwei-Tage-Bart, doch sein Körper war der einer Frau, inklusive Brüste. Er hatte sich gekleidet wie eine Frau, trug einen bunten Rock über seinem dicken Bauch. Ich war so neugierig, dass ich ihn am liebsten angestarrt hätte, aber ich riss mich zusammen.

»Entschuldigen Sie«, sagte ich stattdessen, »wozu ist das da?« Ich deutete auf eine Metallkugel, die an die Ausrüstung eines Hammerwerfers erinnerte.

»Das ist ein Ballstretcher mit Gewicht«, antwortete er genervt.

Da ich mir immer noch nicht sicher war, wozu das gut sein sollte, bat ich ihn um nähere Auskunft. Er dachte wahrscheinlich, ich wolle ihn auf den Arm nehmen, denn er wurde ziemlich ungehalten und erwiderte schroff: »Um die Eier zu dehnen!«

Sein unfreundlicher Ton überraschte mich – schließlich war ich nur neugierig. Ich bedeutete Bennie, dass ich gehen wollte, und war erleichtert, als wir wieder auf der Straße standen.

»Seltsam, dass in einem Sexshop so viele Folterinstrumente angeboten werden, findest du nicht?«, sagte ich zu Bennie, als wir die Straße überquerten.

»Nun, ich nehme an, dass die Leute so wenig mit ihrem eigenen Körper in Verbindung stehen, dass sie Schmerz empfinden müssen, um sich an ihre physische Existenz zu erinnern«, sagte er.

»Wirklich? Das ist ziemlich traurig.«

»Ja.« Er nickte. »Das Leben in dieser Gesellschaft ist ein einziger Angriff auf unsere Sinne. Wir überlasten uns permanent. Wir essen zu viel, weil wir nicht mehr spüren können, ob unser Magen voll ist oder nicht. Wir schmecken nichts mehr, also brauchen wir immer mehr Glutamat, Salz und Zucker. Die Musik, die wir hören – wie gerade eben –, ist so laut, dass sie Gehörschäden verursacht. Wusstest du, dass eine von vier Personen unter Schwerhörigkeit leidet? Das gilt auch für mich selbst, ich habe bereits dreißig Prozent meines Hörvermögens verloren.«

Wir schlenderten noch eine Weile weiter durch die Straßen, und ich dachte stumm über das moderne Leben nach. Ich begriff, dass die Menschen in zunehmendem Maße desensibilisiert wurden und daher langsam, aber sicher die Fähigkeit verloren, die Schönheit der Welt zu erkennen.

Wir trafen auf eine große Straße. Ein Fahrzeug näherte sich, verlangsamte das Tempo, und zu meiner Überraschung lehnte sich eine Gruppe von Teenagern aus den Fenstern und fing an, mit Eiern zu werfen, bevor sie schnell davonfuhr. Zum Glück hatte ich sie rechtzeitig bemerkt und mich geduckt, doch der Sicherheitsmann, der für den Nachtclub hinter uns arbeitete, bekam einen Großteil der Eier ab. Wir fragten ihn, ob alles okay mit ihm sei. Er erzählte uns, dass er öfter vorbeifahrenden Eierwerfern zum Opfer falle. »Die Leute halten uns für Polizisten, weil wir diese blaue Uniform tragen«, erklärte er. »Aber Eier sind ja noch gar nichts. Manchmal wirft man mit Messern auf uns.«

Bennie hakte sich bei mir ein, und wir bogen in eine kleine, menschenleere Seitenstraße ein, die hügelaufwärts führte. Hier war alles still. Die Luft war frisch, aber ich fror nicht. Es war ein seltsam aufregendes Gefühl, an Reihen von Häusern vorbeizugehen, in denen Menschen schliefen. Als wir zu Hause ankamen, war ich kein bisschen müde – wahrscheinlich wegen des Wodkas. Bennie und ich schlichen auf Zehenspitzen an dem Zelt vorbei, in dem Peter schon seit fünf Stunden schlief, und plauderten bis Tagesanbruch in der Küche weiter.

Im Frühling heirateten Peter und ich. Ich musste ihn förmlich ins Standesamt schleifen, da er ein erklärter Gegner der Ehe war. Er glaubte fest daran, dass dieser Bund sich nur allzu schnell in eine Sträflingskugel verwandeln und unsere Beziehung ruinieren würde. Was mich anbetraf – ich dachte nicht, dass eine Heiratsurkunde besonders viel veränderte, schließlich waren wir bereits seit acht

Jahren zusammen. Dennoch wünschte ich mir, neuseeländische Staatsbürgerin zu werden und gleichzeitig meine niederländische Nationalität zu behalten, und zu heiraten war die einzige Möglichkeit, diesen Wunsch in Realität zu verwandeln. Trotz seines Widerstands gelang es Peter, gequält zu lächeln, als ein Freund an unserem Hochzeitstag ein Foto von uns machte. Anschließend musste ich die neuseeländische Staatsbürgerschaft beantragen – ein langwieriges bürokratisches Prozedere, wodurch sich der Beginn unserer Reise um mehrere Monate verzögerte, doch irgendwann waren wir so weit, dass wir ganz nach Norden fahren konnten, um den Te Araroa Trail in Angriff zu nehmen.

Peter hatte einen alten Freund von der Uni, der Nick hieß – Nick Maverick, der Nonkonformist, wie ich ihn nannte. Ich kannte ihn inzwischen schon eine ganze Weile und betrachtete ihn ebenfalls als guten Freund. Er brachte uns mit seinem Kleinwagen die tausendeinhundert Kilometer Richtung Norden nach Cape Reinga. Die Fahrt dauerte zwei Tage.

Nick war ein paar Jahre älter als Peter, hatte blaue Augen und volles weißes Haar, das er ungehindert wachsen ließ. Früher war er Bergsteiger gewesen, doch seit einigen Jahren litt er an einer Autoimmunerkrankung, die sich IBM nannte, *Inclusion Body Myositis* – Einschlusskörpermyositis. IBM ist eine entzündliche Muskelerkrankung, die mit einer zunehmenden Muskelschwäche sowie Muskelschwund einhergeht. Nick wurde von Jahr zu Jahr schwächer, inzwischen hatte er Probleme zu laufen. Wenn sich sein Zustand weiter verschlechterte, würde er vermutlich im Rollstuhl landen.

Als ich auf der Rückbank seines kleinen Wagens saß, eingequetscht zwischen unserem Gepäck, betrachtete ich Nicks blaue Augen im Rückspiegel. Den Blick auf die Straße geheftet, erzählte er uns ungezwungen von all den Dingen, die er in den entlegensten Winkeln der Welt entdeckt hatte. Als Universitätsdozent war er mit seinen Studenten viel gereist, um indigene Kulturen auf der ganzen Welt zu erforschen und von ihnen zu lernen. Die Zukunft vieler dieser Kulturen war bedroht. Was er gesehen hatte, war Zerstörung: Zerstörung der Menschen, ihrer Lebensart, ihrer heiligen Stätten und der Erde. Das alles hatte ihn unsagbar traurig gemacht.

»Wir befinden uns in einer bizarren Lage«, erläuterte Nick. »Im Westen sind wir bei einer Form der Zivilisation gelandet, die auf Fortschritt und Entwicklung fokussiert ist, auch wenn es sich in Wirklichkeit um die beängstigende Vorstellung eines gigantischen Ausverkaufs handelt. Eine solche Form der Zivilisation befeuert – nein, sie verlangt – Ablenkung um jeden Preis. In aller Öffentlichkeit erleben wir Gewalt, Korruption und Gier. Verstöße gegen gesellschaftliche Regeln, Meinungsmache, die Sucht nach Belanglosigkeiten ... Die Liste ließe sich unendlich fortsetzen. Das System, in dem wir leben, ist der unfreiwillige Konsens eines selbst geschaffenen Monsters.«

Die Landschaft, die wir auf unserer Fahrt nach Norden durchquerten, bestand überwiegend aus Farmland. Manchmal deutete Peter auf einen Wald in der Ferne. Bald würden wir mehrere Monate durch diese Gebirgsketten wandern – kaum vorstellbar, dass wir vorhatten, die gesamte Nordinsel der Länge nach zu Fuß zu durchqueren. Wir fuhren über die in großer Höhe gelegene Desert Road, die an spektakulären Vulkanen vorbeiführte. In Auckland gerieten wir in mehrere Verkehrsstaus, und als wir nach Northland, die nördlichste Verwaltungsregion Neuseelands, hineinfuhren, sahen wir wieder mehr Wald. Es war, als befänden wir uns in einer anderen Welt. Ich öffnete das Wagenfenster. Die Sommerluft in Northland war warm und schwer, die Temperatur hoch. Ich betrachtete die hügelige Landschaft mit ihren Wäldern, die aus großen, kräftigen Bäumen bestanden. Kleine Flüsse schlängelten sich durch die Hügel.

Nick sprach über die, die er als »Mavericks« – als Nonkonformisten – bezeichnete: die couragierten Menschen, die sich aus der sozialen Konditionierung befreit hatten und es wagten, Widerstand zu leisten. Seiner Ansicht nach waren sie die letzte Hoffnung, um die sozialen und ökonomischen Strukturen aufzubrechen, die alles und alle in Nichtigkeit und Verzweiflung stürzten.

»Ich fühle mich beraubt von diesem monströsen, haarsträubenden System. Wie können Menschen nur so ignorant und dumm sein? Wie kommt es zu diesen selbstsüchtigen, hedonistischen Ansichten? Worin haben sie ihre Wurzeln? Wie gelingt es diesen eigennützigen Irren, die vorherrschende Kraft zu werden? Das ist doch Wahnsinn der allerhöchsten Güte, oder nicht?« Er lachte leise. »Das Beste, was man meiner Meinung nach tun kann, ist, lokalen Widerstand aufzubauen, so wenig wie möglich mit dem zerstörerischen System zu tun zu haben und den Dingen ihren Lauf zu lassen – abwärts.«

Nicks Gesicht im Rückspiegel veränderte ständig den Ausdruck. Seine blauen Augen drückten mal leidenschaftlichen Zorn aus, dann Verwunderung und Verblüffung. Trauer und Sorge wechselten ab mit Liebe. Sämtliche menschlichen Gefühlsregungen spiegelten sich in Nick Mavericks Augen wider.

Wir kamen nach Kaitaia, der nördlichsten Stadt, die wir durchqueren mussten. Hier sahen wir nur sehr wenige weiße oder Pakeha-Gesichter – so nannten die Ureinwohner Neuseelands die ersten europäischen Siedler –, dafür viele Maori. Die Menschen unterhielten sich auf den Straßen miteinander. Bei der Hitze trug niemand viele Klamotten, und die meisten gingen barfuß oder hatten Sandalen an. Ich hatte den Eindruck, wir seien auf einer pazifischen Insel wie den Fidschis oder Samoa gelandet. Schlagartig war ich wesentlich entspannter.

Unsere Tour begann offiziell in Cape Reinga, aber wir fuhren ein paar Kilometer östlich zu einem Strand namens Spirits Bay. Peter war vor Jahren schon mal dort gewesen und hatte vorgeschlagen, von dort aus loszuwandern, weil der Ort so schön war.

Sobald wir angekommen waren, öffnete Nick die Wagentür, um die Seeluft hereinzulassen, mit der Handfläche die Augen vor der Sonne beschattend. Über unseren Köpfen kreisten mehrere schreiende weiße Möwen.

»Ist es hier nicht herrlich?«, fragte er. Alte Pohutukawa-Bäume –

auch Eisenholz- oder Neuseeländischer Weihnachtsbaum genannt – mit roten Blüten wuchsen in der Ferne auf den Felsen. Der Wind trug das Geräusch der sich brechenden Wellen über die weißen Dünen vor uns.

»In gewissem Sinne ist die Gesellschaft ein Horror«, sagte Nick. »Einzelne Menschen können so wundervolle, kreative Dinge tun und mit großer Freundlichkeit, Generosität und Aufopferung agieren. Doch auf einer breiten Ebene haben böse, destruktive Systeme Wurzeln gefasst, und zwar überall. Dennoch dürfen wir nicht zulassen, dass wir den Mut verlieren. Das ist keine Option. Wir müssen zu Harmonie finden. Alles, was uns bleibt, ist, wieder mit dem Herzen der Wildnis, dem Geist der Natur in Einklang zu gelangen. Genau wie ihr hatte auch ich in der Vergangenheit verschiedene mystische Erlebnisse. Wenn man so etwas einmal erfahren hat, lässt es einen nicht mehr los, stimmt's? Ich möchte mir das Gefühl jener fundamentalen Großzügigkeit und Kreativität des Lebens bewahren.«

Peter und ich ließen uns im Gras neben dem Wagen nieder, während Nick auf dem Fahrersitz sitzen blieb. Ich schnitt etwas Brot, das ich vor ein paar Tagen gebacken hatte, und reichte ihm ein Sandwich.

»Ich wünschte, ich könnte mit euch kommen«, sagte Nick. Er stellte seine Füße in den weißen Sand, dann drückte er sich vorsichtig vom Sitz hoch und aus dem Wagen. Als er endlich stand, stützte er sich auf die offene Autotür und schaute sich um. »Ich möchte an Stränden entlanglaufen und auf Berge steigen, ich möchte zwischen alten Kauri-Bäumen umherwandern, unterwegs sein«, sagte er. »Wenn ich meine Beine wieder gebrauchen könnte, wäre ich unsagbar glücklich. Ich würde tanzen vor Freude!«

Ich nickte und hob verstohlen die Brauen, um die Tränen zurückzuhalten, die mir unweigerlich in die Augen traten, doch es hatte sich bereits ein Schleier gebildet. Ich schaute auf meine Füße und fuhr mir mit der Hand durchs Haar. Mein Herz schmerzte vor Mitgefühl. Am liebsten hätte ich gesagt: »Ich werde dich tragen!«, aber die Worte wollten nicht über meine Lippen gehen, und das aus gutem Grund: Ich wusste, dass ich ihn nicht tragen konnte, ganz gleich, wie sehr ich es mir wünschte.

Er betrachtete seine dürren, von der Krankheit geschwächten Beine. »Man weiß es nicht zu schätzen, was es heißt, gehen zu können, bevor es zu spät ist.« Er lachte leise. »He, ich meine es ernst. Das Einzige, was ich bedauere, ist, dass ich meine Beine all die Jahre über für selbstverständlich gehalten habe.« Er beugte sich vor und schaute, wo er seine Füße aufsetzen sollte, um einen unsicheren Schritt zu machen. Ich trat zu ihm, um ihm zu helfen. Er stützte sich auf meine Schulter. »Gute Reise, meine Liebe.«

10

Te Araroa: Die Nordinsel

Wir banden unsere Sandalen an die Seite unserer Rucksäcke und gingen barfuß durchs Wasser. Ab und an kam eine hohe Welle, und ich rannte in den weichen Sand.

»Keine Sorge, Liebling! Alles wird im Nu wieder trocken.« Peter lachte und wirbelte begeistert seine Trekkingstöcke durch die Luft. Seine überschwängliche Laune war ansteckend. Seite an Seite wanderten wir in die Freiheit, erfüllt von großer Vorfreude auf dieses neue Abenteuer.

Die Sonne schien strahlend vom Himmel, eine leichte Brise strich durch die warme Luft. Die Wellen zogen Kieselsteine ins Meer – ein herrliches Geräusch. Seevögel schraubten sich ins unendliche Blau. Der Sand am Strand war unberührt, so weit das Auge reichte. Niemand war hier gegangen. Für einen Moment kam es uns so vor, als wären wir die ersten Menschen auf einer unbewohnten Insel. Es fühlte sich so normal an, unser Nomadenleben wiederaufzunehmen, den uralten Wegen zu folgen, im Rhythmus unserer geheimnisvollen Erde zu tanzen und die Welt mit neuen Augen zu sehen.

Entlang der Küstenlinie wuchsen alte, knorrige Pohutukawa-Bäume. Ihre langen Zweige griffen wie ausgestreckte Arme nach dem Ozean, unzählige rote Blüten überzogen die Bäume wie eine Decke. Das lodernde Rot vor den grünen Hügeln und dem goldenen Sandstrand war absolut überwältigend. Die Hitze und die blühenden Bäume hatten mich in eine Welt der Wunder versetzt. Der Rucksack auf meinem Rücken beinhaltete alles, was ich an materiellen Dingen besaß. Ich konnte ihn überallhin mitnehmen. Ich liebte die Vorstellung, ins Unbekannte zu wandern, einfach immer weiter, ohne an einen bestimmten Ort zurückkehren zu müssen.

Die erste Stunde auf der Strecke von Spirits Bay nach Cape Reinga war beglückend, doch nach ungefähr fünf Kilometern wurden wir plötzlich sehr müde. Die einbrechende Flut zwang uns, in den tiefen, nachgiebigen Sand auszuweichen, und mit jeder Minute schien das Gewicht auf meinen Schultern schwerer zu werden. Mein Kopf pochte in der Mittagshitze, der Schweiß auf meinem Rücken durchweichte mein sauberes T-Shirt. Unter der brütend heißen Sonne schleppten wir uns durch den blendend weißen Sand. Wir krümmten uns so sehr unter unserer schweren Last, dass man uns aus der Ferne mit Vierbeinern hätte verwechseln können.

»Das ist viel zu schwer«, stöhnte ich. Und das war gerade mal der erste Tag. Wie sollten wir all die Strandwanderungen in den kommenden Monaten überstehen? In der Hoffnung, auf festeren Boden zu stoßen, kletterten wir über die Dünen auf eine Sandpiste, aber der Sand war hier genauso tief wie am Strand. Unser Leiden ging weiter.

Gerade als wir uns hingesetzt hatten, um eine Pause einzulegen, hörten wir das Dröhnen eines Motors. Ein Ute, voll beladen mit Menschen, kam auf uns zugefahren. Wir lächelten mit neu erwachtem Mut.

»Springt auf!«, rief der Fahrer munter. Glücklich kletterten wir auf die Ladefläche des Pick-ups und setzten uns zwischen die fünf Maori-Kinder, die dort hockten.

»Woher kommt ihr?«, fragte der älteste Junge, der ungefähr dreizehn sein musste.

»Wir leben überall und nirgendwo«, antwortete ich.

»Wir wollen die dreitausend Kilometer bis Invercargill wandern«, ergänzte Peter. Ich konnte spüren, wie stolz er darauf war, und genau wie ich schien er die letzten quälenden Stunden im Sand vergessen zu haben.

»Und wo wollt ihr schlafen?« Der Junge sah uns neugierig an.

»Wo immer wir Wasser und eine ebene Stelle finden, an der wir unser Zelt aufbauen können.« Ich deutete auf unsere gelbe Zelttasche.

»Dann seid ihr also so etwas wie Zigeuner«, stellte ein Mädchen fest, das aussah, als wäre es ungefähr zwölf. »Ich möchte auch eine Zigeunerin sein!« Sie sah ihren Bruder an, der beipflichtend nickte.

»Das solltest du unbedingt«, bekräftigte ich. »Es ist langweilig, sein ganzes Leben an einem einzigen Ort zu verbringen!«

Die Kinder lachten. Sie wirkten so glücklich und zufrieden.

Als der Ute nicht mehr weiterkam, sprangen alle von der Ladefläche. Die Familie wollte in einer nahe gelegenen Lagune angeln. Wir bedankten uns überschwänglich, dann setzten wir unsere Reise durch den weichen Sand fort. Es war genauso ermüdend wie zuvor, aber zumindest sahen wir nun die Klippen, die das Ende des Strands markierten. Als wir endlich an einen funkelnden kleinen Fluss gelangten, war ich erleichtert, meinen Rucksack absetzen und mich in den Schatten hocken zu können.

Wir blieben eine ganze Woche an diesem Ort und ruhten uns aus – so hatten wir es ohnehin geplant. Ich hatte zusätzliche Lebensmittel eingepackt, damit wir uns erholen und unseren Körpern Zeit geben konnten, sich auf die Dreitausend-Kilometer-Wanderung einzustellen.

Unser Zelt bauten wir diesmal unter einem prächtigen, einzeln stehenden Pohutukawa-Baum voller leuchtend roter Blüten auf, die wie rote Schneeflocken in der leichten Brise tanzten. Mit dem Rücken gegen große Steine gelehnt, saßen wir da und blickten auf den Ozean hinaus. Nachdem wir mehrere Jahre in den kalten Bergen gelebt hatten, empfanden wir die Wärme als auffallend entspannend. Sie half uns schnell über die Torturen des ersten Tages hinweg, und an die vor uns liegende Reise dachten wir kaum.

Stattdessen erkundeten wir die Küste, entdeckten versteckte Strände mit steilen Klippen, sammelten Muscheln und Tang und gruben essbare Rohrkolbenwurzeln aus – von den Maori »Raupo« genannt –, die wir zusammen mit wildem Spinat kochten.

Während wir die ausrollenden Wellen betrachteten, dachten wir an die hinter uns liegenden Monate zurück. Ich kam zu dem Schluss, dass ich das Leben in der Stadt als ziemlich ermüdend empfand. Das soziale Miteinander und die Zeit, die ich vor dem

Computer verbrachte, führten in Kombination mit dem elektrischen Licht, das es mir erlaubte, nachts wach zu bleiben, zu permanentem Schlafmangel. Es war, als habe mir das Leben in der Stadt einen Teil meiner Vitalität und Klarheit genommen, doch schon während unserer ersten Woche am Strand fand ich zurück in den Rhythmus der Natur. Langsam, aber sicher fühlte ich mich weniger gelangweilt und rastlos und mehr mit mir und der Welt im Reinen.

Nach einer Woche hatte sich Peter von den Strapazen des ersten Tages erholt, und wir nahmen unsere Reise nach Cape Reinga mit neuem Optimismus in Angriff. Mir war klar, dass er in seinem Alter mehr mit einem schweren Rucksack zu kämpfen hatte als ich und dass seine Erholungsphasen entsprechend länger dauerten. Wir lösten dies, indem wir mich durch schwereres Gepäck bremsten, damit wir in derselben Geschwindigkeit wandern konnten. Inklusive Lebensmitteln wog mein Rucksack fünfundzwanzig Kilogramm, der von Peter bloß fünfzehn. Manch einer machte eine Bemerkung über die unterschiedliche Größe unseres Gepäcks, aber ich war superstolz auf Peter, dass er überhaupt den Versuch unternahm, den Te Araroa zu bewältigen.

Wir wanderten durch die Hügel zum Leuchtturm am Kap, wo die Tasmanische See auf den Pazifischen Ozean traf. Für die Maori war Cape Reinga ein spirituell bedeutender Ort: Laut ihrer Mythologie begann hier die Reise der Seelen ihrer Toten nordwärts in das Land ihrer Vorfahren. Für Peter und mich dagegen war es der Beginn unserer langen Reise nach Süden.

»Te Araroa Trail.« Peter klopfte mit seinem Trekking-Stock gegen das kleine schwarz-weiße Schild. »Bist du bereit?«

Wir hatten uns seit vielen Monaten auf diesen Tag gefreut, und ich war sehr stolz, dass ich nun hier stand. Wir schauten auf die Tasmanische See und den endlosen Pazifik unter uns und holten tief Luft, dann wandten wir uns um in Richtung Süden – unsere Richtung für die nächsten zwei Jahre.

»Ja«, bekräftigte ich aufgeregt. »Ich bin bereit.«

An der Westküste führte unser Weg über hohe Sanddünen. Dieser Teil des Landes war so schmal, dass wir mitunter von der Spitze einer großen Düne die Ostküste sehen konnten. Nach zwei Tagen trafen wir am Ninety Mile Beach ein, wo die Gegend flach und weitläufig war. Vor uns lag ein riesiges, nebliges Nichts ohne irgendwelche besonderen Merkmale, das wir während der nächsten Woche hinter uns bringen würden. Der ständige Wind und die Wellen schufen kunstvolle Muster im Sand, die sich ständig veränderten. Wir gingen barfuß an der Wasserkante entlang, unsere Schatten spiegelten sich in dem dünnen Wasserfilm, der den festen Sand überzog.

Zu bestimmten Tageszeiten fuhren klimatisierte Busse an uns vorbei. Junge Leute mit Kopfhörern winkten uns hinter den getönten Scheiben begeistert zu. Ich streckte grüßend meine Holzstöcke in die Luft, ohne zu verstehen, was so toll daran sein sollte, in einem Bus am Strand entlangzufahren. Zweifelsohne stellten sich die Passagiere umgekehrt die Frage, was so toll daran sein sollte, an diesem endlosen Strand entlangzuwandern.

Einmal meinten wir, in der Ferne einen Menschen auszumachen, doch als wir näher kamen, stellten wir fest, dass es sich um eine einsame Mantelmöwe handelte – wie die, die wir in den Neuseeländischen Alpen gesehen hatten. Sie stand auf einem Bein im Sand und schaute aufs Wasser hinaus. Diese einzelgängerischen Möwen wirkten so stolz und edel, dass wir sie »King-Edward-Vögel« nannten. Wenn uns ein King Edward entdeckte, musterte er uns mit milder Neugier, ohne sich vom Fleck zu rühren – ganz anders als die anderen Möwen, die sich in großen Gruppen sammelten und lautstark ihren Unmut zum Ausdruck brachten, sobald sie uns entdeckten. Nach einer Weile flatterte die erste Möwe davon, und es dauerte nicht lange, bis die anderen folgten. Sobald sie etwa einen Kilometer weit südlich geflogen waren, ließen sie sich erneut am Strand nieder. Wir begegneten ihnen immer wieder, bis sie sich irgendwann in den unbeschreiblich blauen Himmel hinaufschwangen und nach Norden verschwanden.

Durch den Wind vom Meer hielt sich die Temperatur in Grenzen, unsere Schultern gewöhnten sich an das Gewicht unserer Rucksäcke, und mit jedem Tag fiel uns das Wandern ein bisschen leichter. Tagsüber hielten wir stets Ausschau nach Süßwasser, nachts suchten wir Schutz in dem Kiefernwald hinter den Dünen.

Eines Nachmittags folgten wir einem großen Fluss landeinwärts. Nachdem wir uns durch hohes Schilf und Gestrüpp gekämpft hatten, entdeckten wir eine ebene Stelle in einem kleinen, angepflanzten Wäldchen. Froh darüber, dass wir eine so bequeme Lagerstatt gefunden hatten, stellte ich sofort das Zelt auf. Ich breitete gerade die Schlafmatten und -säcke aus, als plötzlich ein wüst bellender Jack-Russell-Terrier auf uns zugestürmt kam. Da mir fremde Hunde nicht ganz geheuer waren, schnappte ich mir vorsorglich meinen Trekkingstock, um mich notfalls zu verteidigen.

Zu meinem Erstaunen tauchte auf einmal ein brauner Esel mit langer Nase und großen grauen Ohren auf. Er wirkte verblüfft, als er uns entdeckte, und stimmte ein lautstarkes Iah-Geschrei an. Ein weiterer Hund erschien auf der Bildfläche, gefolgt von einem Maori, der nichts weiter trug als eine kurze Hose. In der Hand hielt er eine Tüte voller kleiner weißer Tuatua-Muscheln.

»*Kia ora*«, sagte er.

Der Mann war Ende vierzig, stark und fit. Er lächelte nicht, als er unser Zelt entdeckte. Ich folgte seinem Blick und bedauerte auf der Stelle, es aufgeschlagen zu haben. Peter trat vor, um die Situation zu retten. »Entschuldige, Kumpel«, sagte er, »wir wussten nicht, dass wir uns auf Privatbesitz befinden. Wir sind den Fluss nur hinaufgewandert, um nach einem schattigen Fleckchen zum Campen Ausschau zu halten.«

Einen Moment lang betrachtete der Mann uns schweigend, dann sagte er bedächtig: »Kein Problem. *Haere mai*, willkommen«, und schüttelte unsere Hände. »Ich bin Anaru. Wenn ihr wollt, könnt ihr mit zu mir kommen, ich mache euch einen Tee.«

Peter und ich folgten Anaru, seinem Esel und den beiden Hunden durch das kleine Wäldchen. Ich ging als Letzte, deshalb sah niemand, wie mich der kleine Jack Russell attackierte. Er schlich sich klammheimlich an und biss mir wiederholt in die Ferse. Ich überlegte, ob ich um Hilfe rufen sollte, aber Peter plauderte so angeregt mit unserem neuen Freund, dass ich keinen derart kläglichen ersten Eindruck hinterlassen wollte. Stattdessen wirbelte ich beim Gehen immer wieder nervös herum, um den pfeilschnellen kleinen Hund im Auge zu behalten, doch erst als wir ein weißes Haus mitten auf einer grasbewachsenen Lichtung erreichten, ließ der Terrier von mir ab und legte sich, als wäre nichts passiert, auf seine Matte.

Der Wind war warm, das Gras gelb von der Sonne. Die Eukalyptusbäume mit ihren glatten Rinden, die Zikaden und die üppig wachsenden, duftenden Blumen erinnerten mich stark an bestimmte Teile von Australien. Als wir mit einer Tasse Manuka-Tee in der Hand auf einer blauen Bank saßen, fing Anaru an zu erzählen. Wir erfuhren viel über seine *whānau* – seine Onkel und Tanten, Nichten und Neffen –, seinen Stamm und seine Kultur. Er zeigte uns ein Buch mit Bildern von der Gegend, die als »Orte von Bedeutung« gekennzeichnet waren. Wo ich lediglich gewöhnliche Grashügel sah, befanden sich für Anaru und seine Leute historische oder religiöse Stätten. Er erzählte uns, dass er sich zum *kaitiaki* ausbilden ließ, zum Wächter dieses Stück Lands am Meer. Indem sie über viele Generationen auf einen ganz bestimmten Ort achtgaben, sammelten die *kaitiaki* ein großes Wissen an und bauten eine Art spirituelle Verbindung zu den Pflanzen, Tieren und Jahreszeiten auf. Das Wachstum der Pflanzen im Frühjahr zum Beispiel gab ihm Aufschluss über die Jagd, die Pflanzungen und die Ernte. Ich fand es ungemein interessant zu sehen, wie er seine Rolle als *kaitiaki* mit seinem religiösen Glauben und wissenschaftlichen Verständnis zu einem bunten Weltbild verknüpfte.

Während sich Peter am nächsten Tag ausruhte, schnappten Anaru und ich uns ein Boogie Board und machten uns auf den Weg in die Dünen. Der Maori trug eine gelbe Sonnenbrille und einen Hut auf seinem rasierten Kopf. Seine Füße waren breit und voller Schwielen vom jahrelangen Barfußlaufen.

Fasziniert hörte ich zu, als er mir erzählte, dass er eines Tages einen gestrandeten Wal entdeckt hatte. Besonders wertvoll für ihn waren die Zähne und die Ambra – eine graue, wachsähnliche Substanz aus dem Verdauungstrakt. »Ich habe eine ganze Menge davon auf dem *marae* – so nennt man unsere heiligen Begegnungsstätten – geopfert, die größten Zähne aber waren ein Geschenk für einen anderen Stamm, wodurch ich einen alten Disput zwischen jenem Stamm und unseren Leuten beilegen konnte.«

Von Anaru erfuhr ich viel über Neuseeland. Ich wusste, dass es Konflikte zwischen den frühen europäischen Siedlern und den Maori gegeben hatte, doch ich war davon ausgegangen, dass sich diese in der Vergangenheit zugetragen hatten. Unser neuer Freund dagegen machte mir klar, dass es sich noch immer um ein brandheißes Thema handelte. Es ließ sich nicht leugnen, dass die frühen europäischen Siedler den Maori das Land weggenommen hatten und dass die Schuld für diesen Diebstahl noch lange nicht beglichen war.

Wir kletterten auf eine hohe Düne, der Sand brannte unter meinen Füßen. Der Himmel war strahlend blau, die Landschaft sah aus wie eine Wüste – riesige Dünen, so weit das Auge reichte, überzogen von den welligen Mustern des Winds. Ich fragte mich, wie es wohl sein mochte, hier zu leben. Vielleicht würden Peter und ich eines Tages zurückkehren, um eine Weile in dieser warmen, trockenen Ödnis zu kampieren?

Als wir den Gipfel der Düne erreicht hatten, ließ sich Anaru in den Sand fallen. »Was ist mit deinen Leuten?«, fragte er. »Erzähl mir von ihnen.«

Meine Leute? Ich überlegte, weil ich nie wirklich viel darüber nachgedacht hatte. »Holland ist ein kleines Land, in dem drei große Flüsse ins Meer münden«, fing ich an und setzte mich neben ihn. »Der Flussschlamm ist extrem fruchtbar, was die Versorgung einer großen Bevölkerung abdeckt. Vor der Christianisierung hatten auch wir heilige Naturstätten, doch mittlerweile wurden dort Städte errichtet.«

»Was ist in deinem Land heilig?« Er nahm eine Handvoll Sand und ließ ihn durch die Finger rieseln.

»Manche Gebäude wie alte Türme oder Kirchen sind geschützt, außerdem gibt es mehrere Naturschutzgebiete. Ich bin mir nicht sicher, aber ich denke, für die Niederländer ist die Familie heilig. Familie bietet Sicherheit und eine Art Schutznetz.«

»Das Gleiche gilt für die *whānau*.« Anaru nickte. »Was ist mit deinen Geschwistern? Was machen die so?«

Noch nie war ich einem Menschen begegnet, der ein solches Interesse an meiner Familie bekundete. Ich erzählte ihm, dass Hanna in Schweden lebte und Sofie nach Frankreich gezogen war.

»Warum haben deine Geschwister Holland verlassen?«, wollte er wissen.

»Meine Landsleute sind nicht so ortsgebunden. Die Holländer reisen gern, und sie wandern schnell aus.«

»Ja, einen davon kenne ich: Abel Tasman. Ich glaube nicht, dass ihm die Krieger der Ngati Tumatakokiri besonders sympathisch erschienen, als sie ihn unten im Süden an der Murderer's Bay daran hinderten, an Land zu gehen.« Anaru lachte und stand auf. »Okay, bist du bereit? Wer fährt zuerst?«

»Du«, sagte ich rasch. »Zeig mir, wie's geht.«

Er machte zwei Schritte, dann warf er sich auf sein Boogie Board und glitt mit erstaunlicher Geschwindigkeit etwa sechzig Meter die steile Düne hinunter, die Füße nach hinten gestreckt. Am Ende der Düne hob er sein Brett an, glitt mehrere Meter über ein Wasserbecken, dann tauchte er in das klare Nass ein.

Nach mehreren Tagen bei Anaru kehrten wir in die andere Welt zurück: an den Strand.

Wir wanderten im Rhythmus der anrollenden Wellen. Zu unserer Linken erstreckten sich unendliche Dünen, zu unserer Rechten der grenzenlose Ozean. Unsere Umgebung blieb tagelang unverändert, und doch befanden wir uns inmitten des ältesten Wandels auf der Erde: des ewigen Wechsels von Ebbe und Flut als Folge der Gezeitenkräfte des Mondes. Der Wind schien den salzigen Dunst vor uns herzutreiben, den wir nie erreichten, wenngleich wir stets mittendrin steckten. Nichts hatte die See oder die Wellen, den

Wind, die Wolken, den Sand je aufgehalten, und das seit Anbeginn der Zeiten. Alles befand sich in permanenter Bewegung, was auch uns antrieb.

Eines Nachmittags entdeckte Peter ein kleines Rinnsal, das zwischen dem Kies und den Muscheln Richtung Meer floss. Wir verfolgten es zurück in die Dünen und stießen auf einen kleinen See, umgeben von ein paar Bäumen, unter denen wir etwas Platz für unser Zelt machten. Als die Sonne über dem Meer unterging, trieben leuchtend orangerote Wolken am Himmel.

Ich ging gerade über den weichen, geriffelten Sand, um ein Bad im See zu nehmen, als ich plötzlich ein Geräusch hörte. Ich schaute auf und sah drei Wildpferde, die ebenfalls zum Wasser schritten. Es war überwältigend, den großen, muskulösen Kreaturen zuzusehen. Ich tauschte einen verblüfften Blick mit Peter aus, der vor dem Zelt stand. Als uns die wilden Pferde entdeckten, ergriffen sie die Flucht wie aufgeschrecktes Rotwild. Ihre langen Mähnen und Schweife flatterten, als sie mit voller Geschwindigkeit landeinwärts galoppierten. Es war ein bemerkenswerter Anblick. Pferde verfügen über eine natürliche Eleganz, aber diese wilden Geschöpfe waren einfach unbeschreiblich. Es war beinahe so, als habe uns der Ninety Mile Beach mit diesen in Freiheit lebenden Tieren ein Geschenk gemacht.

Eine Woche später erreichten wir das Ende des Strands. Wir hatten fast unsere gesamten Vorräte aufgebraucht, deshalb trampte ich zur nächsten Stadt, um Nachschub einzukaufen. Obwohl kaum Verkehr herrschte, hatte ich kein Problem, eine Mitfahrgelegenheit zu finden. In den nächsten zwei Jahren sollte ich noch Hunderte Male per Anhalter fahren. Manchmal hielten reiche Leute mit teuren Autos an, andere Male nahmen mich Obdachlose in ihren alten Karren mit. Ab und zu saß ich auf der offenen Ladefläche eines Ute und ließ mir den frischen Wind um die Nase wehen, ein paarmal quetschte ich mich zwischen Möbelstücke in den Kofferraum. Alle, die mich mitnahmen, waren ausgesprochen freundlich und hilfsbereit. Es gab keinen Grund, ihre guten Absichten infrage zu stellen, trotzdem hatte ich ein Messer in der Tasche und wusste, wie ich mich im Notfall verteidigen konnte. Zum Glück geriet ich nie in eine bedrohliche Situation.

Beladen mit genügend Lebensmitteln für zwei Wochen, kehrte ich zu Peter zurück. Wir packten unsere Rucksäcke und folgten dem Te Araroa Trail in den Wald hinein. Ich hatte mich daran gewöhnt, am flachen Strand entlangzuwandern, deshalb war es für mich eine körperliche Tortur, plötzlich mit einem Fünfundzwanzig-Kilo-Rucksack den steilen, schlüpfrigen Wanderpfad hinaufzukraxeln.

Ich schleppte mich ein kleines Stück einen fast vertikalen Hang hinauf, dann blieb ich stehen, laut keuchend, die Augen weit aufgerissen. Mein Herz hämmerte besorgniserregend. Hier ging kein kühlender Wind, sodass ich schweißgebadet war. Meine Beine protestierten bei jedem Schritt. Als ich endlich oben war, warf ich meine schwere Last ab. Durch das Gewicht und die Wucht der Bewegung wäre ich beinahe selbst zu Boden gegangen. Völlig außer Atem stützte ich mich mit den Händen auf meinen Rucksack und schaute mich nach Peter um.

»Peter?«, rief ich, doch von ihm war keine Spur zu entdecken.

Ich stand auf und schaute den Hang hinunter. Wartete. Als ich nicht einmal das leiseste Geräusch hörte, ging ich langsam abwärts. Es dauerte eine ganze Weile, bis ich ihn unten am Hang sitzen sah. Anscheinend hatte er seinen Rucksack in die Büsche geschleudert.

»Dein Muli eilt dir zur Hilfe!«, rief ich grinsend.

»Du musst den Rucksack nicht schleppen«, sagte er und stand zögernd auf.

»Das weiß ich.« Lachend lud ich mir sein Gepäck auf den Rücken. »Allerdings möchte ich nicht, dass der Te Araroa für dich zum Te Horror-roa wird.«

Die Hügel, über die der Trail führte, waren nicht annähernd wie die Berge auf der Südinsel, wo ein Weg langsam aufwärts über einen Gebirgspass und wieder hinunter in ein dahinterliegendes Flusstal führte. Im Northland ging es entweder steil in die Höhe oder steil hinunter, was unglaublich anstrengend war. Der Te

Araroa Trail war für Peter mitunter eine Qual, und ich wollte alles mir Mögliche tun, um ihm den Weg angenehmer zu machen. Diese Reise basierte genau wie unser gemeinsames Leben auf Kooperation und Symbiose.

Eines heißen Nachmittags folgten wir einem sehr steilen, schlammigen Pfad hügelaufwärts. Wegen unserer schweren Rucksäcke mussten wir oft Pause machen, sodass wir nur langsam vorankamen. Bald schon hatten wir unser gesamtes Wasser getrunken. Jedes Mal wenn wir anhielten, nannte Peter mir die Namen der Bäume. Manche von ihnen trugen schmackhafte essbare Beeren, die unseren Durst minderten. Mit den Jahren hatte ich so die Namen der meisten Pflanzen und Vögel auf der Südinsel erfahren, doch in diesem Teil der Nordinsel entdeckte ich viele Spezies, die ich noch nie zuvor gesehen hatte.

Als wir endlich den höchsten Hügel erklommen hatten, bot sich uns ein weiter Blick über Northland. Unter uns erstreckte sich der Ninety Mile Beach. Im Osten sahen wir die zahlreichen Buchten und Meeresarme des Pazifischen Ozeans. Im Süden gab es viel Farmland, Wald und noch jede Menge weitere steile Hügel – die wir auf unserem Weg erklimmen mussten.

»Zu wandern ist etwas ganz anderes, als durchs Land zu fahren und dabei aus dem Autofenster zu blicken, findest du nicht?«, fragte ich Peter.

»Ja, das kann man gar nicht vergleichen.« Er lächelte. »Im Auto kann man die Landschaft betrachten, doch man kann sie nicht *spüren*.«

Als der Tag zu Ende ging, stellte ich überrascht fest, dass wir noch immer an keiner Wasserstelle vorbeigekommen waren. Um den schlimmsten Durst zu stillen, fing ich an, die Wassertropfen von moosbedeckten Baumstämmen zu lecken. Unsere Lage war leicht besorgniserregend. Gerade als wir uns nach einer Stelle umsahen, an der wir eine durstige Nacht verbringen konnten, entdeckte Peter eine kleine, schlammige Pfütze. Schweigend starrten wir einen Augenblick lang auf das trübe braune Wasser.

»Wir kochen es ab«, schlug Peter vor, setzte seinen Rucksack ab und schöpfte mit einer Tasse vorsichtig den obersten Zentimeter der schmutzigen Brühe in eine Flasche.

Im Licht der Abenddämmerung bereiteten wir uns damit eine Tasse Tee zu, dann gingen wir schlafen. Obwohl die Nacht sehr warm war, zog ich all meine Klamotten an, damit ich meinen Schlafsack nicht schmutzig machen musste. Erschöpft lag ich auf meiner Matte und schmeckte den Schweiß auf meinen Lippen. Ich litt – nicht nur unter dem Durst oder den langen, erschöpfenden Wanderungen, sondern auch unter der Strafe, völlig verschwitzt, schmutz- und schlammverkrustet schlafen zu müssen. Ich hatte mich an die Flüsse gewöhnt, die es auf der Südinsel in Hülle und Fülle gab, und daran, dass ich mich vor dem Schlafengehen stets waschen konnte. Das war für mich das Schlimmste auf unseren Wanderungen durch wasserlose Gegenden: schmutzig in meinen Schlafsack zu kriechen.

Fast den ganzen nächsten Tag über hatten wir großen Durst. Erst am späten Nachmittag kamen wir an einen kleinen, sauberen Fluss. Wir machten halt, stellten das Zelt an einem netten Fleckchen auf und tranken so viel Wasser, wie wir konnten.

Als ich am nächsten Morgen aufwachte, bekam ich einen Schock. Derart dehydriert zu sein hatte meinen Körper davon abgehalten, sich über Nacht zu erholen. Noch nie hatte ich mich beim Aufwachen so unwohl gefühlt.

»Mein Körper!«, jammerte ich. »Ich kann mich nicht rühren. Meine Füße fühlen sich an, als wären sie aus Blei.«

Peter grinste. »Jetzt weißt du, wie es mir fast jeden Morgen geht.«

Ich starrte ihn mit großen Augen an. »Wie schaffst du es dann, den ganzen Tag zu laufen?«

»Manchmal muss ich ein Schmerzmittel nehmen, sonst kann ich am Abend nicht schlafen, weil meine Hüften, der Rücken, die Beine und Füße zu sehr wehtun. Leider komme ich nicht darum herum – wenn ich solche beschwerlichen Reisen wie diese mit einem älteren Körper unternehmen möchte, muss ich den Schmerz ertragen. Es wäre sicherlich leichter, sich für Komfort zu entscheiden, aber dann würde ich niemals fit werden und niemals eine Tour wie diese erleben.« Er zog die Knie an. »Du wärst schockiert, wenn du in meiner Haut stecken würdest.« Er lachte. »Du hast keine Ahnung, wie das ist! Aber wenn du erst mal einundsechzig bist und überlegst, ob du dreitausend Kilometer weit wandern sollst, dann denk an mich.«

Ich betrachtete sein Gesicht. Mit den Jahren waren seine Augenwinkel leicht herabgesackt, was ihn sanfter wirken ließ. Seine Haare waren inzwischen ziemlich grau, sein Bart wurde langsam weiß. Er sah jünger aus, als er war, doch ob er nun für einundfünfzig oder einundsechzig durchging, zählte für mich nicht. Sein Gesundheitszustand war heute deutlich besser als damals, als ich ihn in Indien kennengelernt hatte, und sein Körper war um einiges kräftiger als vor neun Jahren. Dennoch wurden wir beide immer älter, und zwar Tag für Tag.

Am nächsten Morgen fühlten sich meine Beine wieder normal an, und ich zog mit meinem Gewehr los. Waffe und Munition wogen dreieinhalb Kilo, was schwer war, verglichen mit der übrigen Ausrüstung, daher versuchte ich, so oft wie möglich auf die Jagd zu gehen, damit sich die Schlepperei auch lohnte.

Eines der am häufigsten in Northland vorkommenden Wildtiere ist das Truthuhn. Eigentlich aus Nordamerika stammend, gelten diese grasfressenden Vögel in Neuseeland als sich rasant vermehrende Schädlinge, die für die Jäger zum Abschuss freigegeben sind. Ich hatte noch nie zuvor wilde Truthühner gesehen, und es dauerte eine Weile, bis ich ihr Verhalten verstand.

Als ich das unverkennbare Kollern hörte, ging ich schnell in die Hocke. Die großen Vögel sahen ziemlich seltsam aus mit ihren Kehllappen und den kleinen roten Köpfen. Ihr Gefieder war überwiegend schwarz mit vereinzelten weißen und grauen Sprenkeln. Ich kroch auf sie zu, doch ein Verband von fünfzehn Truthühnern hat viele wachsame Augen, und als eines der Tiere mich entdeckte, flüchteten sie alle – ein Truthuhn nach dem anderen rannte über einen grasbewachsenen Hügel und verschwand im dichten, niedrigen Strauchwerk. Ich richtete mich auf und schlenderte in die entgegengesetzte Richtung, als hätte ich keinerlei Interesse an ihnen. Aus dem Augenwinkel stellte ich fest, dass sie sich anscheinend in Sicherheit wiegten und auf die freie Grasfläche zurückkehrten. Vorsichtig pirschte ich mich erneut an und versteckte mich hinter einem Baum, der mitten auf der Lichtung stand.

Und dann drückte ich ab.

Der plötzliche Lärm schreckte die Truthühner auf. Sie kollerten nervös und flatterten auf. Als sie bemerkten, dass eines von ihnen zu Boden gestürzt war, kamen sie herbei und beugten sich über den leblosen Körper, um zu sehen, was passiert war. Als ich mich ihnen näherte, zerstreuten sie sich – wenngleich nur widerwillig.

Zögernd fasste ich den toten Vogel am Bein. Ich hatte mich so daran gewöhnt, dass die von mir erlegten Tiere ein Fell hatten, dass mir der schuppige Fuß eines Truthuhns fast ein bisschen unheimlich war. Die Haut fühlte sich an wie die eines Krokodils, das Bein sah aus wie ein riesiges Hühnerbein.

Zurück im Camp, baute ich aus unseren Trekkingstöcken, einem Stück Schnur und einem Haken ein Dreibein, sodass ich den Topf übers Feuer hängen konnte, anstatt ihn direkt in die Flammen zu stellen. Peter kochte das Fleisch mit Kokoscreme-Pulver und Wasserkresse, die er im Fluss entdeckt hatte. Es schmeckte köstlich.

Mittlerweile waren wir seit mehreren Wochen unterwegs. Verletzungen oder Probleme mit unseren Füßen, die nur in Sandalen steckten, hatten wir nicht. Langsam gewöhnten wir uns an das Gewicht unserer Rucksäcke und an die physische Belastung und fingen an, unser Nomadenleben zu genießen.

So zu leben bedeutete, dass alles ungewiss war. Wir wussten nicht, was der nächste Tag bringen würde, genauso wenig, wie wir wussten, wo wir schlafen und ob wir brauchbares Trinkwasser oder Tiere finden würden, die ich jagen konnte. Nicht zu wissen, was vor einem lag, wirkte belebend. Jeden Tag weiterzuziehen erforderte volle Konzentration auf die Gegenwart. Das, was gestern gewesen war, wurde im Nu vollkommen irrelevant; was morgen passieren würde, war unmöglich vorherzusehen – was zählte, war also einzig und allein das Hier und Jetzt. Langsam, aber sicher befreite die lange Wanderung unsere Seelen von den Kategorien »Vergangenheit« und »Zukunft«. Obwohl wir eine körperliche Last mit uns schleppten, fiel eine weitere mentale Last von uns ab: die Zeit. All das rief ein wunderbares Gefühl von Freiheit in uns hervor.

Eines Tages beschlossen wir, eine alternative Route zum Te Araroa Trail einzuschlagen, der über einen steilen Grat führte, und wanderten stattdessen einen Fluss hinauf. Wir mussten das Wasser oft durchqueren und manchmal über große Felsbrocken klettern, um tiefe Flussbecken zu umgehen. Unser Weg führte uns mitten durch einen üppigen Wald voller Vögel. Die Bäume seitlich des Flusses waren allesamt mit kleinen Farnen bewachsen und wuchsen dem Licht entgegen, sodass sie einen malerischen grünen Bogen über dem Wasser bildeten. Das Ufer war zeitweilig steinig und steil und mit einem Teppich aus Moos bedeckt.

Tagelang waren wir keiner Menschenseele begegnet, deshalb waren wir ausgesprochen überrascht, als wir zwei Männer auf Pferden um eine Flussbiegung kommen sahen. Wie wir benutzten sie den Fluss als Straße. Als wir ihre Hunde erblickten, war uns klar, dass die beiden Wildschweinjäger waren. Ich bewunderte sie, weil sie ihre Pferde ohne Sattel ritten. Einer der Männer – von massiger Gestalt, mit einem freundlichen, runden Gesicht – war um die fünfzig, der andere Mann war jünger und ziemlich zurückhaltend, weshalb er den älteren sprechen ließ. Sie trugen Öljacken und lange Hosen mit Gummistiefeln. Um die Taille hatten sie Gürtel mit Jagdmessern gebunden. Die zwei kannten die Gegend sehr gut und teilten uns mit, wo wir Ziegen und Schweine finden konnten.

»Dann wollt ihr also den ganzen langen Weg nach Invercargill zurücklegen?«, fragte der ältere Mann. Er sprach genauso langsam und bedächtig wie Anaru. Als ich nickte, schüttelte er den Kopf. »Ihr seid verrückt!«, stellte er schmunzelnd fest und strich über die lange Mähne seines Pferdes.

Ich grinste. Genau das hatte ich auch gedacht, als wir Jean-Charles an den Mavora Lakes getroffen hatten.

»Ja«, sagte Peter. »Manchmal haben wir selber den Eindruck! Aber das ganze Land zu durchwandern ist eine einzigartige Sache. Wir sehen so viele verschiedene Dinge!«

»Es ist super, dass es den Trail gibt«, fügte ich hinzu. »Wir machen das, einfach weil wir es können.«

Wir verabschiedeten uns von den Jägern, wandten uns vom Fluss ab und bogen in einen Wald voller Kauri-Bäume ein. Kauris zählen zu den beeindruckendsten Bäumen der Welt – sie können bis zu fünfzig Meter hoch werden und haben eine Lebensdauer von über zweitausend Jahren. Diese Bäume waren die höchsten und ältesten, die ich je gesehen hatte. Unter diesen Kauris zu wandern rief in mir dieselbe innere Ehrfurcht hervor, die ich empfand, wenn ich eine alte Kathedrale betrat: Ich spürte, dass ich mich an einem heiligen Ort befand. Die Bäume wuchsen in respektvollem Abstand voneinander, und ich konnte beinahe spüren, wie ihre Wurzeln miteinander verbunden waren, als wären alle Kauris ein einziger Baum.

In Gegenwart dieser Giganten wurde mir wieder einmal bewusst, dass einst der Großteil der Insel mit Bäumen bedeckt gewesen war. Als ich meine Trauer über den Verlust während der Zeit der großen Sägewerke zum Ausdruck brachte, sagte Peter: »Schutzgebiete sind heutzutage ungeheuer wichtig. Der Wald braucht bloß einen einzigen guten Samenbaum, um zurückzukehren. Für uns ist es traurig, weil wir nicht mehr da sein werden, wenn es wieder riesige Wälder gibt, aber in tausend Jahren dürften sie sich regeneriert haben. Die Holzwirtschaft mit einheimischen Bäumen wurde hierzulande eingestellt. Gibt man ihnen genug Zeit, werden die Wälder zurückkehren.«

Wir setzten uns an den Fuß eines großen Kauri-Baums. Er war so riesig, dass sämtliche umstehenden Bäume im Vergleich klein und schütter wirkten. Sein gerader grauer Stamm hatte einen Umfang von über elf Metern. Der unterste Ast befand sich in mindestens fünfzehn Metern Höhe. Auf seinen Ästen und Zweigen wuchsen unzählige kleine Farne, die ihr ganz eigenes Leben in der Krone dieses majestätischen Baums lebten. Es war ein wahrhaft überwältigender Anblick.

Wann immer wir Trinkwasser brauchten, ging ich zum Fluss hinunter, um unsere Flaschen aufzufüllen. Auf einer dieser »Wassertouren« entdeckte ich zu meinem Erstaunen ein Possum in der Nähe des Ufers. Als es mich entdeckte, kletterte es rasch auf eine Nikau-Palme. Ich rannte zurück zu Peter und zerrte hastig meine Sachen aus dem Rucksack, um mein Gewehr herauszuholen.

»Was ist los?«, fragte Peter.

»Da ist ein Possum!«, wisperte ich, dann schaute ich auf. Ich roch Erdnüsse. Peter aß Erdnüsse! Er brach unseren selbst auferlegten Reisekodex und aß sie heimlich. Dabei wollten wir *alles* gerecht teilen. Ich blickte auf die Hand, in der er die Erdnüsse versteckt hielt, und verdrehte die Augen, dann rannte ich lautlos zu dem Possum zurück, das Gewehr in der Hand. Reglos verharrte ich unter der Nikau-Palme. Eine Wolke schob sich vor die Sonne, und für wenige Minuten verschwanden sämtliche Lichtflecken auf dem Waldboden. Ich wartete eine ganze Weile, bis ich endlich ein Stück flauschigen schwarzen Possumschwanz entdeckte. Da ich nun ahnte, wo sich der Rest des Körpers befand, drückte ich ab.

Es war ungewöhnlich, tagsüber auf nachtaktive Tiere zu stoßen, daher schaute ich mir Leber und Nieren ganz genau an, um festzustellen, ob das Possum krank gewesen war, aber alles sah gut aus. Als ich zu Peter zurückkehrte, das gehäutete Tier in der Hand, hätte mich kein glücklicheres Gesicht empfangen können. Jetzt, da wir Fleisch hatten, konnten wir uns ein paar Tage ausruhen.

Als wir uns nach einer passenden Stelle für unser Lager umschauten, entdeckten wir einen Kawakawa-Strauch. Den Blättern dieses Strauchs wird eine medizinische Wirkung zugesprochen, sie ergeben auch einen sehr gesunden, leckeren Tee. Nach einer Weile stießen wir auf einen geeigneten Platz am Fluss, wo wir unser Lager aufschlugen. Unser Lagerfeuer schickte eine kleine Rauchsäule gen Himmel, die sich jedoch zuerst einen Weg durch das Blätterdach bahnen musste. Während Peter das Possum kochte, schaute ich auf den leise rauschenden Fluss. Plötzlich bemerkte ich eine Bewegung, dann entdeckte ich einen kleinen Aal. Peter fütterte ihn mit Possumstückchen, die wir nicht essen würden. Im Wald gab es keinen Abfall. Alles fand seine Verwendung. Alles war Teil der Natur.

Mitten in der Nacht wachten wir auf, weil wir ein Tier ganz in der Nähe unseres Zelts hörten. Es klang, als würde ein kleines Kind den Pfad entlanghüpfen. Ich lauschte angespannt, dann flüsterte Peter: »Ein Kiwi!«

Meine Augen leuchteten auf. Der berühmte Kiwi! Wir lagen still da und freuten uns über die Anwesenheit des großen flugunfähigen Vogels, der nun die Zeltplane berührte. Eine Minute später hörten wir sein faszinierendes Pfeifen. Ganze fünfundzwanzig Mal stieß er einen schrillen, hohen Ton aus. Wir warteten auf eine Antwort von einem zweiten Vogel, seinem Partner oder seiner Partnerin, aber es kam keine. Ein paar Minuten später begann der Kiwi erneut zu rufen, doch der Kauri-Wald blieb unheimlich still.

Nach drei Tagen Rast packten wir unsere Rucksäcke und nahmen unsere Wanderung wieder auf. Auf unserem Weg durch den Wald entdeckten wir in mehreren Bäumen Possumfallen mit Ködern. Obwohl ich all die Gründe für die Schädlingsbekämpfung verstand, vor allem in einem Kiwi-Gebiet wie diesem, war es für mich doch ein großer Schock, als ich ein Possum an einer Pfote aus einer dieser Fallen baumeln sah. Irgendetwas war fürchterlich schiefgegangen. Statt seines Kopfes hatte das Possum seine Pfote in die Falle gesteckt und konnte weder entkommen noch seine Qualen mildern. Es musste mehrere Tage gedauert haben, bis das bedauernswerte Geschöpf verdurstet war. Was für ein grausamer Tod für das hilflose Tier! Mitunter sah ich in der Wildnis Dinge, die ich am liebsten nie gesehen hätte.

Wir wanderten mehrere Tage, bis der Wald an einem Zaun ein abruptes Ende nahm. Plötzlich fanden wir uns auf einer Straße mitten im Farmland wieder. Das grelle Sonnenlicht auf dem weißen Schotter blendete, ohne die Bäume waren wir schutzlos den kräftigen Böen ausgeliefert, ohne Schatten war es brütend heiß.

Große Teile der Nordinsel waren abgeholzt worden, und der Te Araroa Trail führte immer wieder über bewirtschaftetes Acker-

oder Weideland, aber es war leicht, auf der Straße zu wandern, und ich genoss es, zur Abwechslung einmal eine ebene Strecke zurücklegen zu dürfen. Mein Rucksack fühlte sich wieder leicht an, und wir schafften zwanzig bis dreißig Kilometer pro Tag. Oft fanden wir an den Seiten dieser ruhigen Landstraßen Wasserkresse, Wildkräuter, Pfefferminze und Zitronenmelisse, mit denen wir uns Tee zubereiteten. Wilde Obstbäume entdeckten wir ebenfalls. Peter hatte ein gutes Auge für die Früchte und bemerkte die Bäume oft schon aus großer Entfernung. Sobald das der Fall war, beschleunigten wir unsere Schritte, um schneller dorthin zu gelangen. Ich warf meinen Rucksack ins Gras und kletterte unverzüglich auf den Baum, dann stopfte ich mich gierig mit Früchten voll, pflückte welche für Peter und füllte meine Taschen, um unterwegs noch mehr zu essen. Auf diese Weise ernteten wir viele Pfirsiche, Pflaumen, Passionsfrüchte und Feigen. Etwas zu essen – vor allem kostbare Früchte –, ohne es mit sich herumschleppen zu müssen, war der pure Luxus.

Wir wanderten über steile Berge und kleine Hügel, bis wir endlich die Ostküste erreichten. Dieser Teil des Landes war trockener und stärker kultiviert. Die sanft gewellten Hügel boten uns atemberaubende Ausblicke auf den klaren blauen Pazifik und die zahlreichen vorgelagerten Inseln.

An einem besonders heißen Tag ging uns das Wasser aus. Als wir ein Haus entdeckten, ging ich mit meinen leeren Flaschen die lange, gepflasterte Zufahrt hinauf, läutete an der Tür und schaute durchs Fenster. Das Anwesen war luxuriös, die Einrichtung teuer. Alles war so ordentlich, dass es aussah, als habe schon lange Zeit niemand mehr hier gewohnt. Ganz offensichtlich war das hier das Ferienhaus reicher Leute.

Ich schaute auf. Ein rotes Auge beobachtete mich. Eine kleine Kamera verfolgte jede meiner Bewegungen. Ich lächelte freundlich, dann sagte ich: »Wasser!«, und hielt meine Plastikflaschen in die Höhe. Anschließend schlenderte ich ums Haus auf der Suche nach einem Außenhahn. Der großzügig angelegte Blumengarten verströmte einen wundervoll süßen Duft. Ich pflückte eine Handvoll reife Kirschtomaten und wässerte im Gegenzug dafür den kleinen Gemüsegarten, der sich direkt neben dem Wasserhahn befand. Mit aufgefüllten Flaschen und dem Mund voller Tomaten ging ich an mehreren Überwachungskameras vorbei und formte mit den Lippen die Worte »Vielen Dank!«.

Wären die Leute, denen das Anwesen gehörte, zu Hause gewesen, hätten wir bestimmt zusammen eine Tasse Tee unter dem Sonnenschirm getrunken.

Während ich zu Peter zurückkehrte, dachte ich an die armen, abgelegenen Gemeinden, an denen wir zuvor vorbeigekommen waren. Dort lebten die Leute ganz anders als die Bewohner dieses Hauses, doch sie hatten uns zu sich eingeladen und mit uns ihren Tee, ihre Geschichten und ihre Musik geteilt. Wohin wir auch gingen – immer schienen wir auf freundliche Menschen zu treffen.

Mit den Jahren hatten wir gelernt, selbst kaum erkennbare Rotwild- oder Ziegenpfade auszumachen, und so war es relativ einfach, einem ausgewiesenen Pfad anhand von Karten zu folgen. Wir hatten so lange draußen gelebt, dass wir keine Campingplätze oder Unterkünfte brauchten. Ab und zu boten uns nette Menschen ein Bett in ihrem Haus an, aber am heimischsten fühlten wir uns im Wald. Wir brauchten nichts anderes als Bäume zu unserem Schutz und für Feuerholz, außerdem Trinkwasser.

Intuitiv fand Peter stets die schönsten Flecken. Sobald wir eine gute Stelle entdeckt hatten, ebnete ich den Boden und stellte das Zelt auf. Peter machte sich unterdessen auf die Suche nach Feuerholz, dann kochte er das Abendessen, während ich unsere Sachen auspackte. Wenn wir gegessen hatten, waren wir beide erschöpft. Manchmal waren wir so kaputt, dass es schwierig war, freundlich zu bleiben, und manchmal musste ich mir allergrößte Mühe geben, um nicht die Zuversicht zu verlieren. Bei solchen Gelegenheiten dachte ich stets an meinen Vater, der einst zu mir gesagt hatte: »Es ist leicht zu lächeln, wenn das Leben leicht ist, doch in schwierigen Zeiten zeigt man seinen wahren Charakter.«

Wir folgten der azurblauen Küste und kamen an atemberaubenden Buchten und Stränden vorbei, von denen manche nur zu Fuß erreichbar waren. Bei Ebbe war es einfach, über den feinen Sand zu wandern. Wir bereiteten unser Essen mit Meerwasser zu, und am Ende des Tages entdeckten wir mühelos passende Stellen für unser Zelt. Wir stießen auf wunderschöne geheime Höhlen und Lagunen und kampierten unter den ausladenden Ästen großer Pohutukawa-Bäume.

Zum Glück hatten wir gutes Wetter. Seit wir zu unserer Dreitausend-Kilometer-Wanderung aufgebrochen waren, hatte es keinen einzigen Tropfen geregnet. Die Reise verlief ohne Komplikationen – bis wir auf das Schild stießen. Stumm starrten wir auf die riesige Hinweistafel, auf der in Großbuchstaben AUCKLAND CITY stand. Obwohl wir noch über hundert Kilometer von den Außenbezirken der Stadt entfernt waren, befanden wir uns anscheinend bereits im Zuständigkeitsbereich der bevölkerungsreichsten Stadt Neuseelands. Neben zehn weiteren Restriktionen lasen wir, dass es strengstens untersagt war, auf öffentlichem Land zu zelten oder offenes Feuer zu entfachen.

Wir standen inmitten der öden, windgepeitschten Dünen und schauten uns um. Jetzt brauchten wir die Bäume nicht nur zum Schutz vor den kräftigen Böen, sondern auch, um unser orangefarbenes Zelt zu verstecken. Als wir in der Ferne einen Kiefernstand entdeckten, wanderten wir voller Optimismus darauf zu. Etwa hundert Meter bevor wir die Bäume erreichten, stieg uns plötzlich ein entsetzlicher Gestank in die Nase.

Ein Stück weiter stießen wir auf einen hohen Zaun. Weitere Schilder informierten uns darüber, dass es illegal war, die vor uns liegende Mülldeponie unbefugt zu betreten. Für uns gab es keinen Grund, über das Tor zu klettern, aber wir folgten dem Zaun weiter in Richtung Bäume, kämpften uns durch Brennnesseln, Ranken und dornige Sträucher, um einen sicheren Hafen zwischen den Kiefern zu finden. Die Bäume waren voller Plastiktüten, die im Wind flatterten.

Während wir unser Abendessen auf unserem Notfallgaskocher

zubereiteten, wehte ein warmer Wind von Westen immer wieder faulige Wolken von dem Müllberg zu uns herüber. Früher wäre es mir äußerst unangenehm gewesen, in einem solchen Gestank einzuschlafen. Ich hätte es für weit unter meiner Würde befunden, Dinge zu tun, die meines Erachtens Bettlern vorbehalten waren. Jetzt, so teilte ich Peter lachend mit, hatte sich meine Einstellung komplett verändert. Wir waren inzwischen seit fast zwei Monaten unterwegs, und wir fingen an, uns ausgesprochen fit zu fühlen. Diese körperliche Stärke wirkte sich auch auf unseren Geist aus.

»Es ist gut, überall schlafen zu können«, sagte Peter. »Das verleiht mir die Zuversicht, mit jeder Situation klarzukommen.«

Ich spürte die innere Stärke, die nicht daher rührte, dass ich in der Gesellschaft irgendeinen angestrebten Status erreicht hatte, sondern daher, dass für mich keinerlei Standards mehr galten, was »gut genug« war und was nicht. Tatsächlich war alles gut genug – sogar eine Müllhalde. Wenn ich mich in die Situation der Menschen versetzte, die ganz unten waren, und nichts forderte, konnte ich glücklich sein mit dem, was mir zufiel.

Wir setzten unseren Weg entlang der Ostküste fort und stießen auf so viele Verbotsschilder, dass wir einfach in den Bus stiegen und durch Auckland hindurchfuhren. Südlich der Stadt nahmen wir unsere Route wieder auf und wanderten durch üppiges Weideland mit riesigen Milchbetrieben. Eines Abends schlugen wir unser kleines Zelt zwischen grünen Weiden und hohen Pappeln am Ufer eines breiten, träge dahinfließenden Flusses auf. In den Bäumen saßen mehrere Amseln, zwei Stare sangen ihre melodiösen Abendlieder. Der Himmel war reich geschmückt mit Mustern aus Wattewolken, und als die Sonne unterging, erstrahlten die Federwolken in einem kräftigen Indigo. Auf einer Weide in der Nähe grasten schwarz-weiße Ostfriesische Kühe, und ich hatte das Gefühl, ich wäre wieder daheim in den Niederlanden. In der Ferne erblickten wir einen Bauernhof, von der Straße drangen die Geräusche vorbeifahrender Autos zu uns herüber. Abgesehen von den Vulkanen, sah dieser Teil von Neuseeland beinahe genauso aus wie die Gegend, in der ich aufgewachsen war. Ich fühlte mich sehr wohl in unserem kleinen Versteck zwischen den grünen Bäumen.

Der Trail führte uns direkt weiter durch Hamilton und über einen hohen, erloschenen Vulkan: den Mount Pirongia. Von seinem Gipfel aus bot sich uns eine fantastische Aussicht über das grüne Land, das über und über mit kleineren und größeren Bergkegeln gespickt war.

Eines Tages verließen wir den Te Araroa und unternahmen einen kleinen Abstecher. Peter führte uns in einen kaum bekannten, wilden Teil der Nordinsel. Mehrere Tage wanderten wir durch die mit alten endemischen Tawa-Bäumen bewachsenen Hügel Richtung Westen. Obwohl wir einem Pfad folgten, hatten wir das Gefühl, dass vor uns kaum jemand hier gewesen war. Der Wald wirkte ausgesprochen geheimnisvoll und verlassen. In einer Schlucht stießen wir auf eine kleine Höhle in einer hohen weißen Felswand. Die Kalksteinwände waren gerifflet vom Regenwasser und standen an manchen Stellen hervor. In den Spalten wuchsen kleine weiße Blumen. Wir rasteten mehrere Tage an diesem zauberhaften Ort und tranken das Wasser aus dem klaren Fluss, der am Grund der Schlucht floss. In den frühen Morgen- und Abendstunden füllten die Gesänge zahlreicher Glockenvögel die Stille. Die Schönheit dieses Landes verblüffte mich immer wieder, vor allem jetzt, in der Wärme des Spätsommers.

Eines Nachmittags – wir betrachteten gerade die Reflexe, die der im Sonnenlicht schimmernde Fluss an die Decke unserer kleinen Höhle warf – sagte Peter mit liebevoller Stimme zu mir: »Einsamkeit ist manchmal wichtig, aber es ist wirklich wundervoll, diese Schönheit genau wie diese Reise mit jemandem zu teilen.«

Ich schaute ihn mit glänzenden Augen an. »Ja«, erwiderte ich schlicht.

»Ich bin sehr froh, mit dir zusammen zu sein.« Er umarmte mich fest. Peter war niemand, der seine Gefühle oft verbalisierte, deshalb berührten mich seine Worte sehr. Wir hielten einander lange Zeit in den Armen, während der Fluss im Hintergrund leise murmelte. Es stimmte: Liebe, Freundschaft und Zusammenhalt waren ein Geschenk.

Wir hatten im Wald viele Ziegen gesehen. Ihr Anblick versetzte mich jedes Mal in große Freude, denn sie gaben dem Land eine dritte Dimension: die Dimension des Überlebens. Ziegen waren nicht schwer zu jagen, und es schien sie stets im Überfluss zu geben. Würde ich je um mein Überleben kämpfen müssen, so wären meine Chancen im Land der Ziegen am größten.

Ich hatte eine Ziegenfamilie am Waldrand entdeckt und ein kleines Tier erlegt. Wir waren überglücklich, Fleisch zu haben, denn wir hatten Hunger wie die Wölfe. Ausgehungert, wie wir waren, brieten wir sogar das Nierenfett in der Pfanne. Wir verschlangen diese Ziege wie unser Freund Jean-Charles in unserem Camp am North Mavora Lake die drei Teller Possumeintopf.

Die Energie, die wir mit unseren schweren Rucksäcken auf unseren Wanderungen über die Berge verbrannten, war so enorm, dass wir trotz des gehaltvollen Essens, das wir bei uns trugen, und des Fleischs, das ich unterwegs schoss, oftmals hungrig waren. Dabei gingen wir langsam und machten viele Pausen, mitunter tagelang. Trotzdem verbrauchten wir mehr Energie, als wir aufnehmen konnten, und mit den Wochen und Monaten verloren wir an Gewicht. Wir wurden zu echten Langstreckenwanderern.

Während Peter im Wald wartete, trampte ich zur nächstgelegenen Stadt, Te Kuiti, um unsere Lebensmittelvorräte aufzufüllen. Mein Weg führte zu einer ruhigen Straße, die kaum jemand befuhr. Ich wartete ungefähr eine halbe Stunde, bis ein betagter Land Rover in der Ferne erschien und anhielt.

»Was machst du denn hier?« Ein alter Mann lehnte sich aus dem offenen Fenster. Er hatte braune Augen mit einem blauen Rand.

»Trampen«, erwiderte ich munter.

»Aber hier draußen ist doch niemand!«

»Sie schon!« Ich lachte.

»Woher kommst du?« Seine Stimme klang streng, aber seine Augen funkelten fröhlich.

»Aus Holland«, antwortete ich. »Mein Mann und ich durchwandern das Land von Norden nach Süden und –«

»Holland! Hast du schon mal was von den Feuertöpfen gehört, die auch ›Dutch Oven‹ – Hollandofen – genannt werden?«

»Na klar.«

Er schaute zur Seite. »Erzähl mir, wie die Dinger funktionieren.«

Ich lachte herzlich. Nur ein alter Mann nahm sich die Zeit, sich am Straßenrand eine langwierige Erklärung anzuhören, als sei der Tag völlig inhaltsleer, als wäre es sonst nichts zu tun. Ich mochte alte Leute. Sie hatten ein anderes Format als junge Menschen – vielleicht weil sie ohne Technik in einer Welt aufgewachsen waren, in der es noch Freizeit gab.

Als ich ihm erklärt hatte, wie wir in unserem gusseisernen Feuertopf Brot backten, sah er mich mit neuem Respekt an. Er öffnete die Fahrertür, dann schwang er umständlich ein Bein aus dem Wagen, bevor er sich an dem Griff über dem Fenster festhielt und aus seinem Land Rover hievte. »Joe heiße ich«, stellte er sich vor und schüttelte meine Hand. Joe trug ein altmodisches Tweed-Sakko und darunter ein weißes Hemd. Seine graue Hose hatte scharfe Bügelfalten.

Ich wollte gerade meinen Rucksack auf die Rückbank werfen, als er sagte: »Augenblick noch. Immer langsam, junges Fräulein.« Gemächlich schuf er Platz im Kofferraum, der vollgepackt mit altem Zeugs war, und verstaute meinen Rucksack.

Mit fünfzig Stundenkilometern zockelten wir über die stille Landstraße. Ich war froh, dass wir nicht schneller fuhren; ich hatte mich an unser Wandertempo gewöhnt, sodass mir alles, was eine Geschwindigkeit von zehn Kilometern pro Stunde überschritt, zu schnell war.

»Habt ihr Wiesenchampignons gepflückt?«, wollte Joe wissen.

»Ja, jede Menge. Das gibt ein gutes Essen«, antwortete ich.

»Dann wandert ihr also über einen Trail nach Süden, sagst du? Und wo kampiert ihr jetzt?«

»Am Rand des Pureora-Forest-Park. Morgen wollen wir zum Gipfel des Mount Pureora wandern.«

»Seid bloß vorsichtig im Wald. Jedes Jahr werden Menschen von Rotwildjägern erschossen. Ich persönlich würde mich nicht dorthin wagen. Aber wenn es unbedingt sein muss«, er sah in meine Richtung, »dann achtet wenigstens darauf, dass ihr redet. Sprecht miteinander, damit die Jäger euch hören können.«

Ich nickte und schaute aus dem Fenster auf das Acker- und Weideland, an dem wir vorbeifuhren. Vor meinen Füßen lag eine alte Milchpulverdose mit Klemmen, Drahtzange, Zaunspanner und einem Hammer darin.

»Sie haben mit Zäunen zu tun?« Ich deutete auf die Sachen im Fußraum.

»Nicht mehr. Ich hatte eine Schaffarm mit fünfhundert Morgen Land.« Er erzählte mir von seinen Schafen, den Wollpreisen und seinem Leben als Farmer, dann sagte er: »Ich bin auch mal ein bisschen durch die Gegend gewandert, aber ich war nie länger als zwei Wochen weg. Wie ist es, eine so lange Strecke zurückzulegen?«

»Wir haben viele Ruhetage eingelegt, doch inzwischen sind wir seit über drei Monaten unterwegs. Es ist ein Abenteuer«, sagte ich. »Es gibt Momente der Qual und Erschöpfung, Momente von unglaublicher Schönheit und voller Erstaunen, Momente der Angst und Anspannung, aber es ist nie langweilig.«

Er wartete geduldig darauf, dass ich fortfuhr.

»Ich habe erfahren, was Durchhaltevermögen bedeutet. Mit einem schweren Rucksack einen Berg zu erklimmen ist nie leicht. Wir müssen mit körperlichem Schmerz, Schweiß, Schmutz, Hunger und Durst klarkommen. Wenn wir kein Wasser finden, müssen wir so lange weiterlaufen, bis es welches gibt, oder ohne einschlafen. Wenn meine Kleidung stinkt, muss ich warten, bis ich einen sauberen Bach entdecke und die Sonne scheint, bevor ich sie waschen kann. Wenn meine Jagd erfolglos bleibt, haben wir so lange Hunger, bis ich ein Tier schieße. Wenn niemand die Straße entlangkommt, an der ich stehe und den Daumen herausstrecke, muss ich ebenfalls warten.«

Joe lachte. »Es ist toll, Abenteuer zu erleben, wenn man jung und noch gesund und kräftig ist.«

Ich lächelte nur.

Wir brauchten über eine Stunde, bis wir die Stadt erreichten, und in jener Zeit erfuhr ich alles über Joes Farm und seine Familie, seine Hoffnungen und Ängste. Während dieser kurzen Zeitspanne waren wir die besten Freunde, und ich erkannte, dass Freundschaft eine kostbare Fügung ist.

Am folgenden Morgen wanderten Peter und ich in den Wald hinein. Während der vergangenen Woche war es sommerlich warm gewesen, doch heute hatte ich den Eindruck, wir wären in den Winter gewandert. Ich war froh, dass ich im Laden der Heilsarmee in Te Kuiti ein paar zusätzliche Merinopullis gekauft hatte. Die feuchte Luft war so kalt, dass uns selbst all unsere Wollsachen kaum warm halten konnten. Sobald wir stehen blieben, um uns ein paar Erdnüsse in Butterschmalz über dem Feuer zu rösten, fingen wir wieder an zu bibbern.

Wir befolgten Joes Ratschlag und unterhielten uns, damit wir uns keine Kugel einfingen. Es war seltsam, wie schwer es uns fiel, uns etwas einfallen zu lassen, worüber wir sprechen konnten, zumal angeblich unser Leben davon abhing.

»So fühlen sich die Tiere vermutlich die ganze Zeit über«, sagte Peter, während er nervös Ausschau nach Jägern hielt.

Ich sang Lieder und erzählte mit lauter Stimme die langweiligsten Anekdoten, doch nach zwei Tagen kam uns partout nichts Neues mehr in den Sinn, und wir verstummten.

Schweigend gingen wir durch den stillen Wald mit seinen alten Bäumen. Riesige Steineiben wie die um uns herum hatten einst große Teile der Insel bedeckt. In den 1940er-Jahren wurde der Pureora Forest als eines der letzten ursprünglichen Waldgebiete zur Abholzung freigegeben, doch angesichts der Proteste in den späten Siebzigern setzte die Regierung dem Ganzen ein Ende und erklärte Pureora zum Schutzgebiet. Wir sahen nicht viele Vögel, und es gab auch keine Flüsse oder plätschernden Bäche. Im Wald war es totenstill. Nebel hing in den Baumgipfeln und schottete uns von der Außenwelt ab. Zwischen den alten Bäumen wuchsen kleine himmelblaue Pilze – und zwar Tausende. Ihre vollkommene Form und die außergewöhnliche Farbe verwandelten den Wald in einen magischen Ort.

Bald darauf trieb der erste Schnee des Jahres durch die reglosen Zweige und bedeckte nach und nach den Waldboden. Wir stapften durch den weißen Wald und fühlten uns unsichtbar, bis wir an eine Lücke zwischen den Bäumen gelangten, durch die sich uns eine atemberaubende Aussicht auf den gewaltigen Kratersee auf dem Taupo bot. Es war ein überwältigender Anblick.

»Im Augenblick wandern wir am Rand eines Supervulkans entlang«, sagte Peter und zog eine Wasserflasche aus meinem Rucksack. »All diese Bergketten sind aus der Asche entstanden, die der Taupo-Vulkan vor rund tausendachthundert Jahren ausgestoßen hat.«

»Wow!«, rief ich aus. »Könnte er jetzt ausbrechen?«

»Jederzeit. Wenn das passiert, wird die Hälfte der Insel niederbrennen oder mit Asche bedeckt sein. Es ist gut, das im Hinterkopf zu behalten. Ganz gleich, was wir tun, um die Zivilisation zu sichern – dieser Vulkan hier hat das letzte Wort.« Er trank ein paar Schlucke Wasser, dann reichte er mir die Flasche.

Ich betrachtete den stillen See. Es war schwer, sich eine solche Gewalt vorzustellen.

»Es ist so, als würden wir in die Vergangenheit zurückblicken«, fuhr Peter fort. »Es hat den Anschein, als sei der Vulkan tot, dabei befindet sich eine unbeschreibliche Energie direkt unter der Oberfläche. Es ist, als säße dort unten ein lebendiges Tier, das nur darauf wartet, aus dem Krater herauszuspringen.« Er stützte sich auf seine Trekkingstöcke. »Alles auf der Erde unterliegt einer Dynamik«, sagte er. »Die Welt ist wie ein lebender Organismus.«

Am vierten Tag hörten wir einen röhrenden Hirsch. Uns war klar, dass auch die Jäger ihn hörten, deshalb fingen wir sofort an, uns lautstark miteinander zu unterhalten. Kurz darauf liefen wir einem nicht zu übersehenden Jagdhund über den Weg. Er trug eine leuchtend orangefarbene Jacke, damit er nicht versehentlich von einer Kugel getroffen wurde. Etwas später tauchte auch sein Besitzer auf, ebenfalls in Knallorange. Anscheinend fürchtete hier jeder – sowohl Mensch als auch Tier –, erschossen zu werden.

Als wir vom Mount Pureora abgestiegen waren und den Wald verlassen hatten, entspannten wir uns wieder. Während wir unseren Weg durch sanft gewelltes Farmland fortsetzten, sprachen wir über die vor uns liegende Strecke, die in einem Kanu den Whanganui River hinabführte. Ich hatte mich schon seit Langem darauf gefreut. Peter erzählte mir begeistert von einer Rafting-Tour, die er vor fünfzehn Jahren mit seinen Studenten auf dem Whanganui unternommen hatte.

Anfangs, so berichtete er, floss der Whanganui, gesäumt von Bäumen, durch eine grasbewachsene Hügellandschaft, dann wichen die landwirtschaftlichen Nutzflächen dem Nationalpark. Wir würden mitten durch einen überwältigenden Regenwald paddeln, in dem es unzählige Baumfarne und wilde Ziegen gab. Nach und nach würde das Flussufer steiler werden und unser Kanu gemächlich durch eine gigantische Schlucht mit moosbewachsenen Wänden treiben. Nach der Schlucht glitte unser Kanu so lautlos über das Wasser, dass uns nicht einmal das Rotwild und die Wildschweine am Ufer bemerken würden. Am Ende der Strecke fänden wir uns inmitten prächtiger, in herbstlichen Farben geschmückter Pappeln, Ahorn- und Amberbäume wieder. Abends würden wir unser Zelt in der Nähe des Wassers aufstellen. Wir würden nichts auf dem Rücken tragen müssen, da alles im Kanu verstaut wäre, weshalb wir jede Menge gesunde Lebensmittel wie Eier, Kartoffeln, Gemüse und sogar Äpfel und Bananen mitnehmen könnten. Dank des Kanus, so fügte Peter hinzu, wären die Qualen des kräftezehrenden Fußmarsches schnell vergessen. Die Fahrt flussabwärts würde uns ein kleines Vermögen kosten, aber, hey – das war eine Gelegenheit, wie man sie nur einmal im Leben bekam. Eine Art Urlaub, scherzte Peter. Bei jeder seiner lebhaften Schilderungen wurde ich aufgeregter und konnte es kaum erwarten, endlich ins Kanu zu steigen.

Als wir in der Stadt Taumarunui ankamen, taten wir uns schwer, einen Veranstalter zu finden, der bereit war, uns ein Kanu zu leihen; die meisten lehnten ab, weil das Wasser um diese Jahreszeit zu kalt war. Wir mussten uns ganz schön umhören, bis wir endlich jemanden auftrieben, der einwilligte, uns für zehn Tage ein Kanu zu vermieten.

Am frühen Morgen des nächsten Tages traf der Mann mit unserem Kanu auf einem Anhänger ein. Es erstaunte mich, wie schnell er seine Einführung herunterleierte, weshalb ich davon ausging, dass das Kanufahren nicht sonderlich schwer war. Der Kanadier war mit blauen Plastikbehältern ausgestattet, in denen wir unsere Ausrüstung und Lebensmittel verstauen konnten. Wir ließen das Kanu zu Wasser, dann stiegen wir ein. Ich nahm vorne Platz, Peter hinten.

»Gute Reise!« Lächelnd stieß der Mann uns ab. Sofort glitten wir flussabwärts.

»Vielen Dank!«, rief ich und reckte das Paddel in die Luft, um meiner Freude und Begeisterung Ausdruck zu verleihen. Der große Fluss war ausgesprochen friedlich, und es war ein wundervolles Gefühl, einfach so dahinzutreiben.

»Ist das nicht herrlich?« Ich drehte mich um und sah Peters glückliches Lächeln.

Nun konnten wir endlich unsere müden Beine ausruhen. Es ging ein kalter Wind, aber in meinen drei Schichten aus Wolle war mir angenehm warm.

Wir glitten unter tief hängenden Weidenzweigen hindurch, die beinahe das glitzernde Wasser berührten. Die Sonne warf gekräuselte Schatten auf die Flussoberfläche. Ich schaute über den Rand des Kanus in den Fluss und sah, wie sich die Spitzen der Unterwasserpflanzen in der Strömung wiegten.

»Schau nach vorn«, sagte Peter.

Ich hob den Blick. Die vor uns liegende Flussbiegung sah plötzlich ziemlich rau aus. Mehrere große Steine hatten den ruhigen Fluss in ein lärmendes, wildes Monster verwandelt.

»Welche Route sollen wir nehmen?«, schrie Peter über das Tosen der rasch näher kommenden Stromschnelle hinweg.

Zögernd stand ich auf, um mir einen besseren Überblick zu verschaffen, doch als ich beinahe die Balance verlor, setzte ich mich schnell wieder hin. »Wir halten uns links, dann paddeln wir bei dem Felsen nach rechts!«, schrie ich zurück.

Im selben Moment, in dem wir in die donnernde Stromschnelle gerieten, verloren wir die Kontrolle über das Kanu. Der Kanadier neigte sich gefährlich zu einer Seite, während wir mit Hochgeschwindigkeit auf den Felsen zutrieben. Ich fing panisch an, rechts zu paddeln, um in der Hauptströmung zu bleiben, während Peter an meinem ursprünglichen Vorschlag festhielt, weshalb wir mit voller Wucht auf den Felsen trafen. Ich stieß einen entsetzten Schrei aus, da wir um ein Haar im kalten Wasser gelandet wären. Eine irritierende Sekunde lang hingen wir auf der Spitze des Felsens fest, dann wirbelte das Ende des Kanus herum. Die Strömung hatte uns losgerissen, doch nun trieben wir verkehrt herum flussabwärts.

Ich paddelte nach vorn, Peter nach hinten, weshalb wir uns logischerweise nirgendwohin bewegten. Endlich gerieten wir in flaches Kehrwasser. Als ich aus dem Kanu sprang, um es ans Ufer zu ziehen, stellte ich fest, wie kalt der Fluss war.

Ich hatte Peter noch nie so wütend gesehen.

Er machte mir mit deutlichen Worten klar, dass ich mich an den Plan zu halten und mit ihm zu kooperieren hatte. Ich starrte stumpf ans Ufer, während er sich immer mehr aufregte. »Ich friere jetzt schon«, schimpfte er. »Wenn wir in den Fluss fallen, riskieren wir, dass wir unterkühlen! Wenn wir umkippen und das Boot verlieren, haben wir nicht mal trockene Klamotten, weil die noch in den Plastikbehältern verstaut sind!«

Das war ein sehr schlechter Anfang.

Und das war nur die erste Stromschnelle. Unser kleines Handbuch zeigte uns, dass genau zweihundertzwei weitere auf uns zukamen.

Ich gelobte feierlich, mich an den Plan zu halten und Anweisungen von nun an zu befolgen.

Leider wurde es noch schlimmer. Ein eisiger Wind aus Südwest wehte flussaufwärts und zwang uns, kräftig zu paddeln, um weiter flussabwärts zu gelangen. Jedes Mal wenn ich das Paddel eintauchte, lief mir kaltes Wasser in die Ärmel. Von meinem Platz aus konnte ich nur einen halben Meter des Kanus sehen, und es war schwer – vor allem für mich –, die genaue Position vom Rest des Bootes zu bestimmten.

Oft, wenn ich dachte, wir würden endlich in die gewünschte Richtung fahren, schwang das Ende des Kanus herum und bewegte sich genau in die entgegengesetzte Richtung. Wenn ich mir sicher war, dass ich links paddeln sollte, fing Peter an, rechts zu paddeln. In Kombination mit der starken Strömung hatten wir viele Beinahe-Unfälle.

Mit jeder Stromschnelle wurde ich nervöser, und meine Furcht half mir nicht im Mindesten, durch die Stromschnellen zu navigieren. Aus mir nicht ersichtlichen Gründen tat ich jedes Mal genau das Gegenteil von dem, was ich hätte tun sollen.

»Tausende Menschen machen das jedes Jahr! Ganze Schulklassen! Wie ist es möglich, dass dir das nicht gelingt?« In Peters Ton schwangen Frust, Verzweiflung und die Sorge mit, ins eiskalte Wasser zu fallen.

Mit jedem Tag fühlte ich mich elender und erbärmlicher, bis ich mir schließlich wünschte, ich hätte nie einen Fuß in dieses Kanu gesetzt. Mit tränenverschleiertem Blick starrte ich sehnsüchtig auf das vorbeiziehende Ufer. *Hätte ich doch nur wieder festen Boden unter den Füßen*, dachte ich.

Mehrere Male wurde das Boot um ein Haar von heimtückischen Weidenruten zum Kentern gebracht, die gefährlich weit in die Stromschnellen ragten. Oft wurden wir von der wilden Strömung gegen unter dem Wasser liegende Baumstämme gedrückt, und nach jeder Stromschnelle gerieten wir in Kehrwasser, das uns umzukippen drohte. Nur sehr wenige Stromschnellen bewältigten wir ohne nervöse Auseinandersetzungen. Wir waren an die Grenzen unserer Kooperationsfähigkeit gestoßen. Ich empfand keinerlei Freude mehr. Diese Kanutour hatte sich als eine Kette von schrecklichen, belastenden und gefährlichen Zwischenfällen entpuppt. Als der Fluss nach zehn langen Tagen endlich ins Meer mündete, krabbelte ich auf Händen und Füßen aus dem Boot und an Land.

»Oh, bin ich froh, endlich da raus zu sein!« Beinahe hätte ich vor Erleichterung geweint.

»Was? Warum?«, fragte Peter überrascht. »Es ist uns doch nichts Schlimmes passiert!«

Ich lernte nicht, wie man ein Kanu durch Stromschnellen lenkt, aber ich lernte etwas über Zorn, der meine Denkweise für immer veränderte. Ich hatte Peters Zorn gesehen und meine eigene Reaktion darauf erlebt, und es hatte mir klargemacht, dass dieses rohe Gefühl oftmals das Resultat von Angst war. Der Angst, etwas zu verlieren, was man für kostbar hielt – unseren Status, unsere Würde, Respekt oder, im elementareren Sinne, unser Leben.

Das Wetter wurde nach unserer Fahrt auf dem Whanganui River nicht besser. Der Herbst war ins Land gezogen, und die Tage wurden merklich kürzer. Morgens mussten wir uns beeilen, das Lager abzubrechen, denn bis wir gefrühstückt hatten, war der Tag fast vorbei. Der Wald war nass, und es wurde immer schwieriger, trockenes Feuerholz zu finden; die Nächte im Zelt wurden schon recht kalt.

Die höchsten Berge der Nordinsel warteten noch auf uns: die berühmt-berüchtigten Tararua Ranges. Dieser Gebirgszug war von allen Seiten her dem schlechten Wetter ausgesetzt. Man hatte uns erzählt, dass es selbst im Hochsommer auf den Gipfeln regnete und schneite, und ich wurde zunehmend nervös, weil es bereits Mitte Mai war. Der Winter stand bevor.

Anstatt den Höhenweg zu nehmen, folgten wir einem Fluss in die hohen, bewaldeten Berge. Hier gab es keinen festen Wanderweg, aber Peter hatte auf seiner Karte eine Hütte in der Nähe der Flussquelle entdeckt. Zunächst wateten wir durch flaches Wasser, was leicht war und Spaß machte, doch dann wurden aus den kleinen Kieseln nach und nach schlüpfrige Steine. Schließlich waren wir gezwungen, über große Felsbrocken zu klettern, die auf beiden

Seiten von steilen Felswänden eingezwängt waren. Kurz vor Anbruch der Dunkelheit kamen wir an der Hütte an.

Am nächsten Morgen fing es an zu regnen, weshalb wir beschlossen, uns einen Tag auszuruhen. Je mehr es schüttete, desto besorgter wurde ich. Der Fluss stieg schnell an, der Rückweg war bereits versperrt, sodass wir gezwungen waren, über die Gipfel zu wandern. Vor uns lag eine Kuppe von 1300 Metern, und ich stellte mir vor, wie wir uns in dichtem Nebel wiederfanden, in Unwetter gerieten und vom Weg abkamen, uns verliefen, in eine unpassierbare Rinne im Berg taumelten und starben.

Wir saßen vor dem Holzofen in der Hütte, jeder von uns mit seinen Aufgaben beschäftigt: Ich ging beunruhigt unsere Lebensmittelvorräte durch, während Peter schweigend die Karten studierte.

Als es aufhörte zu regnen, brachen wir auf. Zwei Tage quälten wir uns durch den Wald bergauf. Alle hundert Meter wurde die Luft kälter, dann fing es an zu nieseln. Tiefer Nebel hing zwischen den alten Scheinbuchen, was den Bäumen ein mystisches Aussehen verlieh. Diese Bäume wuchsen hier seit Jahrhunderten, dennoch waren sie kaum zwei Meter hoch. Die Flechten an ihren Stämmen und Ästen schienen in Dutzenden Grüntönen zu leuchten. Weiches Moos bedeckte alles, ganz gleich, ob es lebte oder bereits abgestorben war. Der tropfende Wald war erstaunlich still, und unsere Stimmen hallten seltsam unheimlich durch die unbewegte Bergluft.

Wir folgten dem Bergrücken auf einem Pfad, der abwechselnd hoch und wieder runter führte, dann legten wir eine kurze Pause ein, um ein paar Sultaninen zu essen. Ich musste den Ziplock-Beutel mit den Zähnen öffnen, weil mir meine eiskalten Finger nicht gehorchen wollten. Nach dem ersten Mundvoll bibberten wir beide so heftig, dass wir eilig weitergingen. Unsere Rucksäcke saugten sich mehr und mehr mit Wasser voll und wurden immer schwerer.

Gerade als es zu schütten begann, erreichten wir eine kleine orangefarbene Blechhütte. Darin gab es nur ein Stockbett und eine schmale, an der Wand befestigte Bank, aber ich war ausgesprochen dankbar, einen Unterschlupf gefunden zu haben. Ich zog meine nassen Shorts aus und tauschte sie gegen Woll-Leggins ein, über die ich zusätzlich eine lange Hose zog – warme Schichten, die in dem speziellen Trockensack in meinem Rucksack von der Feuchtigkeit verschont geblieben waren. Anschließend packte ich unseren Notfall-Gaskocher aus und machte uns einen Tee, während Peter etwas zu essen zubereitete.

Mit meinen drei Wollpullis passte ich kaum in meinen Schlafsack im oberen Stockbett. Wenn ich auf dem Rücken lag, war meine Nase keine zehn Zentimeter von der Decke entfernt. Trotz all meiner Klamotten war mir immer noch kalt. Irgendwer hatte einen alten Wollhandschuh in der Hütte vergessen. Er sah aus und roch, als hätte er seit mindestens dreißig Jahren dort gelegen, aber er hielt meine linke Hand warm.

Am Morgen prasselten noch immer dicke Tropfen aufs Blechdach. Wir zwängten uns in die feuchten Klamotten vom Vortag und traten hinaus in den Regen. Die ersten zehn Minuten waren fürchterlich, doch dann gewöhnte ich mich an die klatschnasse Kleidung, die ich trug.

Zunächst mussten wir einem rutschigen Weg durch den Wald bergab folgen. Ich hielt mich an den Bäumen fest, um nicht im Matsch auszurutschen. Es war ein mühseliges, gefährliches Unterfangen, und ich wusste, dass ein einziger Moment der Unachtsamkeit zu einem Sturz führen konnte. Nach einer Weile nahm ich ein lautes Tosen in der Ferne wahr. Wir waren hoch oben in den Bergen, doch wir konnten deutlich die über die Ufer getretenen Flüsse in den Tälern tief unter uns hören.

Nach einer ganzen Weile führte der Pfad wieder bergauf und aus dem Wald heraus. Wir fanden uns auf einem nackten Grat wieder. Ich stellte fest, dass ich im nassen, nebligen Wald jegliche Orientierung verloren hatte, weshalb ich einfach nur Peter gefolgt war. Er hatte die Karte so eingehend studiert, dass er die Strecke auswendig kannte. Auch jetzt war es so neblig, dass ich nur seine schlanken, gebräunten Beine vor mir sah. Seine Sandalen hinterließen deutliche Abdrücke im gelbbraunen Boden. Unsere ganze Welt war umhüllt von einer dicken Nebeldecke. Die Zivilisation und andere Menschen schienen meilenweit entfernt.

Mir fiel auf, dass Peter stolperte, als er über die Felsen kletterte. Ich konnte sehen, dass er müde war. Besorgt überlegte ich, was ich ihm noch an Gepäck abnehmen konnte.

»Ich hab überhaupt keine Kraft mehr«, sagte er, als ich kurz vor dem nächsten Gipfel zu ihm aufschloss. Ich löste das Zwei-Kilo-Zelt von seinem Rucksack, stellte meinen eigenen auf das klitschnasse Tussockgras und befestigte es oben auf meinem Gepäck.

»Du trägst doch schon viel zu viel Gewicht, Liebes«, protestierte er erschöpft, dann zog er die Karte aus seiner Tasche. Wir hatten sie so oft auseinander- und wieder zusammengefaltet, dass sich mittlerweile ein großes weißes Kreuz darauf abzeichnete, das einige der Details unkenntlich machte. Seine langen Haare hingen traurig hinab. Große Tropfen fielen auf das dünne Papier. Nach einer ganzen Weile drehte er sich langsam um und wanderte weiter Richtung Gipfel.

Wir waren heilfroh, als wir endlich die von Peter anvisierte Hütte entdeckten, die ein ganzes Stück oberhalb der Strauchgrenze stand. Bei klarem Himmel hätten wir einen fantastischen Ausblick gehabt, doch wir befanden uns in einer Welt aus Nebel und Wolken.

In der Hütte gab es einen Holzofen, aber kein Holz. Ein großer Stapel Pappkartons lagerte auf einem Regal unter der Decke. Vermutlich hatten sich Leute mit Hubschraubern herfliegen lassen und ihre Ausrüstung in den Kartons mitgebracht.

»Dann machen wir eben mit den Pappkartons Feuer.« Peter lächelte.

Ich war überrascht, wie lange die Pappe brannte. Während wir in unseren Schlafsäcken Schach spielten, trocknete das Feuer unsere Ausrüstung.

»Wir müssen das gute Wetter ausnutzen«, verkündete Peter am nächsten Morgen.

»Das gute Wetter?« Ich sah nichts als einen dichten Regenvorhang vor dem Fenster.

»Der Wind weht von Norden«, sagte er und warf einen Blick auf seinen Kompass. »Dafür, dass wir uns auf rund tausenddreihundert Meter Höhe befinden, ist es warm. Wenn der Wind dreht und von Osten oder Süden kommt, gefrieren wir auf dem Berggrat zu Eis.«

Ich dachte an die Geschichten, die ich über den Mount Everest gehört hatte, wo Bergsteiger an den starren Leichen Erfrorener vorbeigekommen waren, und fing an zu packen.

Kurz darauf traten wir aus der Hütte hinaus in den strömenden Regen. Fünfzehn Minuten später kletterten wir den Berggrat entlang.

Heftige Böen von vorn drückten uns nach hinten und hätten uns beinahe durch die Luft gewirbelt. Regentropfen peitschten mir wie kleine Steine ins Gesicht und gegen meine nackten Beine. Das hier war kein Ort für Menschen. »Lass uns umkehren!«, schrie ich in Panik.

»Wir müssen weiter!« Peters Worte wurden vom heulenden Wind verschluckt.

Das Wasser in meinen Augen behinderte meine Sicht. Gegen einen tosenden Sturm anzukämpfen, war das Letzte, was ich wollte. Ich wollte in die Hütte zurückkehren, Pappkartons verbrennen und Schach spielen.

Peter deutete mit seinem Trekkingstock den Pfad entlang, aber ich wollte ihm unbedingt mitteilen, dass ich umkehren und zurück zur Hütte wandern wollte. »Warte!«, brüllte ich, doch als ich anfing, auf ihn zuzugehen, fasste er das als Einverständnis auf und stapfte weiter dem Sturm entgegen. Der Regen prasselte so ohrenbetäubend auf meine Kapuze, dass ich meine Stöcke in eine Hand nahm, um mit der anderen mein rechtes Ohr zuzuhalten.

Und weiter ging es durch das fürchterliche Wetter, langsam, Schritt für Schritt. Bald war ich erschöpft. Ich trug den Großteil von Peters Ausrüstung, und mein durchweichter Rucksack war unglaublich schwer. Die dichten Wolken hatten die Gipfel der Berge in eine unheilvolle Welt der Finsternis verwandelt. Der Berggrat war mitunter so schmal, dass ich das Gefühl hatte, zwischen zwei endlos langen und tiefen Spalten zu balancieren.

Einmal mussten wir über einen großen Felsbrocken klettern. Peter ließ mir den Vortritt. Ich schob meine Trekkingstöcke unter die Achseln, damit ich meine Hände benutzen konnte. Einer der beiden Stöcke entglitt mir und rutschte Richtung Abgrund. Zum Glück war Peter direkt hinter mir und bekam ihn gerade noch rechtzeitig zu fassen. Ich betrachtete die zuverlässigen Stöcke, die mich unzählige Male vor Stürzen bewahrt hatten. Vom jahrelangen Benutzen war das Holz mit einem feinen Fettfilm von meinen Handflächen überzogen. Die glänzenden goldbraunen Stäbe hatten mir Gleichgewicht und Zuversicht verliehen, und ich konnte es mir nicht leisten, sie zu verlieren.

Langsam kletterten wir, Peter nun wieder voran, bergauf in die dunklen Wolken, während der Regen unablässig auf meine Kapuze trommelte. Es war ausgesprochen tröstlich, Peters Füße zu sehen. Ich war nicht allein, und er kannte den Weg.

Auf einmal überwältigte mich große Bewunderung für meinen tapferen Mann. Unerschütterlich bahnte er sich einen Weg durch diese nebelige Welt, in der er nicht mehr als fünf Meter des schmalen Pfads vor ihm erkennen konnte. Er musste erschöpft sein und beunruhigt, dennoch sorgte er dafür, dass es weiterging.

Da waren wir nun, in einem Sturm auf einem Berg, mit all unseren Habseligkeiten auf dem Rücken. Im Tal wartete kein Haus mit einer Küche voller Lebensmittel und Schränken voller Kleidung auf uns. Dieser Augenblick war unser Leben. Etwas anderes gab es nicht. Wir würden zur nächsten Hütte wandern, unsere Ausrüstung trocknen, unsere Kleidung waschen, weiterwandern, das Zelt aufbauen und hoffen, dass es irgendwann aufhörte zu regnen. Und weiterwandern.

Immer weiter.

Nach einem mühsamen, langen Aufstieg entdeckten wir plötzlich ein Schild, das den Gipfel markierte. Peter drehte sich um. Der gnadenlose Regen peitschte ihm ins Gesicht. Er lächelte und streckte die Hand aus. Ich nahm sie grinsend und schüttelte sie, während um uns herum der Sturm heulte.

Dann küsste ich seinen nassen Handrücken.

Peter deutete mit seinem Stock den Berg hinunter.

»Abwärts!«, rief ich, und wir beide fingen an zu lachen.

Wir verließen die Tararua Ranges in allerletzter Minute. Die einzige Straße durch diese unwirtliche Gegend wurde durch den Regen unpassierbar und erst knapp ein Jahr später wieder instand gesetzt, Menschen kamen ums Leben. Wieder einmal hatten wir einen der schlimmsten Stürme überlebt, die das Land je heimsuchten. Nach sechs Monaten trafen wir endlich in Wellington ein. Es war Winter. Wir ruhten uns aus.

11

Te Araroa: Die Südinsel

Es war September. Wir dachten, der Frühling würde nahen, doch dunkle Wolken ballten sich über dem Meer, als wir die Fähre in Wellington betraten. Während wir zur Südinsel übersetzten, sah ich besorgt aus dem Fenster. Es braute sich eindeutig ein Unwetter zusammen. Ich hatte keine Lust, unsere Wanderung bei schlechtem Wetter wiederaufzunehmen.

Der Trail begann offiziell ganz im Norden der Marlborough Sounds, doch als wir hörten, dass das gesamte Gebiet unter Wasser stand, beschlossen wir, einen Bus zur Pelorus Bridge zu nehmen, wo der Wald begann. Unterwegs sahen wir überflutetes Farmland im sintflutartigen Regen.

»Guten Morgen, meine Damen und Herren. In zehn Minuten halten wir kurz an, um zwei Fahrgäste aussteigen zu lassen«, verkündete der Busfahrer gut gelaunt über Lautsprecher. »Ich hoffe, ihr habt eure Regenmäntel mitgebracht, denn wir stecken mitten in einem Orkantief!«

Die anderen Passagiere drehten sich zu uns um. Auf ihren Gesichtern spiegelte sich Mitleid.

»Haben wir«, sagte Peter und zog seinen Regenmantel an.

»Wohin wandert ihr?«, fragte ein Mann vor mir.

»Nach Invercargill.« Es klang wie eine Strafe, nicht wie etwas, worauf man stolz sein konnte.

»Oh. Na dann, viel Glück.« Seine Worte klangen genauso mutlos, wie ich mich fühlte.

Als wir aus dem Bus ausstiegen und im strömenden Regen standen, fühlte ich mich hundeelend. Mein Rucksack war schwer und unbequem. Meine Kapuze fiel mir über die Augen, so dass ich nichts als die unbefestigte Straße unter meinen Füßen sah. Während der ersten Stunde sagten wir nicht viel.

Als die Straße langsam in einen Wanderweg überging, ließ der Regen nach. Eine leichte Brise trocknete unsere Klamotten. Kurze Zeit später erreichten wir die bewaldeten Berge. Die Nebelschwaden in den Bergrinnen hoben sich im warmen Frühlingssonnenschein. Nach einer Weile kamen wir an einen klaren, türkisfarbenen Fluss, der sich seinen Weg durch den massiven Felsen gebahnt hatte. Ich blieb stehen und bewunderte andächtig seine Schönheit. Hier standen wir, inmitten eines unberührten Waldes, und plötzlich wurde mir bewusst, dass alles in der Natur gut und vollkommen war. Jeder Stock und jeder Stein am Flussufer waren makellos. Ich holte tief Luft. »Es ist gut, wieder auf der Südinsel zu sein.« Ich schaute in Peters leuchtende Augen, deren Blau der Farbe des Flusses zu meinen Füßen so ähnlich war.

Während unserer Wanderung über die Nordinsel hatte ich die Südinsel nicht vermisst, doch als ich jetzt wieder da war, wusste ich ihre wilde Schönheit umso mehr zu schätzen. Es leben nur etwas mehr als eine Million Menschen auf der Südinsel, die meisten von ihnen an der Küste. Die zerklüfteten Neuseeländischen Alpen werden viel bewundert und gepriesen – und sind doch weitestgehend unberührt.

Wir mussten uns erst wieder an die Strapazen des Wanderns gewöhnen, doch diesmal dauerte es bloß ein paar Tage, bis wir uns dem Rhythmus des Nomadenlebens angepasst hatten. Der Himmel klarte auf, die Wolken hoben sich, und als die Sonne durchkam, wurde es plötzlich sehr warm.

Einige Tage später folgten wir einem Pfad, der steil einen Berg hinaufführte. Zu unserer Rechten befand sich ein Fluss, der eine tiefe Rinne in den Fels gegraben hatte. Am späten Nachmittag stiegen wir in diese bewaldete Klamm hinab, um Ausschau nach einem Felsvorsprung zu halten, auf dem wir die Nacht verbringen konnten. Wir stellten unser Zelt im weichen Laub in der Nähe eines spektakulären kleinen Wasserfalls auf. Um uns herum ragten gigantische Felsblöcke in die Höhe, auf denen sehr alte Bäume wuchsen. Es war ein wundervoller, mystischer Ort – wie einem Märchen entsprungen.

Ich wusch unsere Kleidung im Fluss, und während sie im letzten Sonnenschein des Tages trocknete, saß ich am Feuer. Der Rauch stieg zwischen den Bäumen auf. Peter, der auf riesigen Baumwurzeln stand, betrachtete den Wasserfall, zwei kleinere Äste für das Feuer in der Hand. Sein roter Merinopulli leuchtete im Licht des Sonnenuntergangs. Seine Schultern waren breit und kräftig, seine Haare lockig und gesund, sein Gesicht gebräunt. Ein schöner Mann.

Als es Nacht wurde, waren wir – wie immer – dankbar, dass wir uns hinlegen konnten. Wir hatten nur das Innenzelt aufgestellt, weil es nicht nach Regen aussah. Durch das dünne Gewebe betrachteten wir die Umrisse der Bäume, die sich friedlich in der milden Brise wiegten. Durch eine Lücke in den Zweigen konnte ich einen Teil der Milchstraße erkennen. Das Rauschen des schnell fließenden Baches wirkte beruhigend. Schweigend lagen wir lange Zeit wach.

»Schläfst du, Miriam?«, flüsterte Peter schließlich.

»Ja.«

Er lachte leise. »Deshalb wandern wir, stimmt's? Um Orte wie diesen zu entdecken.«

Ich drehte mich zu ihm um. Er lag auf dem Rücken, den Blick auf den Nachthimmel gerichtet. Auf einen Ellbogen gestützt, küsste ich ihn zärtlich auf die Stirn. »Ja«, wisperte ich. »Um von Schönheit umgeben zu leben.«

Am folgenden Morgen erreichten wir den Waldrand und stiegen in alpine Regionen auf. Je höher wir kamen, desto kälter wurde die Luft, sodass wir mehrere Wollpullover überstreifen mussten. Als der Kamm wieder in Wald überging, stießen wir auf einen kleinen Fluss und eine ebene Stelle, an der wir unser Zelt aufstellten. Keine Minute später begann es zu hageln. Ich konnte die Hagelkörner nicht fallen sehen, sah nur, wie sie auf den Boden prallten. Die kleinen tanzenden Kugeln boten einen spektakulären Anblick.

Langsam wurde das dichte grüne Moos auf dem Waldboden weiß. Während ich aus unseren Trekkingstöcken ein Dreibein baute, sammelte Peter Feuerholz und stapelte es unter den Bäumen, um es so trocken wie möglich zu halten. Kurz darauf ging der Hagel in Schnee über. Dicke Flocken schwebten lautlos durch die moosbewachsenen Zweige und begruben alles unter einer zehn Zentimeter dicken Decke. Wir kauerten uns dicht ans Feuer, um uns warm zu halten. Wenn wir sprachen, stiegen große weiße Atemwolken gen Himmel. Bevor wir in unsere Schlafsäcke krochen, zogen wir alles an, was wir bei uns hatten, einschließlich Mütze und Schal – trotzdem froren wir noch.

Am Morgen drehte sich der Wind erneut. Die Luft war frisch, der Himmel blau. Ich ging mit meinem Gewehr hinaus in den Schnee und folgte dem kleinen Fluss zwischen verkrüppelten Scheinbuchen bergauf. Der Berg war sehr steil, und als ich mich einen Moment gegen einen alten Baumstamm lehnte, um mich auszuruhen, schlug ein Vogel unten in der Klamm Alarm. Ich wartete schweigend. Etwas später hörte ich ein Rascheln im dichten Farn. Ich legte das Gewehr an, doch dem Geräusch nach zu urteilen war das hier keine Ziege. Meine Augen glitten ängstlich über die verschneiten Farne, bis ich den schwarzen Rücken eines Wildschweins entdeckte, das eilig den Hang hinaufflief und sich hartnäckig mit seinem großen, kräftigen Nacken einen Weg durch die Büsche und Sträucher bahnte. Das Wildschwein bemerkte meine Anwesenheit erst, als es kurz vor mir war. Abrupt blieb es stehen, ein Bein noch in der Luft. Es verharrte vollkommen reglos – ein prachtvolles Exemplar mit seinem borstigen Fell und den langen Hauern. Für einen Augenblick war es im Wald totenstill.

Vor lauter Ehrfurcht kam mir nicht in den Sinn, ein solches Tier zu erschießen. Dann trug ein leichter Wind meinen Geruch zu dem Wildschwein und signalisierte ihm, dass es in Gefahr schwebte. Es grunzte laut und verschwand mit enormer Geschwindigkeit im Gestrüpp.

Als ich meinen Weg fortsetzte, wurde mir klar, dass jede Tierart einen völlig anderen Charakter hatte. Ich fragte mich, was die

Tiere wohl über die Menschen dachten. Sie mussten uns für ausgesprochen launische Wesen halten, die manchmal nett und freundlich, andere Male brutal und skrupellos waren.

Ich gelangte in alpine Gefilde. Das Tussockgras war von einer Schneeschicht bedeckt. Während ich weiter bergauf stieg, achtete ich darauf, meine Füße vorsichtig zwischen die rutschigen Steine zu setzen. Plötzlich blieb mein Blick an einem dunklen Fleck neben einem großen Felsbrocken hängen. Eine Minute später hatte sich der Fleck bewegt, und ich wusste, dass es sich um ein Tier handeln musste. Mit den Jahren hatte sich mein Sehvermögen verbessert. Ohne Fernglas und dank endloser Stunden des In-die-Ferne-Blickens hatte ich gelernt, über große Distanzen Umrisse und Bewegungen wahrzunehmen.

Dieses Terrain war so offen, dass ich fürchtete, das Tier habe mich ebenfalls bemerkt, daher schlich ich vorsichtig zur schattigen Seite des Höhenkamms, wo sich der Schnee zwischen den Felsen türmte. Die Luft war so warm, dass meine nackten Füße in den Sandalen den kalten Schnee gar nicht spürten. Nach einer ganzen Weile gelangte ich zu einem großen, aufrecht stehenden Felsen, hinter dem ich mich verstecken und das Tier so unbemerkt beobachten konnte. Zu meiner Überraschung ließen sich ein Dutzend wilde Ziegen die Bergkräuter schmecken. Ich rutschte auf dem Bauch über die schneebedeckten Steine, bis ich in der Lage war, auf eine kleine braune Ziege zu schießen. Der Lärm des Schusses ließ den Rest der Tiere in den Wald fliehen. Ich blickte hinauf zum Himmel. Zwei Habichte, die jede meiner Bewegungen verfolgt hatten, kreisten über meinem Kopf.

Als ich die Ziege ausweidete, stellte ich fest, dass die inneren Organe immer noch arbeiteten, obwohl das Tier tot war. Fasziniert betrachtete ich die Eingeweide, und mir wurde klar, dass es in mir drinnen, unter meiner eigenen Haut, ganz ähnlich aussah. Die Eingeweide waren wie ein Organismus innerhalb eines Organismus. Ich ließ einen Teil des Tierkörpers für die Habichte zurück und machte mich mit dem Fleisch auf den Rückweg.

Ich fühlte mich unfassbar glücklich. Die wilden, menschenleeren Berge mit ihren extremen Wetterbedingungen zu durchstreifen und mein eigenes Essen zu jagen verlieh mir ein unbeschreibliches Gefühl von Unabhängigkeit und Freiheit. Unser Nomadenleben war körperlich extrem fordernd, und das Fleisch der wilden Tiere gab uns die Energie, die wir dafür brauchten.

Am nächsten Morgen rollten wir unser Zelt zusammen und folgten dem Trail in Richtung Gipfel. Es war warm und windstill. Oben angekommen, legten wir eine Rast ein. Hier oben gab es keine kleinen Flüsse oder Bäche, aber im Schatten lag noch Schnee, also füllte ich etwas in den Topf, und wir kochten Tee und backten Fladenbrot auf den von der Glut erhitzten Steinen. Während wir unser Mittagessen verzehrten, betrachteten wir staunend das fantastische Panorama um uns herum. Die Aussicht war in der frischen Luft kristallklar. Im Westen konnten wir Nelson sehen.

»Das war früher meine ganze Welt«, sagte Peter, der auf einer Schaffarm am Stadtrand aufgewachsen war. »Kannst du dir das vorstellen? Als ich Kind war, kam mir das alles so riesig vor. Von hier oben dagegen sieht es winzig aus.«

In der Ferne konnten wir außerdem den Abel-Tasman-Nationalpark erkennen, in dem wir ein Jahr lang unterhalb der Berge in der kleinen Rattenhütte gelebt hatten. Im Osten entdeckten wir die Provinz Marlborough, wo unser Abenteuer in der Wildnis vor beinahe sechs Jahren begonnen hatte. Ich sah mich selbst, wie ich mit Pfeil und Bogen die Flussbetten erkundete, stets ein wenig besorgt, dass ich mich verlaufen könnte.

Es war interessant, auf diesem Gipfel zu sitzen und all die Orte zu betrachten, an denen wir so viel Zeit verbracht hatten. Mit jeder Bucht, jedem Tal und jedem Berg verband sich nun eine Geschichte. Als ich jetzt auf diese Ecken der Wildnis hinabschaute, sah ich einen Teil meines eigenen Lebens vor mir.

Wir wanderten mehrere Tage lang über den unglaublich steilen Rücken der Richmond Range. In diesem schroffen, zerklüfteten

Gebirge kamen wir nur langsam vorwärts. Mitunter schafften wir nur zehn, im besten Falle fünfzehn Kilometer pro Tag. Nach zwei Wochen hatten wir die erste Gebirgskette hinter uns gebracht, doch vor uns lag bereits die zweite. Hier oben herrschte noch Winter, und der Pass war dick mit Schnee bedeckt. Wir waren nicht ausgerüstet, um den verschneiten Sattel hinaufzusteigen, daher entschieden wir uns für den langen Weg darum herum.

Tagelang wanderten wir über eine unbefahrene Geländewagenpiste durch die schneebedeckten Berge und gelangten endlich in ein breites Tal mit malerischen kleinen Flüssen und altem Baumbestand. Gänse hatten sich in einem der Flussbetten versammelt, Paradieskasarkas flatterten geräuschvoll über unsere Köpfe hinweg. Das Tal war wild und abgeschieden, aber einst hatte der Grund einer Schaffarm als Weideland gedient.

Eines Tages streiften wir durch das hohe grüne Gras und gelangten zu dem dazugehörigen ehemaligen Farmhaus, das mich stark an Elisabeths altes Gehöft erinnerte. Manche der Obstbäume rund ums Haus lebten noch. Wir entdeckten Schäferhütten und große Ställe, in denen die Pferde untergebracht gewesen waren. Als ich durchs Küchenfenster schaute, fiel mein Blick auf einen Kohleofen. Was für ein Leben mochte die Familie geführt haben, die einst hier gewohnt hatte?

Im Schatten einer alten Weide legten wir eine Rast ein. Die Blätter leuchteten hellgrün in der Frühlingssonne. Wir machten ein kleines Feuer und kochten Wasser, um aus der Zitronenmelisse, die rund ums Haus in Hülle und Fülle wuchs, einen Tee zuzubereiten. Ich schaute auf das brodelnde Wasser im Topf. Große Blasen blubberten auf und verdrängten die kleinen. Es war schön, dem Wasser beim Kochen zuzuschauen.

»Kennst du den Gipfel dort drüben?« Peter deutete auf einen schneebedeckten Berg in der Ferne.

Ich schüttelte den Kopf. »Nein, den hab ich noch nie gesehen.«

»Doch, hast du!« Er lachte. »Du kennst den Berg sogar sehr gut. Auf der anderen Seite ist Bob's Hut.«

»O ja! Natürlich!«

»Erinnerst du dich, wie wir in Downie's Hut drei Wochen lang festgesessen haben?«

»Ja, und zwar so deutlich, als wäre es erst gestern gewesen! Weißt du noch, wie glücklich wir waren, als wir nach all dem Regen endlich wieder blauen Himmel sahen?« Ich betrachtete die Berge um mich herum. »Am Anfang, als wir gerade erst in die Wildnis aufgebrochen waren, kamen mir der Wald und die Berge manchmal schrecklich unheimlich vor, doch so empfinde ich schon lange nicht mehr.«

»Ich glaube, wenn man kein Haus hat und draußen in der Wildnis lebt, werden die Berge zu einem neuen Zuhause, und die Furcht einflößende Unwirtlichkeit dieser neuen Umgebung verliert unweigerlich an Schrecken.«

»Die Dinge verkehren sich sogar ins Gegenteil«, scherzte ich. »Die tödliche Stille in einem Haus wird unheimlich und bedrückend!«

»Das stimmt«, pflichtete Peter mir bei. »Allerdings bist du in den letzten zehn Jahren auch reifer geworden. Du hast keine Angst mehr davor, allein zu sein. Anstatt Sicherheit in mir oder in unserer Beziehung zu suchen, hast du Sicherheit in dir selbst entdeckt. Weißt du noch, wie du dir Sicherheit geschaffen hast mit etwas, das du ›unseren Kokon‹ nanntest?«

»Hm …« Ich nickte.

»Nun, ich nehme an, der Schmetterling hat den Kokon verlassen.« Er lehnte sich zurück ins Gras, den Kopf auf einen großen Zweig gelegt, als wäre dieser ein weiches Kissen.

Als wir nach einer langen Mittagspause weiter in einen Bergwald aus Scheinbuchen wanderten, fing es an zu regnen. Wir suchten unter einem ausladenden Baum Schutz. Auf einmal entdeckten wir eine Herde Wildpferde. Würdevoll standen sie zwischen den Bäumen und ließen Wind und Regen über sich hinwegziehen, während sie aus sicherer Entfernung verfolgten, wie wir an ihnen vorbeiwanderten. Das Wetter schien ihnen nichts auszumachen, überhaupt wirkten sie vollkommen ungerührt. Bis auf ein gelegentliches Schweifzucken standen sie absolut still. Ihre Hauptmerkmale waren Widerstandsfähigkeit und Ausdauer, das Tal und der Wald ihr Zuhause.

Nachdem wir viele Wochen dem Te Araroa gefolgt waren, stießen wir auf einen Highway über den Lewis Pass und beschlossen, dass ich per Anhalter in die nächste Stadt mit einem Supermarkt fahren würde. Wir schlugen unser Camp in der Nähe des Highways auf, und ich machte mich am nächsten Morgen ziemlich früh auf den Weg zur Straße, doch als ich dort ankam, konnte ich weit und breit kein Fahrzeug entdecken. Ich wartete lange Zeit im kalten Wind, bevor ich endlich einen Motor hörte. Kurz darauf bog mit enormer Geschwindigkeit ein glänzender blauer Wagen um die Kurve. Er raste an mir vorbei, dann kam er quietschend ungefähr hundert Meter weiter zum Stehen. Ich rannte darauf zu.

»Danke fürs Anhalten!«, schrie ich, um die wummernde Rockmusik zu übertönen, und stieg ein.

Die Frau hinter dem Steuer lächelte, drehte die Lautstärke runter und fragte mich, wie um alles in der Welt ich hier, mitten im Nirgendwo, gelandet sei. Ich erzählte ihr von unserem Leben, während sie das Gaspedal durchdrückte und mit einer Geschwindigkeit von hundert Stundenkilometern über die Passstraße raste. Während der ersten halben Stunde hatte ich schreckliche Angst, malte mir vor jeder Kurve und bei jedem entgegenkommenden Fahrzeug Unfälle aus.

»Und du bist ganz allein mit deinem Partner unterwegs?«, wollte sie wissen. »Vierundzwanzig Stunden am Tag? Dann verbringt ihr ja mehr Zeit miteinander als Leute, die fünfzig Jahre verheiratet sind! Ihr seid jetzt zehn Jahre zusammen, sagst du?« Sie strich sich ihre glatten blonden Haare hinters Ohr, griff nach dem Smartphone, das zwischen ihren Knien steckte, und warf einen Blick darauf. »Wie schafft ihr das nur?« Sie lächelte, wobei sie mir ihre weißen Zähne zeigte. Sie hatte ein freundliches Gesicht, schöne Haut und ein angenehmes Parfüm. Ich schätzte sie auf ungefähr vierzig.

»Ich habe keine Ahnung«, erwiderte ich und betrachtete den kleinen Traumfänger, der am Rückspiegel baumelte. »Vielleicht sollte man sich einfach für das Leben entscheiden, das einem gefällt, und einen Partner wählen, der einem gefällt.«

Die Frau lachte. »Der ist gut!« Sie berührte mich flüchtig am Arm, als seien wir seit Jahren Freundinnen. »Ich habe den Vater meiner Kinder geheiratet, allerdings hatte ich keine Ahnung, dass er sich in ein solches Arschloch verwandeln würde.«

Ich lachte über die unbekümmerte Art und Weise, mit der sie über so ernste Dinge sprach.

»Wir haben es sieben Jahre miteinander ausgehalten«, fuhr sie fort. »Das Jüngste war vier, als wir uns trennten. Ich habe jemand anderen kennengelernt. Er ist völlig anders als Roger.« Sie betrachtete ihre Finger auf dem Lenkrad. Ich folgte ihrem Blick. Ihre langen Nägel waren lila lackiert. »Was ist deiner Meinung nach der Schlüssel zu einer guten Beziehung?«, fragte sie.

Der Schlüssel zu einer guten Beziehung?, überlegte ich. Beziehungen waren ziemlich komplex. Ich wusste nicht, ob es eine simple Antwort auf ihre Frage gab. »Ich verabscheue Konflikte«, antwortete ich schließlich. »Doch wenn Peter Kritik äußert, versuche ich stets, aufmerksam zuzuhören, anstatt mich zu verteidigen. Wenn ich seine Kritik unangemessen fand, bringe ich das Thema ein paar Tage später erneut zur Sprache, aber dann ist es oft schon nicht mehr relevant.«

»Ach? Das werde ich auch mal versuchen.« Sie schaute mich kurz an, dann richtete sie den Blick wieder auf die Straße. »Dann lebt ihr also in der Wildnis?«

»Ja. Das ist auch der Grund dafür, dass dein ganzer Wagen jetzt nach Holzfeuer riecht!« Ich lachte.

Sie versicherte mir, dass ihr das nichts ausmache, dann fragte sie: »Und was zum Teufel machst du, wenn du deine Periode hast?«

»Ich benutze eine Mooncup-Menstruationstasse aus Silikon, die ich, wenn nötig, im Fluss auswasche und wieder einsetze. Sie ist sehr leicht und ausgesprochen praktisch.«

»Im Fluss? Und das am A... der Welt?« Sie schüttelte den Kopf. »Wahnsinn! Keine zehn Pferde würden mich dahin bringen! Habt ihr eure Sachen in einem Container untergebracht?«

»Welche Sachen?«, fragte ich grinsend.

»Na, eure Möbel und all den anderen Kram.«

»Ehrlich gesagt, besitze ich nicht viel.«

Sie starrte mich einen Moment lang an. »Du hast nur das, was in deinen Rucksack passt?«

Ich nickte.

»Wow. Auf gewisse Art und Weise ist das bestimmt eine riesige Erleichterung. Wenigstens musst du dir keine Sorgen um Rechnungen und all den Krempel machen!«

Sie ließ mich in Amberley raus, einer kleinen Stadt, umgeben von Farmland. Der Temperaturunterschied war enorm. Der Oktober war in den Bergen meist kalt und windig, doch hier, in den tieferen Gefilden, hatte man den Eindruck, es sei bereits Hochsommer. Überall blühten Blumen. Auf meinem Weg in die Geschäfte dachte ich über die letzte Bemerkung der Frau nach. Ich genoss es tatsächlich, nicht viel zu besitzen. Das Leben war einfacher ohne die Berge von Habseligkeiten, die doch nur gepflegt und instand gehalten werden mussten. Mittlerweile kam es mir so vor, als würden Besitztümer auf hinterhältige Weise ihren Besitzer besitzen.

Nachdem ich lange durch die Supermarktgänge geschlendert war, blieb ich stehen und ließ die alltägliche Geschäftigkeit um mich herum auf mich wirken. Musik dudelte aus den Lautsprechern, die Scanner an den Kassen piepten laut. Für einen Augenblick war ich verwirrt – bis mir klar wurde, dass ich mich mit den Augen eines Jägers umsah. Ich versuchte, alles gleichzeitig wahrzunehmen – die Menschen und die Produkte –, anstatt mich einfach auf die vor mir liegende Aufgabe zu konzentrieren. Also richtete ich meinen Fokus auf meine Einkaufsliste.

Für gewöhnlich war ich ziemlich wählerisch, was Lebensmittel anbetraf, und kaufte nur ausgesprochen gesunde Produkte. Doch nach acht Monaten auf dem Te Araroa Trail wurde die Qualität des Essens weniger wichtig für mich. Ein Laib Brot für einen Dollar schmeckte uns genauso gut wie einer für fünf Dollar.

An jenem Abend aßen wir ein Dutzend Eier mit billigem Brot, dazu Mais und Bohnen aus der Dose. Es schmeckte köstlich.

Vor hundertfünfzig Jahren stellte ein schmaler Lasttierpfad durch die Berge die einzige Verbindung zwischen Christchurch und der Westküste dar. Angelegt mit Hacke und Schaufel, war er den Pferden vorbehalten. Um den Pfad zu markieren, schlug man mit einer Axt Kerben in die Bäume. Die Narben waren noch immer an manchen der alten Scheinbuchen zu sehen.

In jenen frühen Tagen mochte es eine lebenswichtige Notwendigkeit gewesen sein, diesen Pfad zu beschreiten, doch mit den Jahren hatte sich die Beziehung des Menschen zum Wald und zur Natur im Allgemeinen verändert. Jetzt kamen die Leute zu ihrem Vergnügen hierher.

Es war ausgesprochen angenehm, dem leicht ansteigenden Pfad zu folgen. Am Wegrand gab es mehrere natürliche heiße Quellen, in denen wir unsere müden Muskeln einweichten. Der Sommer nahte, bald gab es die ersten kleinen Beeren. Wenn wir ausgiebig gebadet hatten, zogen wir los, um sie zu pflücken und uns damit die Bäuche vollzuschlagen.

Der alte Lasttierpfad führte uns über den Harper Pass, und sobald wir auf der anderen Seite ankamen, rochen wir den Duft der üppigen, dschungelähnlichen Vegetation und die feuchte Luft. Wir befanden uns nun auf der Westseite der Gebirgskette, deren Gipfel von Wolken umgeben waren. Die Felswände wirkten trostlos und wenig einladend, ganz anders als der grüne Talgrund. Im Norden erstrahlte in voller Schönheit eine violett-rote Lentikulariswolke am Himmel, und genau aus der Richtung hörten wir plötzlich einen heiseren Ruf. »Kea! Kea! Kea!«

Ein großer grüner Bergpapagei kam zu uns geflattert. Er musste uns schon aus der Ferne bemerkt haben. Seine aufgespannten grünen Flügel waren präzise wie die Arme eines Turners, als er mit ausgestreckten Beinen auf einem Felsen landete. Den Kopf von einer Seite zur anderen neigend, musterte er uns eindringlich. Er schien keine Angst vor uns zu haben, in seinen intelligenten Augen sah ich nichts als Neugier.

»Hallo«, krächzte Peter mit der Stimme eines Papageis.

Der Kea hüpfte mit kleinen, unbeholfenen Hopsern auf uns zu, dann näherte er sich Peters Rucksack, der an dem Felsen lehnte. Der Vogel zupfte an einer kleinen Schnur, schaute uns an und sperrte den Schnabel auf. Seine kleine Zunge bewegte sich schnell und ließ ein ganz spezielles Trällern hören. Wir drei saßen eine ganze Weile zusammen. Der Kea versuchte, die Landkarte zu fressen, die zusammengefaltet im Gras lag. Schließlich flog er weg.

»Keas sind extrem intelligent«, sagte Peter. »Es gibt Studien, die zeigen, dass sie womöglich ebenso clever sind wie Schimpansen. Einst waren sie zahlenmäßig sehr stark vertreten, doch jetzt gelten sie als gefährdete, geschützte Art.«

Die Rufe mehrerer Keas hallten durch den stillen Abend – ein schönes, bezauberndes Geräusch.

Ein Gefühl der Erleichterung breitete sich in mir aus, als wir Arthur's Pass erreichten und der Trail wieder zurück zur Ostseite der Insel führte, wo es trockener war. Wir durchquerten alte Wälder und wanderten durch öde, wüstenähnliche Gegenden. Die Berge waren hier nicht steil und schroff, sondern abgerundet. Es war nicht schwer, sie zu erklimmen, aber die Entfernungen waren enorm. Von oben konnten wir viele Kilometer weit sehen.

Manche Gebiete, durch die unser Weg führte, hatten einst zu Schaffarmen gehört und standen inzwischen unter Naturschutz. Der Wald, der ursprünglich den Talboden bedeckt hatte, war vor langer Zeit brandgerodet worden, jetzt überdeckte das heimische Tussockgras jegliche Spuren der Vergangenheit. Mit seinen schroffen Felsspornen und den mit Felsbrocken übersäten Bächen und Flüssen war der Ort extrem wettergegerbt.

Auch wenn inzwischen die Naturschutzbehörde Sorge für dieses Gebiet trug, waren die Unterkünfte der ehemaligen Schäfer noch immer der Öffentlichkeit zugänglich. Diese vier mal vier Meter großen Hütten waren aus Stein oder Holz gebaut und sehr einfach, aber sie boten guten Schutz vor Regen oder Schnee. Es gab immer einen Tisch, an dem wir Schach spielten, und einen alten Schrank mit Büchern, die wir begeistert verschlangen, außerdem Blechdosen mit muffig riechenden Teeblättern. Die Namen der Schäfer waren in die Holzwände geschnitzt und versetzten uns in eine Zeit, die heute nicht mehr als eine ferne Erinnerung war.

Eines Tages, wir wanderten gerade am Ufer eines klaren Flusses entlang, hörten wir plötzlich einen durchdringenden Schrei: Ein Falke stand auf einer hoch aufragenden Felssäule und bewachte sein Nest. Am liebsten hätten wir einen großen Bogen um ihn herum gemacht, aber wir waren zwischen der Felswand und dem Fluss gefangen. Die Trekkingstöcke über unseren Köpfen gekreuzt, drangen Peter und ich in das Revier des Falken ein. Als wir uns seiner Felssäule näherten, stieß der Vogel erneut einen Furcht einflößenden Schrei aus, dann schwang er sich in die Luft und stieß auf unsere Köpfe herab. Zum Glück boten uns unsere Stöcke ausreichend Schutz. Während der Falke mehrere Angriffe auf uns unternahm, erzählte mir Peter die Geschichte eines Freundes, der einst einem Falkennest zu nahe gekommen war – der Falke hatte ihn attackiert, was ihm eine hässliche Narbe im Gesicht einbrachte. Jetzt wurde ich ziemlich nervös und fragte mich, wann wohl der zweite Falke auftauchte.

Es war offensichtlich, dass der aufgebrachte Vogel nicht zögern würde, sich bei der nächstbesten Gelegenheit auf uns zu stürzen, weshalb wir uns wachsam umschauten und sein Territorium schnellstmöglich verließen. Peter behielt die vor uns liegende Strecke im Blick für den Fall, dass das Weibchen zurückkehrte, ich ging rückwärts, damit uns das Männchen nicht von hinten angriff. Als der Falke wieder emporstieg, stellte ich fest, dass es nicht seine Größe oder Stärke war, die seine Überlegenheit ausmachte, sondern seine Furchtlosigkeit.

Unser Weg führte aus dem Naturschutzgebiet hinaus und über privates Farmland. Alles war fein säuberlich eingezäunt, doch es waren weder Schafe noch Kühe zu sehen, denn es gab kein Gras. Die Kaninchen hatten alles kahl gefressen. So weit das Auge reichte, war der sandige Boden von Kaninchenlöchern zersiebt, Dutzende der kleinen Tiere hoppelten durch die Gegend. Ich hatte Geschichten über Farmer gehört, die gezwungen waren, ihr Land aufgrund der von den Kaninchen angerichteten Zerstörungen zu verlassen, doch nun sah ich zum ersten Mal selbst, welchen Schaden diese so harmlos wirkenden Geschöpfe anrichten konnten.

Während unserer endlosen Wanderung durch die Berge verloren wir den Überblick über Uhrzeit und Datum. Manchmal dauerte es über zwei Wochen, bis wir an eine Straße gelangten, deshalb mussten wir viele Lebensmittel mitnehmen, was unseren Rucksäcken zusätzliches Gewicht verlieh. Die einzelnen Streckenabschnitte waren länger als auf der Nordinsel, aber mit den Monaten wurden wir nach und nach immer kräftiger. An manchen Tagen waren wir extrem erschöpft, an anderen voller Energie. Wenn wir das Glück hatten, Fleisch essen zu können, spürten wir sofort, wie unsere Laune und unser Energielevel in die Höhe schnellten.

Außerdem wusste ich, wie wichtig Pausen waren: Der Körper brauchte genügend Zeit, um sich zu erholen, Muskelgewebe und Bänder zu regenerieren und so Langzeitschäden vorzubeugen. Ich achtete sorgfältig auf Anzeichen von Erschöpfung oder Überlastung, und zwar sowohl bei Peter als auch bei mir selbst. Wir waren nicht krank, litten weder an chronischen Schmerzen noch an chronischen Beschwerden, außerdem hatten wir uns bislang nie ernsthaft verletzt. Den gesamten Trail in Sandalen zurückzulegen, half mir außerordentlich, da es mich zwang, langsam und mit Bedacht zu gehen.

Die beiden größten Hindernisse, die wir auf der Te-Araroa-Route überwinden mussten, waren große Flüsse – der erste von beiden war der Rakaia River. Wir musterten den verflochtenen Fluss aus der Ferne und entdeckten Sand und Kies zwischen den einzelnen Flussläufen, manchmal aber auch Gras und Bäume. Um von einer Seite des Flussbetts auf die andere zu gelangen, mussten wir eine Strecke von etwa fünf Kilometern zurücklegen, doch manche der Flussläufe sahen sehr tief aus und schienen eine ziemlich starke Strömung zu haben. Aus dem Grund fuhren wir per Anhalter etwa vierzig Kilometer weit zu einer Brücke und kehrten auf der anderen Seite auf den Te Araroa Trail zurück. Auf den Landstraßen war so wenig los, dass wir den Großteil des Rückwegs zu Fuß bewältigen mussten. Eine Woche später wiederholte sich das Ganze am zweiten Fluss – dem Rangitata River.

Eines heißen Tages ließen wir das bewaldete Tal hinter uns und machten uns an den Aufstieg zu einem Pass über die Two Thumb Range. Um uns herum war die Landschaft goldbraun von Tussockgras und Büschen, ab und zu ragte ein einzelner Felssporn aus dem Boden. Die Sonne brannte so gnadenlos vom Himmel, dass ich einen Hut und eine leichte Bluse trug, um meine Haut vor dem starken Licht zu schützen.

Wir meinten, auf den Gipfeln dieses Gebirgszugs wilde Schafe gesehen zu haben, doch als wir näher kamen, stellte sich heraus, dass es sich um eine große Herde friedlich grasender wilder Tahrs handelte, die Ziegen sehr ähnlich sehen. In ihrem Sommerfell waren diese prächtigen Geschöpfe erstaunlich gut getarnt. Manche von ihnen fraßen, andere hielten Wache. Sie schienen mühelos miteinander zu kooperieren.

Wir überquerten den Pass und machten uns an den Abstieg, bis wir einen guten Lagerplatz fanden. Der Abend war ruhig und wunderschön, die Luft leicht kühl, der Himmel scharlachrot, was auf gutes Wetter schließen ließ. Zwischen Speergras und Tussock wuchsen Hagebutten, und der herrliche Duft der rosa Blüten wurde von der leichten Brise herunter ins Tal getragen. Wir errichteten einen Steinkreis und zündeten aus den Wurzeln der alpinen Sträucher ein Feuer an, auf dem wir eine bescheidene Mahlzeit aus Reis und Linsen zubereiteten. Ich reinigte gerade den Topf mit Sand aus dem Flussbett, als ich aus dem Augenwinkel auf der anderen Seite des Wassers ein Kaninchen hoppeln sah. An den drei vorherigen Abenden war ich ohne Erfolg auf die Jagd gegangen. Jetzt, da ich das Kaninchen praktisch direkt vor meiner Nase hatte, suchte ich aufgeregt nach meinem Gewehr.

Die Waffe im Anschlag, kroch ich dreißig Meter durchs hohe Tussockgras. Da ich mich unmöglich noch näher heranwagen konnte, war ich gezwungen, aus größerer Entfernung zu schießen. Die Kugel traf das Bein des Kaninchens, doch sie tötete es nicht.

»Es lebt noch!«, rief Peter nach meinem ersten Schuss.

Ich feuerte erneut, doch der Schuss verfehlte sein Ziel. Das verwundete Kaninchen schleppte sich davon. Eilig sprang ich auf die Füße und rannte zwischen den dicken Tussockgrasbüscheln Richtung Fluss. In meiner Hast rutschte ich von einem Stein ab und wäre beinahe ins Wasser gefallen. Heftig keuchend schaffte ich es auf die andere Seite, dann folgte ich dem Kaninchen, so schnell ich konnte. Als ich mich ihm näherte, tastete ich nach meinem Taschenmesser, aber es war nicht da – ich hatte es vergessen. Jetzt musste ich aus unmittelbarer Nähe schießen.

Pfiuuu!

Die Kugel zischte durch das Kaninchen hindurch, traf auf einen Stein, prallte davon ab und flog um Haaresbreite an mir vorbei.

Ich erstarrte. Benommen. Beinahe paralysiert. Die Kugel hätte genauso gut mich treffen können.

Peter stand reglos neben dem Feuer. Er sah mich an. Es war, als stünde die ganze Welt für einen Augenblick still. So ruhig war mir das Tussockgras unter dem unbewegten Abendhimmel noch nie vorgekommen, und noch nie war mir die Stille des Berges bewusster gewesen. Ich konnte den Puls, den Rhythmus und den Herzschlag des Lebens spüren. Als ich dort stand, wurde ich an die Zerbrechlichkeit des Lebens erinnert – meines eigenen Lebens.

Ich nahm das tote Kaninchen, und meine Füße fanden langsam den Weg den steilen Hang hinunter.

Als ich am Fluss ankam, schöpfte ich eine Handvoll Wasser und trank. Es schmeckte süß.

Die Sonne versank lautlos hinter dem Berg und ließ einen letzten roten Schein am Himmel zurück.

Als wir das kleine, nette Städtchen Twizel erreichten, hatte Peter nach vier Monaten seine erste Begegnung mit der Zivilisation.

»Wow, das ist so anders!« Peter sah sich staunend um, als wir einen von Blumenbeeten und Bänken eingefassten Platz betraten. »Und weißt du, was am verblüffendsten ist?«, fragte er. »Dass das alles für Menschen angelegt wurde. Die Straße, der Weg, die

Geschäfte, Sitzflächen, Lebensmittelläden – sogar die Blumen sind zu unserer Freude angepflanzt worden. Ist das nicht phänomenal?«

Lächelnd beobachtete ich, wie er federnden Schritts umherschlenderte. Ich zog los, um meine E-Mails zu checken, doch Peter sagte, er würde lieber persönlich mit den Menschen sprechen.

»Viel Glück!«, rief ich und rannte zur öffentlichen Bibliothek. Unterwegs fing ich mein Bild in einer spiegelnden Schaufensterscheibe auf. Zwei große grüne Augen starrten mich an, als gehörten sie nicht zu mir. Mein Gesicht war gebräunt und wettergegerbt, vom vielen Die-Augen-vor-der-Sonne-Zusammenkneifen hatten sich Fältchen in meinen Augenwinkeln gebildet. Mein Kopf wirkte sehr viel größer, als ich ihn in Erinnerung hatte – vermutlich war mein Körper schmaler geworden. Ich hatte einiges an Fett verloren, und meine Muskeln traten deutlich hervor.

Im Hochsommer, als die Tage endlos und die Nächte nur kurz waren, schlug Peter vor, einen Abstecher vom Te Araroa Trail in ein bewaldetes Tal zu unternehmen. Um diesen entlegenen Ort zu erreichen, mussten wir einen zerklüfteten Pass überwinden, was bei der Hitze ein mühsames Unterfangen war. Es dauerte den ganzen Morgen, bis wir endlich oben ankamen, doch der Ausblick war atemberaubend. Die Berge um uns herum hatten spitze, felsige Gipfel. Der klare Fluss tief unter uns verlief durch ein unberührtes Waldgebiet. In diesem Tal gab es keine Straße, auch keinen Weg oder Trampelpfad. Selbst aus dieser Höhe spürte ich die pure Wildnis. Die Luft war unbewegt, und es war so still, dass selbst das Summen einer vorbeifliegenden Hummel laut klang.

Auf dem Weg die steilen, teils abgerutschten Felshänge hinab kamen wir an großen weißen Mount-Cook-Lilien vorbei, die zu den Butterblumen gehören und nur auf der Südinsel Neuseelands vorkommen. Im Vergleich mit anderen alpinen Blumen gediehen sie hier in Hülle und Fülle. Zwischen Felsen und Kies entdeckten wir jede Menge süße Schneebeeren, die wir genüsslich in uns hineinstopften. Als wir den Fluss erreichten, schlenderten wir über grasbewachsene Lichtungen und durch uralten Wald, der voller Vogelgesang war. Wir folgten schmalen Tierpfaden am Ufer entlang, bis wir an eine enge, steile Klamm gelangten. In den tiefen Flussbecken entdeckten wir Regenbogenforellen, doch ohne Angelrute konnten wir sie nicht fangen. Als sich hinter uns die Sonne herabsenkte, fielen lange Schatten auf das glitzernde Wasser. Das hier war zweifelsohne das friedlichste, unberührteste Tal, das ich in Neuseeland je betreten hatte.

Eines Abends schlugen wir unser Zelt auf dem weichen, ebenen Boden unter ein paar alten Bäumen auf. Mit dem Treibholz, das es hier reichlich gab, zündeten wir ein Feuer an und kochten einen Haseneintopf. Da es ein so wundervoller Abend war, beschlossen wir, nach dem Essen noch einen kleinen Spaziergang zu unternehmen. Wir streiften durch das hohe Gras, das voller gelber Blumen war, und setzten uns nach einer Weile auf einen großen Felsen. Die Luft war schwer und duftete betörend nach der Fülle des Sommers. Der angenehm zarte Geruch der Wildblumen wehte flussaufwärts. In der warmen Abendsonne glänzte alles wie Gold.

»An Tagen wie heute, wenn die Welt so außergewöhnlich schön ist, denke ich an den Tod«, sagte Peter. »Weil ich hoffe, an einem so schönen Ort in der Natur wie diesem hier zu sterben.«

Seine Worte hingen zwischen uns in der Luft.

»Eines Tages, meine liebe Miriam, werde ich sterben, und du wirst weiterleben«, sagte er sanft. »Das ist sehr traurig und auf gewisse Art und Weise tragisch, aber das ist nun mal der Preis, den wir für unser gemeinsames Leben bezahlen müssen.«

»Ja.« Ich schlang meinen Arm um sein Bein und legte meinen Kopf auf seine Knie.

»Jemanden zu lieben bedeutet, ihm Raum zu geben, Wurzeln zu fassen, zu wachsen und zu blühen«, fuhr er fort. »Eine Blume blüht vielleicht eine Woche, vielleicht einen ganzen Sommer lang, aber irgendwann verwelkt sie. Ihre Farben verblassen, und die Pflanze stirbt ab.«

Wir verstummten. Nachdenklich betrachtete ich das lange Gras, das sich vor uns im Wind wiegte.

Peter beugte sich zu mir herab. »Jetzt schau nicht so traurig. Noch sterbe ich ja nicht. Ich habe noch jede Menge Energie, kann vieles noch jahrelang bewältigen. Doch eines Tages werde ich mich zur Ruhe setzen, während du weitermachen musst. Und irgendwann wird es mir ergehen wie den Blumen – ich werde sterben, und du wirst mich loslassen müssen.«

Ich starrte auf den rauen grauen Felsen unter meinen Füßen. Meine Kehle brannte. Tränen stiegen mir in die Augen.

»Vielleicht möchtest du aber auch schon viel früher allein weiterziehen, und dann muss ich dich loslassen.« Er schaute hinauf zu den Gipfeln.

»Ich werde dich nicht verlassen«, widersprach ich leise.

»Das weißt du nicht. Vielleicht doch. Du bist jung und kräftig, und du verfügst über eine Menge Energie. Du kannst dich überall auf der Welt durchschlagen, und vielleicht möchtest du allein weiterreisen, um Dinge zu tun, die mir nicht mehr möglich sind. Es steht dir frei zu gehen, und zwar jederzeit – wenn du es möchtest. Du bist frei, das weißt du, oder?«

Ich streichelte sein Knie, dann drückte ich es fest gegen meine Brust.

»Ich möchte dich nicht einschränken«, sagte er leise.

Der Fluss vor meinen Augen verschwamm. Ich schüttelte den Kopf. »Du schränkst mich nicht ein, Liebling.«

»Das hoffe ich.« Er küsste meinen Arm.

Schweigend betrachteten wir die Schönheit um uns herum.

»Vor Kurzem wurde mir klar«, sagte er nach einer Weile, »dass es mir gefallen würde, den Ort zu erkennen, an dem ich sterbe. Dann wüsste ich, dass die Zeit gekommen ist, dort zu bleiben. Vielleicht ist es ein ruhiges Fleckchen an einem See in den Bergen, an dem ich meinen Lebensabend verbringe, bis ich diese Welt verlassen muss. Die Vorstellung mag albern sein, aber sie ist schön.« Seine Hand ruhte auf meinem Rücken.

»Aber jetzt noch nicht, oder?«, flüsterte ich.

»Nein, jetzt noch nicht. Und nun hör auf zu weinen«, sagte er, als er meine wässrigen Augen bemerkte.

Ich schlug mir die Hand vors Gesicht. Eine Träne rollte zwischen meinen Fingern hindurch und landete auf dem Felsen.

»Schau dir den Baum dort drüben an.« Peter deutete auf eine umgestürzte Scheinbuche unter uns. »Der Baum stirbt und kippt um, wodurch er Licht und Raum schafft für die neuen Sämlinge. Auf gewisse Weise sind Leben und Tod eins.«

Wortlos genossen wir den schönen Abend, der plötzlich zu etwas sehr Kostbarem geworden war. Kleine Insekten schimmerten im schwindenden Licht. Eine Federwolke im Westen erstrahlte in den Farben des Sonnenuntergangs. Die Wolken färbten sich rosa und violett, bevor der dämmrige Himmel langsam in Grau überging.

Wir wanderten durch viele unbekannte Täler, erkundeten verborgene Seitenarme von Flüssen, machten Feuer, um das selbst erlegte Fleisch wilder Tiere zuzubereiten, und kampierten unter Baumgruppen, unter denen aller Wahrscheinlichkeit nach noch nie zuvor ein Mensch gestanden hatte. Wir führten das Nomadenleben, von dem wir geträumt hatten. Es erschien uns wie selbstverständlich, immer weiterzugehen und uns an jedem erdenklichen Ort wohlzufühlen. Das Gefühl, sich auf einer andauernden Reise zu befinden, war wunderbar. Wir hatten den Eindruck, dass wir uns im selben Tempo bewegten wie die Tiere, die wachsenden Pflanzen, die kommenden und gehenden Jahreszeiten.

Schließlich trafen wir am Lake Hāwea ein. In der Region Otago gelegen, war er umgeben von ödem, knochentrockenem Land. Wir kampierten am Rand des Sees unter Eukalytusbäumen. Am Morgen wurde ich von einem Vogelkonzert geweckt. Schlaftrunken sammelte ich im Halbdunkel meine Klamotten zusammen und krabbelte aus dem Schlafsack. Als ich mich angezogen hatte, schnappte ich mir meinen leeren Rucksack und wanderte in der Hoffnung, ein motorisierter Frühaufsteher würde mich mitnehmen, die staubige Straße entlang Richtung Stadt, wo ich Nachschub besorgen wollte. Der neue Tag, der langsam anbrach, wirkte absolut friedlich. Die Luft war trocken und klar, die leichte Brise duftete nach Kiefern und Eukalyptus.

Ich hatte gut geschlafen und fühlte mich ausgesprochen erfrischt. Die ebene Straße entlangzuwandern war leicht im Vergleich mit dem Gelände, das wir zuvor erkundet hatten. Mein Körper fühlte sich so kräftig an wie der des Geparden, den wir im Zoo in Wellington gesehen hatten. So fit zu sein, über eine derart grenzenlose Energie zu verfügen, sich so wohl im eigenen Körper zu fühlen, war eine beinahe berauschende Erfahrung. Ich hatte den Eindruck, hochspringen und selbst die höchsten Äste erreichen zu können. Als ich meine Füße und Hände betrachtete, war ich für einen kurzen Moment überrascht, dass ich in einem Körper lebte, dass ich in der Lage war, die Welt körperlich wahrzunehmen.

Der See war azurblau – eine verschwenderische Farbe, ein Genuss für die Augen. Um den Lake Hāwea herum erhoben sich steile Berge. Der Sonnenaufgang warf einen spektakulären roten Schein auf die Felswände, doch es war nicht nur der Ausblick, der mir das Gefühl verlieh, mich im Himmel zu befinden. Die trockene Erde mit ihrem braunen Gras und dem Staub erinnerte mich an Afrika. In diesem warmen Klima konnte ich im Gras sitzen, ohne schmutzig zu werden. Wenn ich meine Kleidung wusch, trocknete sie binnen Minuten, und wenn es regnete, hatte ich nicht das Gefühl, gleich zu erfrieren.

Die Landschaft, so wurde mir klar, trug nur zu einem kleinen Teil dazu bei, ob man gern an einem Ort war oder nicht. Wir waren durch so viele verschiedene Landschaften gewandert, und alle hatten ihre eigene Flora und Fauna und damit ihre ganz eigene Schönheit. Ein Kaninchen unter einer duftenden Kiefer sitzen zu sehen, war für mich genauso schön, wie einen Kea in einem hohen Baum mit atemberaubendem Ausblick über üppige Wälder und riesige Gletscher zu beobachten.

Ich legte über zehn Kilometer zurück, bevor der erste Wagen vorbeikam und mich mitnahm. Auf dem Rückweg zu unserem Camp musste ich dieselbe Strecke wandern. Als ich endlich ankam, bemerkte ich unheilverkündende Wolken – sie zogen von

Nordwesten heran: Bald würde das Wetter umschlagen, für gewöhnlich einhergehend mit orkanartigem Wind. Wir legten uns auf unsere Matten und hatten kaum eine Stunde geschlafen, als der Sturm losging.

In der Gegend hatte es lange Zeit nicht geregnet und der Wasserspiegel war ziemlich niedrig, weshalb am Ufer des Sees ziemlich viel Sand freilag. Im hellen Mondlicht sahen wir, wie Staub und Sand an der Wasserkante entlangwirbelten. Die umstehenden Eukalyptusbäume boten uns einigermaßen Schutz, doch langsam, aber sicher wurde alles unter einer dicken Staubschicht begraben. Ich konnte den Sand im Mund und in der Kehle schmecken; sogar die Schlafsäcke im Zelt waren mit feinen Sandkörnern überzogen. Der Sturm wurde immer schlimmer, die Bäume über uns ächzten und knarrten. Besorgt blickten wir aus dem Zelt.

»Siehst du die Äste über uns?«, fragte Peter. »Man nennt Eukalyptusbäume auch ›Witwenmacher‹. Wenn diese Bäume beschließen, einen Ast fallen zu lassen, ist er tödlich.«

Ich wurde zunehmend ängstlicher, als ich die heftigen Fallböen die Hänge herab und über den See heulen hörte. Unser Zelt wurde von den starken Windstößen erfasst, die Stangen bogen sich in alle Richtungen, der Stoff peitschte mit einem Knallen, das an Gewehrschüsse erinnerte. Es war so ohrenbetäubend laut, dass ich mir jedes Mal die Ohren zuhielt, sobald ich eine Böe kommen hörte. Ich fragte mich, wie lange unser kleines Zelt diesen Naturgewalten standhalten würde; es konnte jederzeit zerreißen. Manchmal prallte ein Zweig oder kleiner Ast auf den Stoff, was mir einen furchtbaren Schrecken einjagte.

»Das ist ja wie Russisches Roulette!«, rief ich über das Ächzen der Bäume und das Tosen des Sturms hinweg. Ich hatte entsetzliche Angst. Während ich dort lag, dachte ich an all die anderen Menschen auf der Welt, die im selben Moment vor lauter Furcht nicht schlafen konnten – nicht aus Angst, von herabfallenden Ästen erschlagen, sondern von Bomben, Kugeln oder Raketen getroffen zu werden. »Sollten wir nicht lieber unsere Schlafsäcke nehmen und von den Bäumen weggehen?«, fragte ich bibbernd.

»Und ohne Zelt in einem Sandsturm ausharren?« Peter legte die Stirn in Falten. »Ich weiß nicht, was schlimmer ist.«

Nach einer schlaflosen Nacht kroch ich beim ersten Anzeichen des Morgengrauens aus dem Zelt. Der Wind war abgeflaut, und alles war von einer braunen Staubschicht bedeckt. Ich ging zum See, um mir den Sand vom Körper und aus den Haaren zu waschen. Als ich aufblickte, sah ich die ersten Sonnenstrahlen über die Berggipfel scheinen. Ein neuer Tag war angebrochen: ein Tag, den zu erleben wir dankbar sein mussten.

Unser Weg über die Südinsel war enorm abwechslungsreich. An manchen Tagen wanderten wir durch wilde, abgeschiedene Gegenden, an anderen schlenderten wir durch Außenbezirke mit teuren Ferienhäusern. Die Stadt Wanaka begeisterte uns – jetzt im Hochsommer entdeckten wir hinter jeder Ecke wilde Aprikosen, Pflaumen und andere Obstbäume. In der Nacht suchten wir in einem Kiefernwald Schutz, und am nächsten Morgen folgten wir einem leichten Wanderweg rund um den Wanaka Lake, der hauptsächlich von Fahrradfahrern und Leuten mit Hunden benutzt wurde.

Wir hatten uns gerade in den Schatten eines großen Felsens gesetzt, als wir zum ersten Mal auf unserer Tour zwei weiteren Te-Araroa-Wanderern begegneten. Wir begrüßten sie, als seien sie lang verschollene Freunde, und löcherten sie mit Fragen über ihre Reise. Sie legten den gesamten Trail in einem einzigen Sommer zurück, und im Gegensatz zu uns wirkten sie ausgesprochen professionell mit ihren leichten Rucksäcken, Stiefeln und Gamaschen, den Nordic-Walking-Stöcken, dem Wasserfilter, GPS und anderer Hightech-Ausrüstung. Als ich sie zu einer Tasse Tee einlud, lehnte der junge Mann ab mit der Begründung, sie hätten keine Zeit. »Wir liegen bereits einen Tag hinter dem Zeitplan zurück, und wir haben nur noch drei Wochen, um unsere Wanderung zu beenden.«

»*Drei Wochen?*«, fragte ich fassungslos, denn es war noch ein ziemlich langer Weg bis Invercargill.

»Oh, ich wünschte, wir hätten mehr Zeit, aber wir müssen zurück zur Arbeit.« Er lächelte. »Zurück in die echte Welt.«

»Aber das hier *ist* die echte Welt!«, protestierte ich lachend und deutete auf die wundervollen Berge.

Nachdem wir uns verabschiedet hatten, setzten Peter und ich unsere Reise fort. Während wir die wundervolle Natur genossen, sprachen wir über den Luxus, keinem festen Plan folgen zu müssen, sondern uns so viel Zeit lassen zu können, wie wir wollten. Es war völlig gleich, ob wir Invercargill in drei Wochen oder erst in drei Jahren erreichten. Das war der eigentliche Luxus, wurde uns bewusst: Zeit zu haben.

Kurz darauf sahen wir eine junge Frau in unsere Richtung wandern. Sie wirkte frisch und sauber, doch ihr Gesicht war etwas blass. Sie roch nach Sonnencreme und Deodorant, und ihre Kleidung war nicht verwaschen, verblichen, fleckig oder zerrissen. Sie sah aus wie eine richtige Wanderin, doch offenbar hatte sie sich gerade erst auf den Weg gemacht.

»Bist du ein NoBo?«, fragte ich mit einem freundlichen Lächeln, als sie auf unserer Höhe war.

»Ein NoBo?« Sie nahm ihre Sonnenbrille ab, und unsere blauen Augen begegneten sich.

»Ein Northbounder, jemand, der den Te Araroa von Süd nach Nord wandert«, stellte ich klar.

»Oh, ja.« Sie lächelte breit. »Ich wandere nach Cape Reinga.«

»Hast du keine Angst, die Strecke allein zurückzulegen?«, fragte ich.

»Nun, ich bin gerade erst in Queenstown losgewandert, und bislang habe ich in Hütten und auf Campingplätzen geschlafen. Heute Nacht bin ich zum ersten Mal allein, was schon ein bisschen unheimlich ist.«

Ich nickte mitfühlend und empfand großen Respekt vor dieser so zuversichtlich und selbstbewusst wirkenden jungen Frau, die den dreitausend Kilometer langen Trail allein zurücklegen wollte. Wir tauschten ein paar praktische Informationen aus, und ich stellte fest, dass ich in ihr denselben begeisterten Mut, denselben arglosen Optimismus entdeckte, der in mir selbst steckte.

Der Weg über die Berge folgte nicht mit angenehmer Steigung der natürlichen Gebirgskontur, sondern führte auf und ab durch sämtliche Senken und Flüsse. Als wir endlich den ersten von drei Pässen erreichten, waren wir erschöpft. Es begann zu regnen. Der Trail führte steil bergab. Schlamm klumpte unter meinen Sandalen, und ich rutschte mehrere Male aus, weshalb ich besonders aufmerksam auf den Weg achtete. Die Kombination aus wasserdurchtränktem Rucksack und dem Graupel in meinem Gesicht ließ mich ziemlich griesgrämig werden.

Wir legten mehrere Hundert Meter bergab zurück. Als wir an einen kleinen Fluss gelangten, deutete Peter auf den Wanderweg, der auf einmal wieder steil bergauf führte. Die gesamte Bergwand war schlammig und wirkte nicht sonderlich einladend. Der steinige Fluss, der hinunter ins Tal floss – laut Peters Karte der Arrow River –, schien der weitaus einfachere Weg zu sein. Als Peter vorschlug, wir sollten den Trail verlassen und uns unseren eigenen Weg ins Tal suchen, stimmte ich bereitwillig zu. Die ersten fünfzig Meter im Fluss ließen sich in der Tat leicht bewältigen. Die Kiesel waren glatt, die Strömung hielt sich in Grenzen und spülte den Matsch von meinen Sandalen.

Dann wurde die Strömung stärker, und der Fluss rauschte in Kaskaden über große Felsbrocken. Wir rutschten die glatten Steine hinab und gelangten kurz darauf in eine Schlucht. Nachdem wir eine Weile dem Fluss gefolgt waren, fanden wir uns plötzlich oberhalb eines riesigen Wasserfalls wieder. Uns blieb keine andere Wahl, als aus der Schlucht hinauszuklettern und unseren Weg an der Bergwand fortzusetzen.

Zu unserer Linken befand sich eine nackte Felswand, durchbrochen von der Öffnung zu einer weiteren erstaunlichen Schlucht. Riesige Felsspitzen ragten darin auf, umweht von Nebelschwaden, die an um Burgzinnen schwebende Gespenster erinnerten. Ich hatte den Eindruck, mich in der abgeschiedensten Wildnis zu befinden, die man sich nur vorstellen konnte.

Zu unserer Rechten erblickten wir einen weiteren steilen Hang, bewachsen mit Büschen und Sträuchern. Ich kletterte den Kieshang hinauf und streckte die Hand nach einem Busch aus. Als ich mich hochzog, bröckelten die Kiesel unter meinen Sandalen weg. Der Busch hielt mein Gewicht, doch als ich aufzustehen versuchte, verfing sich mein Rucksack in dem Busch über mir. Einen Fuß auf den Hang gestützt, musste ich meinen Rucksack losmachen, um weiter nach oben klettern zu können. Alles war mörderisch schwierig.

Der Regen hatte nachgelassen, und als wir uns den steilen Hang oberhalb der Schlucht entlangschlängelten, wurde das Wandern etwas leichter, doch von Zeit zu Zeit kamen wir an schmale Bergrinnen, die aussahen wie gefährliche Gletscherspalten. Damit ich nicht fiel, hielt ich mich an der nassen Vegetation fest. Alles in diesem Tal wirkte riesig. Die Pflanzen, die an anderen Orten bescheiden gediehen, schienen hier monströse Ausmaße anzunehmen. Der normalerweise kleine Schierling war hier so groß, dass er mein gesamtes Gewicht hielt. Selbst das nasse Gras reichte mir bis an die Hüften. Die tückische Strecke durch die Schlucht forderte meine ganze Aufmerksamkeit, all meine Sinne und Fähigkeiten. Verlangte Verantwortung. Es gab keinen Raum für schlechte Laune oder Verdrossenheit, nur Raum für Achtsamkeit.

Nach vielen Stunden der Plackerei entdeckten wir zu meiner Erleichterung Wald in der Ferne. Endlich konnten wir haltmachen, das Zelt aufbauen, ein Feuer anzünden und wieder trocken werden. Am Wald angekommen, stiegen wir erneut auf den Grund der Schlucht ab und suchten nach einer ebenen Stelle unter den Bäumen, um unser Lager aufzuschlagen. Ein plätschernder Wasserfall ergoss sich über einen der Felsen, und als das letzte weiche Licht durch die Schlucht fiel, begrüßte uns ein kleiner Langbeinschnäpper lautstark in seinem privaten Reich.

Obwohl es noch immer von den nassen Bäumen tropfte, sorgten wir für trockenes Feuerholz, indem wir mit meinem großen Jagdmesser Holzspäne von der Unterseite eines umgestürzten Baumstamms abhobelten. Mit den Spänen und ein paar harzigen Blättern bekamen wir das Feuer in Gang, dann legten wir vorsichtig kleine Zweige nach. Es dauerte eine ganze Weile, aber schließlich war das Feuer groß genug, um unsere Sachen zu trocknen. Über die Jahre hinweg hatten wir die Kunst des Feuermachens perfektioniert. Wir trugen stets mehrere Schachteln Streichhölzer, ein Feuerzeug und eine Kerze bei uns, für Notfälle sogar wasserfeste Streichhölzer und einen Feuerstein. Selbst in den heikelsten Situationen waren wir in der Lage, ein Feuer anzuzünden – eine Fertigkeit, auf die wir uns oft verlassen mussten.

»Es ist ein Riesenunterschied, einem Wanderpfad zu folgen oder sich seinen eigenen Weg durch die Wildnis zu bahnen«, sagte ich. »Ich meine, es fühlt sich völlig anders an, findest du nicht?«

»O ja«, bestätigte Peter. »Ich fühle mich sehr viel lebendiger, wenn ich von dem ausgetretenen Pfad abweiche.« Seine Augen strahlten vor Abenteuerlust.

»Ich auch, aber warum ist das so?«

»Vielleicht weil man, wenn man einem vorgegebenen Weg folgt, nichts anderes zu tun hat, als sich blind an diese Vorgabe zu halten.«

»Ja«, stimmte ich ihm zu. »Wohingegen wir an Orten wie diesem all unsere Sinne benutzen müssen, um einen Weg zu finden.« Ich hielt meinen nassen Rucksack und die Shorts ans Feuer. Dampf stieg in die Höhe. Nach einer Weile fragte ich: »Was passiert, wenn du dich von der Gesellschaft und der etablierten Ordnung abwendest, um in der Natur zu leben?«

Peter schaute mich nachdenklich an. »Nun, was hat das bei dir bewirkt?«

»Meine Augen und mein Geruchssinn haben sich verbessert, intuitive Sinne, von deren Existenz ich zuvor nichts ahnte, sind wieder zum Leben erwacht.« Ich überlegte. »Ich fühle mich außerdem offener. Wenn ich die Person betrachte, die ich, sagen wir, vor zehn Jahren war, dann empfinde ich heute ein anderes Gefühl der Zusammengehörigkeit. Nicht nur meine Verbundenheit mit der Natur betreffend, sondern auch die mit anderen Menschen.«

»Das klingt wie ein Widerspruch«, bemerkte Peter. »In der Abgeschiedenheit der Wildnis zu leben, um zu engerer Verbundenheit zu finden – aber ja, es scheint mir zu stimmen.«

»Was haben die letzten sechs Jahre in der Natur bei dir verändert?«, wollte ich wissen.

»Verglichen mit der Person, die ich vor zehn Jahren war, bin ich heute körperlich um einiges kräftiger. Es ist ein großartiges Gefühl, sich gesund und beweglich genug zu fühlen, um auf dem Boden schlafen und auf Felsen sitzen zu können.« Er griff nach seiner nassen kurzen Hose und hielt sie ebenfalls in die Wärme des Feuers. »In der akademischen Welt sind Gedanken, Konzepte und Ideen ziemlich überwältigend, werden beinahe realer als die Welt der Natur. Allerdings glaube ich nicht, dass man in einer abstrakten Welt Ordnung finden kann. Auch wenn die Wildnis nach außen hin chaotisch wirkt, bin ich überzeugt, dass wir im Reich der Natur auf wahre Ordnung stoßen.«

Als wir das Tal am Ende des Arrow River verließen, sahen wir viele Leute nach Gold schürfen. Manche schwenkten kleine Goldpfannen, andere arbeiteten mit gewaltiger Maschinerie, um Tausende Tonnen von Sand zu sieben. Auf den Flussbänken standen alte Goldgräberhütten aus dem neunzehnten Jahrhundert, umgeben von Stachelbeer- und Himbeersträuchern, die noch rund hundertfünfzig Jahre, nachdem sie gepflanzt worden waren, köstliche Früchte trugen.

Der Te Araroa Trail führte durch Arrowtown und kreuzte eine schöne Golfanlage mit hohen Bäumen und farbenfrohen Blumenbeeten. Als wir einen gepflegten Pfad zwischen grünen Hügeln entlangwanderten, wurde Peter beinahe von einem Golfball getroffen – das weiße Projektil zischte nur etwa zehn Zentimeter an seinem Kopf vorbei. Wir hatten keine Ahnung, woher der Ball kam, zumal wir niemanden spielen sahen, aber das hätte übel ausgehen können.

Wir folgten dem Wanderweg, der an den braunen Abwasserteichen außerhalb von Queenstown entlangführte, über breite Asphaltstraßen durch hässliche Industriegebiete und vorbei an Müllrecycling-Anlagen mit kreischenden Seemöwen. Schlussendlich fanden wir uns neben einem Highway wieder, wo Straßenarbeiter mit lärmenden Maschinen damit beschäftigt waren, die viel befahrene Straße zu verbreitern. Ein paar Stunden später erreichten wir das Zentrum von Queenstown und sahen Hunderte von Menschen aus aller Welt am Ufer des Lake Wakatipu, des drittgrößten Binnensees Neuseelands, ein Sonnenbad nehmen. Es war fantastisch. Wir sprachen mit vielen Fremden, bestellten uns an exotischen Straßenküchen etwas zu essen und pflückten wilde Pflaumen, die am Wegrand wuchsen. Mit unseren blank polierten Holztrekkingstöcken und den mit Emailletassen und Taschenmessern behängten Rucksäcken stachen wir so sehr aus der Menge heraus, dass einige Touristen Fotos von uns machten. Offenbar sahen wir ziemlich seltsam aus.

Am späten Nachmittag betraten wir eine Fähre, die über den tiefen blauen See setzte, und bewunderten die umliegenden Berge. Während der langen Überfahrt wurde ich immer aufgeregter, denn vor uns lag der letzte Teil unserer Reise. In dem Moment, in dem wir wieder an Land waren, verspürten wir dieselbe Ruhe, die wir schon vor zwei Jahren empfunden hatten. Wir waren zurück in Southland. Anstatt dem ausgewiesenen Wanderweg zu folgen, entschieden wir uns, durch ein weniger bekanntes, ruhigeres Tal zu wandern. Grasbewachsene Flussauen grenzten an bewaldete Flächen mit altem Baumbestand. Eines Tages, als die Sonne hoch am Himmel stand, legten wir eine Rast am Fluss ein, zündeten auf den Steinen ein kleines Feuer an und bereiteten Tee und Fladenbrot zu.

Ein Eisvogel saß still in einem Baum in der Nähe. Das Türkis seiner Rückenfedern zählte zu den schönsten Farben, die ich je gesehen hatte. Es war schwer, hier irgendetwas Hässliches zu entdecken, denn alles in der Natur schien Kunst in höchster Vollendung zu sein. Eine dunkle Wolke segelte langsam von Süden heran. Als es zu regnen begann, schleppten wir unsere Rucksäcke unter einen großen Baum, um noch eine Weile trocken zu bleiben.

»Was ist für dich das Wichtigste im Leben?«, fragte ich Peter.

Er grinste. »Da könnte ich dir hundert Dinge aufzählen.«

»Nun, dann nenn mir eins von diesen hundert.«

»Mut ist wichtig. Durch Mut hat sich die Menschheit entwickelt und überlebt, nicht durch Furcht. Stell dir vor, wie es gewesen sein muss, in der Eiszeit ein riesiges Mammut zu erlegen! Man braucht Mut, um die Angst zu besiegen und den Schritt ins Unbekannte zu wagen.« Er warf einen kleinen Stein in den Fluss. »Was ist denn für dich das Wichtigste im Leben?«

»Vielleicht Klarheit«, antwortete ich nach einer Weile. »Man braucht einen klaren Geist, um herauszufinden, was wichtig ist. Man braucht Klarheit, um zu wissen, wofür man seinen Mut einsetzen soll, und man braucht Klarheit, um die Realität zu hinterfragen.«

Wir beobachteten die dicken Regentropfen, die auf die Flussoberfläche fielen. Unser kleines Feuer im Flussbett wurde immer schwächer, bis es schließlich nur noch qualmte.

Als der Schauer durchgezogen war, folgten wir dem Fluss in Richtung Süden.

Das Wetter hielt sich, bis der erste Herbstregen begann. Eines Morgens wurde der gesamte Himmel dunkel, und etwas später wanderten wir in ein Regenband hinein. Die Stunden vergingen, und ich spürte, wie mein Rucksack immer schwerer wurde. Langsam fragte ich mich, ob der Himmel wohl jemals wieder aufreißen würde. In einem kleinen Kiefernwald hielten wir an und genehmigten uns sechs Cracker mit Erdnussbutter – mehr nicht, denn wir hatten unsere Lebensmittel fast aufgebraucht und waren gezwungen, zu rationieren. Am nächsten Tag wollte ich in die Stadt trampen, um ein letztes Mal Lebensmittel einzukaufen.

Nach unserem kargen Mahl war ich nach wie vor sehr hungrig. Als Peter zwischen den Bäumen verschwand, um zu pinkeln, überlegte ich, was ich noch essen könnte, und probierte ein paar getrocknete Zwiebeln, die ein bisschen wie Kartoffelchips schmeckten. Danach aß ich eine Handvoll getrocknete Algen und Fertig-Kartoffelpulver, was köstlich schmeckte. Gerade als ich mir eine weitere Handvoll in den Mund schaufeln wollte, kehrte Peter zurück und ertappte mich.

»Isst du gerade trockenes Kartoffelpulver?« Er musterte mein pulverüberzogenes Gesicht und verdrehte die Augen.

»Nur ein ganz bisschen«, log ich.

»Vielleicht brauchen wir das heute Abend.«

Die Trockenbeutel in unseren Rucksäcken waren mittlerweile ebenfalls feucht geworden. Ich fror entsetzlich und fing an zu bibbern. *Wie sollen wir bei diesem Regen bloß unser Zelt aufstellen?*, fragte ich mich. Mir war klar, dass im Southland der Herbst anbrach und dass von nun an nichts mehr trocknen würde.

Wir folgten dem Trail, der aus dem Wald hinaus auf Farmland führte. Um dorthin zu gelangen, mussten wir über einen Zauntritt klettern. Normalerweise wäre dies kein Problem gewesen, doch schon der Anblick der Holzsprossen, die über den Zaun führten, ließ mich aufseufzen. Die Sprossen waren nass und glitschig, mein Rucksack schwer. Allein den Fuß auf die erste Sprosse des einen Meter hohen Zauntritts zu setzen, kostete mich enorme Anstrengung. Ich hielt mich am Zaunpfosten fest, doch der Farmer hatte ihn nicht ordentlich eingeschlagen. Ich schwankte von links nach rechts, mein Rucksack brachte mich aus dem Gleichgewicht. Beinahe hätte ich den elektrischen Draht berührt, als ich mich auf die andere Seite schwang. *Ich bin so müde,* dachte ich.

»Ich bin so müde«, sagte Peter eine Sekunde später. »Wären wir nicht nur noch hundert Kilometer vom Ende des Trails entfernt, würde ich an diesem Punkt aufgeben. Mein Körper hat genug. Ich habe das Gefühl, dass ich mehrere Monate Pause brauche. Mir ist alles recht, solange ich nicht wandern muss.«

Ein paar Tage später betraten wir den letzten Wald auf unserer langen Wanderung auf dem Te Araroa Trail. Die alten Bäume hatten ihre eigene Wirklichkeit geschaffen, und nichts deutete auf die Existenz einer äußeren Welt hin. Wir wanderten zwischen Bäumen hindurch, an denen so viel Moos wucherte, dass wir uns an einen verkrüppelten Koboldwald erinnert fühlten. Nachts schliefen wir ausgezeichnet, als würden die Bäume all unsere Gedanken absorbieren. Der Wald bot uns Schutz, als bildeten die Stämme die Wände eines Hauses und die Blätter sein Dach.

Auf dem Weg zum südlichsten Ende des Te Araroa gab es noch

eine Hütte. Wir waren nicht oft in den öffentlichen Hütten eingekehrt, doch weil es eine Gelegenheit wäre, andere Te-Araroa-Wanderer kennenzulernen, hatten wir vor, die Nacht dort zu verbringen. Es stellte sich heraus, dass die Hütte nicht mehr war als ein alter, heruntergekommener Unterschlupf, deshalb schlug ich unser Zelt auf einer kleinen Lichtung auf.

Am späten Nachmittag kam ein schüchterner junger Franzose aus dem Wald herausgewandert. Seine Haut war gebräunt, sein Gesicht edel geschnitten. Er strahlte Ruhe und Gelassenheit aus, und es war eine Freude, ihn anzusehen. Der junge Mann hieß Emmanuel, und weil er nur wenig zu essen bei sich hatte und unsere Vorräte reichten, kochten Peter und ich Dhal für drei. Gerade als wir mit dem Essen beginnen wollten, hörten wir am Rand der Lichtung eine Stimme.

Ein großer, bärtiger junger Mann mit langen, lockigen Haaren, zerrissenem T-Shirt und schlammverkrusteter Hose kam mit einem breiten Grinsen auf uns zu. »Wie geht's euch?«, rief er uns entgegen. Sein Name war Isaac, und er kam aus Israel. Im Vergleich zu Emmanuel war er ein Tornado. Nachdem er uns fröhlich die Hände geschüttelt hatte, durchsuchte er die Hütte nach Lebensmitteln, die andere Wanderer zurückgelassen hatten. Da er nichts zu essen hatte, backte ich zusätzliches Fladenbrot und teilte das Dhal in vier Portionen, was immer noch genug war.

»Was hättest du gemacht, wenn du nichts zu essen bekommen hättest?«, fragte ich ihn.

»Ach, das wäre nicht schlimm gewesen. Morgen Abend werde ich mir in dem Pub in Colac Bay eine ordentliche Mahlzeit bestellen.« Er lächelte. »Ich hoffe, sie lassen mich rein.«

Ich schaute auf seine rechte Schuhsohle, die völlig durchgetreten war.

»Warum trägst du keine Shorts, damit du dir nicht die Hose zerreißt oder schlammig machst?« Ich deutete auf den Matsch, der bis zu seinen Oberschenkeln reichte.

»Weil ich mir nicht die Beine schmutzig machen will!«, rief er.

Mir wurde klar, dass er sich, anders als ich selbst, nicht mit seiner

Kleidung identifizierte. Ein paar Minuten später hatte ich diesen Mann, der die Personifikation des Wortes »ungestüm« darstellte, ins Herz geschlossen. Isaac hatte den gesamten Te Araroa Trail mit einer Minigitarre zurückgelegt, die er an seinem Rucksack festgebunden hatte. Er spielte und sang, und die Musik klang wunderschön im Wald.

Als es schon fast dunkel war, kam eine junge Französin den Wanderweg entlang. »Müffelnder Jesus!«, rief sie, als sie Isaac mit uns am Feuer sitzen sah.

Isaac grinste. »Den Namen hab nicht ich mir ausgedacht«, erklärte er leicht verlegen. »Den hat mir ein anderer Te-Araroa-Wanderer verpasst.«

»*Et bonjour, Emmanuel*«, begrüßte sie ihren Landsmann. Sie kannten einander, da sie auf ihrer Wanderung in denselben Berghütten und auf denselben Campingplätzen übernachtet hatten.

Laura, so hieß die junge Französin, war heute Morgen von dort aufgebrochen, wo wir vor drei Tagen losgegangen waren. Sie war schlank, energiegeladen und erstaunlich fit. Ich nahm an, dass sie voller Adrenalin war, denn sie brachte es kaum über sich, ihren Rucksack abzusetzen, als wäre sie am liebsten weitergewandert. Ein paar Stunden später kochte sie Wasser auf ihrem Gaskocher ab und rührte Kartoffelpüree an. Ich fragte sie, ob sie hungrig oder müde sei. »Nicht im Mindesten!«, erwiderte sie lachend. Meine Frage schien sie zu erstaunen.

Wir waren so lange unterwegs gewesen, doch erst jetzt wurde mir bewusst, dass ich einer Subkultur angehörte: den Langstreckenwanderern. Es gefiel mir. Tausende Kilometer zu Fuß zurückzulegen war ein so außergewöhnliches Unterfangen, dass nur andere Langstreckenwanderer die extremen physischen Strapazen wirklich nachvollziehen konnten, die man auf sich nahm, wenn man sich mit einem Rucksack über die Berge quälte, um die außerordentliche Schönheit der Landschaft zu genießen und die Befriedigung, die sich einstellte, wenn man eine Strecke geschafft hatte.

Am nächsten Morgen war Laura völlig anders als am Abend zuvor. Sie sagte, sie fühle sich, als stecke sie im Körper einer alten

Frau, und könne es kaum erwarten, endlich am Ziel ihrer Reise anzukommen. Isaac, Emmanuel und sie zogen weiter, während ich noch damit beschäftigt war, ein Feuer anzuzünden, um uns Frühstück zu machen. Die Sonne stand hoch am Himmel, als Peter und ich den Wald endlich hinter uns ließen und durchs Tal Richtung Meer wanderten.

Eine milde Brise schlug uns auf der Spitze der Düne entgegen. Wir hatten die See von den Bergen aus gesehen, aber ihre Weite und Schönheit überraschten uns doch. Es war ein merkwürdiges Gefühl, sich nach der langen Zeit im Wald und in engen Tälern in einer so weiten, offenen Umgebung wiederzufinden. Man konnte fast meinen, wir wären am Ende der Welt angelangt. Ich holte tief Luft. »Der Südliche Ozean – endlich.«

Peter stützte sich auf seine beiden Trekkingstöcke. »Die Mutter aller Flüsse«, sagte er. »Sie hält das Land in ständiger Umarmung.«

Ich schaute Peter an und grinste.

Wir sahen keine Menschenseele, als wir über den Strand wanderten, um ein letztes Mal eine Stelle für die Nacht zu suchen. Riesige Felsen, geformt vom Wind, standen vereinzelt auf den grasbewachsenen Hügeln, die den Ozean überblickten. Hinter einem davon fanden wir Schutz vor dem Wind, zündeten ein Feuer an und aßen unsere Mahlzeit mit Blick auf das blaugrüne Wasser. Kleine, zaghafte Wellen versuchten, an Land zu rollen, aber die See zog sie zurück.

Stewart Island lag etwa vierzig Kilometer südlich und sah sehr mysteriös aus mit seinen dunkelblauen Bergen. Die salzige Gischt über dem Ozean ließ die Insel aussehen, als würde sie treiben.

Der Abend war herrlich friedlich.

Auf einmal wurden wir Zeugen eines bemerkenswerten Spektakels: Tausende schwarzer Seevögel mit langen, spitzen Flügeln flogen in Form einer Acht sehr nah an die Küste. Jeder von ihnen stieß auf der Jagd nach Fisch ins Wasser hinab und tauchte kurze Zeit später wieder auf. Die Vögel bewegten sich wie eine Einheit. Das Muster, das sie bildeten, war geordnet und elegant und so gleichmäßig wie ein sanft dahinfließender Fluss. Schweigend betrachteten wir dieses Wunder.

»Wenn du in diese Richtung segelst«, Peter deutete nach Osten, »ist das erste Land, auf das du triffst, Tierra del Fuego – Feuerland.«

Plötzlich verspürte ich große Lust, an Bord eines Schiffes zu gehen und über den Pazifik zu gleiten.

Peter sah mich an, ein kleines Lächeln auf dem Gesicht. »Morgen beginnt der erste Tag vom nächsten Kapitel unseres Lebens.«

»Was glaubst du, was uns erwartet?« Ich erinnerte mich, dass Peter an unserem ersten Tag in der Wildnis vor über sechs Jahren eine ähnliche Frage gestellt hatte. Wieder einmal hatte ich das Gefühl, wir hätten keine Zukunft – und ich sah nichts als eine große Leere vor uns.

Peter lachte. »Keine Ahnung, aber irgendwas wird schon passieren.«

Schweigend saßen wir da und beobachteten die Wolken, die am Himmel dahinzogen.

»Das hier ist keine Expedition, nach der wir nach Hause zurückkehren«, sagte Peter nach einer Weile.

»Nein«, pflichtete ich ihm bei. »Wir haben nämlich kein Zuhause.« Ich lächelte. »Wir werden schon sehen, was das Leben für uns bereithält.«

Am nächsten Morgen wollten wir nach Invercargill wandern, um zu sehen, ob es besser wäre, per Flugzeug oder Schiff in ein anderes Land weiterzureisen. Eifrig darauf bedacht, erneut unterwegs zu sein, fing ich an, meinen Schlafsack zusammenzurollen.

»Bei dem Regen können wir nirgendwohin gehen«, stellte Peter mit einem Blick aus dem Zelt fest.

Ich schaute hinaus. Große, finstere Wolken türmten sich über dem Land. Dicke Tropfen fielen auf die Zeltplane. Der blaue Himmel schien plötzlich sehr weit weg zu sein. Ich legte mich wieder hin und lauschte eine Weile dem Regen. Als Peter noch einmal eindämmerte, krabbelte ich aus dem Zelt und lief, nur mit T-Shirt und Shorts bekleidet, hinaus in den warmen Regen. Der große Fels neben unserem Zelt war wie gemeißelt von Wind und Wasser in Millionen von Jahren. Der etwa vier Meter hohe Stein schützte mich vor dem Regen, und ich lehnte mich gegen ihn, um meinen Rücken trocken zu halten. Der Fels schien seine ganz eigene Energie zu besitzen.

Die gestern noch so friedlichen Wellen waren über Nacht wild geworden. Weißer Schaum wirbelte durch die Luft, mit jedem Brecher spritzte eine Gischtwand auf. Ich lauschte dem Rhythmus der tosenden Wellen und dachte über die letzten sechs Jahre in der Wildnis nach.

Ich hatte gelernt, Ausdauer zu entwickeln wie die Felsen in einem Fluss. Ich hatte gelernt, flexibel zu sein wie Weiden im Wind. Ich hatte gelernt, zu wandern, ein Nomadenleben zu führen. Als Jägerin war ich wild und unerbittlich geworden. Ich hatte nach Nahrung gejagt, indem ich mich in das Tier hineinversetzte – bildlich gesprochen zu dem Tier wurde –, das ich aufstöbern und erlegen wollte. Ich hatte seine Haut zu meiner gemacht, indem ich mir Kleidung und Decken daraus nähte. Ich hatte gelernt, Kräuter zu sammeln und Gemüse anzubauen. All diese Fertigkeiten kamen mir vor wie ein kostbarer Schatz, den ich immer bei mir tragen würde.

Ich stellte unsere Töpfe, Teller und Tassen unterhalb des Felsens auf, um Wasser zu sammeln. Das Geräusch der Tropfen, die in meine Tasse fielen, war ausgesprochen befriedigend. Bald hätte ich genügend Wasser zusammen, um Tee zu kochen. Vor der Felswand zündete ich ein Feuer an. Während der Regen auf meinen Rücken prasselte, trocknete meine Vorderseite am Feuer. Das Holz, das ich verbrannte, war lange Zeit im Ozean getrieben, nur die härtesten Stücke waren übrig geblieben. Die Flammen, die aus dem alten Holz züngelten, leuchteten tieforange. Ich schaute ins Herz des Feuers und spürte, dass es der Spiegel meines eigenen Körpers war.

Auch ich war mit den Jahren hart geworden, doch gleichzeitig auch weich. Ich hatte ein empfängliches Herz bekommen, das sich öffnete und aufblühte. Die Frau in mir war gewachsen wie eine

Lilie in den Bergen. Ich hatte gelernt zu lieben, indem ich einer kostbaren Blume Raum gab – Raum, um zu wachsen, Raum, um zu blühen, Raum, um eines Tages zu sterben.

Nebel bedeckte die Berge, Stewart Island in der Ferne war hinter einem dunklen Vorhang verschwunden. Ich stand mit meinen Sandalen in einer Pfütze, den Rücken gegen den Felsen gelehnt, und schaute hinaus auf die großen Braunalgen, die in den Strömungen des Ozeans durcheinanderwirbelten. Vögel flatterten über der Wasseroberfläche. Nichts und niemandem um mich herum schien der Regen etwas auszumachen. Alles fügte sich dem, was kam. Ich hatte gelernt, mich meiner Furcht und den Schatten an der Wand zu stellen. Ich hatte keine Angst mehr, hinzusehen, wieder und wieder.

Mein T-Shirt und meine Shorts waren klatschnass. *Das ist die Erde, und das ist der Regen,* dachte ich. Indem ich das, was ich vorfand, restlos akzeptierte, fand ich zu einer Ordnung, und die Welt öffnete sich mir. Ich fühlte mich verletzlich, weil ich nicht wusste, was die Zukunft bringen würde, doch gleichzeitig fühlte ich mich so stark wie nie zuvor, weil es nichts gab, was ich verlieren konnte.

Vor vielen Jahren hatte ich das Gefühl, dass alles seinen Platz hatte – nur ich nicht. Und trotzdem stand ich hier auf dieser Erde und spürte zum ersten Mal, dass meine Füße mit dem Boden verbunden waren. *Ich habe einen Platz, und der ist hier. Ich spüre, dass aus meinen Fußsohlen lange Wurzeln wachsen. Ich bin fest abgesichert durch die Welt, in die ich geboren wurde.*

Der Wind wurde stärker und drückte mich gegen den Felsen. Ich schaute hinauf zu den nebligen Bergen und den aufziehenden Wolken, dann schweifte mein Blick zu den tosenden Wellen. Ich spürte, dass die Wildnis nicht nur meine Haut streifte – sie durchfloss meinen ganzen Körper.

Mein Herz ist ein weit offenes Fenster, durch das die Freiheit weht.

Epilog

Das nächste Abenteuer

»Sieh dir das an, Peter!« Ich sitze in der Bibliothek von Invercargill vor einem Computer. Peter tritt zu mir. Als er sich auf meine Schulter stützt, rieche ich den Holzrauch in seinen Haaren und Klamotten.

»Ich hab eine E-Mail von einem Verlag bekommen – Allen & Unwin. Die Dame fragt, ob ich Interesse habe, ein Buch über unser Leben in der Wildnis zu schreiben!«

Peter rückt näher an den Monitor heran, um die E-Mail zu lesen.

»Ein ganzes Buch!« Ich sehe ihn mit weit aufgerissenen Augen an. »Ich bin keine Schriftstellerin. Englisch war mein schlechtestes Fach in der Schule.« Schlagartig werde ich nervös.

Peter sieht mich an. »Nun, ich denke, wenn du lernen kannst, mit Pfeil und Bogen zu jagen, kannst du auch lernen, wie man ein Buch schreibt.«

Ich sehe seine glänzenden Augen und fange an zu lachen.

»Das ist eine offene Tür!«

Das nächste große Abenteuer hat gerade begonnen.

Dank

Es war Scott Eastham, der mir die Kraft des Wortes nahebrachte.
   Seine Frau Mary reichte mir den Stift.
   Dann gab mir Jenny Hellen das Papier.
   Und so wurde ich inspiriert, ein Buch zu schreiben.

Als ich meine abstrakte Reise begann,
   schenkte Pete Horsley mir den richtigen Rhythmus,
   mein Vater schickte mir das unterschwellige Aroma,
   meine Mutter brachte mir eine neue Melodie,
   und Sofie war da, um mir einen unbeschlagenen Spiegel vorzuhalten.

Und während ich schrieb, Tag und Nacht,
   betrachtete Peter die Bäume, die im Herbstwind ihre Blätter verloren.
   »Schau raus, Miriam«, sagte er zu mir.
   »Die Welt der Natur ist das Einzige, das der Verstand nicht greifen kann.«

Als ich eines Tages mit herausgestrecktem Daumen an der Straße stand, nahm Kim Batchelor mich mit und bot uns für die Wintermonate das alte Cottage des Kochs auf ihrer Schaffarm an.
   Wayne Jansen gebührt ebenfalls ein großes Dankeschön für seine Hütte im Wald, in der wir wohnten, während ich die letzten Kapitel fertigstellte.
   Danke für all eure Unterstützung
   Und – das ist das Wichtigste –
   Danke fürs Lesen.

Karte 2
Der Te Araroa Trail

Institut für
Religionspädagogik und Medienarbeit
im Erzbistum Paderborn